뉴욕타임스의
디지털 혁명

종이신문에서 초일류 디지털 미디어로

나남
nanam

지은이 _ 송의달

'한국 언론의 일류화와 선진화'에 관심을 갖고 있는 중견 언론인이다. 1989년 11월 〈중앙일보〉(수습 27기) 기자로 언론계에 입문해 1990년 12월부터 〈조선일보〉(수습 28기)에서 일하고 있다.

1963년 경북 영주 출생으로 서울대 외교학과와 동 대학원(정치학 석사)을 졸업했다. 미국 워싱턴DC 전략국제문제연구소(CSIS) 방문연구원(1998~1999년)을 지냈고 동국대에서 정치학 박사학위를 받았다. 홍콩특파원(2004~2008년)을 거쳐 디지털뉴스부장, 산업1부장, 오피니언 에디터와 조선미디어의 경제전문 디지털 매체인 〈조선비즈〉 대표이사(CEO)를 역임했다. 현재 선임기자이며, 주 관심사는 경제·국제·정치·미디어 분야이다.

《세계를 움직이는 미국 의회》(2000), 《한국의 외국인 CEO》(2004), 《외국인 직접 투자》(2004), 《미국을 로비하라》(2007), 《세상을 바꾼 7인의 자기혁신노트》(2020) 등의 단독 저서와 《21세기 경영 대가를 만나다》(2008·공저) 등을 출간했다.

나남신서 2084

뉴욕타임스의 디지털 혁명
종이신문에서 초일류 디지털 미디어로

2021년 4월 7일 발행
2021년 9월 5일 3쇄

지은이   송의달
발행자   趙相浩
발행처   (주) 나남
주소   10881 경기도 파주시 회동길 193
전화   (031) 955-4601(代)
FAX   (031) 955-4555
등록   제 1-71호(1979.5.12)
홈페이지   http://www.nanam.net
전자우편   post@nanam.net

ISBN 978-89-300-4084-6
ISBN 978-89-300-8655-4 (세트)

표지 사진 Jeenah Moon ⓒ 2020 The New York Times Company

나남신서 2084

뉴욕타임스의
디지털 혁명

종이신문에서 초일류 디지털 미디어로

송의달 지음

나남
nanam

Digital Revolution
of the New York Times Company

From Print Media to World-class Digital Media

by

Eui Dal (Ed) Song

nanam

1851년 9월 18일 자 뉴욕타임스 창간호 1면. 1896년 12월 1일 자부터 현재와 같은 뉴욕타임스(New York Times)로 제호를 바꾸었다.

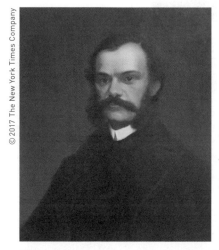

뉴욕타임스를 창간한 공동 창업자 중 한 명인 헨리 J. 레이몬드.

1896년 8월 뉴욕타임스를 인수한 아돌프 옥스. 뉴욕타임스의 성장과 번영을 견인한 옥스-설즈버거(the Ochs-Sulzberger) 가문의 비조로서 세계 최초 '북 리뷰 섹션' 발행, 미국 최초 '인덱스' 발행 같은 혁신 드라이브를 건 경영자였다.

1918년 이래 2020년까지 130회의 퓰리처상을 수상한 뉴욕타임스의 기록은 단일 언론사 가운데 압도적인 세계 1위이다. 본사 15층 '퓰리처상 갤러리'에는 앨바 존스턴(1923년 수상)을 비롯한 수상자들의 공적을 기록한 액자들이 진열돼 있다.

1962년 12월의 이사회. 앞줄 중앙의 오빌 드라이푸스부터 시계방향으로
아서 옥스 '펀치' 설즈버거, 루이스 뢥, 이피진 옥스 설즈버거, 하딩 뱅크로프트,
아서 헤이즈 설즈버거 등의 모습이 보인다. 옥스–설즈버거 가문의 2~4대 발행인이
한자리에 모여 찍은 희귀한 사진이다.

© Frieder Blickle

뉴욕 맨해튼 중심부인 웨스트(West) 41가와 42가 사이에 위치한 뉴욕타임스 본사 빌딩.
첨단 뉴요커의 이미지를 발산하는 뉴욕의 랜드마크이다. 이 건물의 투명 유리 등은
외부와의 소통과 투명성을 상징한다.

© Matthew

뉴욕타임스 본사 1층 로비. 뉴욕타임스의 성가(聲價)를 높인
과거와 현재 중요 기사 제목과 게재 날짜가 LCD 화면에 교대로 뜨고 있다.

© Nycmstar

본사 빌딩 2~4층 3개 층을 쓰는
뉴욕타임스 편집국(newsroom).
공간 효율 극대화는 물론 구성원 간의
일체감, 소통 증진을 겨냥해 엘리베이터
없는 복층형 구조로 만들었다.
붉은색 카펫 계단 위에서 퓰리처상 수상작
및 수상자 소감 발표 같은 행사도 열린다.

런던에서 귀국한 펀치 설즈버거 발행인이 1971년 6월 16일 뉴욕 케네디 국제공항에서
미 국방부 비밀문서(일명 '펜타곤 페이퍼') 보도와 관련해 기자회견하고 있다.
이 보도는 뉴욕타임스에서 정론 저널리즘과 탐사보도 발흥을 낳은 역사적 분수령으로 꼽힌다.

미국 연방대법원이 미 국방부 비밀문서 보도를 둘러싼 행정부와의 소송에서
뉴욕타임스의 승소 판결을 내린 1971년 6월 30일 오후,
NYT 식자실(植字室)에서 문선공들이 밝은 표정으로 조판 작업을 하고 있다.

Bernard Gotfryd/Getty Images

Trump Engaged in Suspect Tax Schemes as He Reaped Riches From His Father

The president has long sold himself as a self-made billionaire, but a Times
investigation found that he received at least $413 million in today's dollars from his
father's real estate empire, much of it through tax dodges in the 1990s.

트럼프 대통령 일가의 재산 형성과 탈세 의혹을 집중해부한 특별탐사 시리즈 첫 회 기사.
트럼프와의 4년 넘는 '미디어 전쟁'에서 승리한 뉴욕타임스는 디지털 유료 뉴스 구독자가
급증하는 '트럼프 효과'로 디지털 전환 성공의 계기를 잡았다.

2011년 3월 온라인 기사 유료화로
'디지털 전환'을 시작한 뉴욕타임스는
뉴스 외에 게임, 쿠킹 같은 비뉴스 상품과
오디오·비디오 저널리즘 등을 통해
'디지털 구독 경제' 기업으로 탈바꿈했다.
대표 상품 중 하나인 팟캐스트
'더 데일리'는 출범 2년 8개월 만에
누적 다운로드 10억 회를 돌파했다.

이 책은 1851년 창간 후 올해로 171년째 존속하고 있는 뉴욕타임스(The New York Times Company)에 대한 탐구서이다. 주지하듯 뉴욕타임스의 강점은 '양(量)'보다 '질(質)'이다. 1950년대 뉴욕타임스의 발행부수는 뉴욕 시내 종합일간지 중 5위였고 지금은 미국 3위이다.

뉴욕타임스는 최근 20여 년 동안 천당과 지옥을 경험했다. 2000년 당시 36개 자회사에 35억 달러(약 3조 8,500억 원)에 달했던 매출은 2020년에는 17억 달러(약 1조 8,700억 원)대이다. 수년 동안 파산 위기를 겪으며 거의 모든 자회사를 판 탓이다. 승승장구만 한 게 아니라 상처와 아픔을 갖고 있다.

세계 최초 북 리뷰(Book Review) 섹션(1896년), 세계 최초 요일별 섹션 발행 시작(1976~78년)에서 보듯 뉴욕타임스에는 특유의 '혁신 DNA'가 있다. 2011년 3월 미국 종합일간지 가운데 최초로 온라인 기사 유료화를 시작해 2020년 12월 말 기준 669만 명의 디지털 유료 가입자를 확보했다. '나 홀로 성공'이라는 얘기가 나올 만큼 전 세계 언론사 가운데 압도적 1위이다.

뉴욕타임스는 1971년 6월 미국 국방부 비밀문서(일명 '펜타곤 페이퍼') 보도를 놓고 행정부와 정면충돌해 미국 역사상 처음으로 연방대법원까지 가는 소송을 벌여 이겼다. 이런 정론(正論) 저널리즘과 탐사보도, 칼럼도 주목 대상이다.

우리나라 언론계 상황은 뉴욕타임스와 다르다. 내부 분위기는 예전보다 가라앉아 있고 외부의 시선도 차갑다. 최근 30년 사이에 기업들은 스마트폰·선박·TV 같은 세계 1등 제품을 내놓으며 세계적 수준으로 발전한 반면, 한국 언론은 거의 제자리걸음이라는 이유에서다. "한국 언론시장은 질 낮은 레드오션이 됐다"는 평가도 나온다.

필자는 뉴욕타임스의 숨겨진 면모를 제대로 살펴본다면, 한국 언론의 부흥(復興)에 도움이 되는 실마리를 찾을 수 있을 것이라 생각했다. 그래서 무모한 줄 알면서 용기를 냈다. 의외로 뉴욕타임스를 다룬 단행본이 국내외에서 드문 데다, 대다수 자료들은 단편적인 측면을 다뤄 작업은 쉽지 않았다.

뉴욕타임스 홈페이지와 연간·분기별 실적 보고서, 언론학자들과 뉴욕타임스 출신 전·현직 언론인들이 쓴 저작물과 관련 논문으로 회사 실태를 파악하면서 연구보고서, 저널, 언론 기사 등을 읽고 관련 자료를 더 파고들어가는 방식으로 연구를 진행했다. 유튜브와 오디오, 동영상도 활용했다. 퍼즐을 맞추어 가듯 큰 그림을 그리면서 수치와 사실(fact) 확인에 신경 썼다.

지금의 뉴욕타임스는 한마디로 '종이신문'과 결별(訣別)한 기술(tech-nology) 중심의 '디지털 구독(digital subscription)' 중심 기업이다. 2020년 12월 말 현재 세계 232국에 둔 총 752만 3천 명의 유료 구독자 가운데 종이신문 구독자는 11%에 불과한 현실이 이를 보여준다.

이를 위해 뉴욕타임스는 반년 넘게 치열한 내부 토론을 통해 회사의 정체성, 즉 업(業)을 재정의(再定義)했다. 시행착오와 실패를 이겨내면서 새로운 목표를 향한 변신 속도를 높여가고 있다. 가히 '뉴욕타임스의 디지털 혁명(digital revolution)'이라고 해도 틀린 말이 아니다.

"뉴욕타임스의 경쟁사는 더 이상 '워싱턴포스트(WP)'나 '월스트리트저널(WSJ)'이 아니라 구독 서비스 회사인 넷플릭스(Netflix)와 스포티파이(Spotify)이다"라는 말이 이를 함축한다. 뉴욕타임스는 자체 개발한 폐쇄형 디지털 플랫폼상에서 콘텐츠 생산과 유통, 광고, 구독 비즈니스까지 모든 가치사슬을 자기완결형으로 운영한다. 이는 IT업계에서 하드웨어 기기들과 소프트웨어를 아우르며 부가가치를 창출하고 구독 서비스를 제공하는 미국 애플(Apple)을 연상시킨다.

디지털 전환의 초기 단계에 있는 우리나라 대다수 언론사들과 달리 뉴욕타임스는 디지털 시대에 깊숙이 진입해 독자적인 비즈니스 모델로 이미 성과를 내고 있다. 실제로 2020년부터 뉴욕타임스의 총매출액에서 디지털 부문 비중은 종이신문 부문을 추월했다. 2020년 한 해 동안 순증(純增)한 디지털 유료 가입자만 230만 명에 달했다.[1]

---

1   The New York Times Company 2020 Annual Report(March 19, 2021), p. 2

필자는 이러한 뉴욕타임스의 실상과 경쟁력, 디지털 전환(*digital transformation*) 노력을 중심으로 하면서 그동안 간과된 부분들을 조명하려 했다.

1장에서 뉴욕타임스의 특징과 위상, 최근 모습을 짚어 봤다. 2장에선 뉴욕타임스의 태동과 성장, 영욕(榮辱)의 역사를 살펴봤다. 3장에서는 최근 10년간의 디지털 전환 과정과 성공 비결 등을 분석했다. 4장에서는 뉴욕타임스의 성장과 번영을 견인한 가문(家門)과 오피니언, 탐사보도 등 세 가지 원동력에 초점을 맞췄다. 5장에서는 뉴욕타임스의 이용자와의 소통 및 신뢰 구축 노력, 정론 저널리즘을 사례와 함께 정리했다.

저술 작업을 하면서 필자는 뉴욕타임스에 대한 선입견을 배제하고 가급적 '있는 그대로의 모습'을 보고자 했다. 객관성 확보를 위해 뉴욕타임스 전·현직 종사자들의 인터뷰와 연설, 증언 등을 중시했다. 중간중간 미니박스와 인터뷰를 넣었고 출처(出處)를 충실하게 밝히고자 했다. 그러나 잘못된 부분이나 오류가 있다면 모두 필자의 책임이다.

뉴욕타임스를 집중 관찰한 지난 1년여는 몸은 힘들었어도 의미 있는 시간이었다. 뉴욕타임스를 본격적으로 다룬 이 책이 언론계 현업 종사자들과 관련 학계에 조금이나마 쓰임새가 있었으면 한다. 나아가 개별 기업의 디지털 혁신 사례 탐구와 미국 정치·미디어에 관심 있는 독자들의 연구 욕구와 흥미를 자극하기를 기대한다.

최근 한국 언론계에서 각 언론사마다 디지털 전환 시도가 한창이다. 하지만 뉴욕타임스 사례를 보더라도 디지털 전환 성공은 난제(難題) 중의 난제이다. 뉴욕타임스와 영국 '파이낸셜타임스(FT)' 같은 극소수를 제외하면 세계적으로 제대로 된 성공 사례를 찾기 힘들다.

그런 점에서 이 책이 우리나라에서 뉴욕타임스의 진면목을 파악하고 디지털 전환 추진의 해법 마련에 도움이 되는 작은 나침반이 되길 소망한다. 이를 계기로 한국 언론의 르네상스와 우리 사회의 선진화가 앞당겨진다면 과분한 보람일 것이다.

2021년 3월

송 의 달

차
례

2장 도전과 영욕, 혁신의 170년

5장 미래를 향한 생존 무기

세계 최정상 미디어

1장

사진 20만 4천 장, 기사(記事) 5만 4,197건, 뉴스레터 2만 6천 개, 비디오동영상 4,980개, 게임·레시피 3,629개, 와이어커터 리뷰 2,510개, 팟캐스트 622개···. A.G.설즈버거(Sulzberger) 뉴욕타임스 발행인이 2021년 신년사(2021 State of The Times Remarks)에서 공개한 2020년 한 해 동안 제작한 상품 숫자이다.[1]

이는 종이신문 발행과 웹사이트, 앱 등을 운영하는 세계 대다수 신문 기업들과는 차원이 다른 구성이다. 뉴욕타임스(The New York Times, NYT로 약칭)는 실제로 자신의 정체성을 '세계적 수준의 멀티미디어 뉴스 조직(world-class multimedia news organization)'이라고 규정하고 있다.[2]

1 A. G. Sulzberger, "2021 State of The Times Remarks"(Feb. 16, 2021)
   https://www.nytco.com/press/2021-state-of-the-times-remarks/
2 "To our Shareholders" in the New York Times Company 2019 Annual Report

1. 뉴욕타임스의 안과 밖

회사의 170년 역사를 통틀어 최연소 최고경영자(CEO)로 2020년 9월 취임한 메레디스 코핏 레비언(Meredith Kopit Levien)은 이렇게 말한다.

> 내 과업의 중심은 NYT를 '월드클래스 저널리즘 기업'이자 '월드클래스 디지털 상품 기술기업(world-class digital product and technology company)'으로 확고하게 자리 잡도록 하는 것이다. [3]

지향점은 '디지털 파워하우스'

레비언 CEO는 "독립적이고, 독창적이며, 고품질 저널리즘도 수행한다는 측면에서 NYT를 신문기업이라고 부를 수 있지만 디지털 시대에 신문기업이란 용어는 NYT에 충분하지 않다"며, "NYT를 디지털 파워하우스(digital powerhouse)로 만드는 게 목표"라고 천명했다.

그의 말은 세계 최고(最古) 미디어 기업 가운데 하나인 NYT가 뼛속까지 탈바꿈했으며 앞으로도 더 변화할 것임을 시사한다. 1851년 창간한 NYT는 3세기에 걸친 역사와 길면서도 입체적인 기사, 정통 저널리

3   Ken Doctor, "Newsonomics: The New York Times' new CEO, Meredith Levien, on building a world-class digital media business and a tech company", *NiemanLab* (July 30, 2020)

즘을 고수했다. A1면 사진 게재와 컬러 인쇄는 미국 신문사 가운데 가장 늦게 도입한 편에 속한다. 그래서 '회색 머리칼의 노(老) 부인'이라는 뜻의 '그레이 올드 레이디(Grey Old Lady)'로도 불려 왔다.

NYT는 물론 지금도 종이신문을 매일 발행하고 있다. 그렇지만 종이신문은 한 부분일 뿐이다. NYT는 디지털, 즉 인터넷 웹 중심 회사가 됐으며, 종이신문은 웹에 딸린 부속물 가운데 하나라고 보는 게 더 정확하다.4 더욱이 다른 많은 경쟁 미디어들에게 NYT는 공포스러운 존재가 되고 있다.

"디지털 비즈니스 분야에서 NYT는 몸통을 흔드는 꼬리이면서, 그 자체가 몸통이 됐다"는 평가를 받는다.5 미국 할리우드에서 가장 많이 언급되는 디지털 구독 기업이 넷플릭스(Netflix)라면, 세계 미디어 업계에서는 NYT가 그에 필적하는 디지털 회사로 꼽힌다.

인터넷과 스마트폰의 범용화, 소셜미디어(SNS)의 범람, 인공지능(AI)·자율주행·블록체인 같은 4차 산업혁명 시대에 침몰하는 전통 미디어들과 달리 NYT는 '나 홀로' 빛나고 있다.

유료 구독자만 793만 명

그 증표는 독보적으로 세계 1위인 디지털 유료 구독자 숫자이다. 2021년 6월 말 기준으로 종이신문과 디지털을 포함한 NYT의 유료 구독자는 793

---

4 최상훈 뉴욕타임스(NYT) 서울지국장과의 대면 인터뷰(2020년 3월 20일)
5 Ben Smith, "(The Media Equation) Why the Success of The New York Times May Be Bad News for Journalism", *New York Times* (March 1, 2020)

만 명이 넘는다. 2011년 3월 온라인 기사 유료화(*metered paywall*)를 시작한 이후 10년여 만의 성과이다. 6

이는 미국 내 경쟁사인 '워싱턴포스트(*WP*)'보다 두 배 이상 많고, 7 '월스트리트저널(*WSJ*)'과 *WP*를 합한 것보다 130만 명 정도 많다. *NYT* 보다 먼저 디지털 기사 유료화를 시작한 영국의 권위지인 '파이낸셜타임스(*Financial Times*)'와는 6배 정도 격차를 보이고 있다.

*USA Today*와 250개 미국 지역신문사, 영국의 140개 지방뉴스 브랜드를 갖고 있는 미국 최대 신문체인 가넷(Gannett) 그룹이 86만 3천 명의 디지털 유료 가입자를 갖고 있는 것과 비교하면 *NYT*의 위력을 가늠해 볼 수 있다. 2020년 8월 기준으로 7억 5,670만 달러의 현금을 보유하고 있는 *NYT*는 시장가치 2억 1,200만 달러인 가넷그룹을 3개 정도 살 수 있다. 8 2010년 이후 세계 미디어 업계에서 가장 위대한 스토리는 온라인 기사 유료화를 포함한 *NYT*의 디지털 전환 성공사례라고 해도 틀린 말이 아니다. 9

6 The New York Times Company Reports 2021 Second-Quarter Results, p. 2
   Edmund Lee, "The New York Times Reaches 8 Million Subscriptions", *New York Times* (Aug. 4, 2021)

7 "Trump bump: NYT and WaPo digital subscriptions tripled since 2016", *Axios* (Nov. 24, 2020)

8 Joshua Benton, "It continues to be very good to be The New York Times", *NiemanLab* (Aug. 5, 2020)

9 Karl Vick, "How A. G. Sulzberger Is Leading the New York Times Into the Future", *TIME* (Oct. 10, 2019)

그림 1-1　　　　NYT 디지털 유료 가입자 수와 디지털 구독매출액

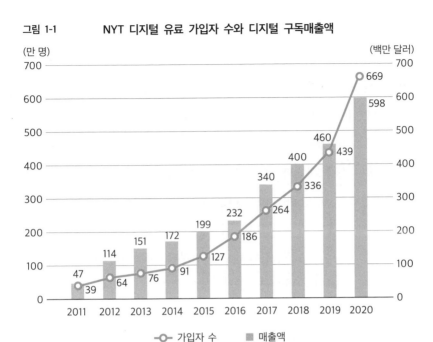

• 자료: The New York Times Company 2011~2020 Annual Report

표 1-1　　　　전 세계 디지털 유료 구독자 상위 10개사 (2020년)

순 위	미디어	구독자 수 (만 명)	구독료
1	New York Times	669	17달러 / 4주
2	Washington Post	300	15달러 / 4주
3	Wall Street Journal	240	38.99달러 / 1개월
4	Gannet Group	103	8.99달러 / 1개월
5	Athletic	100	9.99달러 / 1개월
6	Financial Times	94.5	51.50유로 / 1개월
7	Guardian	90.0	11.99유로 / 1개월
8	Economist	79.6	55유로 / 3개월
9	News Corp Australia	68.5	40호주달러 / 4주
10	Barron's	45.8	19.99달러 / 1개월

• 자료: Press Gazette (Dec. 17, 2020)
　　　https://www.pressgazette.co.uk/news-publishers-surpassed-100000-digital-subscriptions/

12년 만에 주가 1,200% 상승

하지만 2005~2010년 당시만 해도 *NYT*는 '죽어가는 시한부 환자'와 같은 신세였다. 글로벌 금융위기 직후인 2009년 2월 18일 회사 주가는 3.77달러로 마감해 당시 일요일판 종이신문 한 부 가격(4.0달러) 보다 더 낮았다. 각종 매체와 전문가들은 "*NYT*의 파산은 시간문제일 뿐"이라고 주장했다. 경영 비대화에 따른 부채 급증과 이자 등 금융비용 증가, 인터넷 보급에 따른 광고와 신문 구독자 감소 등이 도화선이 됐다.

그도 그럴 것이 *NYT*는 1990년대 중반부터 미국 남부와 서부의 지역 신문사, TV, 라디오 방송국, 잡지, 부동산, 인터넷 회사, 제지 공장, 합작회사, 심지어 프로야구 구단 보스턴 레드삭스의 지분 일부까지 사들였다. 이로 인해 2006년 당시 14억 달러에 이르는 회사 부채와 연금 및 퇴직 관련 충당금과 금융비용이 회사를 짓누르고 있었다.

경영진은 생존을 위해 *NYT* 본체만을 남기고 대부분의 자회사와 방계 기업들을 팔았다. 뉴욕 맨해튼에 새로 지은 본사 건물을 매각하고, 멕시코 IT재벌의 오너인 카를로스 슬림(Carlos Slim)에게 손을 벌려 긴급 자금을 지원받았다.

2000년 당시 36개의 자회사에 35억 달러의 매출을 올린 NYT컴퍼니는 2013년 4~5개사를 둔 매출 15억 달러짜리 기업으로 쪼그라들었다. 같은 기간 영업이익은 6억 3,500만 달러에서 1억 3,600만 달러로 79% 감소했다.

핵심 자산을 제외한 모두를 팔아 벼랑 끝에서 가까스로 살아남은 *NYT*는 2011년 온라인 기사 유료화 도입을 시작으로 디지털 전환(*digital*

그림 1-2   **NYT 이자 비용 및 수입 추이**

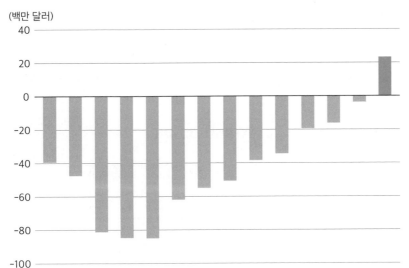

(백만 달러)

40

20

0

-20

-40

-60

-80

-100

2007 2008 2009 2010 2011 2012 2013 2014 2015 2016 2017 2018 2019 2020

• 자료: The New York Times Company 2007~2020 Annual Report

transformation)에 착수했다. 성과는 서서히 나타나 5년 만인 2016년부터 매출이 4년 연속 증가했고, 2019년 매출액(18억 1,218만 달러)은 최근 10년 새 최대를 기록했다. 2020년 매출액(17억 8,364만 달러)은 '코로나 19 팬데믹'으로 소폭 감소했으나 영업이익은 전년보다 더 늘었다.

　2019년에는 지고 있던 빚을 모두 갚아 무(無)부채 기업이 됐고, 2020 년에는 2,333만 달러의 이자수입을 올렸다.[10] 2010년 7,414명에서 2015년 3,560명으로 반 토막 났던 정규직 직원 수는 2020년 4,700명으 로 5년 만에 1,200여 명 순증(純增)했다.

10　The New York Times Company Reports 2020 Fourth-Quarter Results, p. 6

2009년 1분기(1~3월) 4달러대로 떨어졌던 주가(株價)는 2021년 8월 12일 현재 48달러를 웃돌고 있다. 12년 만에 1,200% 가까이 상승한 것이다. 같은 기간 10억 달러였던 시가총액은 85억~95억 달러대로 불었다.[11] 회사의 영업이익률은 2009년 1.3%에서 2020년 9.9%로 올랐다.

표 1-2   **NYT컴퍼니 경영 실적**

(단위: 억 달러)

연 도	2000	2003	2005	2007	2009	2011	2013	2015	2017	2019	2020
매출액	34.8	32.2	33.7	31.8	24.4	15.5	15.7	15.7	16.7	18.1	17.8
영업이익	6.3	5.4	4.8	1.8	0.7	1.2	1.5	1.4	1.7	1.7	1.7

- 2012년까지 매출액은 'NYT컴퍼니그룹' 전체 매출액.
- 자료: The New York Times Company 2000~2020 Annual Report

표 1-3   **NYT컴퍼니 정규직 직원 수**

연 도	2000	2005	2010	2015	2020
직원 수 (명)	14,000	11,965	7,414	3,560	4,700

- 자료: The New York Times Company 2000~2020 Annual Report

표 1-4   **NYT의 극적인 회생: 2009년 vs. 2019년 경영지표**

지 표	2009년	2019년
매출액 (달러)	15억 8,200만	18억 1,218만
영업이익 (달러)	2,120만	1억 7천만
영업이익률 (%)	1.3	9.7
정규직원 (명)	3,222	4,500
부채 (달러)	7억 6,922만	0

- 부채만 NYT컴퍼니그룹 전체 기준, 나머지는 모두 NYT미디어만 대상
- 자료: The New York Times Company 2009, 2019 Annual Report

---

11 *NYT* 주가 추이는 https://finance.yahoo.com/quote/NYT

‘상처 받은 거인(*wounded giant*)’이 ‘지배하는 거인(*reigning colossus*)’으로 되살아난 것이다.

미디어 업계의 ‘블랙홀’

주목되는 것은 *NYT*와 경쟁사들 간의 격차가 더 벌어지고 있으며, 한때 *NYT*를 위협하던 디지털 신생 미디어의 창업자와 핵심간부들까지 *NYT*로 옮겨 오고 있다는 사실이다. 뉴스 혁신의 아이콘이던 ‘버즈피드(Buzz Feed News)’와 ‘쿼츠(Quartz)’의 전직 편집국장들과 IT기술 전문 온라인 매체 ‘리코드(Recode)’, 가십(*gossip*) 전문 인터넷매체 ‘고커(Gawker)’, ‘복스(Vox)’의 창업자 등은 2017~2021년에 *NYT*에 합류했다.[12]

이른바 디지털 네이티브(*digital native*) 미디어 기업의 핵심인력이 ‘블랙홀’처럼 *NYT*로 빨려들어 가는 현상에 대해 인터넷 미디어 ‘액시오스(Axios)’의 짐 벤더헤이(Jim VandeHei) 최고경영자(CEO)는 이렇게 말한다.

미국 미디어 업계에서 독점기업이 된 *NYT*는 앞으로 더욱 커질 것이다. 반대로 미디어 업계의 틈새시장은 더 좁아져 다른 매체들은 살아남기 더 힘들 것이다.[13]

---

12 일례로 The New York Times Company, “〔Press Release〕 Edmund Lee Joins Business”(June 8, 2018) https://www. nytco. com/press/edmund-lee-joins-business/

13 Ben Smith(March 1, 2020)

표 1-5　　**뉴욕타임스로 옮긴 신생 미디어의 간판 저널리스트들**

이 름	예전 직장과 직책	NYT 내 직책
Ezra Klein	Vox 창립자 겸 편집국장	Opinion 칼럼니스트
Choire Sicha	Gawker 편집국장	Styles 섹션 에디터
Kara Swisher	Recode 공동창업자	칼럼니스트
Kevin Delaney	Quartz 공동창업자 및 편집국장	Opinion 프로젝트 리더
Ben Smith	BuzzFeed 공동창업자 및 편집국장	미디어 전문 칼럼니스트
Edmund Lee	Recode 편집국장	미디어 담당기자

2020년 3월부터 세계를 휩쓴 '코로나 19 팬데믹'도 *NYT*에게는 걸림 돌이 되지 못하고 있다. 그해 3월 13일부터 맨해튼 본사 건물을 거의 다 비우고 재택근무에 들어간 *NYT*는 코로나 관련 정보 수요 증가와 효과 적인 자체 대응으로 인터넷 트래픽과 디지털 유료 가입자가 늘어나는 '코로나 효과(*Corona Bump*)' 특수(特需)를 누리고 있다.

코로나 19 팬데믹에도 승승장구

스포츠 경기와 외국여행 급감 등으로 생긴 편집국 취재 여유인력을 이용 해 '집에서(At Home)'라는 코로나 시대 맞춤 정보 코너를 만든 게 대표 적이다. 추천 영화, 가정 간편 요리 안내, 추천 게임 같은 소비자 정보 와 '제대로 정리된 식료품 저장소(*a well-stocked pantry*) 만들기' 같은 특 별 콘텐츠로 인기를 모았다. 14

---

14 Melissa Clark, "Stocking Your Pantry, the Smart Way-Here's what you really need to keep on hand", *New York Times* (March 6, 2020)

2020년 3월 한 달 동안 *NYT* 웹사이트를 찾은 순방문자(*unique visitor* · UV)는 미국 1억 5,300만 명, 전 세계 2억 4천만 명으로 2019년 월평균 9,600만 명(미국 국내), 1억 3,600만 명(전 세계)과 비교하면 각각 60%, 77% 증가했다. 미국의 경우 성인 총인구의 절반 이상이 *NYT* 웹을 찾았고 해외에서 온 방문자도 1억 명에 가까웠다.

같은 달 페이지뷰(*page view*)는 25억 뷰로 사상 최고기록을 세웠다.[15] 코로나 19 팬데믹 위기상황에서 가장 신뢰받는 정보원이자, 검증된 '브랜드 미디어'인 *NYT*로 쏠림현상이 나타난 것이다.[16]

마크 톰슨(Mark Thompson) 당시 NYT컴퍼니 CEO는 2020년 4월 16일 국제뉴스미디어협회(International News Media Association · INMA)와의 온라인 회의에서 "우리의 재택근무 전환은 환상적이다. 재택근무를 하면서 생산성과 기능의 85~90%를 유지하고 있다"고 말했다.[17]

15 Marc Tracy, "The New York Times Tops 6 Million Subscribers as Ad Revenue Plummets", *New York Times* (May 6, 2020)

16 손재권, "2020 해외미디어 동향(여름호): 팬데믹 미디어의 본질을 묻고 근간을 흔들다"(한국언론진흥재단, 2020), p. 8

17 https://www.inma.org/blogs/conference/post.cfm/how-new-york-times-is-responding-to-covid-19

2. 최고의 저널리즘 구현

A. G. 설즈버거 발행인을 포함한 임원 집무실은 맨해튼에 있는 뉴욕타임스 본사 건물 16층에 있다. 이곳 회의실 벽에는 본사를 방문한 역대 미국 대통령 19명의 초상화 사진과 친필서명들이 액자로 만들어져 전시돼 있다. 15층에는 퓰리처상(賞) 수상자들 이름과 수상작품 등을 진열한 '퓰리처상 갤러리(the Pulitzer Prize gallery)'가 있다.

14층에는 전망 좋은 카페테리아가 있고, 같은 건물 2층부터 4층까지 3개 층을 쓰는 편집국(newsroom)은 엘리베이터를 타지 않고 층간을 오갈 수 있도록 복층형으로 돼 있다. 빨간색 카펫으로 치장된 내부 계단은 미술관을 연상케 한다.

여기서 만드는 기사와 칼럼, 멀티미디어 콘텐츠는 품질과 영향력에서 세계 최정상으로 평가된다. NYT는 문화·지성계의 최첨단 흐름을 선도하면서 글로벌 문화의 정수(精髓·centerpiece)로 꼽혀오고 있다.

15년 연속 세계 1위 미디어

미국 오피니언 리더들을 대상으로 한 조사에서, NYT는 358개의 신문, 방송, 케이블 및 디지털 미디어를 통틀어 2019년까지 15년 연속 1위로 평가되었다.[18] 세계 225개국에서 종이신문이나 디지털(웹이나 앱)로 이

---

18 *2018 U. S. Opinion Leaders*, Erdos & Morgan, Rank versus 358 measured print,

용하는 이용자는 2020년 6월 현재 1억 5,100만 명에 달한다. *NYT* 디지털 유료 구독자들의 구매력(*total buying power*)은 1조 달러가 넘고, 최근 30일 내 방문한 전체 이용자 가운데 60% 정도는 밀레니얼과 Z세대이다.[19]

발행부수 기준(2019년)으로 *NYT*는 미국에서 *USA Today*와 *WSJ*에 이은 3위[20]이다. 그러나 2017년 온라인 백과사전 위키피디아(Wikipedia) 영문판에서 세계에서 가장 많이 인용되는 10대 출처(*source*) 가운데 하나에 올랐다.[21] 마크 톰슨 당시 CEO는 2019년 11월 인터뷰에서 이렇게 말했다.

1940년대에 윈스턴 처칠 영국 총리는 워싱턴 DC에 있는 주미 영국대사관에 매일 *NYT*를 구입해 외교행낭으로 보내도록 했다. 제2차 세계대전 진행 중 *NYT*의 논조와 입장을 직접 면밀하게 파악하기 위해서였다. *NYT*가 쓴 기사 하나하나는 그만큼 신뢰받았다.[22]

시사월간지 '애틀랜틱(*Atlantic*)'의 마이클 허손(Michael Hirschorn) 전

broadcast & cable programs, and digital media
19 'Audience Snapshot', https://nytmediakit.com/(2020년 9월 19일 검색)
20 "Top 10 U.S Daily Newspapers", Cision Media Research(Jan. 4, 2019)
21 Lewoniewski, Włodzimierz; Węcel, Krzysztof; Abramowicz, Witold(Sept. 23, 2017). "Analysis of References Across Wikipedia Languages", *Information and Software Technologies, Communications in Computer and Information Science.* 756, pp. 561~573
22 Ken Doctor, "Newsonomics: CEO Mark Thompson on offering more and more New York Times (and charging more for it)", *NiemanLab*(Nov. 13, 2019)

편집장은 "아주 상당한 정도로 *NYT*는 시대의 어젠다(*agenda*)를 제시한다. 오늘날 주요 기사들을 추적하다 보면 거의 모두가 *NYT*에 맨 처음 등장했다"고 말했다. 23

세계적 석학인 노암 촘스키(Noam Chomsky) 박사는 "매일 아침 기상 직후 내가 가장 먼저 찾아 읽는 자료는 *NYT*이다. 일부 결함도 있지만 *NYT*는 이 세상에서 내가 아는 한 어떤 신문보다 가장 폭넓고 깊숙하게 보도한다"고 했다. 24

글로벌 마케팅기업 '영 & 루비캠(Young & Rubicam)'이 1만 3천 개 브랜드를 평가한 결과, *NYT*에 대해서는 '믿을 수 있는, 신뢰할 만한, 지적(知的)인, 수준 높은, 사회적으로 책임감 있고 진실한' 같은 답변들이 나왔다. 25

성경, 미국 헌법과 같은 높은 신뢰

"미국 국민들이 믿는 것 3가지를 꼽는다면 성경과 미국 헌법 그리고 *NYT*이다." 20세기 내내 이런 말이 나올 정도로 *NYT*의 권위는 대단했고 21세기 들어서도 이 말은 상당 부분 타당하다. 탐사보도와 칼럼, 개별 기사에까지 "*NYT*는 다르다"는 평가를 받는다.

30년간 연방대법원을 취재하며 3천여 건의 기사를 쓴 린다 그린하우

---

23 DVD, *Page One: Inside the New York Times* (Magnolia Entertainment, 2011)
24 "Why Chomsky Prefers New York Times?", Youtube (May 7, 2013)
   https://www.youtube.com/watch?v=QsESsHZNoO4
25 Mark Tungate, *Media Monoliths*, 《세계를 지배하는 미디어 브랜드》(2007), p. 144

스(Linda Greenhouse)를 보자. 법조 전문기자인 그는 '무슨 판결이 나왔다'며 약간의 해설을 덧붙인 단편적인 기사가 아니라 철학과 역사적 안목이 담긴 긴 호흡의 기사를 썼다. 그러면서도 난해하고 복잡한 사건을 명쾌하게 분석했다. 그녀의 연방대법원 관련 기사가 미국 법조계에 큰 영향을 미친 것을 빗대 '그린하우스 효과(Greenhouse effect)'라는 신조어가 생겼다. 26

2012년 12월 20일 1만 7천 단어의 텍스트와 동영상, 음성파일, 그래픽 등으로 공개된 '스노 폴(Snow Fall)'은 멀티미디어 콘텐츠의 전범(典範)이다. 27 프로스키 선수 16명이 워싱턴주 터널 크리크(Tunnel Creek)라는 오지(奧地)로 갔다가 3명이 눈사태로 숨진 사고를 소재로 삼았다. 존 브랜치(John Branch) 기자는 2012년 6월부터 생존자 13명을 인터뷰하고 숨진 3명의 지인을 만나고, 911구조대 접촉, 현장 답사 등을 했다. 취재(3개월)와 기사 작성(3주)에 이어 그래픽 기자 8명과 함께 3개월 추가 작업을 거쳐 그해 12월 완성했다. 28 웹사이트와 신문에 실린 지 6일 만에 290만 명이 읽었고 이듬해 4월 퓰리처상(기획보도 부문)을 받았다.

윌리엄 렌퀴스트(William H. Rehnquist) 전 연방대법원장이 2005년 9월 4일 토요일 밤 사망하자, NYT는 윤전기를 세우고 2개면에 실린 광고를 모두 내리고 지면 전체를 부고(訃告·obituary) 기사로 채웠다. 29 이만한

26 김낭기, "뉴욕타임스 기자 린다 그린하우스", 〈신문과 방송〉(2018년 8월호)

27 John Branch, "Snow Fall: The Avalanche at Tunnel Creek", *New York Times* (Dec. 20, 2012)

28 "Q. and A.: The Avalanche at Tunnel Creek", *New York Times* (Dec. 21, 2012)

29 Linda Greenhouse, "[Court In Transition] William H. Rehnquist, Architect of Conservative Court, Dies at 80", *New York Times* (Sept. 5, 2005). 이날 실린 부고

열정과 집념으로 저널리즘에 투철한 미디어는 찾기 힘들다.

'진지한' 저널리즘이 원동력

2000년대 초까지만 해도 다음 날짜의 뉴욕타임스 A1면 기사 요약분은 미국 내 다른 신문사들에게 가장 유력한 참고자료였다. 매일 오후 7시까지 팩스로 전달되는 A1면 기사를 보고서 발행부수 10만 부가 넘는 350여 개 미국 신문사들이 다음 날 1면을 확정했다. [30]

"밤새 새로운 뉴스 스토리가 추가되기 때문에 미국 언론인들은 매일 아침을 *NYT*로 시작한다"는 말은 농담 아닌 진실이었다. 재닛 로빈슨 (Janet Robinson) NYT컴퍼니 전 CEO는 이렇게 말했다.

독자들은 *NYT*를 '가장 철저하고 완벽한 미국 신문'으로 생각한다. 이들은 *NYT*로부터 자신과 관련 있는 문제에 성경(聖經)이 주는 것 같은 무엇인가를 기대한다. [31]

재닛 로빈슨 후임으로 2012년 말부터 2020년 8월까지 NYT컴퍼니 CEO를 지낸 마크 톰슨은 그 원천을 *NYT* 내부에 흐르는 '진지함'에서 찾았다. 그는 이렇게 진단한다.

기사 중 하나이다.

30 이철민, "〔NYT〕지구촌 '오늘의 뉴스' 우리가 정한다", 〈조선일보〉(1999년 4월 7일)

31 Mark Tungate (2007), p. 145

우리의 지향점은 진지한 저널리즘(*thoughtful journalism*)이다. 고슴도치의 모든 창의성은 단 하나의 거대한 아이디어 중심과 그 부근에서 나온다. *NYT*라는 고슴도치는 한순간도 자신이 누구인지, 무엇을 상징하는지 잊지 않는다. 우리의 고객에게도 마찬가지다.[32]

마크 톰슨 전 CEO는 "*NYT*에는 진지함(*thoughtfulness*)이 DNA로 각인돼 있다. 음식 관련 기사를 쓸 때에도 우리 기자들은 레시피를 50번 정도 테스트한 다음 질(質) 높은 기사를 쓴다"며 이렇게 밝혔다.

*NYT*는 사려 깊은 소수들(*a certain kind of thoughtful readers*)을 위한 신문이다. 자동차로 비유하자면, GM, 도요타가 아니라 메르세데스 벤츠 같은 제품이다. 사려 깊은 사람들을 위해, 정성들여 만든 게 *NYT* 브랜드이다.[33]

32 Mark Thompson speaking at the Guardian's Activate New York 2013 Summit (Dec. 9, 2013)
33 Ken Doctor, *NiemanLab*(Nov. 13, 2019)

미국 '상류 저널리즘'의 증표

이 같은 고급 브랜드 이미지는 갑자기 만들어진 게 아니다. 1851년 창간 후 경영난에 빠진 *NYT*를 1896년 인수한 아돌프 옥스(Adolph Ochs) 때부터 형성됐다. 옥스는 1890년대 미국 신문업계를 지배하던 흥미 위주 황색 저널리즘(*yellow journalism*)과 거리를 두었다.

대신에 "격조 높고 명예로운 목적을 지니고 신중한 확신과 독립성을 지닌 논설을 게재하는, 깨끗한 신문"을 지향했다. 그의 표현대로 "*NYT*를 읽는 모습을 그 누구에게도 부끄러워할 필요가 없도록" 품격 있는 신문을 발행하고자 했다.

옥스의 이런 접근은 모방심과 과시적 소비가 광범위하게 퍼지던 1890~1910년대 미국 사회에서 적중했다. 교육 수준이 낮거나 부유하지 않은 사람들까지 자신들보다 사회적 지위가 높은 이들을 모방하려는 마음에서 *NYT*를 찾아 읽으며 자부심을 느끼고자 했기 때문이다. 교육 수준이 높고 부유한 사람들도 *NYT*를 애독했다. 마이클 셔드슨(Michael Schudson) 컬럼비아대 저널리즘스쿨 교수는 이렇게 분석했다.

> *NYT*가 부유층은 물론 부와 사회적 지위를 열망하는 사람들 중에서 독자를 확보할 수 있었던 것은, *NYT* 그 자체가 '품위의 증표(證票)'였기 때문이다. (중략) *NYT*는 합리적인 사람들을 대상으로 '폭로'가 아닌 '유용한 정보'를 전함으로써 스스로 '상류 저널리즘(*higher Journalism*)'으로 자리매김했다. 34

고급신문으로서 명성과 평판을 유지하는 것은 단순히 비즈니스맨이나 법률가에게 유용한 기사를 많이 싣는다든가, 특정 정파(政派)의 정치적 주장이나 관점을 대변해서가 아니라는 것이다. 그보다는 NYT가 미국의 건강하고 활력 있는 중간문화(the median culture of American life)를 반영하며 살아있는 규범이 되고 있기 때문이다. 35

고학력 중산층 독자 … 30세 미만이 32%

NYT 독자들의 평균 가계소득은 2000년대 초반에 9만 2천 달러로 미국 국민의 미디언(median · 중앙값) 가계소득(약 5만 달러)의 두 배에 달했다. 미국 총인구에서 가계소득 10만 달러 이상은 17%인데, NYT 독자의 이 비율은 45%였다. 미국인의 24%가 대졸 이상 학력 소유자인 반면, NYT 독자의 이 비율은 64%이다. 독자 가운데 전문직이나 관리자급(48%)은 미국 전체 평균(20%)의 2배가 넘는다. 36

이런 이용자 구성은 2020년대에도 별반 다르지 않다. 전체 구독자의 56%는 대학 졸업자이고 38%는 고소득자이다. 폭스뉴스TV와 CNN 정기 시청자 가운데 대졸자 비중(24%, 29%)과 비교하면 2배 이상 높

34 Michael Schudson, *Discovering the News*, 《뉴스의 발견: 미국 신문의 사회사》(커뮤니케이션북스, 2019), p. 208, 212
35 Benjamin Stolberg, "The Man Behind The Times", *Atlantic Monthly 138*(Dec. 1926), pp. 721~731
36 박재영, "신문 지면의 구성 요소: 뉴욕타임스 · 요미우리신문 · 조선일보를 중심으로" (미디어연구소, 2004), p. 42

다. 37 정기 구독자 가운데 32%는 30세 미만 젊은 층이라는 게 새로운 변화이다.

충성 이용자의 60% 정도는 연간 가구당 소득은 15만 달러 이상, 1인 당 수입 기준으로 7만 5천 달러가 넘는 중산층이다. 또 대학원 이상 고 학력자가 미국인 전체 평균보다 3배 많고, 종이신문 구독자의 90%는 전문대 이상 졸업자이다. NYT에서 최초의 여성 편집국장과 여성 편집 인을 지낸 질 에이브럼슨(Jill Abramson)의 말이다.

NYT와 독자들 간의 특별한 관계는 '보도의 깊이'와 독자들의 지성(知性)을 존중하는 '우아한 편집'에 의존한다. NYT 독자가 된다는 것은 뉴요커는 물 론 뉴욕 바깥 시민들에게 신분상징(status symbol)으로 여겨졌다. 복잡한 세상에서 NYT는 생활의 매뉴얼(a manual for living)이자, 정체성의 한 부 분이다. 38

많은 독자들은 세계정세 파악은 물론 각종 선거에서 누구를 찍을지, 어떤 노트북 PC를 살지, 어떤 영화를 보고, 어느 식당에서, 어떤 메뉴 를 고를까 하는 결정에까지 NYT에 의존하고 있다. 이 같은 전폭적인 신 뢰와 충성도를 낳는 원천은 특유의 저널리즘 정신이다.

---

37 "Who Is the New York Times' Target Audience?" Reference (Mar. 25, 2020) https://www.reference.com/world-view/new-york-times-target-audience-c5e77 c29eb68cef4

38 Jill Abramson, *Merchants of Truth: The Business of News and the Fight for Facts* (Simon & Schuster, 2019), p. 77

최고의 가치는 저널리즘 정신

오너 가문과 경영진은 다른 모든 것은 포기해도 '저널리즘' 하나만은 놓치지 않고 있다. 아돌프 옥스 시절 발생한 타이태닉호 침몰사건(1912년)을 계기로 편집국에 충분한 인력과 취재경비 지원은 회사의 불문율로 굳어져 있다. 경영위기가 절정에 이르던 2008년에도 *NYT*는 전 세계 언론사 가운데 유일하게 그해 3백만 달러 경비를 지출하며 이라크 바그다드 지국을 운영했다.

빌 켈러(Bill Keller) 당시 편집인은 편집국 감원 통보를 처음 받았을 때 한 명이라도 대상자를 줄이기 위해 자신과 편집국장, 부국장단의 급여를 자진 삭감했다. 글로벌 금융위기로 경쟁사들도 휘청이자, 설즈버거 주니어 발행인은 별도 예산을 지급해 '워싱턴포스트' 등의 A급 기자들을 스카우트했다. 39 아무리 경영이 악화돼도 경영진은 편집국 인력을 1,100명 밑으로 줄이지 않았다.

저널리스트들의 직업정신도 투철하다. 2008년 봄부터 2011년 봄까지 3년간 이라크와 리비아, 짐바브웨, 아프가니스탄 등에서 6명의 *NYT* 기자가 체포되거나 납치 또는 구금됐다. 안전과 테러 위협에도 목숨 걸고 취재에 나선 이들의 석방을 위해 미국 정부까지 나섰다.

---

39 Jill Abramson(2019), p. 67, 191

미국 신문기자 평균 연봉의 두 배 받아

NYT에는 하버드, 예일, 컬럼비아 같은 아이비리그(*Ivy League*) 출신 저널리스트들이 상대적으로 많다. 이들은 대학생 기자(*campus stringer*)나 인턴, 카피 보이(*copy boy*)로 일하다가 채용됐다. 데이비드 카(David Carr) 전 NYT 미디어 칼럼니스트는 이렇게 지적했다.

> NYT 편집국의 1,100명은 지구상에서 가장 큰 저널리즘 자산이다. NYT에서 당신보다 똑똑한 사람을 한 명이라도 찾아내지 못하거나 새로운 방법으로 생각하는 법을 가르쳐 줄 사람을 찾지 못했다면 당신은 열심히 찾지 않은 것이다. [40]

이들은 미국 신문업계에서 가장 좋은 대우를 받고 있다. [41] NYT 기자들의 입사 때 연봉은 평균 10만 4,600달러로 미국 신문기자들의 평균 연봉보다 두 배 이상 높다. [42] 그러나 연봉 15만 달러 이상을 받는 기자들은 극소수이다. [43]

워싱턴지국의 NYT 기자들은 회사 측으로부터 CNN, MSNBC 등 방

---

40 David Folkenflik, *Page One: Inside The New York Times and the Future of Journalism*, 《페이지 원: 뉴욕타임스와 저널리즘의 미래》(커뮤니케이션북스, 2014), p. 20

41 Edwin Diamond, *Behind the Times: Inside the New York Times*(Villard Books, 2003), p. 51

42 Ben Smith(March 1, 2020). NYT 신입 기자는 대부분 지방이나 다른 미디어에서 능력을 인정받아 스카우트된 경력직이다.

43 Jill Abramson(2019), p. 375

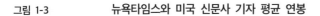

그림 1-3 **뉴욕타임스와 미국 신문사 기자 평균 연봉**

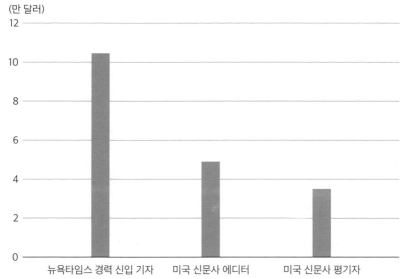

(만 달러)

• 자료: 뉴욕타임스 경력 신입 기자는 Ben Smith, (March 1, 2020), 미국 신문사 에디터 및 평기자는 News Guild-CWA(Jan. 2018)

송사 출연을 허용받고 있다. 일례로 트럼프 대통령 시절 4년 내내 백악관 취재를 한 매기 해버먼(Maggie Haberman) 워싱턴지국 기자는 CNN 정치분석가(*political analyst*) 타이틀도 갖고 있다. [44] '슬레이트(*Slate*)' 매거진 정치부장으로 있다가 2019년 *NYT* 오피니언 칼럼니스트로 영입된 자멜르 부이에(Jamelle Bouie)는 CBS방송에 정치분석가로 지금도 출연한다. [45]

　이를 통해 회사 측은 고급인력 유출을 막고, 스타급 인사로 키워 회사

---

44 https://en. wikipedia. org/wiki/Maggie_Haberman (2021년 1월 2일 검색)

45 https://www. nytimes. com/column/jamelle-bouie (2021년 1월 10일 검색)

홍보와 인터넷·소셜미디어 트래픽에 도움이 되는 효과를 거둔다.

NYT 안에서 기자 출신의 최고위직은 예외 없이 편집인(*executive editor*)이거나 칼럼니스트이다. 직제상 편집인 아래 직속 라인에 있는 직책은 편집국장(*managing editor*)과 부국장(*deputy managing editor*), 부국장 대우(*assistant managing editor*) 등의 순서이다. 46

상당수 기자들 60세 넘어도 근무

아주 특별한 예외가 아니면 기자들은 사실상의 정년(停年)인 만 65세까지 근무하고 66세가 되기 전에 회사를 떠난다. 2012~2013년 당시 편집국 기자들의 평균 연령은 60세에 육박했다. 입사 후 큰 잘못을 저지르지 않는 한, 괜찮은 보수와 최고 신문사 소속 저널리스트라는 명예를 누리며 정년까지 일하는 분위기였다.

질 에이브럼슨 전 편집인은 이렇게 말했다.

신입 기자가 A1면에 첫 기사를 실으면 그 기사를 기념 액자로 만들어 주었다. 대다수 *NYT* 기자들은 큰 자부심을 느끼며 60세 넘어까지 회사에 있었다. 회사 역사에 해박한 데이비드 던랩(David Dunlap) 메트로부 기자는

---

46 2021년 3월 현재 편집인은 딘 바케이(Dean Baquet)이고 편집국장은 조 칸(Joe Kahn)이다. 그 아래 편집국 부국장은 클리프 레비(Cliff Levy) 오디오 담당을 비롯해 5명, 부국장 대우는 마크 레이시(Marc Lacey) 라이브 뉴스 담당(전 정치부장) 등 총 7명이다. Katie Robertson, "New York Times Names Cliff Levy to a Top Editing Role", *New York Times*(Jan. 27, 2021)

만 44년간 일하다가 2017년 8월 퇴사했다. 스포츠 기자로 처음 퓰리처상을 받은 데이브 앤더슨(Dave Anderson)은 40년간 근무했다. [47]

하버드대 정치학과 졸업 후 1982년 입사해 2021년 현재에도 근무하고 있는 데이비드 생어(David Sanger) 워싱턴지국 수석기자 같은 사례[48]도 있다. 최근에는 편집국 기자들을 상대로 수차례 구조조정이 실시됐고 데이터 과학자, 프로그래머 같은 젊은 비정통 저널리스트들이 많이 들어오고 있다.

47 Jill Abramson(2019), p. 184
48 1960년생인 David Sanger는 외교안보와 경제전문 기자이다. 3권의 책을 썼고 퓰리처상을 받았으며 하버드대 케네디스쿨에서 강의도 한다.
    https://en. wikipedia. org/wiki/David_E. _Sanger

3. 120년 넘게 단일가문 경영

1851년 창간 후 경영난에 빠진 뉴욕타임스가 1896년 시장에 매물로 나오자, 당시 38세의 독일계 유태인인 아돌프 옥스(Adolph Ochs)가 이를 사들였다. 그의 사후(死後), 사위인 아서 헤이즈 설즈버거(Arthur Hays Sulzberger, 약칭: AHS)가 2대 발행인이 됐다. 이후 옥스-설즈버거 (Ochs-Sulzberger family, 약칭 설즈버거 가문) 가문이 대주주로 회사를 이끌고 있다.

A. G. 설즈버거 발행인 겸 회장은 AHS의 증손자이며, 아돌프 옥스의 5대 외손(外孫)이다. 설즈버거 가문은 대대로 *NYT* 발행인(*publisher*) 과 NYT컴퍼니 회장직을 맡아오고 있다.

설즈버거 가문이 이사회 70% 선출

*NYT*는 1969년 1월 14일 미국 증권거래소에 공개 상장(上場)한 주식회사이다.[49] 단, 회사가 발행한 상장 주식은 의결권 없는 클래스(*class*) A 주식과 의결권이 있는 클래스 B주식 두 종류이다. 이른바 '이중(二重) 주식구조(*dual-class share structure*)'를 채택하고 있다.[50]

---

49 Bill Lucey, "The New York Times: A Chronology 1851-2010", New York State Library.
50 NYT컴퍼니 실적 및 투자는 https://investors.nytco.com/investors/default.aspx

표 1-6   옥스 - 설즈버거 가문의 역대 발행인

이 름	취임일	재임 기간
Adolph Simon Ochs	1896년 8월 19일	38년 9개월 (최장기)
Arthur Hays Sulzberger	1935년 5월 8일	26년
Orvil Dryfoos	1961년 4월 25일	2년 1개월 (최단기)
Arthur Ochs 'Punch' Sulzberger	1963년 6월 21일	28년 6개월
Arthur Ochs Sulzberger Jr.	1992년 1월 17일	26년
A. G. Sulzberger	2018년 1월 1일	재임 중*

• 2021년 3월 기준

2019년도 연례 보고서를 보면, 회사가 인증한 클래스 A주식은 3억 주, 클래스 B주식은 80만 3,404주이다. 이 가운데 2020년 2월 24일 현재 발행돼 거래되는 클래스 A주식은 1억 6,559만 5,573주이며, 클래스 B주식은 80만 3,404주이다. [51]

클래스 A주식을 보유한 5,129명의 주주들은 NYT컴퍼니 이사회 이사 (理事) 가운데 30%를 뽑는 권한을 갖고 있다. 24명의 클래스 B주식 보유자들은 모두 설즈버거 가문의 직계 자손들이다. [52] 이들은 클래스 B주식의 88%를 보유하면서 NYT컴퍼니 이사회의 70%를 선출한다.

NYT컴퍼니 이사회는 발행인과 최고경영자(CEO) 선임, 인수·합병 같은 중요 경영사항을 의논하고 결정하는 최고 기구이다. 2021년 3월 현재 A. G. 설즈버거 발행인이 이사회 회장을 맡고 있다.

사내이사로는 A. G. 설즈버거와 메레디스 레비언 CEO, A. G. 설즈버거의 4촌 데이비드 퍼피치 독립상품 책임자(Head of Standalone Products)

---

51   The New York Times Company 2019 Annual Report, p. 109
52   The New York Times Company 2019 Annual Report, p. 15, 18

등 4명이 참여하고 있다. 나머지 8명은 외부인들이다.

전문경영인이 CEO 맡아

회사의 집행 등기임원은 메레디스 레비언 CEO와 A. G. 설즈버거 발행인, 안소니 벤튼(Anthony Benten·회계) 부사장, 다이앤 브레이튼(Diane Brayton·총무) 부사장, 롤란드 카푸토(Roland Caputo) 최고재무

표 1-7	NYT컴퍼니 이사회 명단
이 름	직 책
A. G. Sulzberger	Chairman of the Board, Publisher, The New York Times
Amanpal S. Bhutani	CEO. GoDaddy Inc.
Beth Brooke	Former Vice chair, Ernst & Young LLP
Rachel Glaser	CFO. Etsy, Inc.
Hays N. Golden	Senior Director for Science and Strategy Crime Lab New York University of Chicago
Brian P. McAndrews	Former President, CEO. and Chairman Pandora Media, Inc.
John W. Rogers Jr.	Founder, Chairman, co-CEO. and CIO. Ariel Investments, LLC
Doreen Toben	Former Executive Vice President and CFO. Verizon Communications, Inc.
Rebecca Van Dyck	Chief Marketing Officer AR/VR Facebook, Inc.
David Perpich	Head of Standalone Products The New York Times Company
Arthur Golden	a best selling author
Meredith Kopit Levien	President and CEO. The New York Times Company

• 2021년 8월 현재
• 자료: https://www.nytco.com/board-of-directors/

책임자(CFO) 등 5명이다.[53] 8명의 사외이사 가운데 절반 이상은 페이스북, 버라이즌 같은 디지털과 IT 업종 인사들이다.

회사 이사회와 별도로 설즈버거 가문은 가문 재산을 관리하고 가문의 *NYT* 경영전략 등을 의논하는 '옥스-설즈버거 가문신탁(*Family Trust*) 이사회'를 두고 있다. 이 이사회의 이사(8명)들은 설즈버거 가문의 직계 또는 방계 가족들이다.[54]

중요한 것은 NYT컴퍼니의 '이중 주식구조'를 변경하려면, '가문신탁 이사회'의 이사 8명 가운데 6명이 찬성해야 한다는 점이다. 다시 말해 설즈버거 가문 전체의 만장일치에 가까운 합의가 없으면, *NYT*의 지배구조를 바꿀 수 없는 것이다.

아서 옥스 펀치 설즈버거(Punch Sulzberger) 발행인은 1973년 11월부터 1997년까지 NYT컴퍼니 최고경영자(CEO)를 맡았다. 신문·제지업종으로 단순하던 회사가 외부기업 인수합병으로 규모가 커졌기 때문이다. 그러다가 그는 1997년 CEO 자리를 전문경영인에게 넘겼다.[55] 그의 후임으로 전문경영인 출신 초대 CEO가 된 러셀 루이스는 *NYT* 사장을 거친 생산 및 판매 전문가였다. 이후 재닛 로빈슨, 마크 톰슨, 메레디스 레비언이 NYT컴퍼니 CEO 자리를 맡았다. 이들은 모두 편집국 기자 출신이 아니라 광고, 판매, 디지털 부문에서 일한 경영 전문가들이다.

---

53 The New York Times Company 2020 Annual Report, p. 22

54 아서 옥스 설즈버거 주니어와 캐시 설즈버거 주니어, 린 돌닉, 수전 드라이푸스, 마이클 골든, 제임스 코언, 에릭 락스 등이다.

55 Clyde Haberman, "Sulzberger Passes Leadership of Times Co. to Son", *New York Times*(Oct. 17, 1997)

표 1-8 NYT컴퍼니 역대 CEO

이 름	재임 기간 (년)	특이 사항
Arthur Ochs 'Punch' Sulzberger	1973~1997	발행인 겸직
Russell Lewis	1997~2004	생산·판매 전문
Janet Robinson	2004~2011	종이신문 광고 전문
Mark Thompson	2012~2020	BBC 사장 출신
Meredith K. Levien	2020~현재	디지털 광고 전문

표 1-9 뉴욕타임스 역대 CEO

이 름	재임 기간 (년)
Walter Mattson	1979~1992년
Lance Primis	1993~1996년
Janet Robinson	1997~2004년
Scott Heekin-Canedy	2004~2012년

아무리 유명하고 권위 있는 저널리스트라도 *NYT*라는 조직에서 사내 최고 직위는 편집인 또는 논설실장이다. NYT컴퍼니 CEO는 직속 상사인 회장(*chairman*)의 지휘를 받으며, 그에게 보고한다. 그는 동시에 발행인(*publisher*)으로부터 보고받는다. 따라서 메레디스 코핏 레비언 CEO는 A. G. 설즈버거 회장에게 보고하며, 설즈버거 발행인은 레비언 CEO에게도 보고하는 독특한 구조이다. 56 NYT컴퍼니와 별도로 *NYT* 자체 사장(CEO) 직위는 1979년부터 2012년까지만 운영됐다.

NYT컴퍼니 CEO는 *NYT*를 중심으로 다수의 관계회사들(계열사 및

---

56 NYT컴퍼니 CEO직은 회사가 수십 개의 자회사를 둔 그룹 형태로 커진 1997년 만들어졌다. 이와 별도로 *NYT*는 1979년 월터 맷슨 경영총괄전무(*general manager*)를 사장(*president*)으로 승진시켜 2012년까지 사장직을 뒀다.

표 1-10

1,700	회사 내 저널리스트 수
55	NYT 직원들이 사용하는 언어 종류
1억 5천만	매월 전 세계에서 NYT를 찾아오는 순방문자(UV) 수

표 1-10   **숫자로 본 뉴욕타임스**

• 자료: https://www.nytco.com/company/ (2021년 2월 12일 검색)

자회사) 경영을 총괄한다. 반면, *NYT* CEO는 *NYT* 한 회사 경영을 전담했다. 2012년 말까지 NYT컴퍼니그룹 산하 소(小) 그룹들이 대부분 매각돼 NYT컴퍼니가 사실상 *NYT*로 축소됨에 따라 *NYT* CEO 자리는 폐지됐다.

구독 부문 매출이 광고매출의 3배

한국을 포함한 대다수 신문사들은 종이신문(*print*)으로 돈을 벌고 있다. 신문 발행부수가 매년 감소함에 따라 '구독(*subscription*)' 매출보다는 '광고(*advertising*)' 매출이 더 높은 비중을 차지한다. 다시 말해 종이신문과 광고가 주된 수입원이다.

   *NYT*는 이와 반대로 디지털(*digital*)과 '구독'을 가장 큰 수입 원천으로 삼고 있다. 총매출액에서 '구독'이 차지하는 비중은 2012년부터 '광고'를 추월했다. 구독 부문 매출액은 종이신문 구독료와 디지털(온라인) 유료 가입자들이 내는 월정액을 합한 것이다.

   2020년 총매출액에서 '구독' 부문 비중은 67%이고 '광고' 부문은 22%이며, 저작권료, 임대료를 포함한 기타 수입이 나머지 11%에 달한다. 1999년과 2005년에는 총매출액의 74%, 66%를 각각 광고, 특히 대부분 종이신문 광고로 올렸던 것과 견줘 보면, 15년 만에 완전한 역전이 이뤄진 것이다.

'구독' 부문의 구성도 바뀌고 있다. 과거에는 종이신문 판매로 인한 종이신문 구독수입이 대부분이었다. 그러나 2020년 2분기에 *NYT*는 창사

표 1-11   **NYT 총매출액 추이**

(단위: 백만 달러)

연 도	총매출액	광고 부문	구독 부문	기 타
2000	1,927	1,306	477	145
2001	1,758	1,099	508	152
2002	1,790	1,087	564	140
2003	1,986	1,196	623	168
2004	2,001	1,221	616	165
2005	2,035	1,262	616	157
2006	2,077	1,269	637	172
2007	2,052	1,223	646	183
2008	1,916	1,068	668	180
2009	1,582	797	683	101
2010	1,557	780	683	92
2011	1,555	756	705	93
2012	1,595	712	795	88
2013	1,577	666	824	86
2014	1,588	662	836	89
2015	1,579	639	852	89
2016	1,555	581	881	94
2017	1,676	559	1,008	108
2018	1,748	558	1,042	147
2019	1,812	531	1,083	197
2020	1,784	392	1,195	196

• 2012년까지는 NYT컴퍼니그룹에서 NYT미디어그룹 매출액만 계산
• 자료: The New York Times Company 2000~2020 Annual Report

그림 1-4

NYT컴퍼니 매출액 부문별 비중 추이

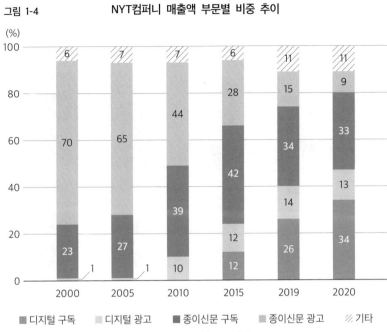

■ 디지털 구독   ▨ 디지털 광고   ■ 종이신문 구독   ■ 종이신문 광고   ▨ 기타

• 자료: The New York Times Company 2000~2020 Annual Report

후 처음으로 '디지털 구독' 부문 매출이 '종이신문 구독' 부문 매출을 앞질렀다.[57] 디지털 유료 구독자가 이후 급증하면서 두 부문 간의 매출 격차는 더 벌어지고 있다.[58] 과거의 '신문사(*newspaper*) 정체성'을 벗어난 것이다.

57 Rick Edmonds, "Advertising revenue at The New York Times plummets, but digital subscription gains are the best ever", Poynter Institute(August 5, 2020)
58 The New York Times Company Reports 2020 Fourth-Quarter Results, p. 7

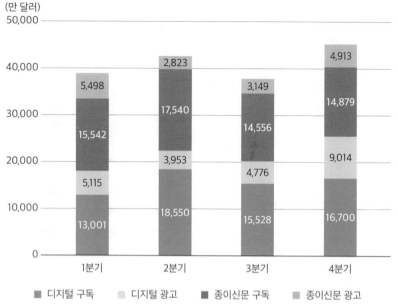

그림 1-5　　　**2020년도 디지털과 종이신문의 부문별 매출액**

(만 달러)

■ 디지털 구독　　□ 디지털 광고　　■ 종이신문 구독　　■ 종이신문 광고

• 자료: The New York Times Company Reports 2020 First~Fourth-Quarter Result

2020년에 디지털이 종이신문 매출 처음 추월

2010년 회사의 총매출액에서 10% 남짓하던 '디지털' 부문 비중은 2018
년에는 41%가 됐다. 2019년 디지털 부문 매출액(광고와 구독 수입 포함)
은 사상 처음 8억 달러를 넘었다. 2020년 들어 디지털 유료 구독자는 계
속 증가해 그해 말 669만 명에 달했다.

　그 결과 2020년 총매출액에서 디지털 부문 비중은 47%를 기록해 종
이신문(42%)과 기타 부문(11%)보다 높아졌다. 2020년은 명실상부하
게 디지털 부문이 총매출에서 가장 비중이 높아진 원년(元年)이 됐다. [59]

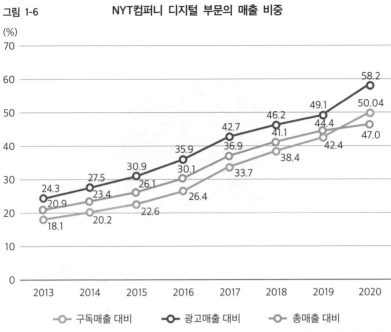

그림 1-6　　　　　**NYT컴퍼니 디지털 부문의 매출 비중**

(%)

- 🔘— 구독매출 대비　　—⚫— 광고매출 대비　　—🔘— 총매출 대비

• 자료: 2013~19년은 Joshua Benton, NiemanLab(Feb. 6, 2019), 2020년 총매출은 기타 매출 포함

　실제로 2020년 1~4분기 실적을 보면, 디지털은 광고매출의 58.2%, 구독매출의 50.04%를 각각 차지했다. 그해 4분기만 보면 디지털 부문의 비중은 광고 총매출의 64.7%, 구독 총매출의 52.8%로 분기 기준 역대 최고였다. 2020년 1분기까지만 해도 구독과 광고 부문 모두에서 종이신문이 디지털을 앞섰으나 그해 2분기부터는 두 부문 모두 디지털이 종이신문을 추월하고 있다.[60]

59　2020년 전체 디지털 매출액(8억 2,688만 달러)은 종이신문(7억 6,080만 달러)보다 6천만 달러 정도 더 많았다. The New York Times Company 2020 Annual Report, pp. 35~39

60　The New York Times Company Reports 2020 Third-Quarter Results, p. 7, 9

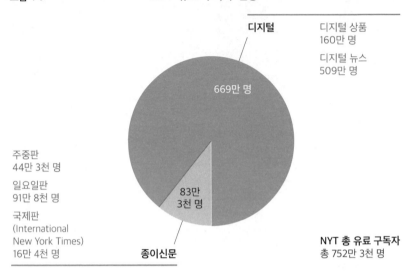

그림 1-7 　　　　　　　　　**NYT 유료 구독자 현황**

디지털　　디지털 상품
　　　　　160만 명

　　　　　디지털 뉴스
　　　　　509만 명

669만 명

주중판
44만 3천 명

일요일판
91만 8천 명

국제판
(International
New York Times)
16만 4천 명

83만
3천 명

종이신문

NYT 총 유료 구독자
총 752만 3천 명

• 자료: The New York Times Company 2020 Annual Report, p.2, 36

　이는 넷플릭스, HBO, 스포티파이처럼 *NYT*도 디지털 상품을 구입한 이용자들이 정기적으로 내는 구독료로 운영되는 '구독 경제' 기업이 됐음을 뜻한다. 61 다만 *NYT*가 제공하는 상품은 순수 디지털 상품과 더불어 디지털 뉴스 콘텐츠가 많은 것이 차이점이다. 이 같은 디지털 기업으로의 전환은 10년에 가까운 집념어린 노력의 산물이다.

　일례로 2018년도 연례 실적보고서에서 경영진은 '디지털'이란 단어를 40회 언급한 반면, '종이신문'은 17회만 사용했다. 수년 전부터 전사적으로 디지털 부문 육성에 모든 역량을 쏟아부어온 것이다. 62

---

61 Gabriel Snyder, "How The New York Times Is Using Strategies Inspired by Netflix, Spotify, and HBO to Make Itself Indispensable", *Wired* (Feb. 12, 2017)

62 Joshua Benton, "The New York Times is getting close to becoming a

NYT 본사 건물은 뉴욕 맨해튼 중심부인 웨스트(West) 41번가와 42번가 사이, 미국 최대 버스터미널인 포트 오소리티(Port Authority Bus Terminal) 맞은편에 있다. 타임스 스퀘어와는 걸어서 10여 분 거리이며, 지상 52층, 지하 7층 규모로 첨탑 안테나까지 포함하면 지상 319m 높이다. 1세계무역센터(1WTC)와 엠파이어스테이트 빌딩, 뱅크오브아메리카(BOA) 타워에 이은 뉴욕에서 4번째 고층 건물로 뉴욕의 랜드마크 중 하나로 꼽힌다.

사옥을 설계한 이탈리아 출신의 세계적 건축가 렌조 피아노(Renzo Piano)의 이름을 따 '렌조 피아노 빌딩'으로[63] 불린다. NYT는 낫소 스트리트(Nassau Street) 113번지에 첫 번째 본사 건물을 잡은 후 1854년과 1858년에 이사했고, 1904년 브로드웨이(Broadway) 1475번지로 네 번째 본사를 옮겼다. 당시 본사 건물 옆에 '롱에이커 스퀘어(Longacre Square)'가 있었는데 NYT 이주(移住)를 기념해 그해 12월 31일 '타임스 스퀘어'로 개명해 지금의 '타임스 스퀘어'가 됐다. [64]

다시 1913년에 웨스트 43번가로 옮겨 2007년까지 94년간 본사 건물로 사용했다. [65] 2007년 7월 1일 현재 건물로 입주를 시작해 그해 11월

---

majority-digital company", *NiemanLab*(Feb. 6, 2019)

63 Christine Shaffer, "Viracon Glass Helps New York Times Building Shine", Green Building Pro(May 2, 2011)

64 "New York Times Headquarters" in http://skyscraperpage. com/cities/?building ID=916

19일 완료했다. 지금 본사 건물은 회색빛 나는 음침한 직전 본사 사옥과 달리 대로변에 정면으로 서 있다.

회사 강당 등이 있는 지하 1층에는 유명 인사 초청프로그램인 '타임스 토크(Times Talks)'가 종종 열리고 외부에 유료 대관도 한다. 1층 로비는 외부인에게 개방돼 미디어·건축·디자인 분야 종사자들과 관광객들이 많이 찾는다. 로비에 24시간 365일 연중무휴 켜져 있는 LCD(소형 액정표시장치) 스크린 프로젝트에는 *NYT* 기사와 칼럼들이 번갈아 뜨고 있다. 투사(投射)된 기사들이 미끄러지듯 사라지고 새로 바뀌는 '무버블(*moveable*) 영상' 시스템이다.

세련된 뉴요커 분위기 ··· 투명과 혁신 상징

편집국은 본사 2~4층 3개 층을 쓰는데 편집인, 편집국장 등 수뇌부는 3층에 디지털 편집자들과 가까이 있다. 기자와 데스크들의 사무 공간은 낮은 칸막이실(*cubicle*)로 돼 있는데 유행에 민감한 젊은 뉴요커 같은 분

---

65 영국 언론인 니콜라스 콜러리지(Nicholas Coleridge)는 뉴욕시 웨스트 43번가에 있던 *NYT*의 다섯 번째 본사 건물의 외형과 분위기를 이렇게 묘사했다.
"맨해튼의 브로드웨이를 돌아 웨스트 43번가를 향하면 돌연 거대한 벽돌 건물이 앞에 나타나 당신을 위압한다. 그것은 옛 소련 정부청사처럼 혹은 거대한 박물관처럼 도시의 한 블록을 점령한 채 당신을 가로막는다. 건물 정면 벽에는 방패를 쥔 독수리상들이 조각되어 있고 신문사 로고를 담은 4개의 깃발이 있다. 출입구 양편에 하나씩 붙어 있는 전등이 밤이면 희미한 불빛을 발해 경찰서 입구 같은 분위기를 자아낸다. 출입구 위에는 창을 비껴든 그리스 신화의 무사(武士)와 가슴을 드러낸 요정이 지구를 떠받치고 있다." Nicholas Coleridge, *Paper Tigers : The Latest Greatest Newspaper Tycoons And How They Won The World*(Mandarin Paperbacks, 1994), p. 30

위기이다. 본사 건물은 현대식 유리와 철강 골조, 자연 채광(採光) 구조를 적용한 저탄소 · 친환경 최첨단 글라스타워 빌딩이다.

1층부터 꼭대기까지 투명도가 높은 특수 유리벽으로 만들어 건물 전체가 밖에서 훤히 보인다. 열감지 기능이 내장된 36만 5천 개의 세라믹로드(rod · 봉)로 건물 외벽에 블라인드 스크린을 적용해 조망을 최대한 확보하면서 자연광으로 실내조명을 조절한다.

태양 광선의 차폐(遮蔽) 정도에 따라 창문 높이가 자동조절되며, 햇빛 강도와 구름의 다소(多少) 등에 따라 건물 외관의 색깔이 바뀌는데, 저녁노을 무렵에는 붉은 황금색(marigold)을 발한다. 투명과 빛을 상징하는 본사 건물은 첨단 미디어로서 자신감과 혁신 열망을 보여준다는 평가를 받고 있다. 66

---

66 David Folkenflik, *Page One: Inside The New York Times and the Future of Journalism* (2014), p. viii

4. 올드 뉴욕타임스 vs. 뉴 뉴욕타임스

2021년에 창간 170주년을 맞는 *NYT*[67]에는 1백 년 넘게 지켜오는 전통이 여럿 있다. 종이신문 A1면 상단의 제호(題號) 왼쪽 옆 '인쇄하기 적합한 모든 뉴스(*All the News That's Fit to Print*)'라는 7개 단어로 이뤄진 슬로건부터 그렇다. 이 슬로건은 1896년 가을 아돌프 옥스가 실시한 1백 달러 현상금 공모에 응한 2만여 건 가운데 뽑혀 그해 10월 25일 자 사설(社說)면에 처음 등장했다. 1897년 2월 10일 자부터 A1면 상단의 지금 위치로 옮겨 가로 5cm, 세로 2cm 작은 박스 안에 하루도 빠지지 않고 매일 실리고 있다. [68]

158년 동안 A1면에 無광고

그로부터 1백 년 후인 1996년, NYT닷컴(nytimes.com)은 슬로건 공모를 다시 했다. 여러 응모작이 접수됐지만 이번에도 회사 측은 같은 문구를 1등으로 정하고, 같은 금액의 상금(1백 달러)을 지급하고, 같은 자리

---

67 현존하는 세계 최고(最古) 일간지는 1785년 창간된 영국의 '더 타임스(*The Times*)'이다. 영국 '더 가디언(*The Guardian*)'은 1821년, 미국 '뉴욕포스트(*New York Post*)'와 일본 '요미우리신문'의 창간 연도는 1801년과 1874년이다. '워싱턴포스트'(1877년)와 '월스트리트저널'(1889년)은 *NYT*보다 늦다.

68 "New York Times Timeline 1881-1910",
   https://www.nytco.com/company/history/our-history/

에 같은 크기로 계속 게재하고 있다. 69 1896년부터 A3면에 등장한 미국 최고 주얼리 브랜드인 티파니(Tiffany & Co.) 광고도 같은 위치에 실리고 있다.

창간 이후 158년 동안 'A1면 무(無)광고' 원칙을 지켜왔다. 그러다가 회사 상황이 악화된 2009년 1월 6일 자에 처음 깼다. 70 A1면 광고는 지금도 매월 2~4회 정도 드물게 신는다. 광고는 A1면 하단에만 국한한다는 내부 원칙을 갖고 있다. 71

NYT에는 가십 칼럼과 만화(comics), 만평(漫評) 코너가 없고 이를 담당하는 화백도 없다. 오피니언면에 본사 칼럼니스트와 외부 기고자를 포함해 필자의 얼굴 사진은 물론 캐리커처도 쓰지 않는다. 고결함과 품격, 진지함을 중시한다는 이유에서다. A1면에 흑백사진도 1910년에야 처음 게재됐다. 그전까지 NYT 지면은 온통 검은 활자 기사 일색이었다.

A1면 컬러사진은 창간 146년 만인 1997년 10월 16일 자에 처음 등장했다. 72 그 대신 십자말 퀴즈(Crossword Puzzle)와 체스 칼럼(chess column) 같은 지적(知的) 유희를 즐기는 콘텐츠는 상대적으로 일찍 시작해 꾸준히 신고 있다. 십자말 퀴즈는 매주(每週) 후반으로 갈수록 난이도가 높아져 금요일쯤에는 박사학위 소지자도 어려움을 느낀다고 한다.

69 Nadine Brozan, "Chronicle", *New York Times* (Oct. 25, 1996)
70 세로 2.5인치(6.35cm)짜리 CBS 방송의 이미지 홍보성 전단(全段) 컬러 광고였다.
71 Ed Pilkington, "All the news fit to print. (And a page 1 advert)", *Guardian* (Jan. 6, 2009)
72 Will Higginbotham, "When the Gray Lady Started Wearing Color", *New York Times* (Oct. 4, 2018)

110년째 매년 벌이는 '극빈자 캠페인'

공익(公益) 정신에 입각한 '십자군 저널리즘(crusade journalism)'에도 NYT는 오랫동안 앞장서고 있다. 1912년부터 한 해도 빠지지 않고 벌이는 '극빈자 구호 캠페인(the Neediest Campaign)'이 해당된다. 발단은 아돌프 옥스가 1911년 말 추운 겨울 뉴욕에서 거지의 어려운 사연을 우연히 들은 것이었다.

이듬해인 1912년 12월 16일 자부터 성탄절까지 '극빈자(Neediest Cases)'라는 문패 아래 뉴욕 시내 1백 군데 시민과 가정 사연을 기사로 소개하자 그해 117명의 독자가 3,630달러 88센트를 자발적으로 기부했다.

이후 NYT는 '극빈자를 기억하라(remember the neediest)'는 구호 아래 1백 년 넘게 매년 캠페인을 진행하고 있다. 시기는 매년 추수감사절 직후부터 다음 해 2월 말까지다. 2019년까지 모금한 액수는 3억 달러 정도(누적 기준)이다. 100% 개별 시민들이 자발적으로 낸 순수한 성금(誠金)이며, 기업이나 단체를 상대로 권유 캠페인 등을 일절 하지 않는다. NYT는 성금 전액을 전문 구호단체에 넘기며 성금 내역과 사용처를 기사를 통해 투명하게 공개한다.

NYT컴퍼니 CEO가 극빈자 펀드(Neediest Cases Fund) 이사회 회장을 맡고, 임직원들은 개인 자격으로 성금을 낸다. 2001년 9·11 테러와 2012~13년 허리케인 샌디(Sandy), 2020년 코로나 19 팬데믹 같은 대형재난 때에는 '극빈자 특별 캠페인'을 벌였다. 9·11 테러 사건 당시에는 5천만 달러, 허리케인 샌디 때에는 1,600만 달러가 각각 모금됐다.[73] 금액의 많고 적음을 떠나 110년 가까이 매년 쉬지 않고 캠페인을 벌이는 것은 보통 일이 아니다.

미국과 세계가 직면한 도전적 문제들을 인도주의적 관점에서 취재하는 '헤드웨이 이니셔티브(Headway Initiative)'는 '십자군 저널리즘'의 최신 사례이다. 포드재단 등의 지원을 받아 2021년부터 3년간 미국 지방과 경제·사회·건강·환경·인프라 등 글로벌 이슈를 탐사보도한다. 회사 측은 관련 기사들을 온라인 유료화 시스템의 월간 단위 기사 계산에서 제외해 모든 이용자들이 무료로 읽을 수 있도록 했다. [74]

휴간일 없이 연중 뉴스 제작 공급

NYT는 연중무휴(年中無休)로 휴간일 없이 종이신문을 제작·발행하고 웹과 앱을 가동한다. 하루에 생산(출고)하는 뉴스 스토리(기사)는 150~200건이다. [75] 뉴스 스토리는 정치·국제·비즈니스와 음식·공연·TV·영화·여행·육아·건강 같은 문화 및 실생활 정보·가이드를 망라한다.

미국 국내는 물론 해외 31개 지국에 2백 명이 넘는 특파원들이 일하고 있다. NYT 기자들이 현장을 찾아가서 발신하는 나라는 매년 160개가

73 Aimée Harris, "Remembering the Neediest During the Coronavirus Pandemic", *New York Times*(April 1, 2020)

74 The New York Times Company, "[Press Release] The New York Times Announces Philanthropic Support for the Headway Initiative"(Dec. 1, 2020)

75 2018년 한 해 동안 NYT는 5만 5천 건이 넘는 뉴스 스토리(하루 평균 151건)를 생산했고 이를 단어 분량으로 계산하면 5천만 단어를 웃돈다고 밝혔다. 'The New York Times Company in Numbers in 2018' in The NYT Company 2018 Annual Report(March 20, 2019)

표 1-12   뉴욕타임스 신문제작 구성표 (Editorial Calendar)

섹 션	월요일 자	화요일 자	수요일 자	목요일 자	금요일 자	토요일 자
A 섹션	Main News	Main News	Main News	Main News	Main News	Main News
B 섹션	Business	Business, Sports	Business, Sports	Business, Sports	Business, Sports	Business, Sports
C 섹션	Arts	Arts	Arts	Arts	Weekend Arts1: Stage and Movie, Weekend Arts2: Fine Arts	Arts
D 섹션	Sports Monday	Science Times	Food	Thursday Styles		

- 일요일 자: Main News, Arts & Leisure, Book Review, Sunday Business, Metropolitan, Real Estate, Sports, Sunday Review, Sunday Styles, Travel, The New York Times Magazine 등
- 자료: https://nytmediakit.com/newspaper-guidelines/(2020년 9월20일 검색)

표 1-13   뉴욕타임스 주간 단위 신문제작 (2020년 10월 5일~11일 · 7일간)

섹 션	10월 5일(월)	10월 6일(화)	10월 7일(수)	10월 8일(목)	10월 9일(금)	10월 10일(토)
A 섹션	코로나 특집, 국제, 정치, 사회 (20면)	코로나 특집, 국제, 정치, 사회 (28면)	코로나 특집, 국제, 정치, 사회 (28면)	코로나 특집, 국제, 정치, 사회 (28면)	코로나 특집, 국제, 정치, 사회 (28면)	코로나 특집, 국제, 정치, 사회 (26면)
B 섹션	Business (8면)	Business (10면)	Business, Sports (8면)	Business, Sports (12면)	Business, Sports (12면)	Business, Sports Saturday (12면)
C 섹션	Arts (6면)	Arts (8면)	Arts (8면)	Arts (6면)	Weekend Arts (12면)	Arts (6면)
D 섹션	Sports Monday (8면)	Science Times (8면)	Food (8면)	Thursday Styles (8면)		
	총 42개면	총 54개면	총 52개면	총 48개면	총 52개면	총 44개면

- 2020년 10월 11일(일요일 자 · 총 104면 발행): Main News(일반 뉴스 · 스포츠 · 부고 등 38면), Arts & Leisure(12면), At Home(10면), Sunday Review(사설 · 칼럼 등, 10면), Sunday Styles(16면) 등
- B섹션의 Business는 테크, 경제, 미디어, 금융 4개 분야를 포함
- 일요일 자에는 A, B, C, D 섹션 구분 표시 없음

넘는다. 종이신문은 매주 월요일부터 토요일까지 발행되는 주중판과 일요일에 배달되는 일요일판으로 나뉜다.

주중판의 경우, A, B, C, D 섹션으로 구성돼 있다. 매일 20~32면 분량인 A 섹션은 정치·국제·뉴욕 일대 뉴스와 오피니언(사설과 칼럼 등 총 2개면)을 싣는다. 매일 각기 8~12면인 B, C, D 섹션은 경제와 문화, 스포츠 분야를 각각 다룬다. 금요일 자에는 공연과 영화·미술·음악·주말 가이드를 포함한 확대 문화판(WeekendArts)을 낸다.

📰 미니박스 | **독창적인 A2~3면**

NYT는 매일 A2~3면에 그날 뉴스 기사를 싣지 않는다. 대신 그날의 디지털 상품 소개와 인터넷 트래픽 증대에 도움이 되는 가이드 기사를 게재한다. 2017년 3월 2일 자부터 단행한 '변화'이다. 매일 '얼굴'에 해당하는 금싸라기 같은 2개면을 종이신문과 디지털의 융합 안내 공간으로 쓰는 독창적인 활용법이다.

A2면 '신문과 그 너머(The Newspaper And Beyond)' 코너가 대표적이다. NYT컴퍼니가 생산한 오디오, 비디오, 이벤트, 컨퍼런스, TV, 뉴스레터, 플레이리스트(Playlist), 게임 등을 소개한다. A3면에는 NYT닷컴의 최상위 인기 포스팅들을 소개하고, 일상생활에 유용한 팁, 음식 레시피, 기술, 조언 등을 NYT 사이트로 연결해주는 기사와 링크들을 매일 싣는다.

A2면 상단의 '마스트헤드[masthead, 신문, 잡지 등의 판권란(版權欄). 발행인, 편집인, 소재지, 발행일 등이 적혀 있다]는 아돌프 옥스 이후 전·현직 발행인(6명)과 '뉴스(News)', '오피니언(Opinion)', '비즈니스(Business)' 등 3개 부문의 간부 20여 명의 이름과 직책을 적고 있다. 대다수 신문사가 신문제작 책임자들만 소개하는 것과 달리 CEO, 최고재무책임자(CFO), 최고운영책임자(COO)와 최고회계책임자(CAO), 최고전략책임자(CSO) 등 비즈니스 부문 간부 명단을 싣고 있다. 이는 '비즈니스' 부문을 '뉴스' 제작과 동등하게 중시한다는 의지로 해석된다.

• 자료: Laura Hazard Owen, NiemanLab(March 2, 2017).

최대 9~10개의 섹션을 발행하는 일요일판 면수(面數)는 매주 1백 페이지가 넘는다. 한 부당 일요일판 가격은 주중판의 두 배인 6달러(약 6,600원)이다. 일요일판과 함께 매주 배달되는 'NYT 매거진'(보통 50~70면)과 월 1회꼴로 나오는 패션·라이프스타일 전문 'T: 뉴욕타임스 스타일 매거진'까지 포함하면 책 한 권에 버금가는 분량이다. 76

A 섹션과 별도 발행되는 섹션(B, C, D)은 주중과 일요일판 섹션을 합하면 매주 50개에 달한다. 이 때문에 "우리는 일간신문을 만드는 게 아니라 일간신문에다가 매주 50여 개의 잡지(magazine)를 제작한다"는 얘기가 나온다. 이 표현은 NYT가 만드는 별도 섹션의 개념과 구성, 품질이 웬만한 '잡지' 수준 이상임을 비유한 것이다. 77

일요일판 92만 부, 주중판 44만 부

종이신문의 발행면수(面數)는 20년 사이에 크게 줄었다. 1987년 5월 한 주의 발행면수를 보면 월요일 59면, 화요일 103면, 수요일 122면, 수요일 116면, 금요일 120면, 토요일 55면, 일요일 345면이었다. 78 그러나 2020년 10월 첫째 주의 경우, 주중판은 매일 44~54개면, 일요일판은 104개면이었다. 종이신문 독자와 발행부수 감소 영향으로 신문 발행면

---

76 2020년 12월 20일 배포된 일요일 자 NYT 종이신문은 54페이지 분량의 NYT 매거진과 12페이지 분량의 스페셜 섹션(Pandemic Guide)을 포함해 총 158페이지 분량이었다.

77 Byron Calame, "〔The Public Editor〕 Can 'Magazines' of The Times Subsidize News Coverage?", New York Times(Oct. 22, 2006)

78 한국언론연구원, "외국신문의 제작경향-朝日·FAZ·NYT·더 타임스"(한국언론연구원, 1987년 7월), p. 87

표 1-14   뉴욕타임스 신문 발행부수

연 도	주중판	일요일판
2000	113만 부	169만 부
2003	113만 부	168만 부
2005	113만 부	168만 부
2007	106만 부	153만 부
2008	103만 부	145만 부
2009	96만 부	140만 부
2010	91만 부	136만 부
2014	65만 부	118만 부
2015	60만 부	113만 부
2017	54만 부	106만 부
2018	48만 부	99만 부
2019	44만 부	92만 부

• 자료: The New York Times Company 2000~2019 Annual Report

수도 절반 또는 3분의 1 정도로 줄었다.

2000년 당시 주중판과 일요일판 신문 발행부수는 각각 113만 부, 169
만 부였으나 2019년에는 44만 부와 92만 부로 감소했다.[79] 일요일판과
주중판 발행부수 간의 격차는 두 배가 넘는다. 광고 효과와 광고 게재
단가(單價) 모두 일요일판이 주중판보다 더 좋고 더 비싸다.

1851년부터 2021년 2월 현재 *NYT*의 지령(紙齡)은 5만 8천 호가 넘
는다. 이를 A4용지로 인쇄하면 350만 페이지가 넘고, 기사 수로는
1,500만 건 정도이다.[80]

NYT 종이신문은 뉴욕판(*New York edition*)과 워싱턴 DC, 보스턴 일

---

79 The New York Times Company 2005~2017 Annual Report
80 https://en.wikipedia.org/wiki/The_New_York_Times

대를 주 독자로 하는 북동판(*Northeast edition*), 미국 전국판(*National edition*) 등 세 종류로 발행된다. *NYT*를 가정에서 1년 구독할 경우 연간 구독료(주중판+일요일판)는 1,040달러(약 114만 원)로 매월 10만 원꼴이다. 주중판만 1년 배달 구독할 경우 구독료는 936달러(약 103만 원)이며, 일요일판만 배달 구독할 경우 1년에 520달러로 매주 10달러(약 1만 1천 원)꼴이다. [81]

격조 있는 문장 … 長文 저널리즘

대다수 미국 일간신문사들은 AP통신 스타일 북(*style book*)을 쓴다. 그러나 *NYT*는 자체 제작한 스타일 북으로 저널리스트를 훈련하고 기사와 칼럼 작성의 일관성과 기준을 확실히 하고 있다. 스포츠면과 대중문화, 매거진 등을 제외한 대다수 기사에서 *NYT*는 사람 이름만 쓰지 않고 직함이나 경칭(敬稱·*honorifics*)을 함께 쓴다. 문장에선 직설적이거나 노골적인 표현보다는 순화된 단어를 선호한다.

2007년 문화면 리뷰 기사는 욕설을 연상시킨다는 이유로 하드코어 펑크밴드 'Fucked Up'의 이름을 한 번도 언급하지 않았다. [82] 하지만 2016년 10~11월 미국 대통령 선거기간 중 도널드 트럼프 후보가 사용한 비속어와 욕설(예: *fuck*, *pussy*)들은 "기사 가치가 있다"는 판단 아래 실었

---

81 가판대(街販臺·*kiosk*)에서 주중판 한 부 가격은 3.0달러(약 3,300원), 일요일판 한 부 가격은 6.0달러(약 6,600원)이다.

82 Justin Peters, "The New York Times' Obscene Profanity Policy", *Slate*(Dec. 10, 2014)

다.[83] 스탠더드(*standard*) 에디터는 언어 사용의 편향성 등을 조사해 편집국 구성원들에게 정기 보고한다.

자사 기자들에게 공개한 독자의 'U자형' 기사 열독 패턴에서 보듯, *NYT*에는 중간 길이가 적고 장문(長文)이 많다. 한 연구에 의하면 우리

표 1-15   뉴욕타임스 기사 길이별 비중

분 량	2매 이하	2~4매	4~6매	6~8매	8~10매	10매 이상
비중 (%)	26.0	13.9	7.1	6.9	8.3	37.9

• 자료: 박재영 (2004), p.109. 200자 원고지로 환산한 분량

그림 1-8   독자의 U자형 기사 열독 패턴

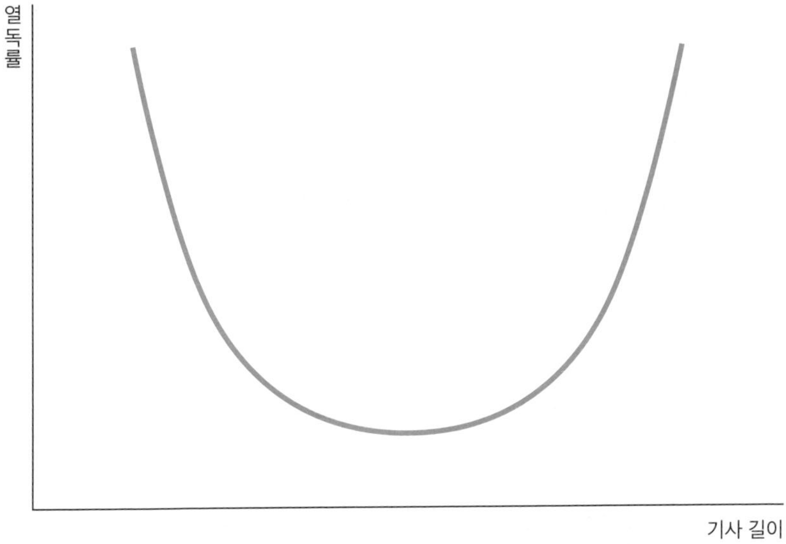

• 자료: 박재영 (2020), p. 425 참조

---

83 Hadas Gold, "New York Times, CNN report Trump's vulgarities in full", *Politico* (Oct. 7, 2016)

나라 200자 원고지 기준 10매(영어 단어 약 676개) 이상의 기사가 *NYT* 전체 기사의 38%에 달했다. 84 *NYT*는 어중간한 분량의 기사를 최소화하면서 짧거나 긴 기사로 '선택과 집중'을 하고 있다. 장문의 기사는 독자의 집중도를 높이고 기자들의 역량 강화에 도움이 된다. 85

디지털 · 웹 퍼스트 문화

제45대 미국 대통령 선거 투표가 이뤄진 2016년 11월 8일 밤 *NYT* 풍경은 과거와 달랐다. 1년 전 자체 개발한 대화형 로봇 '*NYT* 일렉션 봇(*Election Bot*)'을 통해 일반 이용자들이 투표 최신 진행상황을 확인하고 궁금한 사항을 일대일로 묻는 가운데, 86 편집국에서는 '웹 퍼스트(*web-first*)'가 본격 구현됐다. 질 에이브럼슨 전 편집인은 이렇게 전했다.

선거 개표 당일, 종이신문 제작은 디지털 부문보다 더 적은 인원이 맡았다. 모든 에너지를 닷컴 업데이트와 강화에 쏟았다. 취재기자들은 다양한

---

84 박재영, 《뉴스스토리: 내러티브 기사의 작법과 효과》(이채, 2020), p. 424
85 〈조선일보〉와 뉴욕타임스의 대통령 취재 스타일을 비교분석한 이재경 이화여대 교수는 "〈조선일보〉의 스트레이트 기사가 평균 9. 87문장인데 비해 *NYT*의 대통령 관련 스트레이트 기사는 평균 41문장으로 조사됐다"고 밝혔다. 〈조선일보〉의 '짧은 저널리즘(*short journalism*)'과 대조적으로 *NYT* 기사는 '긴 저널리즘(*long journalism*)' 성격이 분명하다고 그는 지적했다. 이재경, "한 · 미 신문의 대통령 취재 관행 비교", 〈언론과 사회〉(14권 4호, 2006), pp. 37~69
86 Laura Hazard Owen, "The New York Times' new Slack 2016 election bot sends readers' questions straight to the newsroom", *NiemanLab*(Feb. 5, 2016)

디지털 플랫폼을 모두 사용했다. 페이스북 라이브(live) 팀은 편집국 안을 돌면서 예상 밖의 결과(트럼프 당선)에 대해 취재기자들을 일일이 인터뷰하며 그 장면들을 실시간 방송으로 내보냈다.[87]

일하는 방식과 내용도 달라지고 있다. 기자를 포함한 모든 직원들은 업무용 채팅 앱 '슬랙(Slack)'으로 365일 24시간 서로 연락하고 의견을 교환한다. 2015년부터는 '블로섬(Blossom)'이란 회사 내부 전용 '슬랙'을 운용하고 있다. 블로섬은 방대한 기사·정보 데이터 가운데 소셜미디어 채널에 올릴 만한 기사들을 추천하고, 이미 기사들이 어떤 효과를 내고 있는지를 보여주고, 새 기사들에 대한 전망도 제시한다.[88]

한 부서에 속해서 해당 부서 일만 하던 과거와 달리 생각하지도 않던 다른 부서에서 협업하는 사례도 잦아지고 있다. 부서 간 기능과 경계를 넘어선(cross-functional) 업무방식이다. 문어체(文語體) 일색이던 기사 문체는 소셜미디어와 인터넷, 라디오, TV 등에 등장하는 구어체를 반영하고 있다. 하루 오전 오후에 각 한 차례씩 하는 '페이지 원(Page One ·A1면) 미팅'의 중심도 종이신문이 아니라 디지털로 옮겨졌다.

87 Jill Abramson(2019), p. 372
88 Shan Wang, "The New York Times built a Slack bot to help decide which stories to post to social media", *NiemanLab*(Aug. 13, 2015)

오전 10시 30분 회의에선 웹사이트에 올릴 주요 기사와 비디오 등을 결정하고 오후 4시 회의에서 다음 날 아침신문 A1면에 들어갈 주요 기사와 사진 등을 정한다. '페이지 원 룸(Page One Room)'은 내부가 훤하게 보이는 투명유리 회의실이 됐고 한복판에 있던 중후(重厚)한 목제 테이블은 계란형 테이블과 편한 의자로 바뀌었다.

종이신문 시대에 *NYT*는 '에디터의 신문(editor's paper)'으로 불렸다. [89] 기자들이 쓴 기사를 데스크들이 수차례 꼼꼼하게 수정하고 보완해 완성품으로 내놓았기 때문이다. 그러나 여러 에디터들이 데스킹을 반복하는 '타임시안(Timesian) 방식' 업무는 대폭 줄어들고 있다. [90]

2017년 1월 공개된 *NYT*의 '2020 보고서'가 "*NYT*가 현재와 미래 우리 이용자들의 습관과 수요, 희망에 어울리는 저널리즘이 되어야 한다"며, 일하는 방식의 혁신을 권고한 뒤 이뤄진 변화이다. [91]

회사는 2018년 6월 오피니언 등 일부 부서만 남기고 교열담당자(copy editors)들을 대부분 내보냈다. [92] 몸집을 가볍게 하고 디지털 시대에 유

---

89 Bruce J. Schulman and Julian E. Zelizer(eds.), *Media Nation: The Political History of News in Modern America*(2017), p. 109

90 Jill Abramson(2019), p. 401

91 이 보고서는 "성공의 측정 지표를 디지털 오디언스(구독자)를 끌어들이고 오래 붙잡아 두는 것으로 삼을 것", "기사 문단 조정 같은 가치 낮은 일을 줄이고 기사의 큰 골격과 개념을 창조하는 일에 집중하라"고 했다. 'Journalism That Stands Apart'(2017), pp. 7~10, 20~27

92 Ben Yagoda, "'New York Times' Gets Rid of Copy Editors; Mistakes Ensue", *The*

연한 대응을 위해서다.

온라인 매체들처럼 *NYT*도 웹상에서 한 기사에 대한 제목을 여러 번 바꾸어 본다. 리얼타임(*real time*) 데이터를 확인하며 A, B 제목 가운데 반응이 좋은 것을 고른다. 93 종이신문 시대의 진지한 *NYT*에게선 상상하기 힘들었던 모습이다.

코딩과 VR, AR 기술 접목

A. G. 설즈버거 발행인은 "세계 미디어 기업 가운데 우리 회사만큼 코딩 능력을 갖춘 저널리스트들이 많은 곳은 없다"고 말했다. 94 회사 전체가 '저널리즘' 못지않게 '기술(*technology*)'을 중시한다는 얘기이다. 95

실제로 *NYT*는 2011년 온라인 기사 유료화 이후 회사의 중심을 종이신문에서 웹으로 옮겼고 지금은 오디오(팟캐스트 포함), 비디오(다큐멘터리 포함), 라이브 중계, 뉴스레터, 분야별 버티컬 사이트(*vertical site*) 등으로 다각화하고 있다. 여기에다 인공지능(AI), 블록체인, 가상현실(VR), 증강현실(AR) 같은 첨단 테크놀로지를 접목하고 있다.

Chronicle of Higher Education Blogs: Lingua Franca (June 14, 2018)

93 Mark Bulik, "Which Headlines Attract Most Readers?", *New York Times* (June 13, 2016)

94 Gabriel Snyder, *Wired* (Feb. 12, 2017)

95 'NYT 구독을 최대로 활용하는 9가지 방법'에서도 종이신문이나 웹상에서 뉴스 읽기는 일부분일 뿐이며 대부분은 뉴스레터, 팟캐스트, 소셜미디어(SNS), 앱(*app*) 사용을 포함해 디지털과 테크 관련 일색이다. "9 Ways to Get the Most Out of Your Times Subscription", *New York Times* (April 3, 2017)

2015년 11월 첫째 주 일요일판 종이신문 정기 구독자들에게 *NYT*는 1백만여 개의 무료 '구글 카드보드(*Google cardboard*)'를 배달했다. 96 독자들은 이 카드보드를 간단하게 조립한 뒤 스마트폰에서 앱을 실행해 VR로 *NYT* 기사를 읽는 체험을 했다.

2016년 11월부터 1년간 *NYT*는 삼성전자가 제공한 360도 기어 카메라로 촬영한 VR 콘텐츠를 매일 한 개 이상 웹에 올렸다. 이른바 '데일리(*daily*) 360 프로젝트'이다. 97 자체 제작한 VR 앱으로 미국 대통령 선거 후보 연설현장과 프랑스 파리 테러 후 현장 르포기사 등을 전달했다. 아프리카, 중동, 중앙아시아 어린이 3명의 이야기를 담은 '난민(*The Displaced*)' 같은 VR용 동영상도 제작했다.

이어 2018년 2월 1일 홈페이지에서 *NYT*는 "스토리텔링의 미래인 증강현실(AR)을 활용한 디지털 뉴스 콘텐츠를 제공하겠다"고 밝혔다. 98 나흘 후인 2월 5일 자 신문과 웹에서 '당신이 본 적 없는 4명의 올림픽 선수들'이라는 기사를 냈다. 99 회사 창립 후 최초로 AR를 활용한 기사였다. 2018 평창 동계올림픽에 출전한 미국 피겨선수 네이선 첸(Nathan Chen)의 4회 연속 고난도 공중돌기 장면 등을 AR로 만들었다.

96 "NYT VR: How to Experience a New Form of Storytelling From The Times", *New York Times*(Nov. 5, 2015)

97 Joseph Lichterman, "The New York Times is launching a daily 360-degree video series", *NiemanLab*(Nov. 1, 2016)

98 Graham Roberts, "Augmented Reality: How We'll Bring the News Into Your Home", *New York Times*(Feb. 1, 2018)

99 John Branch, "Augmented Reality: Four of the Best Olympians, as You've Never Seen Them", *New York Times*(Feb. 5, 2018)

'5G 저널리즘 랩' 가동

같은 해 11월에는 '뉴욕 자유의 여신상'에서 여신이 든 3,600파운드 무게의 횃불(*torch*)을 3차원 입체로 보여주는 AR 동영상 기사를 제작·공개했다.[100] 여신상 횃불 주변을 찍은 675장의 사진에 AR 기술을 적용해 스마트폰의 *NYT* 앱을 열어 QR코드를 대면 볼 수 있도록 했다.[101]

2020년 9월에는 페이스북과 AR제휴를 했다. 페이스북은 '스파크 AR 스튜디오'라는 기술 플랫폼을 제공하고, *NYT*는 여기에서 AR 콘텐츠를 만드는 구조이다.[102] 2016년 한 해 *NYT*가 3백만 달러를 받고 페이스북에 매월 12개의 라이브 동영상 취재 콘텐츠를 제작공급하던 협력관계를 심화시킨 것이다.

*NYT*는 2019년 4월 편집국 안에 '5G 저널리즘 랩(*5G Journalism Lab*)'을 세웠다.[103] 5G 기술을 응용한 스토리텔링과 이용자 서비스 방안 등을 연구해 취재와 이용자 경험을 차별화하려는 목적에서다.[104]

---

100 "〔Augmented Reality〕 Take a Tour of Lady Liberty's Torch", *New York Times* (Nov. 13, 2018)

101 Graham Roberts, "〔Times Insider〕 Capturing an American Icon for Augmented Reality", *New York Times*(Nov. 19, 2018)

102 Sara Fischer, "NYT, Facebook launch multi-year augmented reality reporting project", *Axios*(Sept. 16, 2020)

103 The NYT Open Team, "Exploring the Future of 5G and Journalism", *New York Times*(April 12, 2019)

104 Joshua Benton, "What will journalism do with 5G's speed and capacity? Here are some ideas, from The New York Times and elsewhere", *NiemanLab*(April 15, 2019)

애플·페이스북·구글·아마존 같은 빅 테크(*big tech*) 기업들에 대한 *NYT*의 태도는 대다수 미디어 기업들과 다르다. 105 디지털 플랫폼을 장악하고 있는 그들에게 끌려다니지 않고 중심을 잡고 주체적으로 대하는 것이다.

　*NYT*는 2020년 6월 29일 "'애플 뉴스 플러스(Apple News Plus)'와의 파트너십을 종료한다"고 선언했다. 이날부터 애플의 뉴스 피드에서 *NYT* 뉴스 스토리는 모두 빠졌다.

　기사 공급중단 이유로 *NYT*는 "(애플과의 협력이) 유료 이용자들과의 직접적인 관계를 맺어 저널리즘 가치를 유지하는 우리의 전략에 도움이 되지 않는다고 판단했다"고 밝혔다. 106 애플의 뉴스 집합 서비스가 수익에 큰 도움이 되지 않을뿐더러 가입자를 견실하게 늘리는 데도 긍정적이지 않다고 판단한 것이다.

　*NYT*는 10년 가까운 디지털 구독자 확대 경험을 바탕으로 자체 플랫폼으로 디지털 기반을 늘릴 수 있다는 자신감을 갖고 있다. '애플 뉴스'를 비롯한 미디어 콘텐츠 유통 파트너들과 다양한 실험도 했다. 자사 뉴스가 헐값 신세가 되는 걸 막기 위해 *NYT*는 '애플 뉴스 플러스'에 제공하는 기사 숫자를 제한해 왔다. 마크 톰슨 당시 CEO는 "다른 플랫폼에

105　Ken Doctor, "Newsonomics: The New York Times is opting out of Apple News", *NiemanLab* (June 29, 2020)

106　Kellen Browning and Jack Nicas, "The New York Times Pulls Out of Apple News", *New York Times* (June 29, 2020)

서 우리 기사를 이용하는 경향이 사람들에게 습관화되는 게 매우 조심스
럽다"고 말했다. [107]

유료 이용자들과 직접 교감

*NYT*는 2017년에 페이스북과 '인스턴트 아티클(*Instant Articles*)'이라는
뉴스 서비스를 시작했으나 이용자 호응이 높지 않아 서비스를 중단했다.

*NYT*는 페이스북의 새로운 뉴스 서비스 '뉴스 탭(*News Tap*)'에 기사를
제공하고 이용료를 받고 있다. 기사 링크를 표시하고 이용자를 *NYT* 웹
사이트로 이동시키는 구글 뉴스(*Google News*)에도 이용료를 받으며 뉴
스 기사들을 제공하고 있다.

*NYT*는 2019년 한 해에 1억 6,800만 달러의 마케팅 비용을 지출했
다. 이 비용은 오스카상(賞) 시상식이나 페이스북 등에 투입됐다. 이용
자(고객)들을 직접 접촉하고 유치하는 게 우선이며 단기 수익에 급급해
빅 테크 기업들에 종속되거나 그들의 비즈니스 전략에 휘둘리지 않겠다
는 것이다. 메레디스 레비언 당시 최고운영책임자(COO)는 임직원들
앞으로 보낸 메모에서 "우리에게 바람직하고 건강한 모델은 고객과의 관
계와 비즈니스 규칙의 본질을 우리가 통제하는 것"이라고 말했다.

---

107 Kenneth Li and Helen Coster, "New York Times CEO warns publishers ahead
of Apple news launch", *Reuters* (March 22, 2019)

5. 리버럴 미디어의 선봉장

뉴욕타임스가 매주 발행하는 'NYT 매거진'은 2019년 '1619 프로젝트
(The 1619 Project)'라는 캠페인을 시작했다. 108 이 캠페인은 버지니아주
에 아프리카 출신 노예가 도착한 1619년을 미국 건국의 출발점으로 삼
고 미국 역사를 미국 흑인의 공로와 노예제의 영향 중심으로 수정하자는
좌파 운동이다.

이 운동을 주도한 NYT 매거진 소속의 흑인 작가 니콜 한나 존스
(Nikole Hannah-Jones)는 "미국은 태생부터 백인의 주도하에 흑인을 착
취하는 구도였기에 태어나지 않았어야 한다. 미국 혁명의 목적은 영국
으로부터 독립이 아니라 노예제를 유지하기 위해서다"라는 평론으로 그
녀는 2020년 퓰리처상(논평 부문)을 받았다. 109

리버럴 가치관과 세계관 전파

NYT는 미국 미디어 가운데 이 캠페인 확산에 가장 앞장서고 있다. 110
미국 국민들 사이에 의견이 첨예하게 엇갈리는 주요 이슈, 예를 들어 총

---

108 "The 1619 Project", *New York Times Magazine* (August 14, 2019)

109 https://www.pulitzer.org/winners/nikole-hannah-jones-new-york-times

110 Sarah Scire, "The New York Times is using The 1619 Project to market how
'the truth can change how we see the world' (and subscriptions)", *NiemanLab*
(Feb. 6, 2020)

기 규제와 낙태 · 동성애, 마리화나 소지 허용 여부 등에서 *NYT*는 일관되게 진보적(*liberal*) 입장을 지켜왔다.

95년 만에 처음 A1면에 등장한 2015년 12월 5일 자 사설(社說)에서 *NYT*는 "살인 목적으로 설계된 무기를 민간인이 합법적으로 구매할 수 있다는 것은 국가적 수치"라며 총기 규제강화를 촉구했다. 111

이런 리버럴 논조는 1960년대 흑인 민권법(*Civil Rights Act*)과 베트남 전쟁을 둘러싼 국가적 격변기에 진보적 가치를 택하면서 본격화됐다. 1950년대까지 중립에 가까웠던 사설과 칼럼이 리버럴로 기울었고, 112 진보 성향을 스스로 공언한 설즈버그 주니어가 1992년 발행인을 맡으면서 이런 성향은 더 짙어졌다. 다니엘 오크렌트(Daniel Okrent) 퍼블릭 에디터의 말이다.

대도시나 미국 북동부 출신이 아닌 시각에서 *NYT*를 읽다 보면 낯설고 금지된 세계를 여행하는 기분이 든다. 7명의 오피니언 칼럼니스트 가운데 보수 성향은 윌리엄 새파이어와 데이비드 브룩스 두 명뿐이다. 선데이 매거진과 선데이 스타일, 문화면, 패션면, 스포츠, 메트로 섹션과 일반 뉴스면까지 *NYT*는 분명 리버럴 신문이다. 113

111 "[Editorial] End the Gun Epidemic in America", *New York Times*, A1. (Dec. 4, 2015)

112 Susan Tifft and Alex Jones (1999), p. 502

113 Daniel Okrent, "[The Public Editor] Is The New York Times a Liberal Newspaper?", *New York Times* (July 25, 2004)

표 1-16　　　　　　미국 진보층이 신뢰하는 상위 5개 미디어

순 위	미디어	신뢰 비율 (%)
1위	CNN	70
2위	NYT	66
3위	PBS	66
4위	NPR	63
5위	NBC News	61

• 자료: 'U.S. Media Polarization and the 2020 Election: A Nation Divided', Pew Research Center (Jan. 24, 2020)

표 1-17　　　　　　미국 보수층이 불신하는 상위 5개 미디어

순 위	미디어	불신 비율 (%)
1위	CNN	67
2위	MSNBC	57
3위	NYT	50
4위	NBC News	50
5위	CBS News	48

• 자료: Pew Research Center (Jan. 24, 2020)

2010년대 들어 리버럴 당파성 강화

물론 *NYT*는 같은 리버럴이라는 이념적 동질성 때문에 민주당 정권을 항상 감싸 안은 것은 아니다. 빌 클린턴(Bill Clinton) 대통령의 8년 재임 기간 중 *NYT*는 '백악관의 불명예', '움직일 수 없는 거짓말' 등 53차례 사설을 쓰며 맹공격했다. 버락 오바마(Barack Obama) 행정부에 대해서도 "미국인들의 전화통화 내역 자료를 상시적으로 수집하고 관리해 온 것은 명백한 권력 남용"이라며 비판했다. [114]

---

114 "(Editorial) President Obama's Dragnet", *New York Times* (June 6, 2013)

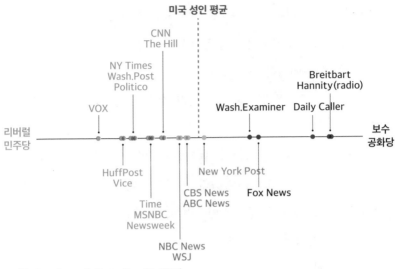

그림 1-9 　　　　　　　미국 미디어 지형에서 NYT

미국 성인 평균

CNN
The Hill

NY Times
Wash.Post
Politico

VOX

Breitbart
Hannity(radio)

Wash.Examiner　Daily Caller

리버럴
민주당

보수
공화당

HuffPost
Vice

New York Post

CBS News
ABC News

Fox News

Time
MSNBC
Newsweek

NBC News
WSJ

• 자료: Pew Research Center (Jan. 17, 2020)

　　하지만 2010년대 들어 리버럴 당파성은 더 고조됐다. 특히 2015년 정
치 입문과 동시에 주류 미디어와 충돌한 도널드 트럼프(Donald Trump)
가 기폭제가 됐다. 그와 *NYT* 간에 벌어진 6년여의 충돌은 회사에 긍정
적 측면과 부정적 영향을 동시에 남겼다.[115]

　　*NYT*는 '거짓 주장(*false claim*)', '아무 근거도 없이(*baseless*)', '거짓으
로 가득 찬 짧은 성명(*a brief statement filled with falsehoods*)' 같은 직설적
표현으로 트럼프 대통령을 비판했다. 칼럼과 기고문은 물론 스트레이트
기사에서도 이런 표현을 수없이 많이 썼다. 이는 저널리즘의 원칙인 '차

115　Matthew Pressman, *On Press: The Liberal Values That Shaped the News* (Harvard
　　Univ. Press, 2018), pp. 245~252

분하고, 서술적이며, 흥분하지 않는 표현'116과 거리가 멀었다.

경영진은 이런 리버럴 편향성을 바꿀 의도가 없다. *NYT*의 문제라기보다는 미국 사회의 구조 자체가 정치적 양극단으로 분열되고 있기에 불가피하다는 이유에서다. 딘 바케이(Dean Baquet) 편집인은 "뉴욕타임스에서 일어나는 일은 분열된 나라를 반영하는, 분열된 미디어 환경의 일부분"이라고 말했다. 117

정통 좌파 지식인들은 그러나 "뉴욕타임스가 '리버럴 우월주의(*liberal triumphalism*)'의 껍데기만 쓰고 있다"고 지적한다. '가진 자'의 입장에 서 있기 때문에 하층민과 동떨어져 있으며 트럼프 비판도 디지털 유료 구독자 증대 같은 경영상의 이득을 목표로 하는바, 진정한 좌파(左派) 정신의 발현으로 볼 수 없다는 것이다. 118

*NYT*가 디지털 유료 구독 확장 성공에 매달릴수록 리버럴 당파성이 짙은 콘텐츠를 제작해 리버럴화가 더 가속화하는 측면이 있다.

116 Michael Schudson, "Here's what non-fake news looks like", *Columbia Journalism Review*(Feb. 23, 2017)
117 Liz Spayd, "(The Public Editor) Why Readers See The Times as Liberal", *New York Times*(July 23, 2016)
118 Amber A'Lee Frost, "Why the Left Can't Stand The New York Times", *Columbia Journalism Review*(Dec. 2019)

여기에는 백인·남성 일변도이던 *NYT* 구성원들이 여성과 유색인종, 20~30대로 다양해지는 점도 한몫하고 있다. 2020년 8월 퇴임한 마크 톰슨 NYT컴퍼니 CEO는 "내가 취임했을 때(2012년 11월) 조직 구성원 중 만 22~37세 사이의 밀레니얼 세대는 20% 정도였으나 지금(2019년 6월 기준)은 49%쯤 된다"고 말했다.[119]

이런 인구구성 변화는 디지털 전환을 위해 젊은 엔지니어와 데이터 과학자, 그래픽 디자이너 등을 많이 뽑은 데다 밀레니얼 세대를 핵심 이용자 집단으로 만들기 위해 노력한 결과이다. 설즈버거 가문의 비조(鼻祖)인 아돌프 옥스는 *NYT*를 인수한 뒤 친구들에게 "나는 편집국에는 여성을 고용하지 않을 것"이라고 말했다.

이런 신념은 1935년 그가 사망할 때까지 계속됐다. 그 영향으로 1930년대 중반까지 여성 기자와 논설위원은 전무(全無)했다. 1978년 여성차별 집단소송에 직면한 *NYT*가 여성 직원들을 위한 23만 3,500달러의 기금 마련과 여성 고용 확대를 약속한 뒤 여성들이 대거 입사했다.[120]

1940년대 후반까지 *NYT*에서 흑인은 짐꾼이나 엘리베이터 기사들뿐이었다. 직원 노동조합원들도 온통 백인이었다.[121] 1960~70년대부터 서서히 증가한 흑인과 유색인종 직원들은 2000년대에 급증했다.

---

119 마크 톰슨 뉴욕타임스 CEO 인터뷰, "과감한 투자로 최고 뉴스 만들어야", 연합뉴스 (2019년 6월 25일)

120 Harrison Salisbury, *Without fear or favor*(1980), 《新聞의 正道》(1983), p. 55

121 Harrison Salisbury(1983), p. 56

1980년 편집국 총원에서 22%이던 여성 비율은 2015년 43%, 2019년 51%로 절반을 넘었다. 유색인종(흑인 포함)은 전체 임직원의 32%에 달한다. 간부진에서 여성과 유색인종이 차지하는 비중은 2019년 현재 각각 49%, 21%에 달한다.[122]

회사 안에서 20~30대와 여성 그리고 유색인종 직원들의 수적 증가는 조직 안에서 이들의 적극적인 권리 요구와 과감한 주장 표출로 이어지고 있다. 사내 중견 간부들이 반(反)인종적, 반진보적 표현이나 언사(言辭)를 사적 공간인 소셜미디어에서 대수롭잖게 거론했다가 처벌과 불이익을 당하는 사례가 잇따르고 있다.[123]

세대 간 충돌과 소셜미디어 파워

회사 안에는 20~30대 젊은 직원들과 40대 중반 이상 직원들 간에 세대 간 괴리현상이 커지고 있다. 전자(前者)는 종이신문보다 트위터·페이스북 같은 소셜미디어(SNS)로 자유롭고 거리낌 없이 의견을 나눈다.

딘 바케이 편집인이나 조 칸 편집국장 같은 직속상관보다 추아르 시차(Choire Sicha) 스타일 섹션 편집장이나 제이크 실버스타인(Jake Silverstein) NYT 매거진 에디터 같은 젊고 감각적인 선배들을 더 추종한다.

---

122 The New York Times Company, 2019 Diversity and Inclusion Report
123 일례로 2019년 8월 워싱턴지국의 조나선 와이스만(Jonathan Weisman) 부지국장은 트위터에서 인종(人種) 문제에 대한 생각을 밝혔다가 사내 논란에 휩싸여 공개 사과한 뒤 보직 사퇴했다. Marc Tracy, "A Times Editor Is Demoted as the Paper Discusses Its Coverage of Race", New York Times(Aug. 13, 2019)

젊은 구성원들의 정치적 정체성은 더 과격한 리버럴이다. 회사의 전통이나 멘토링, 불문율 같은 규칙보다 소셜미디어를 확실하게 신봉하면서124 소셜미디어에서 정리된 입장이나 방침과 다를 때에는 집단행동을 불사한다. 이런 충돌은 갈수록 잦아지고 있다.

2020년 6월 3일 *NYT* 홈페이지 오피니언 코너에 톰 코튼(Tom Cotton) 연방 상원의원의 "군대를 투입하라(Send in the Troops)"는 기고 칼럼이 실리자, 트위터로 의견을 공유한 편집국과 논설실 소속 직원 8백여 명은 다음 날 집단 항의서명으로 반발했다.

이 칼럼은 일요일(6월 7일) 자 종이신문에 게재될 것을 인터넷에 앞당겨 실은 것이다. 반발이 심상치 않자 A. G. 설즈버거 발행인은 6월 5일 온라인으로 타운홀미팅(*town hall meeting*)을 소집했다.

경영진과 직원들이 참여한 이 자리에서 제임스 베넷(James Bennet) 당시 논설실장은 "예정된 일요일 자 종이신문에 게재하지 않겠다"며 사과했으나,125 칼럼 내용을 확인하지 않고 내보낸 책임을 지고 사표를 냈다. 실무자인 짐 다오(Jim Dao) 에디터는 다른 한직(閑職)으로 발령났다. 외부칼럼 게재를 문제 삼은 집단항명 사태는 *NYT* 역사에서 처음 있는 일이었다.126

---

124 50만 명이 넘는 트위터 팔로워를 가진 뉴욕타임스 기자는 매기 해버먼(Maggie Haberman · 정치부 · 워싱턴지국), 앤드루 로스 소르킨(Andrew Ross Sorkin · 산업부), 피터 베이커(Peter Baker · 정치부 · 워싱턴지국), 니콜 한나 존스(Nikole Hannah-Jones · *NYT* 매거진) 등 6명이다. Ben Smith, "〔Media Equation〕 Survey Says: Never Tweet", *New York Times*(Jan. 31, 2021)

125 Oliver Darcy, "Tom Cotton op-ed will not run in print, New York Times editor announces during employee town hall", CNN Business(June 5, 2020)

2021년 2월에도 40여 년 경력의 베테랑 과학전문 기자인 도널드 맥닐 (Donald McNeil)이 2019년 여름 고교생들을 이끌고 페루 현지 *NYT*학 습투어를 갔다가 간접적으로 인종주의적 발언을 한 사실이 뒤늦게 트위 터에서 논란이 됐다. 이를 두고 회사 측의 미온적인 대응에 반발해 150 명이 넘는 직원들이 집단편지를 보내자, 경영진이 입장을 바꿔 맥닐은 불명예 퇴사했다. 127

이러한 사건들은 *NYT* 내부에 벌어지고 있는 문화 갈등, 세대 갈등 의 단면을 드러내고 있다. 동시에 포용성과는 거리가 멀고 '편협한 리 버럴'의 아성(牙城)으로 변해 버린 *NYT*의 현주소를 보여준다는 평가가 나온다.

논설실 소속 보수 성향의 배리 와이스(Bari Weiss) 에디터는 2020년 7 월 제출한 공개 사직서에서 칼럼 등을 둘러싼 사내 논란을 "과격한 젊은 직원들(*the mostly young Wokes*)과 40대 이상 자유주의자들(*the Liberalists*) 간의 내전(*civil war*)"이라고 표현했다. 128 같은 리버럴 가운데서도 급진

---

126 제임스 베넷 논설실장을 지지했다가 5시간 만에 입장을 바꾼 A. G. 설즈버거 발행인 의 리더십도 비판의 도마 위에 올랐다. Lloyd Grove, "'Threw Him Under the Bus': NYTimes Publisher A. G. Sulzberger Laments Bennet's Ouster - Inside The Civil War", Daily Beast (June 13, 2020)

127 Joe Pompeo, "It's Chaos: Behind The Scenes Of Donald McNeil's New York Times Exit", *Vanity Fair* (Feb. 10, 2021) ; Marc Tracy, "Two Journalists Exit New York Times After Criticism of Past Behavior", *New York Times* (Feb. 5, 2021)

적이고 편협한 젊은 층과 열린 40대 이상 세대 간의 갈등이 상상 외로 심각해 회사 내부가 분열되고 있는 것이다.

ⓣ 미니박스 | **리버럴 NYT는 메트로폴리탄 뉴욕 때문?**

NYT의 리버럴 정체성은 맨해튼을 중심으로 브루클린, 코네티컷, 롱아일랜드, 웨스터체스터 등 메트로폴리탄 뉴욕이라는 독특한 지역 영향이라는 분석도 있다. 이곳에 거주하는 중상류층과 금융 엘리트, 대학교수 등 지식인, 전위적(前衛的)인 문화계 인사들의 취향과 가치관을 대변하는 콘텐츠를 내놓고 있다는 것이다.

글로벌리즘과 동성애, 히피 문화 등에 긍정적인 게 대표적이다. 다니엘 슈워츠(Daniel Schwarz) 코넬대 교수는 이렇게 말했다.

> 1990년대부터 전국 신문(national paper)을 표방한 NYT는 오히려 뉴욕 색채를 더 많이 띠어 왔다. 맨해튼과 브루클린을 세련된 삶의 중심으로 여기고, 젊은 독자들에게 다가가기 위해 두 지역을 의도적으로 부각해왔다. 미국 중서부나 뉴욕주의 시골 지역을 취재하는 NYT 기자들은 마치 아마존의 기이한 부족민을 발견한 인류학자처럼 접근하고 있다.

오피니언 칼럼니스트 데이비드 브룩스(David Brooks)도 NYT의 특성을 뉴욕과 연계해 설명한다.

> NYT는 가능한 다양한 목소리를 담으려 하지만 그렇더라도 뉴욕을 대표하게 된다. 뉴욕은 아주 진보적인 곳이며, 목소리들도 대부분 진보적이다. NYT는 아주 진보적인 뉴요커들을 반영하고 있다.

• 자료: Daniel Schwarz(2012), p.39, 224, 227; 전병근, "NYT 종신 칼럼니스트, 데이비드 브룩스 인터뷰"(2016년 3월) https://blog.naver.com/sunupland/221441628092

---

128 https://www.bariweiss.com/resignation-letter

도전과 영욕,
혁신의 170년

2장

1851년 9월 18일 뉴욕 시내 로우어 맨해튼(Lower Manhattan) 낫소 스트리트 113번지(113 Nassau Street) 소재 건물의 창문 없는 사각 방 촛불 아래에서 뉴욕타임스 창간호는 4페이지 분량으로 탄생했다. 신문 첫 페이지 상단의 제호(題號)는 '뉴-욕 데일리 타임스(New-York Daily Times)'였고 1면 전체를 기사로 채웠다. 한 부당 가격은 1페니였다.

정치인 헨리 레이몬드(Henry Raymond)와 금융인 조지 존스(George Jones)가 약 7천 달러를 들여 창간했다. 헨리 레이몬드는 공화당 전국위원회 위원장(1864~66년)과 연방 하원의원을 지낸 골수 공화당 계열 인사였다. 레이몬드는 그러나 '우리들 자신에 대한 한마디(A Word about Ourselves)'라는 제목의 창간 사설에서 이렇게 말했다.

우리는 상황이 강요하지 않는 한 열정(passion)에서 기사를 쓰지 않겠다. 우리는 최대한 드물게 열정에 빠질 것이다.[1]

---

1   David W. Dunlap, "[Looking Back] 1851 | Born Into a Racial Turmoil That Has Never Ended", *New York Times* (Sept. 18, 2017)

1. 창간 때부터 '남과 다른 길'

6년 후인 1857년 9월 14일부터 '뉴-욕 타임스(*The New-York Times*)'로 제호 명칭을 바꾸었다. 남북전쟁(1861~1865년)이 한창이던 1863년 7월 13일, 폭도들이 북부군(미합중국 연방군대)의 병력 모집에 항의하며 본사를 공격하자, 헨리 레이몬드는 다총신(多銃身) 기관포를 들고나와 이들을 해산시켰다. 2

親공화당 성향, 비리 파헤치는 정론지

1870년 뉴욕타임스는 뉴욕 갱단 보스로 민주당 계열 정치인인 윌리엄 트위드(William M. Tweed)가 그의 심복을 뉴욕 시장으로 당선시켜 시정을 장악한 다음 뇌물과 웃돈으로 막대한 부를 축적한 사실을 폭로했다. 3 이어 선거 부정(1876년), 우정성(郵政省) 수뢰 사건(1881년), 뉴욕 생명보험회사 비리(1891년) 보도를 잇달아 터뜨려 영향력을 키웠다.

1880년대 들어 사설(社說)을 통해 무조건 공화당 입후보자 지지에서 벗어나 정치적으로 중립적인 논조로 선회했다. 4 1884년 대통령 선거에

---

2 "The New York Times" in Wikipedia,
  https://en. wikipedia. org/wiki/The_New_York_Times(2021년 2월 13일 검색)

3 David W. Dunlap, "A Happy 200th to The Times's First Publisher, Whom Boss Tweed Couldn't Buy or Kill", *New York Times*(Aug. 16, 2011)

4 Elmer H. Davis, *History of the New York Times, 1851~1921*(The New York Times,

서 창간 후 처음으로 민주당 후보(Grover Cleveland) 지지를 선언해 광고 취소와 신문 부수 감소 위기를 겪었다.

헨리 레이몬드(1869년)에 이어 조지 존스가 1891년 사망하자 찰스 밀러(Charles Miller) 편집국장과 동료들이 1백만 달러(2019년 기준으로 약 2,800만 달러)를 모아 *NYT*를 인수해 발행을 계속했다.[5] 그러나 1893년 터진 경제공황 등의 충격으로 회사는 재정난에 빠졌다. 1896년 들어 하루 1만 9천 부 발행에 판매부수는 9천 부를 밑돌아 매일 1천 달러씩의 적자를 내다가 시장에 매물로 나왔다.

테네시주 녹스빌의 독일계 유대인 이민자 가정의 6형제 중 장남으로 당시 38세이던 아돌프 S. 옥스(Adolph Simon Ochs, 1858~1935)는 1896년 8월 *NYT*를 인수했다. 그는 11세부터 테네시주의 '녹스빌 크로니클(*Knoxville Chronicle*)'과 '쿠리어 저널(*Courier-Journal*)' 등에서 잔심부름꾼, 식자공(植字工), 인쇄공 등으로 일했다. 20세이던 1878년 '차타누가타임스(*Chattanooga Times*)'를 인수해 발행인이 되었다.[6]

1921), pp. 215~218

5 1891년까지 뉴욕타임스를 경영했던 조지 존스(George Jones)는 "뉴욕타임스는 누구에게도 정기구독을 요청하거나 광고를 부탁한 적이 없다"고 말했다. Elmer H. Davis, *History of the New York Times, 1851~1921*(1921), p. 218

6 David W. Dunlap, "Looking Back 1878, Adolph Ochs's First Times (The One in Chattanooga)", *New York Times*(April 4, 2016)

아돌프 옥스, 금융인들 도움으로 인수

미국 남부에서 가장 수익 높은 신문을 경영하던 옥스는 "뉴욕에서 가장 존경받는 신문을 만들겠다"며 NYT 인수에 뛰어들었다. J. P. 모건(John Pierpont Morgan), 오거스트 벨몬트(August Belmont), 조지 피바디(George Peabody) 같은 뉴욕 금융인들의 도움으로 자기 돈 7만 5천 달러를 내고 향후 3년간 연속 흑자를 낼 경우 주식 절반 이상을 넘겨받아 대주주가 된다는 조건으로 인수했다. 7

하지만 그의 인수에 대해 "죽은 창업자들을 무덤에서 꺼내 살려내는 것만큼이나 어려운 일"이라는 비관론이 가득했다. 옥스는 소유주로서 처음 신문을 내는 날인 1896년 8월 19일 자 사설(社說) 면에 실은 '업무공고(Business Announcement)'에서 이렇게 밝혔다.

모든 뉴스를 간결하고 매력적인 형태로, 품위 있는 사회의 정중한 언어로, 여타 신뢰할 수 있는 매체들을 통해 배울 수 있는 것보다 더 빠르지는 않더라도 그만큼은 빠르게 전달하는 것이 나의 진정한 목표다. 그리하여 정당이나 정파 혹은 이해관계와 관계없이, 어떠한 두려움이나 선호함 없이 (without fear or favor, regardless of party, sect or interests involved), 불편부당(不偏不黨)하게 뉴스를 전달하는 것, 칼럼을 공적 중요성을 띤 모든 문제를 심사숙고하는 포럼으로 만들고, 모든 종류의 의견으로부터 지적(知

---

7 "Adolph S. Ochs Dies at 77; Times Publisher Since 1896", *New York Times*(April 9, 1935), p. 1. 2007년 완공된 NYT 본사 1층 로비에 아돌프 옥스의 흉상(胸像)이 서 있다.

的) 인 논의를 하는 게 나의 진지한 목표이다. 8

범죄, 성(性) 등 황색 저널리즘과 거리 둬

다른 신문사 발행인들도 이와 비슷하게 '독립'을 주장했으나, 옥스는 "그
가 쓴 내용을 실제로 그대로 믿고 실천했다"는 게 달랐다. 9 그 핵심은 권
력에 편들거나 눈앞의 재정적 이익이 아니라 독자를 가장 앞세우며 경영
하는 것이 최선의 전략이라는 것이었다.

1896년 당시 뉴욕에서 발행되던 8개 조간신문 가운데 *NYT*는 판매부
수로 꼴찌였다. 10 하지만 아돌프 옥스는 *NYT*에 대해 "잘만 관리하면 크
게 될 수 있는 '우수한 구조(*super structure*)'의 신문"이라고 확신했다. 그
는 자신의 신문이 사려 깊은 선택된 독자들의 관심을 끌기를 바라면서
'확인을 거친 사실과 분석, 뛰어난 문장'이라는 제작원칙을 추구했다.
그러면서 다른 신문들과 구별되는 '차별화'와 '혁신'을 추진했다.

'인쇄하기 적합한 모든 뉴스(*All the News That's Fit to Print*)'라는 7개의
단어를 인수 6주일 만에 회사를 대표하는 슬로건으로 삼았다. 이 구호는
세간에 떠도는 소문과 선정성(煽情性) 정보를 기사로 무분별하게 다루

---

8 David W. Dunlap, "[Looking Back] 1896 | 'Without Fear or Favor'", *New York Times* (Aug. 14, 2015)

9 Susan E. Tifft and Alex S. Jones, *The Trust: The Private and Powerful Family Behind the New York Times* (Little, Brown, 1999), p. 43

10 Meyer Berger, *The Story of the New York Times 1851~1951* (New York: Simon and Schuster, 1951: reprinted, 1970), p. 112

는 황색 저널리즘(*yellow journalism*)과 선을 그으면서 '인쇄할 가치가 있는 것만을 뉴스로 제대로 다루겠다'는 품위와 절제, 자부심을 상징했다.[11]

특히 조셉 퓰리처(Joseph Pulitzer)의 '뉴욕 월드(*New York World*)'와 윌리엄 허스트(William Hearst)의 '뉴욕 저널(*New York Journal*)'이 앞다 퉈 벌이는 흥미 위주 보도경쟁에 휩쓸리지 않았다.[12] 언론인 해리슨 솔 즈베리(Harrison Salisbury)의 말이다.

아돌프 옥스가 인수한 *NYT*는 범죄와 성(性), 유혈(流血)을 다룬 선정적이고 도색적으로 꾸민 기사들을 결코 싣지 않았다. 만화도 싣지 않았고 신중하게 제목들을 선택했다. 경제면에 당대의 은행가, 상인, 기업가들을 기분 나쁘게 하는 것은 싣지 않았다. 사설면은 온화하고 건전했다. 그는 약삭빠른 기사나 강하게 자극을 주는 내용을 원하지 않았다.[13]

11 Joseph Campbell, "Story of the most famous seven words in US journalism", BBC (Feb. 10, 2012)
12 마이클 셔드슨 컬럼비아대 저널리즘 스쿨 교수는 "뉴욕 월드와 뉴욕 저널은 '오락성'의 길을, 뉴욕타임스는 '사실성'의 길을 걸었다"고 지적했다. Michael Schudson, *Discovering the News*, 《뉴스의 발견: 미국 신문의 사회사》(커뮤니케이션북스, 2019), p. 156; 차배근, 《미국 신문발달사》(서울대출판문화원, 2014), pp. 426~443
13 Harrison Salisbury, *Without fear or favor* (1980), 《新聞의 正道》(1983), pp. 44~45

뉴욕의 '비즈니스 바이블'

아돌프 옥스는 신문을 인수한 직후 금융 관련 지면을 확장하고 부동산 거래를 보도하기 시작했으며 금융뉴스에 대한 주간 리뷰(weekly review)를 실었다. 또 뉴욕의 외지 출신 구매자들의 명단을 매일 실었다. 그 결과 NYT는 빠른 시일에 '비즈니스 바이블(Business Bible)'로 자리 잡았다.

엘머 데이비스(Elmer H. Davis)는 1921년 발간한 NYT에 관한 책에서 "NYT를 투자자 계층을 위한 기관지라고 부를 수 있다면, 그것은 대다수 투자자들이 금융뉴스의 분량과 신뢰성 때문에 NYT를 읽기 때문이다"라고 밝혔다.[14] '더 저널리스트(The Journalist)'는 1897년 NYT를 이렇게 평가했다.

훌륭한 상품을 위한 광고매체로서 이 신문의 가치는 꾸준히 성장하고 있다. 이 신문은 동시대의 신문들에 비해 많은 독자들을 확보하고 있진 않지만, 이 신문이 대표하는 금전적 가치는 더 크다.[15]

부유층은 실제로 자신들의 사업에 NYT가 도움이 된다는 사실을 깨달았다. 30년간 '뉴욕 선(New York Sun)'의 편집장을 지낸 체스터 로드(Chester S. Lord)는 1922년 저널리스트 지망생들을 위한 지침서에서 이렇게 밝혔다.

---

14 Elmer H. Davis(1921), p. 193
15 *The Journalist* 22(Dec. 4, 1897), p. 46

아마 뉴욕시에 사는 사람 중 5백 명쯤은 다른 곳에서 같은 정보를 얻을 수 없는 경우, '뉴욕타임스'가 제공하는 사업적 정보 하나만 갖고서도 한 해에 1천 달러를 지불하려 할 것이다. 16

세계 최초 '북 리뷰 섹션'

아돌프 옥스는 신문지면 혁신을 추진했다. 첫 번째 작품은 인수 첫해인 1896년 10월 10일 자부터 발행을 시작한 '북 리뷰(*Book Review*·서평)' 섹션이었다. '*The Saturday Book Review Supplement*'라는 이름으로 매주 토요일마다 별지(別紙) 형태로 제작했으며, 1911년부터는 일요일 자로 옮겨 발행되고 있다. 이 섹션은 미국 신문업계 최초(最初)이자 최고 (最古)의 종이신문 서평 섹션이다. 17

여기에는 '신간 도서들을 뉴스로 소개함으로써 교양신문(*literary newspaper*)을 만들겠다'는 아돌프 옥스의 의지가 담겨 있었다. '북 리뷰' 섹션 은 독자 만족을 넘어 출판사를 비롯한 광고주들의 호평을 받으며 지금까지 *NYT*의 간판 상품이 되고 있다.

매주 월요일 자에는 부동산·기업·증권시장 정보 등을 담은 경제 뉴스를 대폭 늘렸다. 법원에서 이뤄진 판결과 변론을 세밀하게 적었고, 정부가 발표한 뉴스를 객관적으로 상세하게 다뤘다. 불필요한 연재물을

---

16 Michael Schudson (2019), p. 189에서 재인용

17 David W. Dunlap, "〔Times Insider〕 1896 | The Book Review Is Born", *New York Times* (Aug. 18, 2016)

폐지하고 뉴스와 정보, 지식을 담은 '선데이 매거진(Sunday magazine)'을 신설했다. [18]

판촉 · 광고도 원칙 따라 경영

아돌프 옥스는 원칙 없이 주먹구구식으로 하던 경영에 혁신을 가했다. 신문 반품(返品) 정책을 바꾸어 판매상들의 능동적인 판매를 유도했고 보급소에 별도 인센티브를 지급했다. 광고와 판매 책임자, 조사 담당자들과 편집국 부장들을 직접 채용했다. 직원들에게 업무지시를 일일이 했다. 매일 회의를 주재하면서 자신의 견해와 맞지 않는 사설(社說)을 실으려 할 경우, 제동을 걸었다. [19]

옥스는 광고주들에게 홍보물을 보내고 홍보 전단과 광고를 싣는 등 판촉(solicitation)에도 적극적이었다. 그는 1898년 신문 발행부수 확장을 위해 전화(電話) 판촉을 사용한 첫 번째 발행인이 됐다. 신규 구독자 중 1백 명에게 프랑스와 영국 자전거 투어 같은 경품을 제공했다. [20]

그는 '광고 수용 가이드라인(ad acceptability guidelines)'을 마련해 경품 퀴즈 맞추기나 비도덕적인 책, 점술(占術), 마사지, 최음제 판매 같은 광고를 금지하고 저질광고 게재를 거부했다.

---

18 Michael Emery & Edwin Emery, *The Press and America* (Prentice Hall, 1988), p. 326
19 표완수, "아서 옥스 설즈버거", 《세계의 언론인: 경영인편》(한국언론연구원, 1998), p. 213
20 Michael Schudson (2019), p. 197

수많은 신문들이 생겼다 사라지기를 반복할 때, *NYT*의 생존법은 남들과 같은 방법이 아니라 차별화하는 것이었다. 이런 측면에서 옥스-설즈버거 가문 아래 *NYT*는 태생부터 '혁신 DNA'를 지녔다고 볼 수 있다. [21]

'신의 한 수' 된 신문 가격인하

아돌프 옥스는 시정(市政)을 홍보해 주면 3만 3,600달러의 광고비를 주겠다는 뉴욕시 당국의 제의를 단호하게 거절했다. "공동체에 대한 책무를 포기하고 매수당할 수는 없다. 독자와 직원들로부터 받는 찬사와 평가가 더 중요하다"는 이유에서였다. [22]

그는 1896년 12월 1일 자부터 제호에서 하이픈(-)을 빼 지금과 같은 '뉴욕타임스(*The New York Times*)'를 썼다. 하지만 신문사 재정은 1898년 4월 미국-스페인 전쟁에 취재기자를 못 보내고 통신기사로 채워야 할 만큼 어려웠다.

이 무렵 자신을 해고한 데 앙심을 품은 전직 사원 울너프(W. L. Woolnough)가 "*NYT*의 판매부수가 허위로 부풀려졌다"며 광고주들을 찾아다니며 비방했다. 그러자 광고수입과 신문 판매가 줄고 신뢰도까지 흔들렸다.

이에 맞서 옥스는 1898년 10월부터 신문 판매가격을 한 부당 3센트에

21 조영신, "뉴욕타임스는 혁신을 멈춘 적이 없다", EBS, 〈비즈니스 리뷰〉(2021년 1월 18
    ~1월 21일)
22 Susan E. Tifft and Alex S. Jones(1999), pp. 47~48

서 1센트로 67% 가까이 낮췄다. 아무도 예상 못한 파격적인 선택이었다. 효과는 놀라왔다. 울너프의 비난 공세가 무력화되고 *NYT*의 재정난을 둘러싼 소문이 진정됐다.[23] 동시에 황색신문 계열의 '더 월드'나 '뉴욕 저널'을 보던 독자들이 동일한 1센트의 가격에 차분하고 품위 있고 볼거리가 더 많은 *NYT*로 옮겨왔다.[24]

1898년 2만 5천 부이던 발행부수는 1년 만에 7만 5천 부로 늘었다. 이어 1900년에 8만 2천 부, 1910년 19만 2천 부, 1920년에는 34만 3천 부가 되었다.[25] 인수 4년 만인 1900년, *NYT*는 매출 91만 7천 달러를 기록해 1백만 달러를 눈앞에 뒀다. 아돌프 옥스는 인수 10년 만에 모든 빚을 갚고 *NYT* 지분을 100% 소유하게 되었다.[26]

탁월한 국제뉴스 보도로 명성

1904년 아돌프 옥스는 '뉴욕 선(*New York Sun*)'에 있던 카르 밴 앤다(Carr Van Anda) 에디터를 편집국장으로 영입했다. 학자풍인 그는 1932년까지 *NYT*에 근무하면서 사실(事實)에 기반하고 수준 높은 국제뉴스

---

23 광고주들 사이에 *NYT*의 평판도 좋아졌다. 1897년과 1898년에 각각 240만 행(*agate line*)이던 광고물량이 1899년 340만 행, 1900년 4백만 행, 1905년 6백만 행으로 늘어난 게 이를 보여준다. Michael Schudson (2019), pp. 202~203

24 언론학자 수전 티프트와 알렉스 존스는 아돌프 옥스의 파격적인 가격인하 결정에 대해 "*NYT*의 성공을 낳은 위대한 영감(*greatest inspiration*)의 산물이자, 신의 한 수(*a stroke of genius*)"라고 극찬했다. Susan Tifft and Alex Jones (1999), p. 55

25 Michael Schudson (2019), p. 202

26 Harrison Salisbury, 《新聞의 正道》(1983), p. 45

보도로 신문의 면모를 일신했다.

러일전쟁(1904~05년) 발발을 예견하고 만반의 준비를 한 그는 일본 해군의 러시아 함대 섬멸 19분 만에 상세한 호외(號外)를 냈다. 1912년 4월 발생한 타이태닉호(the Titanic) 침몰 사건 때는, 무선(無線) 전신 기록을 단독 입수해 다른 신문보다 이틀 빨리 24개면 가운데 15개면을 타이태닉호 참사 기사로 채웠다.

1차 세계대전(1914~18년) 중에는 편집국에 유럽 전황(戰況) 지도를 붙여 놓고 주요 전투가 벌어질 곳에 종군 기자를 미리 보내 신속하고 현장감 넘치는 기사를 실었다. 27 1919년 베르사유 조약 원문, 1921년 독일 부흥 협정, 1922년 워싱턴 해군 협약, 1925년 로카르노 협약에 대한 비밀 의견서 같은 국가문서를 연이어 특종 보도했다.

1917년 처음 제정된 퓰리처상을 *NYT*는 이듬해(1918년) 처음 받았다. 첫 수상 사유는 '우수한 국제뉴스 보도'였다. 1914년 초 23만 부이던 발행부수는 1918년 36만 8,492부로 늘었다. 28

세계 최초로 '인덱스' … '기록의 신문'

*NYT*는 1913년 세계 언론사 가운데 최초로 자사 기사와 칼럼을 인덱스 (*index*) 책자로 만들었다. 아돌프 옥스의 지시로 제작한 '*NYT* 인덱스'는 당시 미국 전역에 건설 붐이 분 도서관과 대학에 대거 보급되었다. 대학

---

27 "New York Times", https://www.britannica.com/topic/The-New-York-Times
28 Susan Tifft and Alex Jones(1999), p. 118

과 도서관, 정부기관, 언론사, 싱크탱크 등의 공무원과 학자, 연구원들의 필수자료로 환영받았기 때문이다. 1929년까지 3개월 분기(分期) 단위로 만들다가 1930년부터는 연간(年刊)으로 바꾸었다.

1930대까지 미국 신문사 가운데 *NYT*만이 인덱스를 제작·발행했다. [29] 회사 측은 이후 '부고 인덱스(*New York Times Obituaries Index*)'를 간행했다. 또 '기록의 신문으로서 *NYT* 인덱스와 서류의 가치(*The Value of The New York Times Index and Files as a Newspaper of Record*)'를 주제로 일반 시민 에세이 콘테스트도 실시했다. [30]

이후에도 *NYT*는 정부 문서와 각종 공문서, 조약 등을 입수해 전문(全文)을 실음으로써 '기록의 신문(*newspaper of record*)'이라는 평판을 공고히 했다.

주주들에게 이익의 3%만 나눠줘

1921년 8월 18일 아돌프 옥스는 *NYT* 인수 25주년을 기념해 본사 빌딩에서 모든 임직원들에게 오전 11시 45분부터 밤 10시까지 5개조로 나눠 특별기념 식사를 제공했다. 연금과 건강·장애 보험 같은 직원 복지제도도 마련했다. 당시 임직원은 1,885명이었다.

옥스는 발행인 취임 후 이날까지 25년간 누적 1억 달러의 매출을 올렸

---

29 "The Times Index", *New York Times* (July 10, 1964)
30 'New York Times Index'. https://en.wikipedia.org/wiki/New_York_Times_Index (2021년 1월 17일 검색)

다. 하지만 그는 이익금의 3%만 주주들에게 나눠주고 나머지 모두를 신문사에 재투자했다. 31 옥스는 *NYT*를 영리(營利) 조직이나 개인 또는 가족의 사유재산이 아닌 '독립된 기관(*independent institution*)'으로 만들고자 했다. 32

아돌프 옥스의 신문 철학과 실천은 당대부터 호평받았다. 신문 비평가인 윌 어윈(Will Erwin)은 1911년 *NYT*에 대해 "어떤 신문보다 뉴욕과 전체 세계의 모습을 더 진실에 가깝게 제공한 신문"이라고 기술했다.

'시카고 데일리 뉴스'를 세우고 AP통신 총괄전무를 지낸 언론인 멜빌 스톤(Melville E. Stone)은 1926년 발행된 *NYT*의 75주년 기념판 기고문에서 "아돌프 옥스 발행인은 선정적인 신문만이 성공할 것이라는 인식을 무너뜨렸다. 그는 그의 경쟁자들에게 '품위가 곧 돈이다'라는 교훈을 주었다"고 썼다. 33

*NYT*에서 오래 활동한 언론인 해리슨 솔즈베리(Harrison Salisbury)는 "아돌프 옥스에게서 '독립(*independence*)'의 의미는 어느 기업가나, 광고주나, 이권(利權)이나, 정치가도 *NYT*와 그 영향력을 돈 주고 살 수 없다는 것이었다"며 이렇게 밝혔다.

---

31 "Will of Mr. Ochs Asks That The Times Be Perpetuated as Public Servant", *New York Times*(April 17, 1935)

32 1920년대까지 뉴욕타임스 1면에는 기자들의 기명(*by-line*)은 해외통신원 같은 아주 예외적인 경우에만 등장했다. 터너 캐틀리지는 "신문사에서 기자들의 신분 상승은 1930년대에 시작됐고, 기사 안에 작성한 기자 이름이 들어가는 경우가 급증한 게 그 증거"라고 밝혔다. Turner Catledge, *My Life and the Times*(Harper & Row, 1971), p. 165

33 *New York Times*(Sep. 19, 1926)

옥스는 그의 신문이 뉴욕의 대형백화점이나 강력한 정당, 단체 등에 아첨하는 것을 결코 허용하지 않았다. 그의 사설은 매매될 성질의 것이 아니었다. 당시 뉴욕에는 광고의 보답으로 '과대 칭찬'을 실어주거나 은행가나 정치가의 지시에 따라 아무 거리낌 없이 사설을 써 주는 신문들이 있었다. [34]

34 Harrison Salisbury, 《新聞의 正道》(1983), p. 48

2. 공황 · 전쟁 · 파업 이겨낸 저력

아돌프 옥스가 1935년 4월 8일 뇌출혈로 77세에 사망하자, *NYT*는 5분 간 모든 업무를 정지하고 사내 엘리베이터 작동과 외부와의 전화 송수신 까지 끊었다. 피오렐로 라과디아(Fiorello H. La Guardia) 당시 뉴욕시장 은 옥스의 장례일을 '애도의 날(*mourning day*)'로 지정하고 조기(弔旗)를 게양토록 했다. 35

　옥스는 후계자를 정하지 않은 채 유언장에서 "내 사후(死後)에 '옥스 신 탁(*the Ochs Trust*)'을 만들어 이 신탁이 주요 결정을 하도록 하라"고 했다. 그러면서 무남독녀(無男獨女)인 이피진 설즈버거(Iphigene Sulzberger) 와 사위인 아서 헤이즈 설즈버거(Arthur Hays Sulzberger), 조카인 줄리 어스 애들러(Julius Adler), 찰스 밀러 전 편집국장의 아들인 호이트 밀러 (Hoyt Miller) 등 4명을 '옥스 신탁'의 이사로 지명했다.

'집사' 역할 한 사위 발행인 AHS

아서 헤이즈 설즈버거(약칭 AHS)는 당초 집안에서 하는 섬유 수입업을 이어받을 요량이었다. 그러나 이피진과 결혼한 후 장인인 아돌프 옥스 의 권유로 1918년 12월 육군 제대 직후 *NYT*에 입사해 발행인 비서를 거 쳐 발행인보(補 · *assistant to the Publisher*)로서 1919년부터 16년간 발행

---

35 Susan Tifft and Alex Jones(1999), p. 161

인 업무를 견습했다.

그와 차기 발행인 자리를 놓고 경합한 줄리어스 애들러는 청년 시절부터 아돌프 옥스 집안에 의탁해 자라 옥스에게 친아들과 같았다. 프린스턴대학 졸업 직후인 1914년 *NYT*에 입사해 제1차 세계대전 복무 기간 3년을 제외한 18년 동안 신문사 경영에 참여했다.

AHS는 1920년대에 두 가지 돋보이는 기여를 했다. 먼저 1926년 킴벌리-클라크와 합작으로 *NYT*가 42% 지분을 가진 '스프루스 폴스 파워 앤 페이퍼(Spruce Falls Power and Paper)'라는 제지회사를 세웠다. 이 회사는 신문 단일업종이던 *NYT*에 요긴한 재정적 버팀목이 됐다.

1927년 5월에는 찰스 린드버그(Charles Lindbergh)에게 5천 달러의 계약금을 주고 대서양 횡단기(橫斷記) 독점게재 계약을 하고 흥행도 성공시켜 장인의 칭찬을 받았다.

AHS는 신중한 성격인 반면, 예비역 소장(少將)인 애들러는 강단이 있었다. 옥스는 1928년부터 AHS에게 신문제작과 논설을, 애들러에게는 인쇄와 광고 등 비즈니스 부문을 맡기며 선의의 경쟁을 유도했다. 36 두 사람 가운데 후계자를 정하지 못한 아돌프 옥스의 사후에 최종 결정권을 쥔 이피진은 남편인 AHS를 선택했다.

AHS는 옥스 가문의 정통 적자(嫡子)가 아니라 외부에서 온 사위였기에 입지가 약했다. 그는 발행인 취임 후 줄리어스 애들러를 경영담당 총괄전무(*general manager*)로 기용했다. 애들러는 옥스 가문의 지지를 받으며 1955년 세상을 뜰 때까지 20년간 그 자리를 맡았다.

---

36 Gay Talese, *The Kingdom and the Power* (2007), pp. 174~175

AHS의 온전한 단독경영은 1955년부터 61년까지 6년 남짓에 불과했다. 그래선지 AHS에게서는 아돌프 옥스처럼 족장(*patriarch* · 族長) 같은 면모가 없었다. 언론학자 수전 티프트는 이렇게 평가한다.

> AHS의 역할은 집사(*steward*)에 가까웠다. 휘하 편집국장인 에드윈 제임스(Edwin James)가 때때로 '나는 고용된 사람일 뿐'이라고 불평하자, AHS는 고개를 끄덕이며 '나도 고용된 사람(*I'm a hired man, too*)'이라고 했다. 그는 왕이 되지 않으려 한 사람(*the man who would not be king*)이었다. [37]

2차 세계대전 '애국주의' 보도

그가 발행인으로 재임한 1935년부터 1961년까지 26년 동안은 미국은 물론 전 세계가 격동의 연속이었다. 1930년대 중반 대공황이 강타하는 바람에 1929년 3,200만 달러이던 *NYT* 신문 광고매출은 1935년에 1,900만 달러로 급감했다. 1934년 560만 달러이던 순이익은 1936년에 89만 4천 달러로 20% 밑으로 줄었다.

*NYT*는 그간 운영하던 3개의 출판물[38]을 모두 팔고 임직원 복지축소 같은 구조조정을 했다. 신문제작에서는 A1면에 사진 게재를 늘리고 국내 지사를 증설했다. 과학 · 우주 · 노동 · 항공 분야에 대한 심층보도를 권장하고, 편집국 안에 음식 · 패션 담당 취재 부서를 신설하고 관련 기

---

37 Susan Tifft and Alex Jones(1999), pp. 168~169
38 3개의 출판물은 *Current History, Mid-Week Pictorial, American Year Book*

사를 늘렸다. 여권(女權) 신장 흐름에 맞춰 '여성 페이지'를 신설했다. 39

AHS는 '신문사는 자신의 분명한 입장을 사설을 통해 밝혀야 한다'는 소신 아래 1938년, 동갑내기 친구인 찰스 메르츠(Charles Merz)를 논설실장에 임명했다. 예일대 졸업생으로 1차 세계대전 참전 후 '뉴욕 월드'에서 일하다가 1931년 NYT로 온 그는 1961년까지 논설실장을 맡았다. 40

1920년대부터 프리랜서 기자로 유럽발 기사를 보내오던 앤 오헤어 매코믹(Anne O'Hare McCormick)을 1936년 정식 기자로 채용했다. 회사 최초의 여성 논설위원이 된 그녀는 1937년 미국 여기자로선 처음으로 퓰리처상을 받았다. 41

1930년대 후반부터 NYT는 사설을 통해 전쟁 위협을 고조시키는 독일과 이탈리아를 강하게 경고했다. "아돌프 히틀러(Adolf Hitler)가 중립법(neutrality act)을 위반하고 있다. 아무리 평화를 원해도 이런 상황에서 미국인들도 결코 중립을 즐기지 못할 것"(1938년 6월 16일 자 사설)이라고 밝혔다.

1940년 6월 히틀러의 프랑스 침공 후, 미국의 참전 여부가 불투명한 상태에서 NYT는 미국 일간신문 중 최초로 '평화 시 병력 징집'을 사설로 주장했다. 전쟁이 터지자 NYT는 애국주의 시각에서 각국의 전쟁 관련 연설, 성명서(communiques) 전문(全文)과 최신 전황을 상세하게 보도했

---

39 Brooks Atkinson, "Arthur Hays Sulzberger", *New York Times*(Dec. 15, 1968) https://timesmachine.nytimes.com/timesmachine/1968/12/15/91245866.pdf

40 Gay Talese(2007), p. 185

41 https://en.wikipedia.org/wiki/Anne_O'Hare_McCormick (2021년 1월 2일 검색); Gay Talese(2007), pp. 173~174

다. 법이 허용한 최대 인원인 30명의 종군(從軍) 특파원을 포함해 55명의 해외 특파원을 운용했다. 이는 미국 신문사 가운데 가장 많았다. [42]

전쟁 중에도 혁신과 차별화

1942년 회사는 십자말 퀴즈(Crossword Puzzle) 연재를 시작했다. 이 연재는 지금도 매일 지면과 웹사이트에 실리는 인기 고정물이다. 1944년에는 라디오방송사 WQXR을 인수했고, 1946년에는 'NYT 국제판' 신문을 창간했다. 이 국제판은 1967년 '워싱턴포스트'와 50 대 50 비율로 합작해 '인터내셔널헤럴드트리뷴(약칭 IHT)'으로 이름을 바꿀 때까지 계속됐다.

1945년 1월 당시 NYT는 3,500명의 직원을 두고 있었으며 주중판 신문 발행부수는 50만 부에 달했다. 워싱턴 DC와 보스턴·시카고·샌프란시스코·필라델피아·올버니(Albany) 등 미국 주요 도시에 지국과 4백여 명의 상주(常駐) 기자를 뒀다. 전쟁 비상상황에서 미국 정부는 각 신문사에 신문용지 공급 쿼터제를 실시했다.

NYT는 그러나 전쟁이 한창이던 1944년 한 해 연간 광고분량은 6백만 행(agate line) 줄이고, 기사 게재 분량은 다른 신문들보다 수백만 행을 많이 실었다. [43] 이로 인해 광고수입이 줄었다. 하지만 풍부한 정보량이 소문나면서 신문 구독신청이 늘어 1945년 봄 신문 발행부수는 2차 세계

---

42 Gay Talese (2007), pp. 208~209, p. 218
43 The New York Times Staff, *The Newspaper: Its Making & its Meaning* (Charles Scribner's Sons, 1945), p. 15

대전이 발발한 시점과 대비해 10만 부 넘게 늘었다.

NYT는 2차 세계대전 전쟁 중과 종료 후에 미국 육군·해군이 발행한 13만 단어 분량의 진주만(Pearl Harbor) 피습 탐사보고서, 나치(Nazi) 전쟁범죄자 기소문과 얄타회담 회의록 등 문서 등을 보도했다.

1945년 8월 일본 나가사키(長崎)에 원자폭탄을 투하한 B-29 폭격기 '에놀라 게이(*Enola Gay*)'에는 윌리엄 로렌스(William Laurence) NYT 과학 담당기자가 동승(同乘)했다. 미국 정부의 '원자탄 프로젝트(*A-Bomb Project*)'라는 역사적 이벤트를 기록할 언론으로 미국 정부는 NYT를 지명했고, NYT는 로렌스 기자를 특파했다.

1950년대 뉴욕 신문 중 발행부수 5위

'기록의 신문' 명성도 이어갔다. NYT가 게재한 문서와 연설문 전문(全文)은 학자, 관료, 연구자, 경쟁 신문사 등에 필수 자료가 됐고 지식인 사회에 "NYT는 믿을 만한 고급 언론사"라는 인식을 굳혔다. 법원 판결 사례(*court cases*)와 법정 기록을 낱낱이 게재하고 분석하는 방식도 호평받았다.[44]

1954년 말 토요일 자 신문은 뉴욕 항구에 들어오는 선박 명단을 매주 실었다. 1940~50년대 NYT는 A1면에 사진을 거의 싣지 않았다. 간혹 쓰더라도 흑백사진에 흑백지도를 넣는 게 고작이었다. 당시에도 NYT의 강점은 미문(美文)이나 화려한 그래픽, 사진이 아니라 엄밀하고 진지한 보도였다.[45]

---

44 Michael Emery & Edwin Emery (1988), p. 235

그래서 1950년대에도 *NYT*는 판매부수 기준으로 뉴욕에서 발행되는 신문들 가운데 5위였다. 1951년 2월 편집국장에 임명된 터너 캐틀리지 (Turner Catledge)는 성격이 까탈스러웠지만 짧고 긴장감 있는 기사체와 뉴스 배경과 분석을 가미한 기사를 주문했다.[46]

1968년 A. M. 로젠탈에게 물려줄 때까지 캐틀리지는 17년 동안 편집국장과 편집인을 맡았다. 그가 편집인에 취임할 당시, *NYT*는 본사 편집국 외에 3개의 파벌(워싱턴지국, 해외 특파원, 일요일판 편집국)이 할거하고 있었다.

제임스 레스턴(James Reston · 1909~1995) 워싱턴지국장과 사이러스 설즈버거(Cyrus Sulzberger) 파리지국장, 레슬리 마르켈(Leslie Markel) 일요일판(*Sunday News*) 국장이 봉건 영주(領主)처럼 각 파벌의 인사와 운영을 좌우했다.[47]

두 번째 사위 발행인 오빌 드라이푸스

1950년대에는 시련도 잇따랐다. 미국 전역을 휩쓴 반(反) 공산주의 매카시즘(McCarthyism) 바람 속에 7명의 *NYT* 기자들이 미국 공산주의청년동맹에 가입한 전력(前歷)이 있는 것으로 밝혀졌다. 회사는 이 가운데

---

45 Edwin Diamond(2003), p. 51
46 Turner Catledge(1971), p. 428
47 AHS의 뒤를 이은 아서 옥스 '펀치' 설즈버거 발행인이 1964년 편집국장보다 상위의 편집인(*executive editor*) 직책을 신설한 것은 나머지 3개 부문을 확실하게 통제하려는 목적이 컸다. Gay Talese(2007), p. 405

표 2-1

뉴욕타임스 역대 편집국장

이 름	재임 기간 (년)
Henry Jarvis Raymond	1851~1869
George F. Spinney	1889~1893
Carr Van Anda	1904~1932
Edwin Leland James	1932~1951
Turner Catledge	1952~1964
Clifton Daniel	1964~1969
A. M. Rosenthal	1969~1976
Seymour Topping	1977~1986
Arthur Gelb	1986~1989
Joseph Lelyveld	1990~1994
Gene Roberts	1994~1997
Bill Keller	1997~2001
Gerald Boyd	2001~2003
Jill Abramson	2003~2011
Dean Baquet	2011~2014
Joseph Kahn	2014~현재

• 자료: https://en.wikipedia.org/wiki/List_of_The_New_York_Times_employees

표 2-2

뉴욕타임스 역대 편집인

이 름	재임 기간 (년)
Turner Catledge	1964~1968
James Reston	1968~1969
공석(空席)	1969~1976
A.M. Rosenthal	1977~1987
Max Frankel	1988~1994
Joseph Lelyveld	1994~2001 (2003년 잠시)
Howell Raines	2001~2003
Bill Keller	2003~2011
Jill Abramson	2011~2014
Dean Baquet	2014~현재

• 자료: https://en.wikipedia.org/wiki/List_of_The_New_York_Times_employees

거짓 진술을 하거나 조사를 거부한 일부를 해고하고 잘못을 인정한 기자는 한직으로 발령냈다. 48 그러나 소극적인 대응을 문제 삼으며 '좌익 언론인들의 온상'이라는 비난이 쏟아졌다.

1953년 11월 28일부터 12월 8일까지 열흘간 파업에 이어 1958년 12월 9일부터 28일까지 19일간 파업이 계속되었다. 8개 신문사와 연계한 '뉴욕신문·우편배달노조(NMDU)'가 주동한 파업으로 신문 발행이 한동안 중단됐다. 49 아서 헤이즈 설즈버거(AHS) 발행인은 1957년 부부 동반 해외여행 도중 중풍을 맞아 건강이 악화됐다. 그때부터 1968년 12월 사망할 때까지 AHS는 휠체어에 의지해 살았다.

그는 맏사위인 오빌 드라이푸스(Orvil Dryfoos)를 일찌감치 후계자로 내정했다. 외아들인 아서 옥스 '펀치' 설즈버거는 나이가 어린 데다 경험이 일천하고 능력도 뛰어나지 않다고 판단해 배제했다. 드라이푸스는 세련되고 밝은 성격이었으나 사소한 일에도 걱정과 염려가 많았다. 하지만 AHS 부부를 포함한 설즈버거 가문은 그에 대해 "발행인으로서 자질이 충분하다"며 압도적 지지를 보냈다.

---

48 James Reston, *Deadline: A Memoir* (1991), 《데드라인》(동아일보사, 1992), pp. 201 ~204

49 Peter Kihss, "Eight Strikes Since 1950 Have Shut Papers Here", *New York Times* (Nov. 6, 1973)

취임 첫날부터 파업 시달려

1961년 4월 25일 49세에 발행인에 취임한 드라이푸스는 다니던 직장(뉴욕증권거래소)을 그만두고 NYT에 입사해 12년간 경영수업을 받았다. 재무·사업·영업 등 비즈니스 부문에 밝은 드라이푸스는 애머리 브랫포드(Amory Bradford), 앤드루 피셔(Andrew Fisher), 하딩 뱅크로프트(Harding Bancroft) 같은 전문경영인들을 데려왔다.

📰 미니박스 | 뉴욕타임스 vs. 설리번 케이스

"미국 역사상 언론자유에 대한 가장 명료하면서도 가장 강력한 옹호"로 평가되는 설리번 사건의 시작은 평범했다. 흑인 민권운동 지도자인 마틴 루터 킹(Martin Luther King) 목사의 변론기금 모금을 위해 1960년 3월 29일 자 NYT에 실린 "그들의 커지는 목소리에 주의를 기울여라(Heed Their Rising Voices)"라는 의견 광고가 발단이 됐다. 앨라배마주 몽고메리시 경찰국장이던 L.B.설리번(Sullivan)은 "광고내용 중 경찰이 앨라배마주립대 학생들을 강압적으로 다뤘다는 부분은 사실이 아니며, 경찰 책임자(설리번)의 명예를 훼손했다"며 소송을 냈다. 앨라배마 주법원은 NYT의 유죄를 인정하며 '설리번 국장에게 50만 달러를 배상하라'고 했다.

하지만 연방대법원은 1964년 3월 9일 대법원판사 9명 전원일치로 NYT 승소 판결을 내렸다. "언론과 표현의 자유를 지탱하는 수정헌법 1조의 관점에서 볼 때 앨라배마 주법원 판결은 미국 헌법정신을 위반했다"며 '현실적 악의(actual malice)' 개념을 제시했다. 이 개념은 공직자가 공무 관련으로 명예훼손 배상을 받으려면 언론사가 보도한 내용이 허위임을 알면서도 의도적으로 보도했거나, 무모할 정도로 진위(眞僞)를 무시하면서 보도했음을 공직자가 입증해야 한다는 내용이다.

이 판결 이후 미국 공직자가 언론을 상대로 소송을 제기해 이긴 경우가 거의 없다. '설리번 사건'은 미국에서 언론자유를 반석 위에 올려놓은 분수령으로 꼽힌다.

• 자료: "[Editorial] The Uninhibited Press, 50 Years Later", New York Times(March 9, 2014); New York Times Co. v. Sullivan, 376 U.S. 254 (Supreme Court of the United States 1964)

설리번 사건의 도화선이 된 뉴욕타임스 1961년 3월 29일 자 광고
자료: National Archives Identifier (NAID) 2641477

드라이푸스가 발행인에 취임한 날, 회사 안에서 비공인 파업(*wildcat strike*)이 발생했다. 신문 인쇄에 앞서 납활자를 골라 넣는 식자실(植字室)에서 벌어진 파업의 해결 과정을 보고받고 지휘하느라 그는 새벽 2시 30분까지 사무실을 지켰다. 50 하지만 이것은 맛보기였다. 이듬해인 1962년 12월 8일 *NYT*에서 벌어진 뉴욕인쇄노조(NYTU) 주도 파업은 114일간 계속되다가 다음 해 3월 끝났다.

취임 2년 1개월 만에 사망

유례없는 장기 파업은 경영총괄전무로서 뉴욕 신문발행인협회 대표를 겸했던 애머리 브랫포드와 버트람 파워스(Bertram Powers) 뉴욕인쇄노조 대표 간의 개인적 감정싸움이 겹쳐 더 커졌다. 예일대 로스쿨 출신의 엘리트인 브랫포드와 고교 중퇴 후 17세부터 인쇄공으로 일해 온 만년 노동자인 파워스가 정면충돌했기 때문이다.

이 파업은 연중 최대 신문광고 판매시즌이던 성탄절 직전에 터져 신문사 경영에 큰 타격을 줬다. 파업 중이던 1963년 1월에만 150만 달러 적자를 냈다. 후유증으로 1963년도 매출은 전년보다 1,600만 달러 줄어 52만 7천 달러의 적자를 냈다. 51

당시 파업으로 1930년대 뉴욕 시내에 12개이던 일간신문은 1963년 말 *NYT*를 포함해 3개로 줄었다. 52 파업이 장기화하면서 드라이푸스는

50 Susan Tifft and Alex Jones(1999), p. 317
51 Susan Tifft and Alex Jones(1999), p. 359

"발행인 능력이 없는 내가 이 자리를 맡아서 이런 일이 생겼나"라며 자책감에 빠졌다. 그는 극심한 스트레스로 불면증에 시달렸고 호흡 곤란 등을 겪었다.

파업 종료 후 드라이푸스는 피로를 풀기 위해 부인과 함께 푸에르토리코의 리조트로 휴가를 갔다. 그러나 현지에서 심장병이 도져 1963년 4월 급거 귀국했다. 뉴욕 컬럼비아 장로회병원에서 심부전증 진단을 받은 그는 입원 중에도 업무를 챙기다가 6주일여 만인 그해 5월 25일 51세로 세상을 떠났다. 53 발행인으로서 2년 1개월 남짓 재임했다. 영결식장에서 조사(弔辭)를 읽은 제임스 레스턴은 이렇게 말했다.

드라이푸스는 '심장마비'로 죽었다고 하지만 분명 그것이 이유일 리 없다. 그의 심장은 그를 실망시키지 않았고 어느 누구도 실망시키지 않았다. *NYT* 기자들에게 물어보라. 그의 심장은 하늘의 별처럼 한결같았다. 회사의 친구들에게 물어보라. 그것은 조수(潮水)처럼 충실했다. 54

26일간 발행인 부재 사태

오빌 드라이푸스의 갑작스런 사망은 회사 전체에 충격이었다. AHS를 포함한 설즈버거 가문은 드라이푸스가 적어도 1970년대 내내 발행인으

---

52 Gay Talese (2007), p. 303
53 Gay Talese (2007), p. 367
54 Susan Dryfoos, *Iphigene* (Dodd, Mead & Company, 1981), p. 273

로 활동할 것으로 여기고 후임 발행인은 염두에 두지 않고 있었다.

AHS 부부가 3주 넘게 후임자 문제로 고심하느라 사상 초유의 발행인 공백 사태가 26일간 계속됐다.[55] AHS 부부는 막역한 친구인 조지 우즈 (George Woods) 전 세계은행 총재와 애머리 브랫포드 총괄전무, 존 오크스(John Oakes) 논설실장을 발행인 후보로 검토했다.

펀치의 누이로 NYT 임원으로 있던 루스(Ruth) 설즈버거와 워싱턴지 국장 겸 칼럼니스트로 가문의 신임을 받던 제임스 레스턴도 물망에 올랐다.[56] 아들인 펀치 설즈버거와 애머리 브랫포드 총괄전무가 권한을 나눠 경영하는 방안도 고려했다. AHS는 제임스 레스턴에게 의견을 물었다. 레스턴은 회고록《데드라인(Deadline)》에서 당시 상황을 이렇게 회상했다.

나는 '그것은 잘못된 결정일 것'이라며 AHS에게 '옛날 아돌프 옥스가 당신에게 NYT의 경영권을 줄리어스 애들러와 분담하라고 했을 때 얼마나 기분이 안 좋았던가'를 상기시켰다. '지금 아들을 믿지 못한다면 당신은 앞으로 영원히 그를 믿을 수 없게 된다. 그러면 당신은 펀치를 불구로 만들어 버릴 것'이라고 말했다. AHS는 조지 우즈 전 총재에게도 조언을 구했는데, 그도 나와 같은 반응을 보였다.[57]

55 Nicholas Coleridge, *Paper Tigers: The Latest Greatest Newspaper Tycoons And How They Won The World*(Mandarin Paperbacks, 1994), pp. 43~44

56 David W. Dunlap, "(Looking Back) 1935-1988 | How to Succeed in Business (At Least This One)", *New York Times*(Oct. 20, 2016)

57 James Reston(1992), p. 331

AHS 부부는 외동아들이 마뜩지 않았지만 대안이 없었다. 마침내 1963년 6월 20일, '펀치(Punch)'라는 애칭으로 불린 37세의 아서 옥스 펀치 설즈버거(Arthur Ochs Punch Sulzberger, 이하 펀치 설즈버거)를 발행인으로 지명했다. 그의 어머니인 이피진 설즈버거의 회고이다.

3주일 넘게 나와 남편은 신중하게 대안들을 검토했다. 우리는 가능하다면 *NYT*를 가족 기업(*family enterprise*)으로 유지하고자 했다. 많은 숙고 끝에 우리는 도박(*gamble*)하는 심정으로 아들을 새 발행인으로 지명했다. 58

'도박'하듯 펀치 설즈버거 지명

학창시절 펀치 설즈버거59는 성적 부진으로 사립학교들을 전전했다. 난독증(難讀症) 진단도 받았다. 17세에 해병대에 자원입대한 그는 "그때 스스로 책임 있는 인간으로서 맡은 일을 잘 해낼 수 있다는 기쁨을 처음 맛봤다"고 고백했다.

제대 후 컬럼비아대학에 진학한 펀치는 한국전쟁이 터지자 재입대해 한국 판문점 공보장교와 맥아더 장군의 비서 등으로 복무했다. 이어 밀워키 저널(*Milwaukee Journal*)에 1953년 입사해 11개월간 사회부 기자로

---

58 Susan Dryfoos(1981), p. 274

59 '펀치'라는 이름은 인기 인형극 〈펀치와 주디 쇼〉에서 따왔다. 펀치가 태어났을 때 "이 아들이 남자 주인공 펀치 역할을 하기 위해 왔다"고 짧은 축하 글귀를 아버지 AHS가 썼기 때문이다. AHS의 셋째 딸인 주디스(Judith)는 어렸을 때부터 펀치와 콤비를 이루는 여주인공 '주디(Judy)'로 불렸다. 표완수, "아서 옥스 설즈버거", 《세계의 언론인: 경영인편》(한국언론연구원, 1998), p. 222

일했다.

　프랑스, 영국, 이탈리아 등을 도는 *NYT* 순회특파원을 거쳐 본사에 들어와 발행인 보좌역을 맡았지만 주로 허드렛일만 했다. 자형(姉兄)인 드라이푸스가 경영수업을 받고 있을 때 가족, 친척들은 물론 부모도 펀치에 주목하지 않았다. 드라이푸스가 일찍 죽지 않았으면, 펀치가 발행인이 될 기회는 없었을 것이다.

3. 지역 신문에서 전국 권위지로

펀치 설즈버거가 발행인에 취임한 1963년, 미국에서는 베트남전쟁 반대 시위와 인종차별 관련 폭력사태가 벌어지고 있었다. 회사 안에서는 장기파업 후유증으로 사기(士氣) 저하와 내부 분열이 심각했고 재무상황도 나빴다.

준비 안 된 상태에서 갑자기 높은 자리에 오르면 낭패를 보기 십상이다. 하지만 펀치는 정반대였다. 어려서부터 회사 안에서 성장한 펀치는 유명 언론인 앞에서 주눅 들지 않았고 발행인이라는 자리의 무게에 위축되지 않았다.

경영자 자질 … 생존과 체질 개선에 초점

펀치는 '14층에서 보기(*View From the 14ᵗʰ Floor*)'라는 당시 사내 뉴스레터에서 스스로 "나는 재무제표를 제대로 파악하지 못한다"고 솔직하게 인정했다. 똑똑하지 않고 강한 주관이나 카리스마도 없었던 펀치는 그러나 상식에 충실했고, 과거부터 당연시돼 온 것에 의심을 품고 새로운 방안을 내놓으려 했다. 60 임직원들은 그에게 경영자로서 자질이 있음을 깨닫기 시작했다. 제임스 레스턴의 회고이다.

---

60 Susan Tifft and Alex Jones (1999), p. 383

펀치는 *NYT*의 해리 트루먼(Harry Truman·부통령에 당선됐다가 1945년 취임 3개월 만에 프랭클린 루즈벨트 대통령의 갑작스러운 사망으로 대통령직 승계)이었다. 신문사 일에 대한 훈련을 충분히 받지 못한 그에 대해 사내 평가는 낮았다. 하지만 문젯거리들을 걱정만 하며 앉아있지 않고 하나씩 결정해 나갔다. 펀치는 손실만 보는 외부사업에 시간을 낭비하지 않고 회사 내부를 청소했다. 만년 적자이던 *NYT*서부판(캘리포니아 지역)을 없앴고, 취임 두 달 만에 '헤럴드트리뷴'과의 합병 협상을 중단했다. 61

하지만 그의 취임 첫해 *NYT*는 적자를 냈고 보유 현금도 거의 바닥났다. 신문사 외에는 합작 제지회사 하나뿐이었다. 펀치는 장기파업에 따른 회사의 매출 급감을 목도하면서 무력감을 느꼈다. 신문인쇄가 중단되면 제지공장도 조업할 수 없었다. 다시 파업이 벌어지면 회사 전체가 문을 닫아야 했다. 이런 상황에서 펀치는 "돈을 벌어야 좋은 신문도 낼 수 있다"며 언론기업으로서 생존과 회사의 체질 개선을 최고 목표로 정했다. 62

그때까지만 해도 *NYT*는 가족기업으로 많은 이익을 내야 한다는 의지가 희박했고, "거르지 않고 매일 신문이 나오고 적자(赤字)만 면하면 다행이다"라는 식으로 운영됐다. 펀치는 소극적이고 주먹구구식인 전(前)근대적 경영과 결별하기로 했다.

61 James Reston(1992), p. 332
62 Ellis Cose, *The Press*, 《미국 4대 신문의 성장사》(한국언론자료간행회, 1992), pp. 392~393

첫 번째 방법으로 증권시장 상장(上場)을 선택했다. 증시에 공개상장할 경우 기업 실적이 매 분기마다 외부에 공개되고 투자자들의 감시를 받게 됨에 따라 경영에 한층 신경 쓰게 돼 회사 성장에 유리할 것이라는 판단 에서였다. 기업공개로 자본시장에서 많은 돈을 조달해 유망기업 인수 같은 질적인 도약이 가능할 것이라는 점도 감안했다.

회사 측은 1968년 9월 '적절한 시기'에 증권시장에 상장하겠다는 계획 을 밝혔다. NYT 주식은 1969년 1월 14일 뉴욕증권거래소(NYSE)에 상 장돼 그날 한 주당 42달러에 거래됐다. NYT는 주식공개를 통해 마련한 자금으로 출판기업인 '아노 프레스'와 '골프 다이제스트', '쿼드랭글 북스 (Quadrangle Books)' 등을 사들였다.

1971년에는 카울스 커뮤니케이션스(Cowles Communications)를 인수 해 이 회사 소유의 플로리다주 소재 신문사들과 멤피스의 CBS 계열 TV 방송국, 의학잡지 등을 손에 넣었다. NYT 창간 후 최대 규모의 인수합 병(M&A)이었다. 이 인수로 NYT는 현대적 기업으로 도약하는 디딤돌 을 얻었다.

제임스 굿데일(James Goodale) 법무실장(변호사)은 "카울스 인수가 회사를 구해주었다. 만약 기업공개를 하지 않았다면 카울스 인수는 불 가능했을 것"이라고 말했다. [63]

---

63 Ellis Cose(1992), p. 188

전문경영인 '3인 체제'로 혁신

펀치 설즈버거는 취임 이듬해인 1964년 조직개편을 단행했다. 발행인에게 업무보고하던 부서를 기존 15개에서 6개로 대폭 줄였다. 결재라인을 단순화하고 부서 간에 횡적(橫的)인 소통을 활성화하려는 의도에서였다. 같은 해에 편집국장 상위 직책으로 임원급의 편집인(executive editor) 자리를 신설하고 14년째 편집국장으로 있던 터너 캐틀리지를 초대 편집인에 임명했다. 64

1974년 월터 맷슨(Walter Mattson)을 총괄전무에 임명하면서 경영 혁신은 더 탄력이 붙었다. 38세에 이사, 40세이던 1972년에 수석 이사로 승진한 맷슨은 꼼꼼하면서도 치밀한 업무수행과 넘치는 에너지로 '만능 관리자'로 불렸다. 노조 지도자 버트람 파워스와 산업평화 협약을 맺고 취임 1년 안에 광고, 판매, 인쇄 등 관련 국장들을 모두 바꾸고 유능한 인재를 새로 배치했다. 65

뉴욕 신문업계에 파업이 1978년 다시 발생했으나 NYT는 신문 발행을 계속했고, 파업은 5일 만에 탈 없이 끝났다. 펀치가 1973년 말부터 월터 맷슨(광고·판매·공무), 제임스 굿데일(법무·재무), 시드니 그루슨(Sydney Gruson·자회사) 등 전문경영인 부사장들로 '3두(頭) 체제'를 구축해 빈틈없는 경영을 한 덕분이었다. 66

---

64 1964년 당시 NYT 일요일판 발행부수는 150만 부에 육박해 주중판을 맡고 있는 편집국장의 통제가 쉽지 않았다. 백악관과 행정부·의회 권력자들과 가까운 워싱턴지국을 관할하려면 편집국장보다 상위 직책이 효과적이었다.

65 "'더 프레스(The Press)'- 뉴욕타임스", 〈신문과 방송〉(1989년 12월호), p. 70

펀치 설즈버거는 자신이 맡아오던 뉴욕타임스 사장(CEO) 자리를 1979년 월터 맷슨에게 물려줬다. 맷슨은 1992년까지 사장 겸 최고운영 책임자(COO)로 재임하면서 뉴스제작 분야의 A. M. 로젠탈과 더불어 설즈버거 가문의 높은 신임을 받으며 경영 혁신을 주도했다. 67

권력 의존 탈피 … 독립언론으로 재정립

1960년대에도 *NYT*는 64쪽 분량의 존 F. 케네디 암살사건 보고서 (Warren Commission's Report on the Assassination of John F. Kennedy) 같은 정부발 보고서를 수시로 독점 보도했다. 1961년 4월 17일 쿠바 피그스만(The Bay of Pigs) 침공작전을 미리 알고도 정부 요청으로 축소 보도했다. 그만큼 행정부와 소통하며 협조하는 관계였다.

그러나 1971년 6월 13일 자부터 실린 미국 국방부 기밀문서인 '펜타곤 페이퍼(Pentagon Papers)' 특종보도는 정반대였다. 1960년대 베트남전쟁 참전을 정당화하고 확대하기 위해 조작해온 사실들을 담은 이 문서의 보도를 놓고 리처드 닉슨 행정부와 정면충돌했기 때문이다.

닉슨 행정부와의 법적 공방 끝에 승리68한 *NYT*는 권력에의 의존을 끝

---

66 The New York Times Company, "Management Promotions Approved by Times Board"(Nov. 29, 1973)

67 Robert D. McFadden, "Walter E. Mattson, Former President of New York Times, Dies at 84", *New York Times* (Dec. 30, 2016)

68 David W. Dunlap, "[Looking Back] 1971 | Supreme Court Allows Publication of Pentagon Papers", *New York Times* (June 30, 2016)

내고 '독립언론'으로 거듭났다. '펜타곤 페이퍼' 보도는 1960년대 들어 형성된 "정부 권력자들과 가깝게 지내면서 문서를 입수해 싣는 보도관행을 바꿔야 한다"는 회사 내 자성론(自省論)을 반영한 측면도 있었다. 69 특종보도 이후 달라진 회사 위상에 대해 해리슨 솔즈베리는 이렇게 밝혔다.

세계 어느 신문사도 뉴욕타임스에 버금가는 취재원과 영향력을 가진 곳은 없다. NYT 기사에 유럽 각국 재상(宰相)들이 귀를 기울이고 소련이 주목한다. 거의 모든 미국 대통령들도 모닝커피를 마시기 전에 NYT를 읽는다. NYT는 20세기 후반 시점에서 시간과 돈과 능력이 창출해 낼 수 있는 가장 사려 깊고 책임감 있는 신문이다. 70

1971년 격주간 경제전문지 '포천(Fortune)'은 미국 500대 기업순위에서 NYT를 407번째로 평가했다. 그해 일요일판 신문 발행부수는 104만 6천 부, 주중판은 약 85만 부였다. 하지만 5년 후인 1976년 8월 30일 자 경제주간지인 '비즈니스위크(BusinessWeek)'는 NYT의 무기력한 경영을 질타하는 특집기사를 실었다. 71

---

69 NYT 편집국장과 편집인을 지낸 막스 프랑켈은 자서전에서 "1960년대 들어 우리가 그동안 (주로 정부에 있는) 고급 취재원에게 충실했음을 깨달았다. 이제는 독자들에게 더 책임 있고 더 충실하기로 했다"고 밝혔다. Max Frankel, *The Times of My Life and My Life with the Times*(Random House, 1999), p. 227
70 Harrison Salisbury, 《新聞의 正道》(1983), p. 9
71 "Behind The Profit Squeeze At The New York Times", *BusinessWeek*(Aug. 30, 1976)

세계 최초 요일별 4개 섹션 체제

그도 그럴 것이 *NYT*는 1971년 매출 2억 9,100만 달러를 냈으나 이익은 950만 달러에 그쳤다. 1974년에는 매출 3억 9천만 달러에 이익은 1,200만 달러였다. 영업이익률이 3%대 초반으로 저조했다. 펀치 설즈버거 발행인이 1974년 당시 42세의 월터 맷슨을 총괄전무에 기용한 것은 이런 배경에서였다.

편집국장으로서 뉴스제작을 총괄(1969~76년에는 편집인 공석) 하던 A. M. 로젠탈(Rosenthal · 1922~2006)은 지면 혁신을 위해 국장 직속으로 상품위원회(Product Committee)를 만들었다. 그는 정치 · 안보 · 국제 · 비즈니스 같은 경성뉴스(*hard news*) 외에 생활 · 문화 · 엔터테인먼트 같은 연성뉴스(*soft news*)로 확장을 주장했다.

그는 구체적으로 요일별로 생활 · 문화 관련 섹션(*section*) 발행을 추진했다. 그러나 존 오크스 논설실장 같은 전통주의자들은 이를 '일탈행위'로 간주하고 반대했다. 양측이 대립하는 가운데, 펀치 설즈버거 발행인은 연성뉴스 위주 섹션 발행을 승인했다.

이는 '시종일관 진지한 신문 *NYT*'에 혁명적인 전환이자 새로운 혁신이었다. 월터 맷슨 총괄전무는 "우리 신문의 독자도 매일 먹는다는 사실을 이때 처음 회사가 인정했다"고 말했다. 72

1976년 1월 '리빙(*Living*)'을 시작으로 1977년 3월 '홈(*Home*)', 1978년 1월 '스포츠(*Sports*)', 같은 해 5월 '비즈니스 데이(*Business day*)', 하반기에

---

72 Ellis Cose(1992), p. 204

'사이언스 타임스(Science Times)'의 순서로 주제별 섹션(section)을 냈다.

이로써 NYT는 매일 정치·국제뉴스를 다루는 A 섹션과 메트로폴리탄, 비즈니스 섹션에 이어 각 요일별로 주제를 달리하는 총 4개 섹션 발행 체제로 전환했다. 73 이는 세계 신문사 가운데 최초의 요일별 섹션 발행이었다.

미국 종합일간지 최초로 경제 섹션 발행

월터 맷슨 총괄 전무와 협의를 거쳐 한 개면당 8개 칼럼이던 신문 편집 체제를 6칼럼으로 바꾸어 읽기 쉽게 만들고 면마다 사진 비중을 늘렸다. 월터 맷슨은 1976년부터 1978년까지 기자와 에디터들을 포함한 편집국 전체의 전산화를 실현했다.

미국 종합일간지 가운데 최초로 매일 경제 섹션 발행을 시작했다. 경제 섹션에서 한 면당 기사 수를 종전의 평균 12개에서 5~6개로 줄이고 각종 안내 정보를 인덱스(index)로 정리했다. 기업인에 관한 피처 스토리(feature stories), 대담, 개인 프로필, 특정 산업 칼럼 등을 강화해 독자들의 정보 수요에 부응했다.

1976년부터 단행된 지면과 경영 혁신으로 회사 경영은 크게 개선됐다. 1969년부터 1975년까지 신문의 광고매출과 판매부수는 모두 두 자릿수 감소했지만, 4개 섹션 체제를 시작한 1976년부터 1982년까지 광고 매출은 38%, 판매부수는 12% 늘었다. 74

---

73 월요일에 스포츠(Sports), 화요일은 사이언스(Science Times), 수요일은 리빙(Living), 목요일은 홈(Home), 금요일에는 위켄드(Weekend) 섹션을 각각 발행했다.

편치 설즈버거가 발행인에 취임한 1963년 회사의 총매출은 1천만 달러 정도였다. 그러나 7년 후인 1970년에 2억 9,300만 달러로 늘었고, 1980년 7억 3,100만 달러를 기록했다. 순이익은 1970년 1,400만 달러에서 10년 후 4,100만 달러로 늘었다. 1984년에는 매출액 12억 달러, 이익 1억 달러를 달성했다.

1980년에는 인공위성으로 기사 텍스트를 전송해 전국판 신문 발행을 시작했다. 1985년에는 6개 지역에서 전국판을 동시 발행했다. 가족 경영 '지역 신문'에서 미국 전역을 상대로 하는 대기업 형태의 '전국 신문'으로 발돋움했다.

29년 만에 회사 매출 170배 성장

편치 설즈버거가 발행인으로 재임한 29년 동안, *NYT* 기자들이 받은 퓰리처상은 31개였다. 시드니 그루슨(Sydney Gruson) 전 NYT컴퍼니 부회장은 "뉴욕타임스는 편치 아래에서 큰 성공을 이루었다. 그는 미국 역대 신문사 발행인들 중 최고의 발행인이다"라고 했다. 그는 "편치가 조직을 얼마나 잘 운영하고 다독거렸는지는 놀라울 정도"라고 평가했다.

1980년대 후반 그는 *NYT* 역사상 처음 편집국 예산관리를 위해 공인회계사를 편집국에 상주시켰다. [75] "우리는 언제나 신문으로서는 최고라

---

74 Gerald Lanson and Mitchell Stephens, "Abe Rosenthal: The Man and His Times", *Washington Journalism Review* (July/August, 1983), pp. 24~25
75 당시 편집국의 1년 예산은 9천만 달러 정도였다. Edwin Diamond (2003), p. 26

는 자부심을 가졌지만 경영학자들이 감탄할 그런 경영조직은 아니었다"
는 막스 프랑켈의 지적처럼 *NYT*의 경영은 후진적이었다.

펀치 설즈버거는 그러나 유능한 인재와 팀을 적재적소에 배치함으로
써 회사의 역량을 높였다. 과감하게 회사를 상장(上場)시키고 실생활을
다루는 요일별 섹션을 세계 신문업계 최초로 도입해 신문의 생명력을 높
이고 영역을 확장했다. 76

표 2-3   뉴욕타임스 역대 워싱턴지국장

이 름	재임 기간 (년)
Richard Oulahan	1912~1932
Arthur Krock	1932~1953
James Reston	1953~1964
Tom Wicker	1964~1968
James Greenfield	임명 직후 철회
Max Frankel	1968~1972
Clifton Daniel	1973~1976
Hedrick Smith	1976~1979
Bill Kovach	1979~1986
Craig R. Whitney	1986~1987
Howell Raines	1987~1991
R. W. Apple	1992~1997
Michael Oreskes	1997~2000
Jill Abramson	2000~2003
Philip Taubman	2003~2007
Dean Baquet	2007~2011
David Leonhardt	2011~2013
Carolyn Ryan	2013~2015
Elisabeth Bumiller	2015~현재

76 표완수, "아서 옥스 설즈버거"(1998), pp. 246~247

워싱턴지국은 워싱턴 DC에 파견된 NYT의 주요 대사관(the paper's principal embassy)이었고 지국장은 설즈버거 가문이 보낸 백악관 주재 대사였다. 본사가 정권을 비판할 때도 워싱턴지국장들은 백악관과 긴밀한 관계를 유지했다.

NYT에 대한 기념비적 저작인 'The Kingdom and the Power'를 쓴 게이 탈레이즈 (Gay Talese)의 분석이다. 1960년대 중반 48명이던 워싱턴지국 규모는 1980년대 중반 65명, 2010년대는 90명으로 늘었다. 신문사 안에서 국내외를 통틀어 가장 큰 규모의 지국이었고, 검증받은 정예 기자들이 포진했다. 역대 지국장 가운데 제임스 레스턴, 막스 프랑켈, 하웰 레인스, 질 에이브럼슨은 편집인이 됐다.

지국장들은 권력층 내부 분위기와 고급 정보를 사주(社主)에게 전달하고 협의하는 한편, 워싱턴 내부 취재원을 보호했다. 비(非)워싱턴지국 인사들은 "워싱턴지국이 취재원과 유착해 연고주의에 사로잡혀 있다"고 비판했다.

양 진영 간의 갈등은 톰 위커(Tom Wicker) 워싱턴지국장을 뉴욕 본사파가 흔들어대다가 1968년 그의 후임으로 워싱턴지국 근무 경험이 없는 제임스 그린필드(James Greenfield) 메트로부 부에디터를 밀면서 폭발했다. 펀치 설즈버거가 이 인사안을 내부 승인하자, 톰 위커 부부(夫婦)와 제임스 레스턴 등은 재고를 요청하는 편지를 보내며 강력 반발했다. 그린필드가 지국장이 되면, 워싱턴지국 기자들의 대거 이탈로 워싱턴 취재망이 붕괴할 것이라고도 했다.

펀치 설즈버거는 결국 그린필드 내정을 취소하고 막스 프랑켈 워싱턴지국 수석기자를 후임자로 임명했다. 제임스 그린필드는 발령났다가 부임 못한 유일한 워싱턴지국장이 됐다. 양 진영 간의 대립은 NYT 편집국 역사상 가장 뜨거운 내부 권력싸움으로 평가된다.

• 자료: Gay Talese (2007), pp.187~195, 422~424, 476~479; David W. Dunlap, "[Looking Back] 1968 | The Washington Bureau Chief Who Wasn't", New York Times(Sept. 11, 2015); Matt Schudel, "[Obituaries] Tom Wicker, columnist and D.C. bureau chief for New York Times, dies at 85", Washington Post (Nov. 26, 2011)

그가 발행인에서 물러난 1992년 당시 회사 매출액은 17억 달러에 달해 29년 만에 170배 가까이 성장했다.[77] 라디오방송국 1개와 제지회사 뿐이던 계열사는 *NYT* 외에 일간지 20여 개와 방송사, 잡지사 등으로 늘었다. 직원 수는 1987년(1만 5백 명)에 1만 명을 넘었다. 펀치 설즈버거에 대한 제임스 레스턴의 평가이다.

펀치의 성공은 주로 그의 개인적 자질에 기인했다. 그에게는 발행인에게 통상 요구되는 자질이 없었다. 고집 센 지식인도 아니었고, 워싱턴 정치가들이나 대중적 인기를 누리는 인물들과 편하게 지내지도 못했다. 그러나 그는 상식에 기반한 인간적 접근의 효용과 다른 사람의 말을 언제, 어떻게 들어야 할지를 잘 알고 있었다.[78]

77 Susan Tifft and Alex Jones(1999), p. 639
78 James Reston(1992), pp. 334~335

월터 리프만(Walter Lippmann · 1889~1974) 이후 미국을 대표하는 논객으로 스코틀랜드에서 태어나 스코티(Scotty)라는 애칭으로 불렸다. 10대 초반에 가족과 함께 미국으로 이주해 오하이오에서 자랐다.

1932년 일리노이대 신문학과 졸업 직후 주급(週給) 10달러를 받는 스포츠 기자로 언론계에 투신해 AP통신을 거쳐 1939년 NYT에 입사했다. 1989년까지 근무하며 '뉴욕타임스의 기둥'이자 미국 언론계의 '거인(Giant)'으로 불렸다.

1944년 유엔 창설 논의를 위한 워싱턴 DC의 '덤바턴오크스 회담' 특종보도와 1956년도 미국 대통령 선거 보도로 퓰리처상을 두 번이나 받았다. 그는 1951년 한국전쟁 휴전계획도 특종보도했다. 1953년 워싱턴지국장에 취임해 20여 년간 워싱턴 취재의 대부(代父) 역할을 했다.

프랭클린 D. 루스벨트 이래 10여 명의 미국 대통령들과 긴밀한 관계를 유지한 그가 1950~60년대 쓴 칼럼들은 전 세계 외교관과 학자들의 필독물이었다. 부편집인 (1964~68년)과 편집인(1968~69년), 부사장(1969~74년)을 거쳐 1974년부터는 미국 전역에 공급되는 신디케이트 칼럼을 썼다.

편집인으로 칼럼을 쓰기 위해 매주 한두 번 워싱턴 DC로 출퇴근하는 열성을 보였다. 80세인 1989년 은퇴할 때까지 칼럼니스트로 활동했다. 워싱턴 DC를 끔찍이 사랑해 워싱턴 DC 북서쪽 우들리 로드의 붉은 벽돌집에서 여생을 보내며 회고록 '데드라인 (Deadline)'(1991년)을 썼다. 역사학자 로널드 스틸(Ronald Steel)은 그를 가리켜 "워싱턴의 내막(內幕)에 가장 정통한 사람"이라고 말했다.

• 자료: R.W.Apple Jr., "James Reston, a Giant of Journalism, Dies at 86", New York Times, A1(Dec. 7, 1995); Gay Talese (2007), pp. 16~23, 345~349; Ronald Steel, "Books of The Times; A Journalist Looks Back on His Life and World", New York Times (Nov. 28, 1991)

무명의 시티대학(City College) 대학생 기자(stringer) 출신으로 22세에 NYT에 입사해 55년 넘게 근무하며 NYT를 세계적 신문사로 키웠다. 인도와 폴란드, 일본 특파원으로 활약했고 폴란드 공산당 정부 취재로 1960년 퓰리처상을 받았다.

메트로폴리탄부 부장(1963년)을 거쳐 편집국장(1970~76년), 편집인(1977~87년)으로 만 17년간 신문제작을 총지휘했다. 펀치 설즈버거 발행인과 환상적인 조화를 이루며 NYT 중흥에 큰 역할을 했다.

그가 주도한 4개 섹션 발행은 서비스 저널리즘(service journalism)의 효시로 꼽힌다. 혁신적 문체와 치밀한 묘사, 적절한 인용, 맥락적 파악 등을 가미한 생동감 있는 기사작성과 탐사보도를 주문했다. 탁월한 편집감각과 리더십으로 '언덕의 제왕(King of the Hill)'이라는 별명을 얻었다. 사소한 오류까지 인정하고 바로잡는 정정(corrections) 코너를 미국 신문사 최초로 정례화했다.

능력 위주 발탁인사로 조직에 긴장감을 불어넣었고 능력과 열정이 넘쳤으나, '폭군'으로 불릴 정도로 독재적인 언행으로 악명도 높았다. 편집국장 취임 직전인 1969년 2억 3,800만 달러, 1,400만 달러였던 NYT의 매출과 영업이익은 그의 편집인 마지막 해인 1986년에 16억 달러와 1억 3,200만 달러로 늘었다.

일선 은퇴 후 1987년 1월부터 1999년 말까지 NYT에 'On My Mind'라는 제목의 기명칼럼을 매주 2회씩 쓰다가 1999년 11월 갑자기 해고당했다. 후임 편집인인 막스 프랑켈과의 갈등이 원인이었다는 관측이 많았다.

그는 마지막 칼럼에서 "미국 시민으로 태어난 것과 뉴욕타임스의 기자가 된 것, 내 칼럼 때문에 다른 신문의 칼럼니스트들이 속을 끓이도록 만든 기회를 가진 것, 이 세 가지를 신(神)에게 감사한다"고 썼다.

• 자료: Daniel Schwarz, Endtimes? (2012), pp.40~41, 60~61; Robert McFadden, "A.M.Rosenthal, Editor of The Times, Dies at 84", New York Times (May 11, 2006); A.M.Rosenthal, "[On My Mind] Please Read This Column!", New York Times (Nov. 5, 1999)

4. 멀티미디어 제국의 시련과 응전

1992년 1월 16일 열린 NYT컴퍼니 이사회는 펀치 설즈버거 발행인의 퇴임과 그 후임으로 아돌프 옥스 설즈버거 주니어(Arthur Ochs Sulzberger Jr., 이하 설즈버거 주니어) 선임을 의결했다.

펀치의 외동아들인 설즈버거 주니어는 5년 후인 1997년 회장 자리까지 물려받았다.[79] 검고 곱슬한 머리에 안경을 껴 신문사 사주(社主)라기보다 예술가 같은 인상을 풍긴 그는 20대 초반부터 NYT 발행인을 목표로 했다.

10년 경영훈련 받은 설즈버거 주니어 발행인

대학시절 학보(學報) 대신 NYT를 정독했고 수강과목도 언론 경영에 유용한 것들만 골랐다. 가문의 원칙에 따라 대학 졸업 후 노스캐롤라이나주 랄레이 소재 '랄레이타임스(The Raleigh Times)'와 AP통신 런던지국 기자로 1974년부터 1978년까지 일하다가 NYT에 입사해 워싱턴지국(3년 근무)을 거쳐 1981년 뉴욕 본사로 왔다.

1983년부터 광고국과 인쇄·공무국, 기획부서에서 일한 그는 1987년 1월 발행인보(補)로 임명돼 '미래위원회(The Futures Committee)'를 이

---

79 Clyde Haberman, "Sulzberger Passes Leadership of Times Co. to Son", *New York Times* (Oct. 17, 1997)

끝었다. 이 위원회는 NYT를 앞으로 어떻게 혁신하고, 사회환경 변화에 어떻게 대응할 것인지, 진보와 보수 성향 독자들의 상충되는 요구를 어떻게 만족시켜 나갈지 등을 연구했다.

1988년 4월 부(副) 발행인으로 승진해 4년 더 경영수업을 받아 경영수업만 10년 가까이 받았다. 취임 첫날부터 '잘 준비된 사람'이란 자신감을 보인 그는 감(感)에 의존하지 않고 과학적인 통계·자료를 바탕으로 공개적, 민주적 방식으로 의사결정을 내렸다. 80

설즈버거 주니어는 자신의 리버럴 신념에 입각해 '전국 레즈비언과 게이 총회'에 비디오 영상 메시지를 보내고 사내 동성애 직원들에게 건강보험 등을 제공하는 등 다양성 확대에 힘썼다. NYT에서 사상 최초의 여성 편집인, 흑인 편집인, 흑인 오피니언 칼럼니스트, 흑인 편집국장 등은 모두 그가 임명했다.

인수합병으로 멀티미디어 제국 건설

취임 이듬해인 1993년 봄, 설즈버거 주니어는 러셀 루이스(Russell Lewis)를 NYT 사장 겸 CEO로 승진시키고 하웰 레인스(Howell Raines)를 논설실장으로 임명했다. 그는 신문의 오피니언면이 분명한 목소리를 냄으로써 권력자와 엘리트들이 NYT 논조와 기사에 촉각을 곤두세우길

---

80 여러 사람 앞에서 연설을 꺼린 아버지와 달리 설즈버거 주니어는 개인교습을 받고 비서 앞에서 여러 번 연습을 거쳐 사내외 연설을 즐겨 했다. NYT 연례실적 발표 행사에도 취임 첫해에 참석해 재무상황과 숫자를 꼼꼼히 외워 준비해 가 즉석 현장 질문에 재치 있게 대응했다. Susan Tifft and Alex Jones(1999), p. 654

원했다. 이를 위해 자신과 같은 리버럴 성향에 강한 리더십을 소유한 레인스를 적격자로 뽑았다. [81]

설즈버거 주니어 발행인 체제에서 *NYT*는 '미디어 제국' 건설을 지향했다. 이는 1980~90년대에 안정적인 매출·이익 성장으로 재정적 토대를 마련했고 신문시장의 호황기인 만큼 해볼 만한 시도였다. 당시 메이저 신문사들의 영업이익률은 20%를 넘어 너무 많은 이익을 줄이느라 고민할 정도였다. [82]

1993년 6월 *NYT*는 동부의 유력 일간신문인 '보스턴글로브(*Boston Globe*)'를 11억 달러를 주고 인수했다. 1994년 12월에는 15억 달러를 투자해 향후 5~6년에 걸쳐 케이블방송을 인수하고 온라인 상품 등을 출시한다는 계획을 내놓았다.

경영진은 '뉴욕타임스'라는 브랜드를 최대한 활용해 *NYT*그룹으로 성장하고 '주주가치 증대'라는 이름 아래 경영 선진화를 꾀하기로 했다. 살로몬브라더스 증권 대표를 지낸 41세 여성 다이앤 베이커(Diane Baker)를 최고재무책임자(CFO)로 영입하고 1995년 4월 뉴욕 타임스 스퀘어 인근 호텔에서 증권사 애널리스트들을 불러 회사 창립 후 첫 기업설명회를 열었다. [83]

81 Susan Tifft and Alex Jones(1999), p. 672
82 Matthew Pressman, *On Press: The Liberal Values That Shaped the News*(Harvard Univ. Press, 2018), pp. 219~223
83 Susan Tifft and Alex Jones(1999), p. 727

2000년 사상 최대 매출과 순이익 달성

미디어 제국 건설의 꿈은 차곡차곡 실행됐다. 1996년에 아칸소주의 KFSM-TV, 테네시주의 WREG-TV 등 6개의 TV방송국과 뉴욕시 WQEW-AM 등 2개 라디오방송국을 사들였다. '온라인 서비스', '뉴스 서비스' 등 9개 정보 서비스 회사와 '포리스트 프로덕트 그룹'이라는 제지회사도 새로 인수했다. 그해 NYT컴퍼니그룹의 연간매출은 24억 달러, 순이익은 2억 3천만 달러에 달했다.

1997년 NYT컴퍼니의 매출액과 순이익은 29억 달러, 2억 6,200만 달러로 전년 대비 각각 21%, 14% 증가했다. *NYT*는 1997년 10월 16일자 A1면에 창간 후 처음 컬러사진을 실었다. 미국에서 컬러사진을 가장 늦게 실은 신문사 가운데 하나였다.[84]

1998년에는 미국 종합 일간신문 가운데 최초로 한 해 10억 달러의 광고매출을 올렸다. 회사 매출은 1996년부터 5년 연속 증가해 2000년에는 1년 전 대비 10.5% 늘어난 34억 8,900만 달러에 달했다. 이는 1851년 회사 창립 후 최고기록으로 지금까지 깨지지 않고 있다.

2000년도 영업이익과 순이익은 각각 6억 3,500만 달러와 3억 9,700만 달러로 역시 사상 최대를 달성했다.[85] 광고매출도 전년 대비 16.7% 증가한 13억 달러로 최고 기록을 세웠다. 광고매출액은 3년 연속 10억

84 Will Higginbotham, "When the Gray Lady Started Wearing Color", *New York Times* (Oct. 4, 2018)
85 The New York Times Company 2000 Annual Report, p. 1

달러를 넘겼다.

설즈버거 주니어 발행인과 러셀 루이스(Russel Lewis) NYT컴퍼니 CEO는 2000년 연례 실적 보고서의 '주주에게 보내는 글(To Our Fellow Shareholders)'에서 이렇게 말했다.

2000년은 신기록 달성의 해였다. 우리는 21세기 비즈니스 모델을 완벽하게 수용함으로써 견조한 실적을 내고 있다. '지식 시대'로 이행하면서 우리는 2001년에 새로운 고지에 오를 것이다. [86]

전방위 기업 인수와 팽창 경영

2000년 1월에는 매사추세츠주에서 3번째로 큰 일간신문인 워체스터 텔레그램 앤 가제트(*The Worcester Telegram & Gazette*)를 인수했다. 같은 해 4월 19일에는 주중판 기준 하루 최다면(面) 발행 기록인 174면을 찍었다. [87]

그해 7월에는 격주간 경제전문지 '포천(*Fortune*)'의 '소수자들을 위한 베스트 기업 50'에 이름을 올렸고, 9월에는 '워킹 맘(*Working Mother*)'지의 '워킹 맘에게 좋은 100대 기업'에 뽑혔다.

'포천'의 '세계에서 가장 존경받는 기업(*The World's Most Admired*

---

86 The New York Times Company 2000 Annual Report, pp. 2~5
87 The New York Times Company, "New York Times Timeline 1971~2000"(2020년 4월 1일 검색). 일요일 자 최다면 발행 기록은 1,612면(1987년 9월 13일)이었다. 이날 하루치 신문의 무게는 5.4kg이었다.

Companies)'에도 선정됐다. NYT컴퍼니는 2000년 당시 신문과 방송, 잡지, 디지털 4개 부문의 소그룹 체제를 갖추고 모두 36개의 계열사(합작사 포함)에 1만 4천 명의 정규직원을 고용했다. [88] 주주들에게 전년보다 9.8% 높은 한 주당 0.45달러의 배당(配當)을 실시했다.

퓰리처상 14개 부문 중 7개 휩쓸어

2001년 뉴욕 세계무역센터 건물을 폭파한 '9·11 테러' 사건이 벌어지자 그해 9월 18일부터 12월 31일까지 '도전 받은 나라(*A Nation Challenged*)'라는 특집 시리즈 기사를 실었다. 9·11 테러 사건의 원인과 파장을 특파원과 기자들이 총출동해 심층진단한 이 기획보도로 *NYT*는 2002년 퓰리처상 14개 부문 가운데 7개 부문을 휩쓸었다.

회사는 인쇄공장 증설과 판매망 강화로 '전국 신문' 만들기에 주력했다. 2002년 4월부터 다이닝(*Dining*), 가정(*House & Home*) 섹션을 냈고 금요일 자 에스케이프(*Escapes*) 섹션을 신설했다. 2002년에는 디스커버리(Discovery) 채널 지분의 50%를 매입해 방송사업에 진출했다.

2004년 8월에는 패션, 리빙, 문화 등에 특화한 'T: 뉴욕타임스 스타일 매거진'을 창간했다. [89] 당시 *NYT*의 기사, 사진, 그래픽은 매일 50

---

88 2000년 당시 *NYT* 발행부수는 주중판 113만 부, 일요일판 169만 부였다. NYT컴퍼니그룹은 *NYT*와 별도로 14개의 지역신문으로 구성된 리저널미디어그룹, TV와 라디오방송사를 둔 브로드캐스트그룹, '보스턴글로브' 등 뉴잉글랜드 뉴스페이퍼그룹, 매거진그룹, NYT디지털그룹 등을 두고 있었다. The New York Times Company 2000 Annual Report, pp. 6~7

개국에 판매됐고 오피니언면의 칼럼과 십자말 퀴즈(*Crossword Puzzle*) 등 70여 개 지면 아이템은 세계 80개국 고객들에게 신디케이트(*syndicate*)로 유료 공급됐다.

NYT지면을 요약한 8쪽짜리 타임스 팩스(*Times Fax*)는 세계 10만 명이 구독했다. 2000년대 초반 NYT는 본문 활자의 2배 크기로 노인용 신문(*Large Type Weekly*)을 유일하게 발행했다. 90

기사 표절 사건 발생

하지만 이런 와중에 그동안 쌓아올린 명성을 허물어뜨리는 악재가 터졌다. 91 NYT는 일요일인 2003년 5월 11일 자 신문 A1면부터 A4면까지 4개면에 걸쳐 7, 239 단어 분량의 정정보도 기사를 실었다. 92

당시 27세의 제이슨 블레어(Jayson Blair) 기자가 기사를 표절(剽竊), 조작하고 도용했음을 사과하는 이 기사는 "자체조사 결과 블레어 기자가 2002년 10월 이후 작성한 73건의 기사 가운데 최소 36건에서 문제가 있음이 확인됐다"고 밝혔다.

89 연간 11~13회 발행되며 NYT 일요일판과 함께 배달된다.
    https://www.nytimes.com/section/t-magazine
90 박재영, "신문 지면의 구성 요소: 뉴욕타임스·요미우리신문·조선일보를 중심으로"(미디어연구소, 2004), p. 39
91 Seth Mnookin, *Hard News: The Scandals at the New York Times and Their Meaning for American Media* (Random House, 2004)
92 "〔Correcting The Record〕Times Reporter Who Resigned Leaves Long Trail of Deception", *New York Times* (May 11, 2003)

편집국 기자들은 하웰 레인스(Howell Raines) 편집인과 제럴드 보이드(Gerald Boyd) 편집국장이 블레어 기자의 행위를 조장해 왔고 그에 따르는 책임을 회피하려 하는 데 분노했다.

이들은 설즈버거 주니어 발행인에게 두 사람의 퇴진을 요구하며 항의했다. 결국 편집국에서 가장 높은 직위에 있던 두 사람은 이 사태에 책임지고 그해 6월 5일 동반사퇴했다. 93

회사는 22명의 편집국 기자들과 루이스 보카디(Louis Boccardi) 전 AP통신 회장 등 외부인사 3명을 포함한 28명으로 '시걸위원회(Siegal Committee)'를 구성해 진상조사에 착수했고 7월 28일 조사결과를 담은 보고서를 냈다. 94 앨런 시걸(Allan Siegal) 편집국 부국장은 그 위원장으로서 중요한 역할을 했다.

2년 전 기사 문제점 사과

다시 1년쯤 후인 2004년 5월 26일 자 A1면에는 조지 W. 부시 행정부의 2003년 이라크 침공 결정을 촉발한 2년 전 기사의 신뢰성에 문제가 있다는 자기고백성 기사가 실렸다. 95 주디스 밀러(Judith Miller) 기자가 2002년 9월 8일 자 A1면에 쓴 톱기사96를 포함해 여러 관련 기사의 문

---

93 설즈버거 주니어 발행인이 편집국 혁신과 회사 경영 개선을 주도할 인물로 기대하며 발탁한 레인스 편집인은 다혈질이고 폭압적인 업무 처리 방식의 소유자였다.

94 우리나라에서는 한국언론재단이 번역서를 냈다. 뉴욕타임스 시걸위원회 보고서, 《왜 우리의 저널리즘은 실패했나》(한국언론재단, 2003)

95 "〔From The Editors〕 The Times and Iraq", *New York Times*(May 26, 2004)

제점을 인정한 것이다.

그가 쓴 기사는 "사담 후세인 정권이 다량의 대량살상무기(WMD)를 만들어 놓고 있다"는 부시 행정부의 이라크전쟁 개전 근거가 됐다. 하지만 전쟁 후 이라크에서는 WMD가 발견되지 않았다. 밀러 기자는 반(反) 후세인 성향 이라크 인사의 주장에 일방적으로 의존하거나 대부분의 취재원을 익명으로 인용해 썼다.

밀러 기자는 그가 쓴 기사의 신빙성이 크게 의심받는 상황에서 조사를 받았고, 회사 퇴직 후 취재원 실명 공개를 거부해 수감됐다. 설즈버거 주니어 발행인은 워싱턴 DC까지 가서 밀러 기자를 지지하고 그의 석방을 호소했다.

이에 대해 오피니언 칼럼니스트 모린 다우드(Maureen Dowd)는 자신의 이름을 달고 쓴 칼럼에서 "만약 밀러 기자가 자신의 희망대로 NYT에 복직된다면, 가장 위기에 처할 곳은 뉴욕타임스"라며 경영진에게 공개 경고했다. [97] 마침내 밀러가 취재원 실명을 밝혔을 때, 대중의 분노와 실망감은 더 커졌다. 그것은 다시 설즈버거 발행인에 대한 조롱으로 이어졌다. [98]

---

96 Michael R. Gordon and Judith Miller, "U. S. Says Hussein Intensifies Quest for A-Bomb Parts", *New York Times* (September 8, 2002)

97 Maureen Dowd, "[Opinion] Woman of Mass Destruction", *New York Times* (Oct. 22, 2005)

98 Seth Mnookin, "Unreliable Sources", *Vanity Fair* (December, 2005)

어바웃닷컴 인수해 디지털 분야 강화

2005년 3월 *NYT*는 소비자 정보 제공 겸 온라인 검색 전문사이트인 어바웃닷컴(About.com)을 4억 1천만 달러를 주고 샀다. 2005년 말 회사는 1만 1,965명의 정규직원을 두고 33억 7,200만 달러의 매출을 올렸다.[99] 5년 전인 2000년과 비교해 매출액이 1억 달러 정도 줄었지만 감소폭은 견딜 만했다.

2000년대 초반 IT(정보기술) 거품 붕괴로 미국 내 전국 단위 신문사들은 타격을 받았다. 그러나 *NYT*가 인수한 지방 신문사들과 방송사들은 지역 단위 광고주들을 갖고 있어 거의 영향을 받지 않았다.

NYT컴퍼니는 크게 뉴스미디어그룹(News Media Group)과 어바웃그룹(About Group)으로 나눠졌고, 뉴스미디어그룹 아래 4개 소그룹을 두었다.

NYT컴퍼니는 보스턴 레드삭스 야구단을 소유한 '뉴잉글랜드 스포츠벤처'의 지분 16.6%와 레드삭스 경기를 중계하는 지역 케이블 방송사 '뉴잉글랜드 스포츠네트워크'의 지분 80%, 나스카(NASCAR) 자동차 레이싱팀의 하나인 '러쉬 펜웨이(Roush Fenway)' 지분 50% 등도 갖고 있었다.[100]

99 The New York Times Company 2005 Annual Report, F-1
100 곽병진 · 정재민, "2010 해외미디어 동향: 뉴욕타임스 재무분석보고서"(한국언론진흥재단, 2010), p. 181

표 2-4   **NYT컴퍼니 구성 (2005년 말 기준)**

명 칭	소그룹 및 해당 기업	
뉴스미디어그룹	NYT미디어그룹 (61% · 4,800명)	NYT, '인터내셔널헤럴드트리뷴(IHT)', NYT.com, Baseline Studio System 등
	뉴잉글랜드미디어그룹 (20% · 2,940명)	'보스턴글로브', 보스턴글로브닷컴, The Worcester Telegram & Gazette 등
	리저널미디어그룹 (14% · 2,925명)	플로리다 · 루이지애나 · 노스캐롤라이나 · 캘리포니아주 발행 14개 일간지, 1개 주간지, 웹사이트
	브로드캐스트그룹 (4% · 860명)	9개 TV네트워크와 지방 방송사
어바웃그룹	about.com 등 사이트 (1% · 90명)	

• ( ) 숫자는 2005년 NYT컴퍼니 총매출액에서 해당 그룹의 비중과 정규직 고용 인원
• 자료: The New York Times Company 2005 Annual Report, F-8~9

외형상 4개 소그룹 둔 미디어 제국 달성

설즈버거 주니어는 '종합 멀티미디어 기업'의 꿈에 부풀어 있었다. 2006년 3월 공개된 2005년도 연간 실적보고서는 푸른색 컬러 표지에 '우리들의 멀티플랫폼 미래 추구(Pursuing Our Multiplatform Future)'라는 제목을 달았다. 설즈버거 주니어 발행인과 재닛 로빈슨 NYT컴퍼니 CEO는 공동 인사말에서 이렇게 밝혔다.

우리들은 비즈니스 개선과 비용 관리, 매출증대에 관한 능력을 자신한다. 2005년 4월 6.5% 인상을 비롯해 우리는 최근 5년 동안 연간 배당률을 평균 8%씩 높여왔다. 새로운 본사 사옥 건축과 어바웃닷컴 인수로 우리는 한층 새로운 방향으로 갈 것이다. 101

두 사람은 "모바일, 비디오, 검색기술에서 경쟁사를 앞서고 업계를 선도하기 위해 2006년 사내에 연구개발(R&D) 전담 랩(lab)을 세운다"고도 했다.

광고 · 판매 감소 … 이익 줄고 금융비용 급증

하지만 설즈버거 주니어 발행인의 야망은 수정되어야 했다. 인터넷 보급으로 신문광고와 구독 수입에 절대적으로 의존해온 기존 비즈니스 모델이 무너졌기 때문이다. 특히 전체 신문광고 수입의 30%를 차지한 안내광고(classified ads)는 무료 온라인 광고 사이트로 대부분 넘어갔다. 자동차 신차와 중고차 거래광고도 마찬가지였다. 대형광고주인 대형백화점들의 도산 · 통폐합으로 광고물량은 더 줄었다.

그 여파로 NYT는 2005년 9월 전체 직원의 4%에 해당하는 5백 명 해고 결정을 내렸다. 102 이에 따른 퇴직금을 포함한 관련 비용 증가로 2004년 3분기에 한 주당 33센트이던 영업이익은 2005년 3분기에는 11센트로 급감했다.

다음 해 경영실적은 더 나빠졌다. 2006년 10월 공개된 그해 상반기 영업이익은 1년 전 대비 39% 감소해 한 주당 10센트에 그쳤다. 가장 많은 적자를 낸 매체는 뉴잉글랜드미디어그룹 소속의 '보스턴글로브'였다.

101 The New York Times Company 2005 Annual Report, p. 1
102 Katharine Q. Seelye, "Times Company Announces 500 Job Cuts", *New York Times*(Sept. 21, 2005)

2002년 한때 51달러를 기록했던 *NYT* 주가는 2007년 15달러로 떨어졌다. 주가급락과 경영악화에 불만을 품은 주주들은 모건스탠리(Morgan Stanley)의 하산 엘마스리(Hassan Elmasry) 최고운영책임자(COO)를 중심으로 반발하고 나섰다.

주가 폭락 … 발행인 퇴진 요구

이들은 *NYT* 경영진의 방만한 급여와 보상, 비싼 본사 건물 신축 결정 같은 문제점을 지적하면서 설즈버거 주니어 발행인의 퇴진과 가문의 경영 장악을 보장하고 있는 지배구조 개편을 요구했다.

NYT 측은 무마책으로 브로드캐스트그룹 산하 9개 방송사 매각 계획과 2006~07년 2년간 스톡옵션 지급과 주식공여 금지를 내놓았다. 대신 2007년 1분기 일반주주 배당금을 한 주당 17센트에서 23센트로 올렸다. 배당금 인상은 일반 주주들의 불만을 잠재우려는 의도였으나 사내 현금을 더 고갈시키는 악수(惡手)로 판명났다. [103] 2007년 4월 주주총회에서 주주들 가운데 42%가 NYT컴퍼니의 지배구조 개편에 찬성했다. [104]

이들은 '설즈버거 가문신탁(*Ochs-Sulzberger Family Trust*)' 이사회의 이사 8명 가운데 2명만의 지지를 확보, 이들의 지배구조 개편 시도는 실패했다. 그러나 경영부진이 계속되면, 설즈버거 가문의 *NYT* 지배는 영원할 수 없음이 드러났다.

---

103 Daniel Schwarz (2012), p. 182
104 Jill Abramson (2019), pp. 62~63

설즈버거 주니어 발행인은 아버지(펀치 설즈버거) 보다 리더십과 경영 능력에서 못하다는 평가가 많다. 원만한 포용적 리더십의 소유자였던 아버지와 달리 그는 갈등을 자주 유발했고 자신감이 지나쳐 '오만한 리더'로 비쳐졌다. 105

그는 NYT에 광고와 판매수입 감소 같은 위기는 없을 것이라며 미래를 지나치게 낙관했다. 향후 1백 년 동안 'NYT는 끄떡없이 계속 생존하라'는 신(神)의 계시를 받은 듯 행동했다는 것이다. 106 시대변화에 맞춘 대응과 판단에도 한계를 보였다.

일례로 구글(Google)이 증시 상장(上場) 전 단계에서 자금조달을 위해 2005년 설즈버거 주니어 발행인에게 "뉴욕타임스에 특별기회를 주겠다"며 참여를 제안했다. 하지만 어바웃닷컴 인수에 신경이 팔려 있던 설즈버거 주니어는 구글의 제안을 거절했다. 107

당시 대다수 기자들과 마찬가지로 설즈버거 주니어 발행인 역시 인터넷의 잠재력을 깨닫거나 독자적인 매체로 인식하지 못했다. 인터넷을 '열등한 전달매체' 정도로 여기면서 독자들이 인터넷의 편리함에 빠지기보다 자신들의 인쇄매체에 대한 향수에 공감하기를 희망했다. 그는 스스로를 '플랫폼 불가지론자(不可知論者 · platform agnostic)'라고 주장했다. 108

105 Daniel Schwarz(2012), pp. 70~71
106 Daniel Schwarz(2012), pp. 185~186
107 Joe Hagan, "Bleeding 'Times' Blood", *New York Magazine*(Oct. 3, 2008)
108 Bill Kovach and Tom Rosenstiel, *The Elements of Journalism*, 《저널리즘의 기본 원

2008년 글로벌 금융위기로 경영상황은 더 악화됐다. 신용평가기관 S&P는 *NYT*의 신용등급을 'BBB-'에서 투기등급 수준인 'BB-'로 낮췄다. 향후 생존 가능성이 의심받으면서 주가는 그해 2월 18일 3.77달러로 떨어졌다.

이는 일요일 자 신문 한 부 가격(당시 4.0달러)보다 낮았다. [109] 회사 이사회는 분기 배당(配當)을 취소했고, 2009년 들어 다시 주가는 장중 3.44달러까지 추락해 파산 위기감이 높아졌다.

'보스턴글로브'를 비롯해 *NYT* 소유 지역신문사들의 경영난은 NYT컴퍼니 모기업을 더 어렵게 만들었다. [110] 1999년 5억 8,933만 달러였던 NYT컴퍼니그룹의 총부채는 2006년 14억 4,593만 달러로 급증했다.

당장 원리금 상환을 위해 2009년 2억 1,400만 달러를 시작으로 2010년 5억 4,600만 달러, 2011년에는 5억 달러의 현금을 *NYT*는 필요로 했다. [111]

칙》(한국언론재단, 개정3판, 2014), p. 300

109 Henry Blodget, "New York Times Stock Now Costs Less Than Sunday Paper", *BusinessInsider*(Feb. 18, 2009)

110 Daniel Schwarz(2012), pp. 168~171

111 Daniel Schwarz(2012), p. 183

그림 2-1

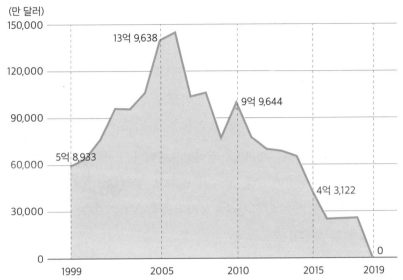

NYT컴퍼니그룹 부채

(만 달러)

• 자료: The New York Times Company 2000~2019 Annual Report

표 2-5   NYT컴퍼니 2005~2009년 5년간 경영 지표

지 표	2005년	2006년	2007년	2008년	2009년
영업이익 (만 달러)	4억 3,577	-5억 2,689	1억 8,657	-4,119	7,405
영업이익률 (%)	14	-16	6	-1	3
주당 배당금 (달러)	0.650	0.690	0.865	0.750	0
직원 수 (명)	1만 1,965	1만 1,585	1만 231	9,348	7,665

• 자료: The New York Times Company 2005~2009 Annual Report

5. 디지털 언론기업으로 재탄생

2009년 초 미디어 전문가인 마이클 허손(Michael Hirschorn)은 시사 월간지 '애틀랜틱(*Atlantic*)' 기고문에서 이렇게 주장했다.

> 뉴욕타임스는 2009년 5월까지만 살아있을 것이며 그 이후에는 비즈니스를 접고 사라질 가능성이 높다. *NYT*가 생존해도 중대하고 고통스런 변화를 경험할 것이다. 멀지 않은 장래에 *NYT*는 현재와 같은 모습으로는 존재할 수 없게 될 것이다. 112

고금리 차입, 임금삭감과 해고

'발등에 떨어진 불'을 끄기 위해 회사는 2009년 1월 멕시코의 통신 재벌인 카를로스 슬림(Carlos Slim)으로부터 2억 5천만 달러를 빌렸다. 연 14%의 높은 금리를 적용해 신주(新株) 인수권부 사채를 발행하는 방식이었다. 슬림은 나중에 신주인수권을 행사해 *NYT* 지분 17%(1,590만 주)를 보유한 최대 주주가 됐다.

그의 주식은 모두 '클래스 A주식'이었다. 클래스 B주식을 팔지 않은 설즈버거 가문은 경영권을 지켰다. 같은 해 3월에는 2007년 이사 온 52

---

112 Michael Hirschorn, "End Times: Can America's paper of record survive the death of newsprint? Can journalism?" Atlantic (Jan. /Feb. 2009)

층짜리 맨해튼 본사 신축건물을 담보로 매각 후 재임차(sale & lease-back) 방식으로 2억 2,500만 달러를 대출받았다. 당초 전체 건물의 58%(1층부터 27층까지)를 NYT가 사용하려던 계획을 취소했다.

이와 함께 2009년 4월 1일부터 12월 31일까지 모든 임직원들을 대상으로 10일간의 무급(無給) 휴가와 급여 5% 삭감을 결정했다. 회사는 급여 삭감 이유로 1,300명의 편집국 정규직원 가운데 60~70명의 해고를 막기 위함이라고 밝혔다. 2010년 9월 1,140명이던 편집국 규모는 2011년 7월 1,100명이 됐다.[113]

회사가 생존할 수 있는 유일한 방안은 자산 매각과 경비 절감을 통한 '몸집 줄이기'였다. 이렇게 확보한 현금으로 빚을 갚고 핵심부문을 보존하고자 했다. 2007년부터 종이신문의 가로 길이를 13.5인치(약 34cm)에서 12인치(약 30cm)로 줄여 매년 1,200만 달러를 아꼈다.[114]

NYT 핵심만 남기고 매각 또 매각

2007년 5월, 9개의 지역 TV방송사를 갖고 있던 브로드캐스트미디어그룹을 사모(私募) 펀드인 '오크힐 캐피탈 파트너스'에 5억 7,500만 달러를 받고 모두 팔았다. 이것은 시작일 뿐이었다. 2008년 들어 빌 켈러(Bill Keller) 편집인을 포함한 편집국 간부들도 임금을 자진 삭감했다.

그해 12월 보스턴 레드삭스에 갖고 있던 2억 달러의 지분과 '뉴욕타임

---

113 Daniel Schwarz(2012), p.176
114 "New York Times trims paper size to cut costs", *Press Gazette*(Aug. 7, 2007)

표 2-6

NYT컴퍼니 자산 매각 내역

시 일	매각 자산	매각대금 (달러)	매수자
2007년 5월	브로드캐스트미디어그룹	5억 7,500만	오크힐 캐피탈 파트너스 (사모펀드)
2008년 12월	보스턴 레드삭스 보유 지분 등	2억	
2009년 7월	뉴욕 WQXR 라디오방송	4,500만	
2012년 8월	어바웃닷컴	3억	
2013년 1월	리저널미디어그룹	1억 4,300만	핼리팩스미디어 홀딩스
2013년 8월	뉴잉글랜드미디어그룹 ('보스턴글로브' 포함)	7천만	보스턴 레드삭스 구단주

스-디스커버리 케이블 채널'을 매각했다. 뉴저지 신문 인쇄공장을 폐쇄하고 2009년 7월에는 65년 동안 소유하던 WQXR 라디오 방송사를 4,500만 달러에 처분했다.

2009년 말 NYT컴퍼니그룹은 브로드캐스트미디어그룹과 WQXR 라디오 방송 매각 후 직원 수는 7,665명, 매출액은 24억 4,043만 달러로 줄었다. 2000년(직원 1만 4천 명, 매출 34억 8,900만 달러)과 견줘보면 9년 만에 직원 수는 절반으로, 매출액은 10억 달러 이상 감소한 것이다.

매각행렬은 계속 이어졌다. 2012년 8월 어바웃닷컴(About.com)을 3억 달러에 팔았고, 2013년 1월에는 리저널미디어그룹을 핼리팩스미디어 홀딩스에 1억 4,300만 달러에 매각했다. 그해 8월에는 '보스턴글로브'를 포함한 뉴잉글랜드미디어그룹 전체를 존 헨리(John Henry) 보스턴 레드삭스 구단주에게 7천만 달러를 받고 팔았다.

1993년 미국 신문 사상 최고가(11억 달러)에 '보스턴글로브'를 인수한 것과 비교하면 턱없는 헐값이었다. '보스턴글로브'는 2008년 한 해에만 5천만 달러의 적자를 내는 '애물단지'였다.[115] 2013년 가을부터 NYT컴

퍼니그룹에는 핵심브랜드인 'NYT미디어그룹', 즉 지금과 같은 *NYT*(국
제판 및 웹사이트 포함)만 남았다.

10년 동안 6차례 명예퇴직 실시

회사는 2008년부터 2017년까지 모두 6차례의 명예퇴직을 실시했다.
2009년 4월 비즈니스 부문에서 1백 명을 감원했고 편집국에서는 2014년
까지 세 차례 감원했다. 이어서 2016년 5월에는 편집국과 비즈니스 부
문을 포괄해 명예퇴직을 단행했다. 설즈버거 주니어 발행인과 딘 바케
이 편집인 등은 "디지털에 더 집중하는 회사를 만들기 위한 조치"라고 밝
혔다.[116]

비용절감을 위한 섹션 통폐합 작업도 진행했다. 2008년 10월부터 메
트로(*Metro*) 섹션은 A 섹션으로 통합했다. 별도 섹션이던 '*Escapes*'는
2009년 5월부터 금요일 자 '*Fine Arts*' 섹션과 합쳤다. 스포츠(*Sports*) 섹
션은 월요일과 토, 일요일을 제외한 주중에는 비즈니스(*Business*) 섹션
에 통합 발행하기로 했다.

직원 임금동결 같은 허리띠 졸라매기로 2008년 5,784만 달러 적자에
서 2009년 1,990만 달러 흑자로 돌아섰다.[117]

---

115 '보스턴글로브'의 2008년 적자액은 NYT컴퍼니 전체가 2008년 한 해에 낸 영업이익
   적자규모와 비슷했다.

116 Katie Rogers, "NYT Co. to Offer Buyouts to Employees", *New York Times*(May
   25, 2016)

117 Richard Pérez-Peña, "Times Company Reports Profit for Quarter and Year",

2011년부터 5년 연속 매출 제자리걸음

2009년부터 2012년까지 4년 동안 NYT컴퍼니는 주주들에게 한 푼도 배당(配當)하지 못했다. 2013년 배당을 재개했지만 주당 0.08달러로 상장 이후 최소 금액이었다. 표 2-8에서 보듯이 매출액은 2012년부터 2016년까지 5년 연속 15억 달러대에 정체됐고, 순이익은 1억 달러에 미

표 2-7 　　　　　　　　　　**뉴욕타임스 편집국 인원 추이**

시 점	인 원 (명)	기 타
2008년 초	1,400	100명 감원
2009년 초	1,300	100명 감원
2011년 초	1,189	
2011년 말	1,100	
2013년 말	1,251	
2014년 9월	1,330	
2014년 10월	1,230	100명 해고
2019년 12월	1,700	

• 자료: Ken Doctor, "The newsonomics of new cutbacks at the New York Times", NiemanLab (Oct.1, 2014); The New York Times Company 2019 Annual Report

표 2-8 　　　　　　　**NYT컴퍼니 2012~2016년 5년간 경영 지표**

지 표	2012년	2013년	2014년	2015년	2016년
매출액 (만 달러)	15억 9,534	15억 7,723	15억 8,852	15억 7,921	15억 5,534
순이익 (만 달러)	1억 3,584	6,510	3,330	6,324	2,906
영업이익률 (%)	6	10	6	9	7
직원 수 (명)	5,363	3,529	3,588	3,560	3,710

• 자료: The New York Times Company 2012~2016 Annual Report

New York Times (Feb. 10, 2010)

달하는 해가 많았다.

돈이 될 만한 것은 모두 팔았지만 경영실적 회복은 지지부진했다. 2010년 3분기(7~9월) NYT컴퍼니의 순이익은 전년 동기보다 51% 급감한 652만 달러에 그쳤다.

회사 측은 이런 와중에도 고품질 저널리즘에 대한 약속을 지켰다. 연간 2억 달러에 달하는 편집국 예산 감축을 최소화하고 편집국 기자들에 대한 감원을 최대한 뒤로 미뤘다. 오히려 경쟁사에 있던 유능한 기자들을 스카우트했다.[118] 설즈버거 주니어 발행인 겸 NYT컴퍼니 회장은 '뉴요커(New Yorker)'와의 인터뷰에서 이렇게 말했다.

우리는 교육이나 요리 사업을 하는 게 아니다. 당신은 우리가 저널리즘에 투자하는 모습을 보게 될 것이다.[119]

하지만 이 무렵 인터넷과 모바일에 대한 대응은 미흡했다. 2010년 1월부터 5개월 동안 NYT 편집국에 매일 출근해 함께 근무한 니키 우셔(Nikki Usher) 조지워싱턴대 교수(미디어)는 이렇게 밝혔다.

디지털시대의 새로운 주도적 가치인 즉각성(immediacy), 상호작용(interactivity), 참여(participation) 이 세 가지는 편집국 위에 얹혀 있었을 뿐 과거의 가치를 대체하지 못했다. 뉴욕타임스는 피상적으로 대응했다.[120]

118 Jill Abramson(2019), p. 71
119 Ken Auletta, "The Inheritance", New Yorker(Dec. 19, 2005), p. 76
120 Nikki Usher, Making News at The New York Times(Univ. of Michigan Press,

표 2-9   **뉴욕타임스의 디지털 구독상품**

상 품	구독 요금		
기사 구독	신규 가입자	첫해	4주: 약 6달러 (6,600원), 1년: 약 54달러 * Basic 상품 기준
		둘째 해	4주: 약 11달러, 1년: 약 80달러
	표준 가입자	1개월 (4주): 15달러	
	충성 이용자	1개월 (4주): 17달러	
Crossword Puzzle	4주: 5달러, 1년: 40달러		
Cooking	4주: 5달러, 1년: 40달러		

2011년 3월 28일 *NYT*는 매월 20건까지 무료기사 열람을 허용하고 그 이상을 볼 경우 돈을 받는 '계량형 요금제(*metered paywall*)'를 시작했다. 안팎에서 성공 가능성을 놓고 반신반의했다. 그러나 디지털 전환을 하지 않는다면 *NYT*는 고사(枯死) 할 처지였다.

회사는 2007년과 2012년, 2015년, 2018년 네 차례 종이신문 구독료(購讀料)를 올렸다. 이를 통해 신문 판매부수 감소에도 불구하고 종이신문 구독료 매출을 일정 규모로 유지할 수 있었다.

온라인 기사 유료화로 '디지털 전환' 시동

온라인 기사 유료화를 시작한 지 만 2년이 지난 2013년에 디지털 유료 구독매출은 1억 달러에 달했다. 하지만 유료 구독자 증가세는 완만해 불안이 계속됐다. 1년 후인 2014년 5월 공개된 '혁신보고서(*Innovation*

2014), p. 5

Report)'는 "디지털 퍼스트를 주창한 지 몇 년이 지났지만 아직도 신문중심적 제작관행에 젖어 있다"며 강도 높은 각성과 혁신을 주문했다.

회사는 같은 해 6월 운영 중인 블로그 전반을 폐쇄 또는 흡수하고 블로그 형식의 콘텐츠는 웹사이트를 통해 제공한다고 발표했다. 12월부터는 '선데이 오토모빌(SundayAutomobiles)' 섹션 발행을 중단했다.

2015년 7월 30일, 디지털 유료 가입자 수가 1백만 명을 넘었다. 경영진은 그해 10월 7일 '우리가 가야 할 길(Our Path Forward)'이라는 전략메모에서 "2020년까지 디지털 부문에서 8억 달러의 매출을 올리겠다"고 선언했다.

2016년 10월에는 3천만 달러를 들여 와이어커터(Wirecutter)를 인수했다. 와이어커터는 소비자에게 믿을 만한 상품 리뷰를 제공하는 상품 추천 사이트로 추천 수수료로 수익을 창출한다.

사내 '2020그룹'이 만든 '독보적인 저널리즘'이라는 제목의 보고서가 2017년 1월 나왔다.[121] 같은 달 출범한 팟캐스트 서비스 '더 데일리(The Daily)'는 그해 10월 17일 누적 다운로드 1억 건을 돌파했다.

2016년부터 십자말 퀴즈(Crossword Puzzle)를, 2017년 6월부터는 '쿠킹(Cooking)'을 디지털 유료 구독상품으로 출시했다.

---

121 "Journalism That Stands Apart - The Report of the 2020 Group"(Jan. 2017), 《독보적인 저널리즘》(스리체어스, 2017); Sydney Ember, "New York Times Study Calls for Rapid Change in Newsroom", *New York Times*(Jan. 17, 2017)

돈 되는 사업 다 뛰어든다

설즈버거 주니어 발행인은 2011년부터 편집국 4명, 비즈니스 부문 4명 등 8명의 간부들을 뉴욕 교외의 모혼크 산장에 모아 자유토론을 하는 '모혼크 그룹(Mohonk Group)'을 만들었다. 경영난 타개를 위해 두 부문 간의 소통과 융합이 목적이었다.

혹독한 경영난을 겪으면서 편집국과 비즈니스 부문 간에 있던 장벽은 사라졌다. 2000년대 초반만 해도 두 부문은 '정치와 종교의 분리'만큼, 교류나 협조가 불가능했다. 하지만 지금은 서로 원활하게 협조한다.

광고본부가 주최하는 '여행 쇼(Travel Show)'에 편집국 여행 담당기자들이 자연스레 참여한다. 광고매출 증대를 위해 부정기적으로 일요일 자에 명품광고 특별섹션 'T'가 발행된다.

와인클럽, 고가(高價) 크루즈 여행, 음식배달 사업, 중고교생 여름방학 학습 해외투어처럼 돈 되는 사업에는 모두 뛰어들고 있다.

2016년 11월 미국 대통령 선거 당일 밤, 본사 편집국 밑에 있는 '더 타임스 센터(The Times Center)' 강당에는 정치부 유명기자들이 교대로 나와 일인당 250달러를 내고 참석한 고객들에게 그해 대선 결과분석과 전망을 내놓았다. [122]

광고매출을 위한 협찬 섹션 발행도 원활하다. 일례로 2017년 4월 2일 일요일 자에 'Women Today'라는 제목의 6쪽짜리 섹션은 며칠 후 뉴욕에서 열릴 '여성정상회의(Women Summit)'를 위한 기획광고 섹션이었다. [123]

---

122 Jill Abramson (2019), p. 371

편집국은 기업임원들이 참여하는 '오디언스 위원회(audience commit-tee)'를 만들어 구독자 증대에 도움이 될 만한 뉴스를 취재한다. 기업이 취재비용을 대는 것도 허용됐다. 기업후원 기획기사와 컨퍼런스, 스폰서 이벤트가 일상이 됐다.

2012년 11월 NYT컴퍼니 CEO에 취임한 마크 톰슨(Mark John Thompson · 1957~)과 이듬해 7월 경제지 '포브스(Forbes)'에서 영입된 메레디스 코핏 레비언(Meredith Kopit Levien · 1971~)은 환상적인 조화를 이루며 회사 전반의 디지털 전환(digital transformation)을 총지휘했다.

두 사람은 외부에서 젊은 디지털 인재들을 대거 영입하는 물갈이 인사로 회사 안에 충격을 가했다. 이를 통해 기존 종이신문 중심 사고방식과 조직구성을 과감하게 뜯어 고쳤다. 밀레니얼 세대를 충성 이용자로 만들기 위해 다양한 실험과 시도를 했다.

두 사람은 2014년부터 2018년 말까지 '민첩한 디지털 중심 조직'을 목표로 조직개편도 단행했다. 5차례 실패 끝에 2019년 상반기 6번째 만에 성공했다.[124] 메레디스 레비언은 퇴임하는 마크 톰슨의 뒤를 이어 2020년 9월 NYT 역사상 최연소 CEO가 됐다.

---

123 "(Women Today) Why They're Called to Action at Women in the World", *New York Times*(April 2, 2017)

124 McKinsey Consulting, "NYT CEO Mark Thompson Interview"(Aug. 10, 2020)

옥스퍼드대 머튼(Merton) 칼리지 졸업 직후인 1979년 영국 BBC방송에 훈련사원(trainee)으로 입사해 '9시 뉴스(Nine O'Clock News) 에디터 등을 거쳐 2004년부터 2012년까지 BBC 사장(Director-General)을 맡았다. 재임 중 BBC iPlayer 같은 혁신적인 서비스 도입과 조직 재구축으로 회사의 디지털 전환과 고효율화를 이뤘다. 탁월한 경영수완으로 '골든 터치(golden touch)'라는 별명을 얻었다.

6년여 동안 매출 감소 또는 정체로 패배감에 젖어있던 NYT컴퍼니에 2012년 11월부터 2020년 8월까지 CEO를 맡아 특유의 낙관주의와 강한 추진력으로 지속가능한 고급 저널리즘(sustainable quality journalism) 회사로 바꾸었다.

"뉴욕타임스의 강점은 너무 많고 독특해 경쟁사들이 모방할 수 없다. 앞으로 유료 구독료를 받지 못하는 저널리즘 기업은 생존할 수 없다"는 지론을 갖고 있다. 그는 "전통 미디어 기업을 괴롭히는 가장 치명적인 위험은 무지(無知)하고, 위험을 회피하며, 외적으로 오만하고, 내적으로 패배주의적인 리더십"이라고 말했다.

취임 당시 50만 9천 명이던 디지털 유료 구독자는 이임할 때 6백만 명에 달했다. 전문가 영입과 세대교체, 밀레니얼 세대 중시 등으로 회사를 일신했다. 디지털 부문 8억 달러 매출목표를 1년 빠른 2019년에 달성했고, 유료 구독자 확보를 위해 글로벌 확장 노력도 벌였다(NYT는 2016년부터 3년 동안 미국 바깥 해외 디지털 이용자 증대를 위해 5천만 달러 이상 투자키로 하고 실행 조직으로 'NYT Global팀'을 만들었다). 연봉과 스톡옵션 등을 포함해 2019년에 610만 달러의 보수를 받았다.

• 자료: Ian Burrell, "How a Brit turned 'The New York Times' into a symbol of hope for newspapers", inews(Jan. 20, 2020); 마크 톰슨, "세계신문협회(WAN-IFRA) 2020 월드리포트"(2020), p.21; "New York Times to invest $50m on global digital expansion", Guardian (April 14, 2016); The New York Times Company, "The New York Times Company: Notice of 2020 Annual Meeting and Proxy Statement"(PDF)(April 22, 2020), p.48

30대의 A.G.설즈버거 새 발행인

부동산 개발업자 출신인 도널드 트럼프(Donald Trump)가 정치 무대에서 목소리를 내는 것과 비례해 *NYT*의 디지털 유료 가입자는 증가했다. 2016년 10월 1일부터 12월 1일까지 두 달 사이에 20만 명이 새로 디지털 유료 구독자로 등록했다. 이는 평소의 10배에 달하는 속도였다. 125

그림 2-2

뉴욕타임스 최근 5년 경영현황

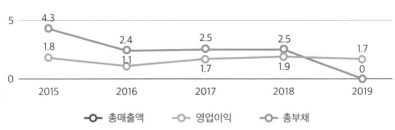

(억 달러)

| | 2015 | 2016 | 2017 | 2018 | 2019 |

총매출액: 15.8, 15.5, 16.7, 17.4, 18.1
총부채: 4.3, 2.4, 2.5, 2.5, 0
영업이익: 1.8, 1.1, 1.7, 1.9, 1.7

—○— 총매출액   —○— 영업이익   —○— 총부채

• 자료: The New York Times Company 2015~2019 Annual Report

2017년 *NYT* 웹사이트는 매월 순방문자(*unique visitor*) 7천만 명을 넘어 미국 신문사 가운데 1위가 됐다.

반(反) 리버럴 성향을 여과 없이 드러내는 트럼프의 거친 언행이 리버럴과 중도 성향 독자들을 *NYT*라는 '브랜드 미디어'로 결집시킨 것이다. *NYT* 이사회는 2017년 12월 설즈버거 주니어 발행인의 은퇴와 후임 발행인으로 당시 37세이던 A. G. 설즈버거(Arthur Gregg Sulzberger) 지명을 발표했다.

---

125 Gabriel Snyder, *Wired*(Feb. 12, 2017)

설즈버거 주니어의 아들인 A. G. 설즈버거는 2018년 1월 취임 당일 "나는 뉴욕타임스 디지털 진화의 챔피언이기도 했다"며 "선대 발행인들의 저널리즘 가치를 이어가겠다"고 밝혔다.[126]

도널드 트럼프 대통령을 백악관에서 두 차례 만난 그는 트럼프의 반(反)언론적 언사를 정면에서 비판하면서 독립언론의 가치와 신념을 역설했다.[127]

독보적인 디지털 전환 성과

반(反)트럼프 정서와 회사 차원의 디지털 전환 노력이 맞아떨어져 2018년 11월 1일, 디지털과 종이신문을 포함한 총 구독자수는 4백만 명을 돌파했다.[128] NYT 매출은 2017년부터 3년 연속 증가해 2019년 18억 달러를 넘었다.

A. G. 설즈버거는 2020년 1월 신년사에서 이렇게 말했다.

2019년은 디지털 시대에 우리가 달성한 최고의 한 해이다. 우리는 2억 4,600만 달러짜리 수표(手票 · check) 결제로 그동안 져온 빚을 모두 갚았다. 수표 결제와 빚 완전청산은 지난 10년간 디지털 분야에서 우리가 이룩

---

126 A. G. Sulzberger, "A Note From Our New Publisher", *New York Times*(Jan. 1, 2018)

127 그는 "독립언론은 리버럴이나 진보주의자들의 이상(理想) 또는 민주당만의 이상이 아니라 미국인들의 이상이다"라고 말했다. "NYT publisher A. G. Sulzberger says an independent press is an American ideal", CNN(Oct. 23, 2018)

128 https://www.nytco.com/company/history/our-history/

2장 도전과 영욕, 혁신의 170년   173

한 성취를 보여주는 시금석이며, 어려웠던 역사의 한 장(章)을 닫고 새로운 장을 여는 순간이다. [129]

2019년 연말 맨해튼의 52층짜리 본사 건물을 100% 소유해 임대료를 받기 시작한 *NYT*는 2020년 2월 기준 8억 2,600만 달러의 보유 현금을 갖고 있다. [130] 그해 3월과 7월에는 오디오 기업(Audm·860만 달러)과 팟캐스트 전문기업(시리얼프로덕션·2,500만 달러)을 각각 인수했다.

빚더미에 올랐던 *NYT*가 유망기업 인수를 저울질하는 우량기업이 된 것이다. [131] 2018년 1월 A. G. 설즈버거 발행인 취임 당시 360만 명이던 *NYT* 유료 구독자(디지털과 종이신문 합계)는 3년 만인 2021년 1월, 752만 명으로 두 배 넘게 증가했다. *NYT*가 독보적인 디지털 전환 성과를 내고 있는 것이다.

129 A. G. Sulzberger, "2020 State of The Times Remarks"(Jan. 14, 2020)
130 The New York Times Company 2019 Annual Report, p. 26
131 Joshua Benton, *NiemanLab*(Aug. 5, 2020)

제2의 전성기 연 디지털 전환

3장

2011년 3월 28일 뉴욕타임스는 미국 종합 일간신문 가운데 처음으로 온라인 기사 유료 종량제[1](metered paywall · 약칭 '온라인 기사 유료화')를 시작했다. 9년 9개월 만인 2020년 12월 말 디지털 유료 가입자 수는 669만 명을 찍었다.

이 가운데는 509만 명의 뉴스 콘텐츠 구독자 외에 쿠킹(Cooking), 게임 (Game) 같은 비(非)뉴스 콘텐츠를 구독하는 160만 명이 있다. 비뉴스 콘텐츠 구독자는 2017년 말 40만 명에서 2020년 말 160만 명으로 3년 만에 4배 급증했다. NYT의 전체 디지털 유료 구독자 10명 중 2.7명은 '뉴스 아닌' 상품을 돈 내고 이용한다.

---

1   온라인상에서 무료 기사(칼럼 포함) 숫자를 정해놓고 그 이상 보려면 로그인(*log in*) 후 돈을 내게 하는 방식. 2011년 3월 매월 무료기사 20건으로 시작한 *NYT*는 2012년 4월 10건으로, 2017년 12월 5건으로 낮추었다. Sara Guaglione, "'New York Times' Tightens Metered Paywall", *MediaPost*(Dec. 1, 2017) 2019년 7월부터는 무료 기사를 월 2건으로 더 줄였다.

그림 3-1

NYT닷컴 월간 순방문자(UV) 추이

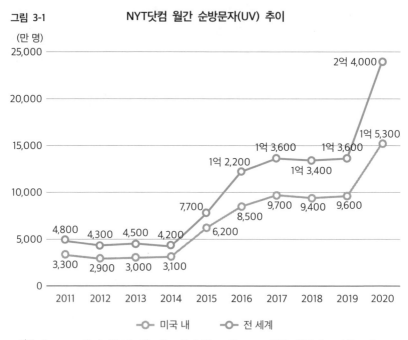

• 자료: Comscore Media Metrix, The New York Times Company 2011~2019 Annual Report. 2020년은 3월 기준

웹사이트를 찾는 순방문자(unique visitor · UV)도 10년 동안 3배 가까이 증가했다. *NYT*의 이 같은 호조(好調)는 회사 차원의 디지털 전환 노력이 안정 궤도에 들어섰다는 증거로 풀이된다. 한국언론진흥재단 최민재 · 정미정 박사는 이렇게 진단한다.

디지털 구독자 증가의 핵심동력은 '이용자 중심'의 콘텐츠 기획과 생산, 유통이다. 이용자가 선호하고 만족하는 콘텐츠 생산이 현재까지의 성공 동력이다. 이는 뉴욕타임스 홈페이지를 찾는 미국 국내와 글로벌 이용자의 급성장에서 확인된다.[2]

---

2   최민재 · 정미정, 《언론사 디지털 구독모델》(한국언론진흥재단, 2019), pp. 23~24

1. 왜 디지털 전환에 총력 쏟나

가장 권위 있고 깊이 있는 저널리즘으로 정평이 난 *NYT*는 왜 종이신문을 버리고 디지털 전환(*digital transformation*)에 모든 힘을 쏟고 있을까. 2008년 글로벌 금융위기 이후 종이신문을 기반으로 한 광고와 구독매출이라는 비즈니스 모델이 붕괴한 게 결정적이다.

　종이신문 광고매출의 경우, 2000년 13억 달러에서 2010년 6억 4천만 달러로, 2015년에는 4억 달러 수준으로 줄었다. 최근 20년 간 종이신문 광고매출이 한 해라도 늘어난 해는 없다. 2018~2019년에는 각 2억 달러대였다가 2020년에는 1억 달러대로 떨어졌다.

13억 달러이던 신문광고, 20년 만에 1억 달러대로

구독매출도 마찬가지이다. 2012년부터 2019년까지 종이신문 구독매출은 6억 달러대를 유지했으나, 이는 신문 구독매출 유지를 위해 4차례에 걸쳐 구독료를 계속 올린 덕분이 크다. 2020년 말 현재, 종이신문 구독자(83만 3천 명)는 전체 구독자(752만 명)의 11%에 불과하다.

　1994년 121만 부와 176만 부이던 주중판과 일요일판 발행부수는 2009년 각각 96만 부, 141만 부로 줄었다. 그러던 것이 2019년 12월 말에는 주중판 44만 3천 부, 일요일판 91만 8천 부로 격감했다.[3] 그러나 일간,

---

3　The New York Times Company 2020 Annual Report, p. 36. 회사 측은 가격 가중치

월간, 연간 등 모든 단위에서 종이신문 구독료는 디지털판 구독 요금보다 비싸다. 그런 이유에서 2020년 2분기부터 디지털 구독매출이 종이신문 구독매출을 앞질렀어도 두 부문의 매출액 격차는 크지 않다.

 이처럼 종이신문의 광고매출과 구독매출, 그리고 판매부수가 돌이킬 수 없을 정도로 하락하는 '사느냐 죽느냐(*a do-or-die*)' 상황에서 새로운 생존책이 필요했다. 온라인 기사 유료화를 도입한 2011년만 해도 그해 회사 영업이익은 1년 전 대비 76% 감소했다.

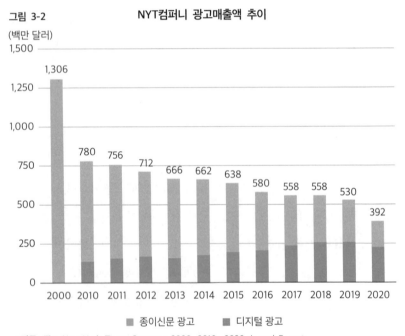

그림 3-2 　　　　　　**NYT컴퍼니 광고매출액 추이**
(백만 달러)

■ 종이신문 광고　　■ 디지털 광고

• 자료: The New York Times Company 2000, 2010~2020 Annual Report

등을 매겨 *NYT*는 2019년 발행부수를 평균 83만 3천 부로 잡고 있다.

그림 3-3

NYT 구독매출액 추이

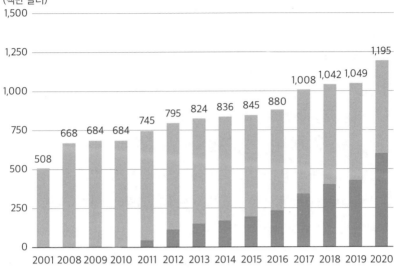

• 자료: The New York Times Company 2001, 2008~2020 Annual Report

유료화 시도 2차례 좌절 경험

문제는 종이신문 광고와 종이신문 구독료 감소분을 상쇄할 수 있을 만큼
의 돈을 디지털 광고와 디지털 구독료 수입으로 벌 수 있는가 하는 점이
다. 무엇보다 '언론사들이 만드는 상품인 뉴스는 무료'라는 인식이 팽배
해 있어 기사를 읽는 대가로 돈을 받는 것은 꿈같은 일이다.

　실제로 중국을 제외한 전 세계에서 집행되는 약 1천억 달러(2017년)
의 디지털 광고비 가운데 84%는 구글, 페이스북 같은 거대 플랫폼 기업
으로 유입된다. 4 광고 차단(ad blocking) 소프트웨어 기술발전은 기사 콘
텐츠에 광고를 붙여 파는 방식의 효과를 크게 제한한다. 5

더욱이 1996년 1월 22일 공식 홈페이지 (nytimes. com) 에서 인터넷 서비스를 시작한 *NYT*[6]는 2010년 이전에 두 차례 온라인 기사 유료화를 시도했다. 1996년 초 해외에서 인터넷으로 자사 기사를 보는 이용자들에게 월 35달러의 구독료를 부과했다가 2년 반 만인 1998년 7월 폐지했다. 유료 과금제보다 온라인 기사를 모두 무료로 제공해 인터넷 트래픽을 높이는 게 매출증대에 더 효과적이라는 판단에서였다.

이어 2005년 9월에는 '타임스셀렉트 (*TimesSelect*) '라는 유료 서비스를 시작했다. 토머스 프리드먼, 니콜라스 크리스토프, 모린 다우드 같은 유명 칼럼니스트들의 글을 읽으려면 월간 7. 95달러, 연간 49. 95달러를 내도록 했다. 유료 가입자에게는 *NYT* 아카이브 (*Archives*) 에 보관된 1981년부터의 모든 기사를 무료로 이용할 수 있도록 했다.

회사는 그러나 2년 만인 2007년 9월 유료 서비스 중단을 발표했다. 22만 7천 명의 유료 구독자를 모아 연간 1천만 달러의 매출을 냈지만 경제성이 없었다.[7] 자사 소속 유명 칼럼니스트들이 "독자들이 크게 줄었다"며 항의한 것도 한 요인이었다.[8]

---

4 *NYT* 미디어 전문기자이자 칼럼니스트였던 데이비드 카 (David Carr) 는 "*NYT*를 포함한 미디어 기업들은 필연적으로 페이스북이 소유한 왕국에서 소작농이 될 것"이라고 말했다.
5 그래서 2015년 10월 *NYT* 경영진은 "신뢰받는 고품질 브랜드로 부가가치를 창출하고 통합된 광고로 장기적인 수입 증대를 모색해야 한다"고 지적했다. "Our Path Forward" (Oct. 7, 2015), p. 8
6 Joseph Lichterman, "20 years ago today, NYTimes. com debuted 'on-line' on the web", *NiemanLab* (Jan. 22, 2016)
7 Vivian Schiller, "A Letter to Readers About TimesSelect", *New York Times* (Sept. 17, 2007)
8 Jill Abramson (2019), p. 68

회의론 속에 3번째 시도

그러자 *NYT*의 온라인 유료화에 대한 비관론이 쏟아졌다. 언론학자 제프 자비스(Jeff Jarvis)는 자신의 블로그 '버즈머신(BuzzMachine)'에서 이렇게 주장했다.

*NYT*는 '타임스셀렉트'의 실패에서 얻은 교훈, 즉 유료 구독제를 하는 순간 구독자 수가 줄어들 것이라는 사실을 망각하고 있다. 그것은 처음부터 실패할 운명에 처해 있었다. 온라인 콘텐츠에 가격을 매기려는 희망은 사라졌다. 콘텐츠는 지금도, 앞으로 영원히 공짜이다. 9

'인터넷 구루(*guru*)'로 불린 미디어 전문가 클레이 셔키(Clay Shirky)는 "온라인 유료화는 대중들을 뉴스와 관련된 중요 대화의 밖으로 내몰아 버린다는 점에서 자기 패배적(*self-defeating*)일 수밖에 없다"고 했다. 10

하지만 2008년 글로벌 금융위기로 회사경영은 더 악화됐다. 계열사 매각과 감원, 주주배당 중단 같은 조치에도 불구하고 파산 위기설(說)이 끊이지 않았다.

9   Jeff Jarvis, "Times deselected", BuzzMachine(Sept. 17, 2007)
10   "(Interview) Clay Shirky: Paywall will underperform - the numbers don't add up", *Guardian*(July 5, 2010)

디지털 전환 외에 다른 돌파구 없어

온라인 기사 유료화를 포함한 디지털 전환이라는 승부수 외에 다른 대안을 찾을 수 없었다. [11]

그전까지 온라인 기사 유료화에 냉소적이던 편집국 내부에서도 "아무 노력도 없이 침몰하는 것보다는 해보자"는 분위기가 형성됐다. [12] 2010년 3월 설즈버거 주니어 발행인은 편집국과 비즈니스 부문 고위 간부회의에서 온라인 기사 유료 종량제 도입을 결정했다.

이를 위해 회사는 맥킨지(McKinsey) 컨설팅에 250만 달러짜리 자문계약을 맺었다. 양측은 1년에 걸쳐 유료화 전반에 대한 각종 조사와 분석, 구독료 과금 체계 등을 마련했다. [13] 맥킨지는 "신속한 변화를 하지 않으면 조만간 돌이킬 수 없는 위기에 빠질 것"이라는 보고서를 냈다. [14] 설즈버거 주니어 발행인은 임직원들에게 보낸 메모에서 이렇게 말했다.

> 우리는 저널리즘 사명과 디지털 혁신을 지속하기 위한 새로운 매출 원천을 개발해야 한다. 이 시스템은 우리의 가치 있는 콘텐츠들 — 뉴스, 게임, 음악 등 — 의 미래가 어디에 있는지를 보여주는 최고이자, 최신의 표현이다. 이번 도전은 글로벌 네트워크에서 우리를 차단하는 게 아니라 최대한의 많은 이용자들과 소통하기 위한 것이다. [15]

---

11 Bharat Anand, *The Content Trap*, 《콘텐츠의 미래》(리더스북, 2017), p. 113
12 Seth Mnookin, "The Kingdom and the Paywall", *New York magazine* (July 22, 2011)
13 Jill Abramson (2019), p. 193
14 Jill Abramson (2019), p. 69

3개의 차별화 포인트

2011년 3월 17일 *NYT*는 온라인 기사 유료화를 캐나다에서 먼저 시작한 뒤 11일 후인 3월 28일부터는 미국을 포함한 전 세계에 적용했다. 그런데 이번에는 세 가지 측면이 달랐다.

① 철저한 준비와 접근

먼저 충분한 준비를 했다. 2010년 온라인 기사 유료화 방침 결정에 앞서 2년 넘게 전 세계 3천만 명을 대상으로 조사를 벌였다. 내부적으로는 정밀 통계분석 방법인 컨조인트 분석(*conjoint analysis*)과 포커스그룹 테스트를 했다.

맥킨지컨설팅에 의뢰해 *NYT*가 종이신문 매체로 얼마나 오래 버틸 수 있으며, 디지털 부문이 어떻게 수익을 낼 것인지, 이용자들은 디지털 콘텐츠에 얼마나 돈을 지불할 의향이 있는지를 확인했다. 맥킨지 컨설턴트들은 디지털 확장성이 높은 밀레니얼 세대 공략을 유력한 방안으로 제시했다.[16] 당시 *NYT*의 디지털전략 운영책임자였던 마틴 니센홀츠 (Martin Nisenholtz)의 회고이다.

준비부터 과거와 달랐다. 설즈버거 주니어 발행인 겸 회장이 아이디어를 내고 직접 챙겼다. 하지만 독단적으로 결정하고 전달하는 하향식은 아니

15 Jeremy W. Peters, "The Times Announces Digital Subscription Plan", *New York Times*(March 17, 2011)
16 Jill Abramson (2019), p. 213

었다. 그는 위원회를 만들어 매주 한 번씩 회의를 열어 그 자리에서 일을 처리했다. 이 프로젝트가 정말 중대하다는 생각 때문에 다른 방식으로 해야만 했다. 17

2005년 '타임스셀렉트' 출시 때에는 "우리 콘텐츠의 어떤 부분이 독점적인가?"를 중시했다. 그러나 2011년에는 고객마다 선호하는 부분이 다름을 인정하고 전체 디지털 콘텐츠 묶음을 하나의 가격으로 책정하고 이용자들이 원하는 기사를 고르도록 했다.

전자(前者)의 방식은 잠재적 유료 구독자를 좁게 한정하는 반면, 후자(後者)는 돈을 낼 의사가 있는 모든 고객을 끌어모았다. 바라트 아난드(Bharat Anand) 하버드대 경영대학원 교수는 이렇게 지적했다.

뉴욕타임스 경영진은 2005년에는 콘텐츠가 가격을 결정한다는 믿음에서 비롯된 콘텐츠 함정(contents trap)에 빠졌으나, 2011년에는 독자 선호(選好)를 제대로 봐 실수에서 벗어났다. 18

표 3-1　　　　　NYT 페이월 구독료 (2011년 3월, 4주 기준)

구 분	4주 구독료	1년 구독료
PC+스마트폰	15달러	195달러
PC+태블릿	20달러	260달러
모든 디지털 기기 (PC, 스마트폰, 태블릿)	35달러	455달러

• 자료: Jeremy W. Peters, New York Times (March 17, 2011)

17 Bharat Anand (2017), pp. 113~114
18 Bharat Anand (2017), p. 129

② 새로운 운영철학

'타임스셀렉트'는 유명 칼럼니스트들의 칼럼이란 특정 유형 콘텐츠에 장벽을 세워 독자들의 접근을 막았다. 그러나 2011년에는 '어떤' 콘텐츠가 아니라 얼마나 '많은' 콘텐츠를 읽느냐에 따라 비용을 매겼다.

회사 측은 온라인 구독료로 4주 기준으로 15~30달러를 받았다. PC와 스마트폰, 아이패드 등 디지털과 종이신문의 패키지로 이뤄진 묶음가격정책(*bundling pricing*) 이었다. 페이스북, 트위터, 구글 등 사이트를 이용해 유료화 장벽을 피하고 기사를 공짜로 보는 행위는 내버려뒀다. 구글 검색엔진을 통해 하루 5건까지 무료구독을 허용했다.

이는 '공짜 방문객들도 언젠가 구독자가 될 것'이라고 봤기 때문이다. 온라인 트래픽이 늘어나면 광고수입도 증가한다는 판단 아래 유료화의 허점들을 의도적으로 눈감아 준 것이다.

가정에서 종이신문을 배달받아 보는 유료 구독자들에게는 아마존 킨들 같은 이-리더(*e-reader*) 서비스를 제외한 온라인 콘텐츠를 100% 무료로 이용할 수 있게 했다. *NYT*의 글로벌판(版)인 '인터내셔널헤럴드트리뷴(IHT)' 종이신문 유료 구독자들에게도 같은 혜택을 줬다.

이는 '디지털 구독'이 '종이신문' 독자들을 빼앗아가는 잠식효과를 막고 일요일판 부수를 유지하려는 전략이었다. 종이신문 독자들의 디지털 무료이용을 차단할 경우, 종이신문 독자들이 디지털로 대거 옮겨가는데, 회사 입장에선 디지털보다 훨씬 비싼 구독료를 내는 종이신문 독자를 잃는 게 더 큰 손실이다.

*NYT*는 매주 광고 총매출액의 절반 정도가 일요일판 하루에서 나온다. 그래서 일요일판 종이신문 부수 유지는 구독료와 광고수입 측면 모

두에서 중요했다. 일요일판 부수가 줄면, 광고단가와 수입 모두 감소한다. 그래서 디지털 구독료를 낮추면서 일요일판 종이신문 독자 유지를 택한 것이다. 일요일판 판매부수와 광고매출 감소를 막으려는 묘수(妙手)였다. [19]

③ 축적된 디지털 역량

2011년 당시 *NYT*는 20년 넘게 디지털 경험과 역량을 축적하고 있었다. 1983년부터 3년 동안 '뉴욕 펄스(The New York Pulse)'를 통해 최대 250군데의 유료 가입자에게 인터넷 뉴스를 공급했다. 1994년에는 @times라는 인터넷 서비스를 시작했다. 아메리칸온라인(AOL)에 올린 *NYT* 종이신문 기사를 놓고 참가자들이 토론을 벌이는 PC통신 형태였다.

1996년에는 '사이버 타임스(Cyber Times)'를 만들어 12명의 프리랜서들이 교육, 법률, 전자상거래 분야 기사를 올렸다. '사이버 타임스'는 2년 후 테크놀로지 섹션에 통합됐다. 당시 인터넷 기사 작성과 웹사이트 관리는 2, 3류 업무로 분류됐지만 회사는 1999년 가을부터 24시간 뉴스 제공과 속보(速報) 처리를 위한 '연속 뉴스데스크(*Continuous News Desk*)'를 만들었다. 10여 명의 소속 기자들은 속보 등을 챙기며 하루에 수차례 뉴스를 업데이트했다. [20]

---

19 Bharat Anand (2017), p. 130
20 Susan Tifft and Alex Jones (1999), p. 781

2005년에 멀티미디어 데스크 신설

2000년 들어 ABC방송과 정치·건강·기술 관련 콘텐츠를 공동제작해 양사 웹사이트, 방송프로그램에 노출하였다. 2005년에는 편집국 안에 '멀티미디어 데스크(*multimedia desk*)'를 신설하였다. 니키 우셔(Nikki Usher) 조지워싱턴대 교수는 "이때부터 *NYT*는 웹디자인, 비디오, 사진, 프로그래밍 기술을 가진 전문가들을 채용하기 시작했다"고 말하였다. [21]

2007년 가을 52층짜리 신축 첨단 빌딩으로 본사를 옮기면서 종이신문과 디지털 부문을 단일 공간에 통합해 편집국 주요 부서마다 웹 프로듀서(*web producer*)들을 배치했다. [22] 2006년 이-리더(*e-reader*) 앱인 '타임스리더(Times Reader)'를 출시해 종이신문 비구독자에게는 월 15달러를 받았다. 2007년에는 개발자와 기자가 함께 참여하는 인터랙티브뉴스기술팀(Interactive News Technology Team)을 출범했다. 스마트폰 보급에 맞춰 아이폰과 아이팟터치용 앱(*app*)은 2008년에, 아이패드용 앱은 2010년에 각각 출시했다.

2009년에는 '소셜미디어 에디터' 직책을 처음 만들었고, [23] 2010년에는 동영상 서비스인 '타임스캐스트(TimesCast)'를 선보였다. 2011년 3월 시작한 온라인 기사 유료화는 황무지에서 무작정 시작한 게 아니었

---

21 Nikki Usher, *Making News at The New York Times*(Univ. of Michigan Press, 2014), p. 15
22 Nikki Usher(2014), p. 46
23 Nikki Usher(2014), p. 19

다. 두 차례의 실패를 겪은 *NYT*에는 10년 가까이 단련한 디지털 근육 (*digital muscle*)이 있었다.

𝕿 미니박스 | 뉴욕타임스 R&D 랩

2006년 출범해 10년간 본사 28층에 위치했던 NYT의 '연구개발 랩(R&D Lab)'에서는 기자들과 디자이너, 엔지니어, 크리에이티브 기술자 등 12명 정도가 최신 디지털 기기 소개 및 교육, 미래형 기술 적용 같은 일을 주로 했다.

전자 잉크(e-ink), 터치스크린 기능이 내장된 폴더블 넷북, 대화 녹음 기능을 장착한 듣는 탁자(listening table), 데이터 저장이 가능한 목욕실 거울 같은 게 대표적이다. 편집국 산하조직인 R&D랩은 미국 미디어 업계에서 NYT의 독보적인 위상을 보여준다는 평가를 받는다.

2011년 초 아이패드 전용 소셜뉴스 공유 서비스인 'News.me'를 선보였던 R&D랩은 2012년에는 아이디어 상업화를 목표로 'R&D 벤처스'를 분사했다. 2015년 7월에는 기사에 대한 실시간 태그(tag) 추천 시스템을 개발했다. 머신러닝 기법을 적용한 이 시스템은 기사 작성 시작부터 편집기에 태그가 표시돼 텍스트를 추천해 주고 맞춤법 오류를 잡아낸다.

3D TV에 적합한 인포그래픽과 터치스크린 개발, 소셜미디어에서 콘텐츠 공유기법 등도 연구했다. R&D랩은 2016년 3월 신설 조직인 '스토리 X'에 흡수됐다. '스토리 X'는 증강현실(AR), 커넥티드 홈(connected home), 취재용 공중드론, 머신러닝 같은 주제를 연구한다.

• 자료: David Riordan, "Eulogy for The New York Times R&D Lab", Medium(May 6, 2016); Nikki Usher(2014), p.48, 223; Lucia Moses, "How The New York Times' recast R&D unit got back to basics", Digiday (May 18, 2017)

2. 시행착오와 실패 딛고 도전

온라인 기사 유료화를 필두로 한 디지털 전환은 순탄치 않았다. 2011년 3월 28일부터 4월 9일까지 12일간과 온라인 기사 유료화 전인 같은 해 2월 22일부터 3월 5일까지의 인터넷 트래픽을 비교한 결과, 순방문자(UV)는 5~15%, 페이지뷰(PV)는 10~30% 감소했다.[24] 온라인 기사 유료화가 회사에 독(毒)이 될 수 있다는 우려가 불거졌다.

그렇지만 경영진은 흔들리지 않았다. 그로부터 6개월 만에 온라인 유료 구독자는 32만 4천여 명이 됐다. 기업들이 비용을 대신 납부하는 10만 명과 아마존 킨들(Kindle) 등을 이용한 유료 사용자 5만 7천 명을 포함할 경우 실제 유료 가입자는 40만 명에 달했다.[25] 이들을 제외한 순수한 온라인 유료 가입자는 그해 12월 39만 명에 도달했고 2012년 9월에는 57만, 12월에는 64만 명으로 불었다.

2년 만에 증가세 꺾여

그러나 2013년 들어 증가세가 갑자기 꺾였다. 2012년 11월 NYT컴퍼니의 최고경영자(CEO)가 된 마크 톰슨(Mark Thompson)은 이렇게 말했다.

---

24 E. Hayden, "Post-Pay Wall, New York Times Sees a Dip in Traffic", *Atlantic* (April 12, 2011)
25 Seth Mnookin, *New York magazine* (July 22, 2011)

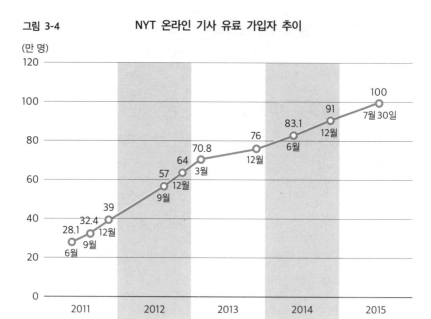

그림 3-4　　　　　**NYT 온라인 기사 유료 가입자 추이**

(만 명)

120

100 · 100
　　　　　　　　　　　　　　　　　　　　　　　　　　　91　7월 30일
　　　　　　　　　　　　　　　　　83.1　12월
80 · · · · · · · · · · · · · · · · 76　6월
　　　　　　　　70.8　12월
　　　　　　64　3월
　　　57　12월
60 · · · · · · 9월
　39
　32.4　12월
40 28.1　9월
6월
20

0
　　　2011　　　2012　　　2013　　　2014　　　2015

• 자료: The New York Times Company Quarterly Report 2011~2014

빨간 신호가 디지털 유료 가입자 방면에서 울렸다. (내가 취임한) 첫 분기
(2012년 4분기) 3개월 동안 7만 4천 명이던 신규 가입자가 2013년 2분기에
2만 2천~2만 3천 명으로 감소했다. 회사의 4대 수입원에서 종이신문 구
독, 종이신문 광고, 디지털 광고 3개가 뒷걸음질 치는 가운데, 유일한 희
망인 '디지털 구독'의 정체(停滯)는 진짜 나쁜 소식이었다. 26

여기에다 2013년 2월 말 공개된 *NYT*의 2012년도 영업이익(1억 834만
달러)은 1년 전 대비 25% 감소했다. 2013년 4월부터 연말까지 온라인

26 McKinsey Consulting, "Building a digital New York Times: CEO Mark Thompson
　　Interview"(Aug. 10, 2020)

기사 유료 가입자는 월평균 7천 명을 밑돌았다. 2014년 들어 사정은 약간 나아졌지만 매월 1만 2,500명 수준에 그쳤다.

이를 놓고 "유료화 작업이 마침내 한계에 도달했다"[27]며 '온라인 유료화 필패론(必敗論)'이 다시 제기됐다. 그도 그럴 것이 당시 아날로그(종이신문)로는 '달러(dollar)'를 버는 반면, 디지털로는 '푼돈(penny)'을 버는 구조였다. 그렇기에 오랜 비용과 노력을 투입해도 그 성과는 답답할 정도로 느리고 적었다.

디지털 유료상품 3개 연속 실패

NYT는 2014년 들어 디지털 유료상품 출시로 디지털 전환 공세를 강화했다. 2014년 4월 2일 동시에 내놓은 'NYT Now' 앱(app)과 '타임스 프리미어(Times Premier)', 같은 해 6월에 출시한 'NYT Opinion' 등 3개 상품이다. 그해 5월 13일에는 1만 7천여 개의 요리 레시피 등을 담은 쿠킹(Cooking) 무료 서비스를 시작했다.

NYT가 만든 최초의 스마트폰 전용 앱인 'NYT Now'는 기존 디지털 구독료의 절반(4주 8달러) 가격에 종이신문 기사 가운데 매일 30~40건을 큐레이션해 제공했다. 다른 매체에 실린 기사도 가져와 링크와 함께 'Our Picks' 형태로 서비스했다.

애플이 선정한 '2014년 최고의 앱' 중 하나로 선정된 'NYT Now'는 상

---

27 대표적으로 Edmund Lee, "New York Times' Digital Subscription Growth Story May Be Ending", Vox(August 25, 2014)

업적으로는 실패했다. 20만 명의 유료 이용자를 기대했으나 실제 유료 가입자는 2만 명 미만에 그쳤다. [28] 2015년 5월 11월 서비스를 중단했다.

'타임스 프리미어'는 종이신문 유료 구독자에게는 4주에 10달러를 추가로 받고, 비(非) 구독자에게는 4주에 45달러를 받는 회원제 상품이었다. 'NYT Now'와 타임스 인사이더(Times Insider), 타임스 토크(Times Talks) 동영상과 매월 전자책(e-Book) 두 권 제공 같은 혜택도 줬다. [29] 그러나 '타임스 프리미어'는 가입 현황도 공개하지 않은 채 중단됐다.

4주에 6달러의 구독료를 매긴 'NYT Opinion'은 유명 필자별로 큐레이션해 칼럼을 실었다. 이를 위한 앱 전담팀을 논설실 안에 두었지만 가입자와 이용빈도는 실망스러울 정도였다. [30] 회사는 4개월 만인 그해 10월 1일 서비스를 중단하고 편집국 비용 및 인력절감 계획을 발표했다. [31] 이 부문 책임자이던 데니스 워런(Denise Warren)은 연속 실패에 책임지고 같은 달 회사를 떠났다.

'맛보기 무료 서비스'를 시작한 쿠킹(Cooking) 사이트와 앱이 2주일 만에 예상보다 많은 순방문자(UV)들을 모은 게 유일한 위안이었다.

28 Justin Ellis, "A new NYT Now: All the aggregation you enjoyed before, now for free", *NiemanLab*(May 11, 2015)

29 The New York Times Company, "[Press Release] Introducing NYT Now and Times Premier"(April 2, 2014)

30 Joseph Lichterman and Justin Ellis, "A mixed bag on apps: What The New York Times learned with NYT Opinion and NYT Now", *NiemanLab*(Oct. 1, 2014)

31 Insider Staff, "Arthur Sulzberger Jr. and Mark Thompson on Cost Cuts", *New York Times*(Oct. 1, 2014)

'혁신보고서'로 정면 돌파

맥킨지컨설팅은 *NYT*에 제출한 보고서에서 "매월 15~30달러의 요금을 받을 경우, 가장 낙관적으로 계산해도 유료 가입자는 최대 80만~90만 명이 한계가 될 것"이라고 밝혔다. 마크 톰슨 CEO는 당시 상황을 이렇게 말했다.

> (2011년에 시작한) 디지털 구독 모델은 약 60만 명의 구독자에서 더 이상 늘어나지 않고 활기를 잃은 것처럼 보였다. 우리가 세운 전략들도 정체된 것처럼 보였다. 회사는 아직 아날로그 기업을 벗어나지 못하고 있었다.[32]

여기서 경영진은 후퇴하지 않고 전진하는 정공법을 택했다. 2014년 5월 공개된 96쪽 분량의 '혁신보고서(*Innovation Report*)'가 이를 대변한다. 보고서는 설즈버거 오너 가문을 비롯한 경영진의 의중을 담고 있었다.

> 경영진은 6개월 전, A. G. 설즈버거(2018년 1월 발행인 취임)에게 편집국에서 가장 생각이 앞선 사람들을 뽑아 저널리즘으로 회사를 발전시키는 스마트하고 타당성 있는 방법을 강구하도록 요청했다.[33]

---

32 마크 톰슨, "세계신문협회(WAN-IFRA) 2020 월드리포트 - 2020 신문의 혁신 특별판: Reimagining the News"(한국신문협회, 2020), p. 11

33 The New York Times Company, *Innovation Report*(March 24, 2014), p. 8

차기 발행인으로 유력한 A. G. 설즈버거에게 경영진이 요청하고 이를 수락했다는 것은 디지털 전환에 대해 오너 가문과 경영진이 '절실함'을 공유하면서 끝까지 책임지고 달성하겠다는 의지(意志)를 보여준다.

"종이신문 자부심과 집착 버려라"

10명의 '혁신보고서팀'은 6개월 동안 354명(내부 228명, 외부 126명)을 인터뷰한 뒤 "편집국 문화가 근본적으로 바뀌어야 한다. 우리는 디지털 시대의 암호를 충분히 해독하지 못해 왔다. 변화는 너무 느리고 일부 파트는 갈피도 못 잡고 있다"며 이렇게 지적했다.

홈페이지 방문자는 전체 이용자의 3분의 1에 불과하고 대부분 검색과 소셜미디어 공유 링크를 통해 기사만 보고 나간다. 인터넷 기사 열독(閱讀)의 10%가 소셜미디어를 통한 것이지만, 기자들은 소셜미디어 활용법도 모르고 디지털 독자 개발은 비(非)편집국 소관이다. 34

'혁신보고서'는 또 "종이신문 A1면에 대한 자부심과 집착을 버리고 디지털을 핵심 평가기준으로 삼으라. 디지털 전문가들을 사내 주요 위원회에 배치하고 편집국 내부와 외부의 '디지털 스타(star)'를 발굴·채용하라"고 제안했다. 35

---

34 *Innovation Report*(2014), p. 24
35 *Innovation Report*(2014), pp. 95~96

'혁신보고서' 10명의 팀원 중 한 명인 아담 엘릭(Adam Ellick) 기자는 2015년 5월 한국을 찾아와 "혁신보고서가 나온 후 편집국에 전략팀, 데이터팀, 수용자개발팀이 생기고 '디지털 우선'이 최우선 기준이 됐다"고 말했다.[36] 2014년에는 사내에 데이터 엔지니어, 비즈니스 분석가 등으로 구성된 기계학습(machine learning) 팀이 신설됐다.[37]

7개월 '끝장 토론'과 오너 가문의 지지

마크 톰슨 당시 NYT컴퍼니 CEO는 2020년 영국 '파이낸셜타임스(FT)'와의 인터뷰에서 "나는 (NYT ~의) 디지털 유료 구독자가 50만 명뿐일 때도 앞날을 낙관하고 있었다"며 이렇게 말했다.

우리의 디지털 유료 가입자 목표치를 왜 1천만 명이나 2천만 명, 3천만 명으로 잡으면 안 될까? 내가 이런 말을 하면 주변의 많은 사람들은 '그건 불가능한 꿈의 숫자'라고 했다. 하지만 내가 봤을 때 NYT에는 엄청난 잠재력이 있었다.[38]

---

36 〔인터뷰〕 아담 엘릭, "NYT 혁신보고서 1년 … 벽이 사라졌다", 연합뉴스(2015년 5월 20일)

37 Lucy Kung, *Innovators in Digital News*, 《디지털 뉴스의 혁신》(한국언론진흥재단, 2015), p. 52

38 Anna Nicolaou and Alex Barker, "The US publishers hiring staff despite news media storm", *Financial Times*(May 27, 2020)

이런 담대한 발상을 바탕으로 그는 회사 안에서 강력한 공감대를 형성해 추진동력을 얻으려 했다. 이를 위해 7개월 가까이 '끝장 토론'을 벌였다. 그의 증언이다.

2015년 4월 초부터 11월까지 최고위 임원 5~6명은 매주 금요일 낮 12시부터 저녁 6시 또는 7시까지 6~7시간 밀도 높은 대화(intense conversation)를 나눴다. 많은 격렬한 논쟁을 통해 우리는 나아갈 방향에 대해 진정으로 공유하는 비전을 갖게 됐다. 39

이 과정에서 오너 가문은 마크 톰슨 CEO를 전폭 신뢰하고 그에게 모든 힘을 실어주었다. 마크 톰슨의 말이다.

내가 8년간 NYT컴퍼니 CEO로 있는 동안, 설즈버거 가문 사람들은 내가 무슨 일을 하든지 변함없이 강력하게 나를 지지했다. 나는 그들에게 믿을 수 없을 정도로 감사한다. 우리는 변화를 위한 야망(ambition for change)을 공유했다. 40

설즈버거 가문은 톰슨을 영입하면서 "NYT는 본질적인 변화가 필요한 시점에 도달했다. 우리는 급진적인 변화(radical change)를 지원하겠다"며 약속을 지켰다. 2014년 5월 회사 최초의 여성 편집인인 질 에이브럼

---

39 McKinsey Consulting (Aug. 10, 2020)
40 McKinsey Consulting (Aug. 10, 2020)

슨(Jill Abramson)이 마크 톰슨과 사사건건 충돌하자, 설즈버거 주니어 발행인은 임명된 지 3년이 안 된 에이브럼슨을 전격 해고했다.

워싱턴지국장, 편집국장 등을 지낸 뼛속까지 '정통 저널리스트'인 에이브럼슨을 내보내고 입사 1년 6개월 남짓한 외부인 마크 톰슨의 손을 들어준 것이다. 이로써 오너 가문은 "저널리즘 원칙을 희생하더라도 디지털 전환을 성공시키겠다"는 메시지를 확실하게 사내외에 던졌다. 41

52개월 만에 1백만 명 도달

온라인 기사 유료화를 시작한 지 4년 4개월 만인 2015년 7월 30일 유료 가입자가 1백만 명을 기록했다. 42 《뉴스의 종말(*Newsonomics*)》의 저자인 켄 닥터(Ken Doctor)는 이렇게 말했다.

맥킨지컨설팅조차 1백만 명 가입자는 불가능하다고 진단했는데 누적 디지털 유료 가입자 1백만 명은 숨이 턱 막히는 숫자였다. 이를 계기로 경영진에서 자신감이 생겼고 불확실하지만 더 공격적으로 나아가자는 의지가 생겼다. 43

41 Jeff Gerth, "In the digital age, The New York Times treads an increasingly slippery path between news and advertising", *Columbia Journalism Review* (June 28, 2017)

42 NYT컴퍼니는 1주일 후 공식 보도자료에서 "2015년 7월 30일에 디지털 유료 구독자가 1백만 명을 넘었다"고 밝혔다. The New York Times Company, "[Press Release] The New York Times Passes One Million Digital Subscriber Milestone"(Aug. 6, 2015)

두 달쯤 후인 2015년 10월 7일, A4용지 12장 분량으로 '우리가 나아갈 길(*Our Path Forward*)'이란 전략메모가 공개됐다. 설즈버거 주니어 발행인과 마크 톰슨 CEO, 마이클 골든 부회장, 딘 바케이 편집인, 앤드루 로젠탈 논설실장, 메레디스 코핏 레빈 최고매출책임자(CRO), 킨시 윌슨 디지털 상품 담당 부사장 등 최고위 임원 10명이 서명했다.

'집단 출사표(出師表)' 성격이 강한 이 메모에서 경영진은 "우리가 선택한 길에 자신감을 갖는다. (5년 후인) 2020년까지 디지털 부문 매출을 지금의 두 배인 8억 달러로 늘리겠다"고 다짐했다.[44] 마크 톰슨은 "(전략메모가 나오기 전에) 사내 조직원들을 대상으로 소규모, 그룹별 대화를 20차례 넘게 주관했다"고 말했다.[45]

디지털 전환에 '자신감' … 청사진 제시

'혁신보고서'가 문제점을 지적하고 조직원들의 각성을 요구했다면, '전략메모'는 자신감 있게 미래 전략과 목표를 제시했다. 다시 1년 3개월 후인 2017년 1월에는 '2020 보고서'[46]가 나왔다. 2016년 한 해 동안 사

43 Ken Doctor, "Newsonomics: The thinking (and dollars) behind The New York Times' new digital strategy", *NiemanLab* (Oct. 15, 2015)

44 "Our Path Forward" (October 7, 2015), pp. 2~3

45 Ken Doctor, *NiemanLab* (Oct. 15, 2015)

46 "Journalism That Stands Apart - The Report of the 2020 Group" (Jan. 2017) https://www. nytimes. com/projects/2020-report/index. html 데이비드 레온하르트 (David Leonhardt) 기자를 포함한 7명으로 구성된 '2020 그룹(group)'이 작성해 '2020 보고서'로 불린다.

내외 관계자들 인터뷰, 이용자 행태연구, 편집국 서면조사 등을 거쳐 나온 '2020 보고서'에는 '목적지(*destination*)'라는 단어가 10번 등장한다.

디지털 정보홍수 시대에 등대 같은 '목적지'가 돼 다른 미디어들과 차별화하자는 것이다. 보고서는 이렇게 밝혔다.

이용자들이 뉴스와 정보를 접하고 소통하는 방식은 최근 수년 새 더 빨리 바뀌고 있다. (중략) 저널리즘과 비즈니스 부문 도전에 느슨하게 대응한다면 우리도 쇠락한 기업들의 전철(前轍)을 밟을 것이다. 우리는 긴박감 있게 행동해야 한다(*We must act with urgency*). [47]

2014년 5월부터 2017년 1월까지 2년 8개월 동안 잇달아 나온 3건의 보고서와 전략메모는 최고 경영진부터 일반 직원을 망라해 디지털 전환 성공을 향한 열정과 청사진을 담았다. [48]

---

47 "Journalism That Stands Apart"(Jan. 2017)
48 '혁신보고서'는 인터넷 매체에 리크(*leak*)되면서 알려졌고, '전략메모'는 PDF파일로 발표됐다. '2020 보고서'는 43초 분량의 동영상을 첨부한 멀티미디어 형태로 공개됐다. Joshua Benton, "This is The New York Times' digital path forward", *NiemanLab*(Jan. 17, 2017)

3. 업(業)의 재발견과 새로운 충성 이용자 발굴

경영진의 디지털 전환 성공 의지는 어떤 조직이나 어느 때보다 결연했다. 마크 톰슨 당시 CEO는 이렇게 회상했다.

> 우리가 배워야 할 한 가지는 소수의 사람들이 (디지털) 비즈니스를 적당히 시도해보는 것과 마치 회사의 운명이 거기에 달려 있는 것처럼 디지털을 시도하는 것 사이에는 차이가 있다는 것이다. 만약 당신이 이 싸움에 뛰어들었다면 당신이 가진 모든 것과 모든 인력을 이 싸움에 던져 넣어야 한다. (중략) 노아의 방주(Noah's Ark)를 짓는 것은 쉽게 이루어지지 않는다. 하물며 그 방주가 물에 둥둥 뜨게 하는 일은 더욱 어렵다. [49]

업(業)의 재정의

이런 각오에서 마크 톰슨을 정점으로 한 경영진은 *NYT*라는 조직의 정체성을 원점에서 재검토했다. 그들이 내린 결론은 기존 뉴스제작 방식을 거꾸로 뒤집는 것이었다. 마크 톰슨의 말이다.

> 2013년 초 편집국은 놀랄 만한 종이신문을 만든 뒤 그걸 가지고 웹사이트를 내고 있었다. 그러나 내 생각은 정반대였다. 훌륭한 스마트폰 뉴스 상

---

[49] 마크 톰슨, "세계신문협회(WAN-IFRA) 2020 월드리포트"(2020), p. 14

품을 먼저 만들고, 거기에서 웹사이트를 만들고, 다시 이를 큐레이션 (*curation* · 재분류) 해 종이신문을 만드는 순서로 작업흐름을 재구성하고 회사 업무를 재정의(*redefine*) 했다. 50

"뉴스는 정교한 문화상품"

마크 톰슨은 "외부자의 차가운 눈(*cold eye*) 으로 봤을 때 뉴스는 헤드라인 이나 딱딱한 스토리 같은 한 종류만이 아니다"라며 "'뉴스는 정교한 문화 상품(*a sophisticated cultural object*)'이라는 관점에서 접근하자"고 했다.

미래를 여는 대답은 과거에 있었다. 우리는 과거(1970년대 중반)에 부동 산, 음식, 엔터테인먼트 같은 요일별 섹션을 (세계 최초로) 발행했다. 세 상 뉴스만을 전하지 않고 이용자들에게 세금납부 관련 조언과 아파트와 뮤 지컬 정보를 제공했다. 여기서 착안해 *NYT* 쿠킹(*Cooking*) 과 와이어커터, 출퇴근이나 운동할 때 유용한 오디오 같은 디지털 상품을 만들었다. 51

경영진은 반년 넘는 토론과 격론 끝에 '식별할 줄 아는 이용자들이 뉴 욕타임스의 프리미엄 콘텐츠에 비용을 지불하는 습관을 갖도록' 방법을 짜내기로 했다. 2014년부터 2017년까지 전략 보고서와 메모를 통해 사 내에서 활발하게 논의하고 검증을 거쳐 이런 결론이 만들어졌다. 2015 년 '전략메모'와 2017년 '2020 보고서'는 각각 이렇게 밝혔다.

---

50 McKinsey Consulting (Aug. 10, 2020)
51 McKinsey Consulting (Aug. 10, 2020)

독자들은 일상생활에서의 결정에서 *NYT*의 도움을 바란다. 어떤 영화, 연극을 볼지, 어떤 책을 읽을지, 어느 아파트를 사야 할지 등. 우리는 그들에게 도움이 되도록 우리의 콘텐츠와 전문성을 사용해야 한다. 52

우리는 1970년대 '리빙 & 홈' 같은 섹션을 만들어낸 선배들만큼 야심차거나 혁신적이지 못했다. 독자들은 *NYT*의 조언을 목말라 한다. 너무 자주 우리는 그것을 제공하지 않거나 기껏 인쇄 중심적 형태로 제공했다. 53

경영진의 선택은 무조건 과거와의 단절이 아니라 과거의 강점과 혁신 경험을 현재에 되살리고 미래를 염두에 둔 업(業)의 재정의였다.

'구독' 중심 전환

2011년 3월 온라인 기사 유료화를 시작할 당시에도 회사 안에는 "온라인 뉴스 콘텐츠를 무료로 제공하고, 그 대신 늘어난 트래픽으로 디지털 광고매출을 늘리면 감소하는 지면 광고매출을 상쇄할 것"이라는 믿음이 남아 있었다. 결과적으로 이런 사고방식에 따른 비즈니스는 *NYT* 같은 개별 언론사보다는 구글, 페이스북 같은 플랫폼 빅 테크 기업들의 배만 불렀다.

---

52 "Our Path Forward"(2015), p. 6
53 "Journalism That Stands Apart"(Jan. 2017), p. 12

"종이신문과 광고는 안정적 수익원 아니다"

마크 톰슨 CEO 체제에서 경영진의 관점은 이와 정반대였다. "어떤 형태로든 광고로 벌어들인 매출이 고품질 저널리즘을 위한 안정적인 수익원이 될 수 없다"는 것이었다.

> 종이신문 광고로 편하게 살던 비즈니스 모델은 2012년까지 소멸되고 있었다. 우리를 구원할 수 있는 것은 '광고(advertising)'가 아니라 '구독(subscription)'이다. 우리는 일반 이용자들로부터 돈을 받고 프리미엄 뉴스를 공급하는 최초의 성공적인 미디어가 되려 한다. 소비자들이 더 좋은 구두나 더 좋은 TV에 기꺼이 돈을 내는 것처럼, 우리가 더 좋은 콘텐츠를 제공하면 이용자들로부터 구독료를 받을 수 있다. [54]

세계 최고 저널리스트들을 가장 많이 보유하고 양질의 저널리즘을 구현해온 *NYT*가 콘텐츠 구독 비즈니스에 최적화돼 있다는 판단도 한몫했다. 경영진과 사내 기획·전략가들도 이를 충분히 인식했다. 2017년 1월 나온 '2020 보고서'는 이렇게 지적했다.

> 우리는 페이지뷰(*page view*) 경쟁을 하거나 싸구려 광고를 팔려 하지 않는다. 우리의 비즈니스 전략은 전 세계 수백만 명이 기꺼이 비용을 지불하려하는 강력한 저널리즘을 제공하는 것이다. (중략) 구독자 최우선(*subscription first*)으로 우리는 더 강력한 광고사업을 영위할 수 있다. 우리는 광고

---

54 McKinsey Consulting(Aug. 10, 2020)

주들이 접촉하려는 많은 이용자를 모을 수 있다. [55]

"구독 비즈니스는 디지털 대세"

'구독 비즈니스'로의 전환은 디지털 시대의 거대한 흐름이다. 세계 최대 온라인 스트리밍 서비스 회사인 넷플릭스(Netflix)나 스포티파이(Spotify) 같은 콘텐츠 유통기업에서 시작된 '구독 비즈니스' 시장은 매년 100% 이상씩 성장하고 있다. [56]

NYT 경영진도 자사 콘텐츠를 애용하는 '이용자(audience)'에게 회사의 미래가 있다고 판단했다. 자사 콘텐츠를 습관적으로 사용하며, 정기적으로 구독료를 내는 것을 부담스러워하지 않는 이용자를 최대한 많이 만들어 유지하는 걸 목표로 삼았다.

이런 선택은 NYT에 맞는 자연스러운 전환이기도 했다. NYT는 여느 신문사보다 회사 상황을 외부에 솔직하게 공개하고, 이용자들과 함께하는 콘텐츠 제작과 행사 등을 상시적으로 해왔기 때문이다. NYT의 '이용자 눈높이 경영'과 쌍방향 소통 전통은 구독 비즈니스 실현에 긍정적 요인이었다.

---

55 "Journalism That Stands Apart"(Jan. 2017), p. 2, 4
56 Mary Meeker, Internet Trends 2019(June 11, 2019)

하지만 디지털 미디어에서는 전체 이용자 가운데 최상위 10~20%의 충성 이용자가 매출의 90%를 올리고, 최상위 10%에 의해 전체 페이지뷰의 40~66%가 발생한다. 그래서 '우리가 나아갈 길'이라는 전략메모는 이렇게 밝혔다.

> 우리의 큰 야망은 뉴욕타임스 없이는 하루도 보낼 수 없는 또 다른 이용자 세대를 기르는 것이다. 모바일 시대에 흥미 있고 호기심 많고 분별력 있는 이용자들에게 NYT가 최적의 목적지가 되도록 노력을 배가해야 한다. [57]

'2020 보고서'도 "미국 국내외를 막론하고 이용자들이 우리와 평생에 걸친 관계(*a lifetime relationship*)를 갖도록 해야 한다. 그들과 깊숙한 관계를 맺어 충성도 높은 이용자들을 많이 만들자"고 했다. [58] 우연히 방문해온 독자(*occasional reader*)가 NYT 중독자(*Times addict*)가 되도록 해야 한다는 것이다.

여기서 경영진은 가장 유력한 이용자 대상으로 밀레니얼 세대를 특정했다. 2019년 6월 3일 영국 글래스고에서 세계신문협회(WAN-IFRA) 주최로 열린 제71차 세계뉴스미디어총회(WNMC)에서 마크 톰슨 당시 CEO는 이렇게 말했다.

---

57 "Our Path Forward"(2015), p. 4
58 "Journalism That Stands Apart"(Jan. 2017), p. 9

우리의 가장 큰 위험은 플랫폼의 문제가 아니라 더 젊은 세대에 도달하지 못한다는 인구적 문제에 있다. *NYT*는 한 번도 젊은 브랜드였던 적이 없고, 우리가 그렇게 의도한 적도 없다. 하지만 지금 우리의 목표는 20대 후반 젊은이들에게 훨씬 더 강력해지는 것이다. 59

회사 안팎 모두 20~30대 중심으로

이를 위해 젊은 이용자들이 관심 갖는 주제를 많이 다루고 그들의 취향에 맞는 콘텐츠를 만들었다. *NYT* 내부도 상호 교감하기 좋은 밀레니얼 세대를 대폭 늘렸다. 마크 톰슨은 "내가 2012년 말 취임할 때 회사 안에 밀레니얼 세대는 20% 정도였지만 지금(2019년 6월)은 49%로 늘었다"고 말했다. 60 2020년 8월 CEO 퇴임 인터뷰에서 그는 이렇게 밝혔다.

수년 전에 우리는 밀레니얼 세대 5명 중 1명에게만 도달했으나, 지금은 매월 두 명 가운데 한 명꼴로 도달한다. 미국 밀레니얼 세대의 절반 정도가 뉴욕타임스 웹을 찾아온다. 61

경영진은 또 종이신문 대신에 스마트폰에 총력을 쏟았다. 62 스마트폰

59 Brian Veseling, "NYT's Mark Thompson: 'We're faster, but we're still too slow and too cautious'", *WAN-IFRA* (June 3, 2019)
60 Brian Veseling, *WAN-IFRA* (June 3, 2019)
61 Sarah Scire, "Outgoing New York Times CEO Mark Thompson thinks there won't be a print edition in 20 years", *NiemanLab* (Aug. 11, 2020)
62 "앞으로 싸움은 스마트폰에서 벌어질 것이다. 스마트폰은 조직의 모든 부분에서 계속 가장 큰 초점이 되어야 한다." "Our Path Forward" (2015), p. 10, 15

뉴스 오전 집중소비 시간인 7시대 뉴스 제작을 늘리고 '아침·저녁 브리핑', '미니 크로스워드(mini Crossword)' 같은 새로운 아이템을 만들었다.

마크 톰슨은 "NYT CEO에 취임한 초기에 오전 7시 본사 편집국에 들어가 자전거를 타고 한 바퀴 돌았다. 야근자들이 모두 떠나고 대여섯 명이 진공청소기를 돌리는 현장에서 뉴스제작 리듬이 바뀌어야 함을 확인했다"고 말했다. 63

디지털 전문인력 대거 수혈

디지털 전환은 '종이신문 제일주의'에 160여 년 동안 젖어온 '익숙한 뉴욕타임스'와의 결별이었다. '새 술은 새 부대에 담는다'는 말처럼, 회사는 새로운 인력 수혈과 리더십 교체를 단행했다. 여기에서 중요한 '잣대'는 과거 경력이 아니라 학습능력과 개방적 마인드였다. 구체적으로는 적응력(adaptability)과 유연성(flexibility)이었다. 마크 톰슨 당시 CEO의 말이다.

지금 같은 디지털 시대에는 하나의 일에 뛰어나면서도 다른 일을 학습할수 있는 사람이 필요하다. 우리는 외부에 있는 사람들을 내부로 데려왔고, 때로는 내부에 있는 더 개방적 마인드를 가진 이들을 승진시켰다. 64

---

63 Sarah Scire, *NiemanLab*(Aug. 11, 2020)
64 McKinsey Consulting(Aug. 10, 2020)

그는 "소비자 행동이 변하고, 경쟁 지형도가 달라지는 상황에서 우리는 조직 전반에 중대한 리더십 교체를 해야 했다. 리더십에서 매우, 매우 깊은 변화(*very, very deep change*)가 있었다"고 했다. 마크 톰슨이 CEO로 재임한 8년 내내 함께한 고위 임원은 한두 명뿐이었다. 영국 방송계에서 줄곧 일한 톰슨은 사적인 인연에 얽매이지 않고 냉정한 '능력' 위주 인사를 했다.

2013년 7월 '포브스' 광고 임원이던 42세의 메레디스 코핏 레비언(Meredith Kopit Levien)을 광고책임자로 뽑고, 2014년 11월 미국 최대 공영 라디오방송사인 NPR의 킨시 월슨(Kinsey Wilson) 최고 콘텐츠 임원(*chief content officer*)을 전략 및 혁신 최고책임자(*chief strategy and innovation officer*)로 영입한 게 대표적이다. 65 월슨은 다음 해 3월 디지털 상품 및 테크놀로지 담당 부사장으로 승진해 2017년까지 재임했다.

디지털 전문가, 스타트업 출신 대거 영입

2013년 경제주간지 비즈니스위크(*BusinessWeek*)의 아담 애스턴(Adam Aston) 전 편집장을 네이티브 애드(*native ad* · 기사형 광고) 전문 사내 조직인 'T브랜드 스튜디오' 책임자로 영입했다. 2019년 10월, 디지털 상품 담당 책임자(*head of product*)로 알렉스 하디먼(Alex Hardiman) 전(前) 페이스북 신상품팀장을 발탁했다. 66

---

65 Ravi Somaiya, "New York Times Names NPR Executive to Masthead", *New York Times*(Nov. 25, 2014) ; Ken Doctor, "Why The New York Times hired Kinsey Wilson", *NiemanLab*(Nov. 25, 2014)

66 Sara Fischer, "The New York Times brings back Alex Hardiman as head of

이들을 포함해 구글과 페이스북에서 각각 10명, 버즈피드 6명, 마이크로소프트(MS) 6명, 애플 4명 등 주요 테크 기업들과 핀터레스트·징가·워너뮤직·허핑턴포스트(Huffington Post) 같은 스타트업에서 수십 명을 팀장급 등으로 영입했다.

일례로 신임 비디오팀장인 레베카 하워드(Rebecca Howard)는 허핑턴포스트 출신이다. 광고 부문은 2015년까지 전체 인력의 75%를 데이터 및 디지털 기술 전문가로 물갈이했다. 이를 통해 *NYT*는 1백 년 넘게 가져온 종이신문과 편집국 중심 고정관념을 벗어나 구글·페이스북 등 테크 기업과 같은 상품(*product*) 기획과 전략적 사고체계를 갖게 됐다. 간부 대상 재교육도 했다. 마크 톰슨의 말이다.

과거 경영대학원에서 배운 것들만으로는 현 상황을 헤쳐 나가기 어렵다. 회사의 리더들이 비즈니스를 더 잘 이해하도록 대학원 수준의 수업을 듣게 했다. 특히 통계와 데이터 과학(*data science*)을 중시했다. [67]

product", *Axios*(Oct 10, 2019)
67 마크 톰슨, "세계신문협회(WAN-IFRA) 2020 월드리포트"(2020), p. 21

4. 디지털 테크놀로지 기업으로 변신

우리는 테크놀로지 전문가와 비디오, 오디오 등으로 이루어진 새로운 형태의 뉴스전달 기술에 투자했다. 반면, 세계 대다수 뉴스기업은 우리 같은 투자 대신에 디지털화로 가는 미래를 선택하거나 강제전환에 집중했다. 그렇게 하면 높은 단기 수익성은 가능하지만 그 끝은 나락으로 떨어지는 것이다. 현재는 자본이 많이 투자돼야 하는 시기이다. 콘텐츠 생산뿐만 아니라 데이터 수집, 디지털 서비스, 그리고 이들을 다룰 엔지니어링에 투자해야 한다. 68

'디지털 상품 & 기술팀' 인원만 7백 명

마크 톰슨 당시 NYT컴퍼니 CEO는 2019년 한 공개연설에서 한 말이다. 그는 "현재 약 9백 명의 전문가들이 우리의 디지털 관련 작업을 하고 있다. 이 분야는 대부분 회사에서 처음 경험하는 것들이다"라고 밝혔다. 이 말은 허언(虛言)이 아니다. *NYT*는 회사의 정체성을 '구독' 중심과 '디지털 테크 기업'으로 바꾸기 위해 테크놀로지(*technology*)에 지속적으로 투자하고 있기 때문이다.

웹 개발자, 멀티미디어 프로듀서, 데이터 과학자, 비디오그래퍼 등을 상당수 뽑은 결과, 회사의 직종별 구성에서 편집국(1,750명)에 이어 '디지털 상품 & 기술팀(*product and tech teams*)'이 7백 명으로 두 번째로

---

68 마크 톰슨, "세계신문협회(WAN-IFRA) 2020 월드리포트"(2020), pp. 12~14

많다. 세 번째는 광고 부문(5백 명)이다. **69** 메레디스 코핏 레비언 현 NYT컴퍼니 CEO의 말이다.

> 상품팀 소속 인원 7백 명은 그 자체로 놀랄 만한 숫자이다. 회사에서 편집 국에 이어 두 번째로 큰 조직이며, 비즈니스 부문에서는 가장 크다. 이들 은 디지털 상품 아이디어와 개념을 추출하고 그것을 상품으로 만들어 이용 자들에게 구독상품으로 제공하는 일을 한다. **70**

디지털 엔지니어 인원 9백~1천 명

5백 명의 광고 부문도 디지털 분석과 소셜미디어에 정통한 20~30대가 많다. **71** 엔지니어에 대한 회사의 대우도 좋다. 직장 및 상사(上司)·연 봉 평가 사이트인 '글래스도어(Glassdoor)' 자료를 보면 *NYT*에서 소프 트웨어나 엔지니어링 매니저 급여는 일반 저널리스트나 에디터급 기자 보다 더 높다.

NYT컴퍼니는 2020년 1년 동안 디지털 상품개발(*product development*) 에 1억 3,243만 달러를 지출했다. 이는 1년 전 같은 기간(1억 551만 달 러) 대비 25% 정도 증가한 것이다. **72** '코로나 19 팬데믹' 장기화로 *NYT* 가 대부분의 비용지출을 동결 또는 축소하는 상황에서 '디지털 상품개발'

---

69 Ken Doctor, *NiemanLab* (July 30, 2020)

70 Ken Doctor, *NiemanLab* (July 30, 2020)

71 2020년 6월 당시 COO이던 메레디스 레비언은 68명의 광고본부 직원을 해고했다. 이들 은 대부분 전통 신문광고 영업사원들이다. Sara Fischer, "The New York Times lays off 68 people, mostly in advertising", *Axios* (June 23, 2020)

72 The New York Times Company 2020 Annual Report, p. 41

표 3-2
NYT 주요 직군별 평균 연봉

(단위: 달러)

직 군	소프트웨어 엔지니어	시니어(senior) 소프트웨어 엔지니어	저널리스트 / 기자	스태프 에디터 (staff editor)	엔지니어링 매니저
평균 연봉	12만 6,386	14만 7,223	12만 2,526	11만 4,755	17만 415

• 자료: Glassdoor. https://www.glassdoor.com/index.htm (2021년 2월 6일 검색)

투자를 계속 대폭 늘리는 것은 주목된다.

2020년 3월 퇴임한 닉 로크웰(Nick Rockwell) *NYT* 최고기술책임자 (CTO)는 2015년부터 2017년까지 기술과 시스템 전반을 정비했다. 특히 고객 데이터 플랫폼(*customer data platform*) 구축과 과금제 서비스 (*paywall meter service*) 장벽 낮추기, 등록 칸막이(*registration wall*) 설치 등을 했다. 로크웰 전 CTO의 말이다.

4년간 *NYT*에서 일하면서 가장 보람 있는 것은 '성장상품 사고와 관행 (*growth product thinking & practice*)'을 도입한 일이다. 성장을 견인하기 위해 마케팅 기술 플랫폼에 투자하고, 탈(脫) 중앙집중화하고 기능별 경계를 초월한 팀 구조를 만들었다. 4개의 데이터센터를 폐쇄하고 모든 업무를 구글 클라우드로 옮겼다. [73]

73 Nick Rockwell, "Looking Back on Four Years at The Times", *Medium*(April 6, 2020)

NYT는 유료화 구독자를 획득하고, 관여(*engagement*) 하며, 유지하는 방법을 아는 미디어 기업이다. 기술과 데이터를 이용해서 이용자와 상품 간의 관여 행태를 분석하고, 구독 해지와 유지 패턴을 추출하고, 독자를 여러 집단(*cohort*)으로 세분화한다.

뉴스레터와 소셜미디어, 푸시(*push*) 알림 등을 통해 독자와 재(再) 관여하고 다시 제품과 가격 변화를 실험한다. 이런 디지털 전략은 넷플릭스, 스포티파이, 훌루 같은 디지털 구독 서비스 기업과 흡사하다.

제임스 로빈슨(James Robinson) *NYT* 뉴스분석 에디터는 2014년 9월 한국편집기자협회 컨퍼런스에서 "이용자들의 행동이 어떻게 변하고 있고, 기사가 어떻게 변해야 하는지 기자들에게 이해시키는 게 데이터 분석의 목표"라고 말했다.[74]

이용자들의 방문 시기(*Recency*)와 방문 빈도(*Frequency*), 콘텐츠 이용량(*Volume*) 등 'RFV 데이터'를 통해 뉴스 콘텐츠와 이용자의 온라인 습관을 분석한다는 것이다. 구체적으로 *NYT*는 이용자들의 관여도(*audience engagement*)를 측정해 이용자가 어떤 기사에 오래 머무는지, 한 기사를 본 뒤 어느 기사로 넘어가는지 등을 체크하고 그 독자들의 행동 패턴을 참고로 기사 작성과 홈페이지 화면 배치 등을 한다.

---

74 "독자에 대한 분석 없이는 저널리즘의 미래도 없다", 〈머니투데이〉(2014년 9월 29일)

이를 위한 소프트웨어와 도구들도 여럿 가동되고 있다. 기사 가독성 증진을 위한 체크포인트 겸 지원 · 분석 도구인 'STELA(Story and Event-Level Analytics)'와 외부에 상업적 용도로 판매되는 칼럼과 사설, 기획 기사 스토리 관련 분석 소프트웨어인 '리더스코프(Readerscope)'가 있다.

2018년 11월 콜롬비아 보고타에서 열린 세계신문협회(WAN-IFRA) '디지털 미디어' 총회에서 아람 체키잔(Aram Chekijian) '데이터 & 인사이트 그룹' 부사장은 "지속적인 모델링과 분석작업을 통해 구독자 확보와 유지 전략의 효과를 점검하고 시장변화에 기반한 미디어 프로모션과 상품개발을 하고 있다"고 말했다. [75]

회사가 자체 개발한 '패키지 매퍼(Package Mapper)'는 이용자들이 어떤 기사에 오래 머물고, 한 기사를 본 뒤 어느 기사로 넘어가는지 등을 추적한다. 웹사이트에서 10분마다 자동 업데이트되는데, 이용자들이 자사 홈페이지에 들어와 어떤 기사들을 얼마나 이용했는지 추적하고 사이트에 오래 머물도록 유도한다.

기사를 3개 유형으로 분류해[76] 트래픽 증대에 도움이 되는 추천기사들을 눈에 띄는 곳에 배치해 추가 클릭을 유도한다. [77] 이용자 이동경로를 분

---

[75] Simone Flueckiger, "An inside look at The New York Times' data strategy", *WAN-IFRA* (Oct. 30, 2018)

[76] 3개의 기사 유형은 외부에서 트래픽을 끌어와 다른 기사로 트래픽을 넘겨주는 기버 (*Giver*), 다른 기사에서 트래픽을 넘겨받았다가 거기서 끝나는 데드 엔드(*Dead ends*), 다른 기사에서 트래픽을 넘겨받거나 넘겨주지 않는 고립된 외톨이(*Wallflower*) 등이다.

[77] James G. Robinson, "Watching the audience move: A New York Times tool is helping direct traffic from story to story", *NiemanLab* (May 28, 2014)

석해 가장 적합한 관련 기사를 방문자에게 제공하는 이 방식은 개인별 맞춤 제품 추천으로 방문자당 매출을 높인 아마존의 데이터 분석과 비슷하다. 매일 오전 '페이지 원' 미팅에서 이용자 데이터 분석 결과를 공유한다.

회사는 신규 유료 구독자로 가입한 이용자들이 빠져 나가지 않도록 '신규 유료 구독자 전담팀'을 두고 3개월간 집중 관리한다.[78] 한 번 가입했다가 구독을 취소한 이용자들에게는 거의 매일 할인가격 등을 담은 재구독 요청 이메일을 보낸다.

인공지능과 블록체인 기술 접목

NYT는 인공지능(AI) 기술을 댓글(comment) 관리에 적용하고 있다. 2017년 2월부터 구글의 모(母) 회사인 알파벳 산하기업인 직소(Jigsaw)와 협업해 AI 소프트웨어 '퍼스펙티브(Perspective)'를 장착한 댓글 관리 시스템 '모더레이터(Moderator)'를 가동하고 있다.

머신러닝으로 문제가 될 만한 댓글 수십만 개를 학습한 '퍼스펙티브'는 알고리즘을 이용해 빠른 속도로 댓글을 걸러낸다. 인신공격이나 외설·음란한 내용, 비속어, 분노가 담긴 댓글은 모두 삭제된다. 편집국 커뮤니티 데스크(Community Desk) 소속원들은 '퍼스펙티브'로 1차로 걸러진 댓글을 읽으며 게재 여부를 결정한다.[79]

---

78 양정애, "콘텐츠 유료화와 이용자 관여도 분석", 한국언론진흥재단 '콘텐츠 기획과 수익화 전략' 세미나(2019년 10월 31일~11월 1일)

79 The NYT Open Team, "To Apply Machine Learning Responsibly, We Use It in Moderation", New York Times(May 1, 2018)

NYT는 칼럼과 주요 기사 등 전체 기사의 10%에 한해서는 24시간 동안만 댓글창을 운영한다. 24시간 후에는 댓글을 달 수 없다. 댓글창을 계속 열어두면 관리가 불가능하며, 제대로 관리 못할 바에는 닫는 게 낫다는 판단에서다. 80 NYT는 댓글을 쓰는 모든 독자들에게 로그인 등록을 의무화하고 실명(實名) 사용을 조건으로 달고 있다. 81

편집국 기자들이 쓴 각종 기사와 콘텐츠를 종합 관리하는 콘텐츠 관리 시스템(Contents Management System · CMS)으로 오크(Oak)가 있다. 82 시각적 요소를 강화하고 기자, 프로듀서, 사진 에디터, 카피 에디터 등이 동시다발적으로 신속하고 편리하게 작업할 수 있는 시스템으로 2016년부터 기사 송수신과 데스킹 용도로 사용 중이다. 1851년 창간 이후 중요 주제어나 인물, 사건 등은 기사 작성 시작과 동시에 자동추천되는 자동 태깅(tagging) 기능을 갖추고 있다.

---

80 장문(長文)의 문서 분석 지원 용도로 편집국 인터랙티브뉴스팀은 '도큐먼트 헬퍼(Document Helper)'를 개발했다. 2019년 3월, 이 도구를 사용해서 도널드 트럼프 대통령의 전 변호사인 마이클 코언에 대한 9백 쪽 분량의 법원 문서를 10분 만에 검색해 필요한 내용을 모두 뽑아냈다. Tiff Fehr, "(Times Insider) How We Sped Through 900 Pages of Cohen Documents in Under 10 Minutes", *New York Times*(March 26, 2019)

81 뉴욕타임스는 '독자의 댓글 작성 가이드라인(Guidelines for Reader Comments: Moderation principles for encouraging civil discourse within our community)'도 운영한다. 전문(全文)은 https://help.nytimes.com/hc/en-us/articles/1150147923-87-Comments

82 The *NYT* Open Team, "We Built Collaborative Editing for Our Newsroom's CMS. Here's How."(Aug. 2, 2019)

블록체인 기술로 가짜 사진 등 차단

블록체인 기술도 접목하고 있다. IBM 플랫폼을 기반으로 블록체인 기술을 적용한 '뉴스 기원 추적 프로젝트(News Provenance Project)'가 대표적이다. [83] 사용자가 마우스의 커서를 사진 이미지 위에 올려놓으면, 이 사진이 언제 어디서 촬영돼 언제 어떤 보도에 사용됐는지와 사진의 진위(眞僞) 여부가 정확하게 드러난다.

해당 사진에 대한 출처와 캡션, 촬영 정보 같은 메타 데이터를 블록체인 기술로 컴퓨터에 분산 저장해 놓았기 때문이다. [84] 2019년 3월부터 블록체인 엔지니어를 뽑아 그해 7월 '뉴스 기원 추적 프로젝트'를 시작했다. 소셜미디어상의 가짜 뉴스와 딥페이크(*deep fake* · AI기술을 활용해 원래 인물의 얼굴이나 특정 부위를 영화의 컴퓨터그래픽처럼 합성한 영상편집물) 차단에 유용하다. *NYT*의 VR, AR에 대한 접근은 첨단기술을 저널리즘과 접목하는 데 초점을 맞추고 있다. [85]

부서 간 경계 초월한 협업

대부분 전통 미디어의 조직구조는 여전히 예전 방식 그대로다. 그들은 전통적인 피라미드 형태로 명령을 내린다. 이 점이 디지털 비즈니스에서 많

83 https://www.newsprovenanceproject.com/
84 Joshua Benton, "A New York Times blockchain project aims to help convince people that a photo really is (or isn't!) what it seems to be", *NiemanLab* (July 24, 2019)
85 Gabriel Snyder, *Wired* (Feb. 12, 2017)

은 사람들이 모욕적인 결과를 보게 되는 주 이유 중 하나이다. 일하는 시간의 80%를 전통 방식으로 한다면 미래를 만들 수 없다. 비록 그 방식이 지금 수익을 창출하더라도 새로운 조직과 분리돼야 한다. [86]

이런 이유에서 *NYT* 경영진은 폐쇄적, 수직적으로 운영하던 '종이신문' 구조를 버리고 수평적으로 협업하는 디지털 비즈니스 구조를 도입했다. 마크 톰슨 당시 CEO의 설명이다.

우리가 키우는 디지털 상품인 스마트폰 앱 안에는 모든 게 통합돼 있다. 루빅스 큐브(정육면체 퍼즐 장난감)처럼 저널리즘과 이용자 데이터, 행태과학, 인지과학, 상품 포장법 등 …. 스마트폰 앱 상품을 만드는 우리의 작업에도 여러 분야의 모든 사람들이 참여해야 한다. [87]

하지만 1백 년 넘게 독자적인 예산과 인사 관리를 하며 독립적으로 움직여온 편집국의 조직운영과 문화는 광고·구독·마케팅 같은 비즈니스 부문과 근본적으로 달랐다. 따라서 부서 간 경계를 뛰어넘는 협업에는 상당한 내부 진통이 뒤따랐다. 클리포드 레비(Clifford Levy) 편집국 디지털 담당 부국장의 말이다.

매 시간, 매일, 소프트웨어 개발자들과 디자이너, 상품 관리자들과 나란히 함께 일하는 것은 혁명적인 일이었다. 이런 문화는 실리콘밸리에선 표

---

86 마크 톰슨, "세계신문협회(WAN-IFRA) 2020 월드리포트"(2020), p. 20
87 McKinsey Consulting(Aug. 10, 2020)

준적인 방식이었지만 편집국에서는 급진적이었다. [88]

쿠킹(*Cooking*) 앱 출시를 위해 2013년부터 베타 그룹(Beta Group)과 협업한 샘 시프턴(Sam Sifton) 음식 에디터는 "처음 두 달 동안 서로 얘기하는 것을 이해할 수 없었다. 우리는 다른 언어를 얘기했고 다른 문화에서 살았다. 목표를 향해 고비를 넘어야 했다"고 말했다. [89]

이런 상황에서 딘 바케이 편집인은 "다른 부문 사람들과 기자들이 관여하고 섞이는 것을 두려워하지 말라(*Don't be afraid to engage*)"며 수평적인 교류와 협업을 장려했다. [90]

실패 용인하는 '실리콘밸리' 문화

실험단계에서 각종 아이디어를 꺼내 얘기하고, 시도하며 실패하더라도 이를 용인하고 거기에서 교훈을 얻는 실리콘밸리의 스타트업 문화도 형성되어 갔다. '*NYT Now*' 같은 유료 디지털 상품을 내놨다가 무산된 게 계기였다. 킨시 윌슨 전 디지털 상품 및 테크놀로지 담당 부사장은 이렇게 지적했다.

이런 좌절들은 헛수고가 아니었다. 시장에서 살아남으려면 '묶음상품'으로

---

88 Gabriel Snyder, *Wired*(Feb. 12, 2017)
89 Gabriel Snyder, *Wired*(Feb. 12, 2017)
90 Howard Tiersky, "The New York Times is winning at digital", *CIO*(June 8, 2017)

파는 게 효과적이며 상품을 쪼개어 낮은 가격에 팔아서는 승산이 없다는 걸 깨달았다. 'NYT Now' 모바일 상품개발에서 쌓은 노하우는 NYT 모바일 앱에 반영됐다. [91]

마크 톰슨 당시 NYT컴퍼니 CEO는 2019년 6월 3일 영국 글래스고에서 세계신문협회 주최로 열린 제71차 세계뉴스미디어총회(WNMC)에서 이렇게 말했다.

우리의 많은 시도들이 실패했다. 그러나 성공만이 아니라 실패도 우리는 축하하려 한다. 모든 실험은 나중에 도움이 된다. 실패를 통해 교훈을 얻을 수 있다. [92]

회사 안에 스타트업 공간 무료제공

여기에다 'Hack days', 'Hacks and Hackers' 같은 행사를 개최해 젊은 테크 기술자들과 교류를 계속하고 접촉 기회를 넓힌 것도 실리콘밸리 문화 구축에 도움이 됐다. [93] 회사 측은 테크 스타트업들에게 3~4개월 동안 편집국 내부 공간을 무료로 제공해 그들의 첨단기술과 아이디어를 테스트하고 접목했다. [94]

---

91 Howard Tiersky, *CIO* (June 8, 2017)
92 Brian Veseling, *WAN-IFRA* (June 3, 2019)
93 Joe Fiore, "Hack the Newsroom: Editors' Lab at the NYT"(April 20, 2013) https://open. blogs. nytimes. com/2013/04/20/hack-the-newsroom-editors-lab-at-the-nyt/
94 Nikki Usher (2014), p. 223

그러면서 스타트업처럼 실패를 해도 전진하는 문화(*the fail-forward culture of a startup*)가 새로운 표준이 되었다. 20대 후반~30대가 팀 리더로 임명되는 일이 잦아지는 것도 이런 배경에서다. 마크 톰슨 당시 CEO의 말이다.

젊은 팀 리더들은 같은 팀 선배들을 신경 쓰지 않고 신속하게 결정하고 추진한다. 절차를 다 밟아 진행하면 시간이 너무 오래 걸리고 복잡했다. 팀 리더들은 일단 시작한 뒤 성공과 실패를 측정했다. 결과가 예상과 다르면 언제든 결정을 바꾸고 다시 시도했다.[95]

이 같은 관점의 변화는 마크 톰슨의 독특한 '혁신 주체론'과 관계있다. 그는 이렇게 밝혔다.

혁신은 강제로 이뤄지지 않는다. 고참 리더들에게서 혁신이 일어난다고 생각하지 않는다. 진정한 혁신은 한 조직의 중간에 있는 사람들로부터, 특히 주변과 타협하지 않고 자기주장이 강한 직원의 머리에서 나온다.[96]

*NYT*의 디지털 전환 성공 입소문이 나면서 저널리즘 직업의 대의(大義)와 *NYT* 브랜드에 매력을 느낀 웹 개발자, 멀티미디어 프로듀서, 데이터 과학자들이 *NYT*로 자원해 오는 경우가 늘고 있다.[97]

---

95 McKinsey Consulting (Aug. 10, 2020)
96 Brian Veseling, *WAN-IFRA* (June 3, 2019)
97 회사의 시행착오에 실망해 떠난 이들도 많다. '2014년 혁신보고서'를 주도한 10명의

마크 톰슨은 그러나 "과거 NYT와 비교하면 우리는 분명히 빨라졌지만, 넷플릭스 같은 디지털 콘텐츠 구독 분야 선두기업들에 비해선 아직도 너무 느리고 너무 조심스럽다"고 말했다. 98

디지털 프로그램 기법 광고로 차별화

NYT의 광고 부문 인원은 2020년 말 현재 5백여 명으로 메레디스 코핏 레비언이 2013년 광고 책임자를 맡을 당시 (350여 명) 보다 150명 정도 늘었다. 이 가운데 전통적인 광고 제작 · 영업 전담자는 1백 명이 안 된다.

메레디스 코핏 레비언 NYT컴퍼니 CEO는 "신문이나 홈페이지에서 사각형 광고공간을 파는 오래된 광고 비즈니스 모델은 몰락했다"며 "광고주들은 스폰서 형태로 제작한 콘텐츠와 가상현실 (VR) 같은 새로운 스토리텔링 기법을 적용한 광고를 선호한다"고 말했다. 99

'프로그래매틱 바잉 (*programmatic buying*)'도 여기에 속한다. 이 기법은 인터넷 사이트 접속 · 방문기록 (쿠키 · *Cookie*) 을 토대로 소비자의 행태를 예측해 그가 원할 것 같은 광고를 아주 짧은 시간에 자동선택해 보여준다. 애드테크 (*ad tech*), 하이테크 (*high-tech*) 광고로도 불리는 개인 맞춤형 광고이다.

관련 기업들은 모바일과 웹에서 이용자의 활동을 유도하고 여기서 수

저널리스트들 가운데 남아있는 이는 손에 꼽을 정도로 적다.

98 Brian Veseling, WAN-IFRA (June 3, 2019)
99 Rick Edmonds, "Digital advertising 2.0 has arrived, The New York Times finds", *Poynter Institute* (July 28, 2016)

집한 데이터를 바탕으로 타깃 고객에게 광고를 판다. 100 이용자 A가 어떤 인터넷 사이트에 들어간 짧은 순간, A에 대한 이용자 정보를 토대로 벤츠와 BMW 자동차 광고가 경쟁을 벌이고 A에 더 적합한 벤츠(또는 BMW) 광고가 화면에 뜨는 식이다.

미국 미디어에서 디스플레이 광고의 절반 이상은 '프로그래매틱 바잉'으로 이뤄진다. 구글, 아마존 같은 디지털 기업들이 구사하는 '개인화된 데이터 판매(*personalized data-driven sales*)'를 *NYT*도 적용하고 있다.

이용자 감정과 행태도 예측

2018년 초에는 광고주들을 위해 '엔와이티데모(NytDEMO)'팀을 출범했다. 데이터 관리, 이용자 행동 측정과 최적화 등 사내 데이터와 상품 및 개발, 기술 광고팀을 한데 모아 신상품 개발력을 높이는 게 목적이다. 이 팀은 이용자가 기사를 읽은 뒤 즐거움, 모험심, 두려움 등 18개 항목 가운데 어떤 감정을 일으킬지를 예측하는 인공신경망 인공지능(AI)인 '프로젝트 필스(Project Feels)'를 개발했다. 101

'프로젝트 필스'로 *NYT* 기사에 대한 이용자 감정을 예측한 뒤 그에 가장 잘 맞는 광고를 매칭해 광고주에게 판매한다. 모험심을 유발하는 기사에는 여행 관련 용품이나 과학소설 디지털 광고를 우선 배열한다. *NYT*는 "우리 기사와 광고를 읽는 이용자가 ○○이다"라고 모호하게 설

---

100 Alexandra Bruell, "The Woman Behind the New York Times' High-Risk, High-Reward Business Strategy", *Wall Street Journal* (Aug. 15, 2018)
101 E. Sweeney, "New York Times forms team dedicated to developing AI-powered insights tools for advertisers", *Marketing Dive* (Feb. 16, 2018)

명하지 않고 이용자들의 감정 같은 심층정보를 갖고 광고주를 상대로 영업하고 있다.[102]

NYT는 '프로젝트 필스'로 최적화한 디지털 광고 상품이 전통적인 광고보다 광고 노출단위인 임프레션(*impression*)이 40% 더 높았다고 밝혔다. NYT는 그러나 이 상품의 상세내용을 공개하지 않고 있으며 외부 판매계획도 없다. 알고리즘 자체가 NYT 기사 전용 데이터를 기반으로 하기에 다른 미디어에 적용했을 때 효과가 다를 수 있어서다.[103]

'데이터'와 인공지능 접목한 광고

데이터 분석과 인공지능(AI) 알고리즘을 이용한 광고는 부가가치와 효과가 상대적으로 높다. 트리스탄 부트로스(Tristan Boutros) 디지털 상품·전략·디자인 담당 전무는 "NYT는 데이터가 주도하는 회사가 되고 있다. 데이터와 기술, 고객과 기업 파트너들 간에 매우 생산적인 연결이 있다. 우리는 데이터를 갖고 고효율 광고를 얘기한다"고 말했다.[104]

'T브랜드 스튜디오(Brand Studio)'는 광고에 디지털을 접목한 한 전형이다.[105] 2014년 3월 메레디스 코핏 레비언 당시 최고광고책임자와 아담 애스턴(Adam Aston) 전 비즈니스위크 에디터가 공동으로 세웠다.

102 Karl Vick, "How A. G. Sulzberger Is Leading the New York Times Into the Future", *TIME*(Oct. 10, 2019)

103 노혜령, 《가짜뉴스 경제학》(워크라이프, 2020), pp. 235∼236

104 Howard Tiersky, *CIO*(June 8, 2017)

105 https://www.tbrandstudio.com/

아담 애스턴 T브랜드 스튜디오 부사장은 이렇게 말했다.

처음에는 *NYT* 광고주들 가운데 GE나 IBM 같은 다국적기업 광고주들에게 부가적인 디지털 하이엔드 서비스를 제공하기 위해 시작했다. 당시 디지털 광고를 기존 조직에서 소화해낼 인력이 부족해 독립조직이 필요했다. 2014년 말 25명에서 2015년 40명, 2016년 1백여 명의 조직으로 성장했다. 2017년에는 몇몇 회사를 인수해 약 150명의 인력을 갖추고 있다.[106]

광고주 요청에 맞추어 '기사형 광고(*native ad*)'를 제작하는 콘텐츠 제작 스튜디오로 비디오 프로듀서, 소셜미디어 전문가, 데이터 과학자, 저널리스트들로 구성돼 있다. 네이티브 애드는 동영상과 데이터, 카드뉴스, 텍스트 또는 이 모든 것을 복합적으로 담은 멀티미디어 형태로 겉으로 보면 고급 기사(記事)와 거의 같다.

매체와 광고주들로선 '애드 블로킹(광고 차단)' 걱정 없이 소비자들에게 광고를 전달할 수 있는 이점이 있다. 'T브랜드 스튜디오'는 뉴욕, 런던, 파리, 홍콩에 사무실을 두고 글로벌 대기업을 상대로 영업한다.

---

106 최세정·문장호, 《한국형 네이티브 광고 모형 개발》(한국언론진흥재단, 2017), p. 198

네이티브 애드로 광고매출

2014년 디지털 광고매출액(1억 7,900만 달러) 가운데 'T브랜드 스튜디오'의 기여도는 20% 수준(약 3,570만 달러)으로 추정됐다.[107] 2017년 'T브랜드 스튜디오' 매출액은 5천만 달러에 달했다. 2017년까지 구글, 카르티에, 버버리, 쉘, 넷플릭스, 골드만삭스, 델 등 1백 개가 넘는 고객사들의 주문을 받아 235개의 네이티브 애드 광고를 제작했다.

𝕋 미니박스 | 베타 그룹과 데이터 & 인사이트 그룹

2013년부터 본사 9층에 있는 베타(Beta) 그룹은 스마트폰용 앱을 포함한 디지털 상품개발을 전담한다.

2014년 4월 출시된 유료 앱 상품 'NYT Now'와 'NYT Opinion'을 시작으로 쿠킹(Cooking), 십자말 퀴즈(Crossword Puzzle), 건강 관련 앱인 웰(Well), 영화와 TV 프로그램 안내 앱 워칭(Watching)을 만들었다. 디자이너와 개발자, 기술자, 저널리스트들이 소속 부서를 초월해 협업하며, 팀 단위로 모임과 해체를 반복한다.

'데이터 & 인사이트 그룹(Data and Insights Group)'은 디지털 상품 개발과 디지털 저널리즘을 위한 분석도구를 개발하는 조직이다. 더 적합한 상품경험 지원을 위한 알고리즘(algorithm)과 예측 비즈니스 모델도 개발한다. 상품 매니저, 디자이너, 엔지니어, 마케팅 전문가들이 참여하고 있다. 광고와 판매 부문은 물론 편집국과 논설실도 이곳에서 만든 결과물을 사용한다.

• 자료: Benjamin Mullin(March 25, 2016)
  Kathy Zhang, "[Tech We're Using] Metrics Are Everywhere in Media. Here's How They Help", New York Times (May 23, 2018)

---

107 "We spoke to the two New York Times execs whose job is to double digital revenue to $800 million", BusinessInsider.com(Oct. 13, 2015)

'T브랜드 스튜디오'는 스스로 '별도의 네이티브 광고회사'를 표방한다.[108] 광고주로부터 다른 매체에 실리는 네이티브 애드 제작주문을 받아 매출도 올린다. 2015년 가을에는 스마트폰용 혁신광고 상품인 '모바일 모먼츠(Mobile Moments)'를 내놓았다. '모바일 모먼츠'는 하루 24시간을 7개 시간대로 나누어 광고주들이 원하는 광고 상품을 구매할 수 있도록 했다.[109]

하루 모바일 총트래픽의 25% 정도가 몰리는 아침에는 '모닝 브리핑' 뉴스와 조화를 이룬 텍스트 위주 광고를, 저녁 시간에는 사진과 동영상이 포함된 광고를 주로 내보냈다.[110]

---

108 현대카드는 'T브랜드 스튜디오'와 3개월 협업해 'The Age of Super Customization'이라는 제목의 네이티브 애드를 만들어 2019년 11월 12일 뉴욕 타임스 스퀘어 전광판에 송출하고 뉴욕타임스 웹과 소셜미디어 채널에 배포했다.

109 The New York Times Company, "[Press Release] The New York Times to Launch New Mobile Advertising Solution"(Aug. 4, 2015)

110 Greg Jarboe, "The New York Times Plans to Launch 'Mobile Moments'", *SemPost*(Aug. 5, 2015)

5. 디지털 상품으로 수익 창출

NYT의 디지털 전환이 지속적으로 성공하는 것은 '뉴스 상품' 외에 디지털 상품들로 이용자에게 새롭고 다양한 경험을 제공하기 때문이다. 이 가운데 팟캐스트(*podcast*) '더 데일리'는 최고 성공작으로 꼽힌다. 2019년도 NYT 연간 실적보고서는 맨 마지막 쪽에 게재한 '6개의 하이라이트 자랑거리' 중 두 개를 '더 데일리' 소개에 할애했다. [111]

하루 3백만 명 청취 ⋯ 팟캐스트 '더 데일리'

'더 데일리'는 "NYT의 현대판 프론트페이지(*front-page*)", "놀랄 정도로 가치 있는 이용자 집단을 가진 히트상품"이라는 평가를 받는다. 출퇴근 중이나 걷거나 달리기, 여행하는 젊은이들이 즐겨 듣는다. 매주 월요일부터 금요일까지 주 5회 미국 동부시간 기준 오전 6시에 릴리스되며, 한 회당 20~30분 분량이다.

테마 음악과 각 회별 상황에 맞는 흥미로운 사운드 효과, 텍스트 기사를 읽는 수준이 아닌 기승전결의 이야기 구조, 사회자인 마이클 바바로(David Barbaro) 기자 특유의 목소리 등이 인기를 끄는 비결이다. [112] 이

---

111 The New York Times Company 2019 Annual Report, p. 123

112 Matthew Schneier, "The Voice of a Generation Michael Barbaro made the New York Times podcast The Daily a raging success. Or is it the other way around?", *New York Magazine*(Jan. 21, 2020)

표 3-3	팟캐스트 '더 데일리' 주요 성과
날 짜	내 용
2017년 1월 21일	첫 방송
2017년 8월	월간 기준 순방문자(UV) 380만 명 기록
2017년 10월 17일	누적 다운로드 1억 건 돌파
2019년 9월 17일	누적 다운로드 10억 건 돌파
2021년 1월 21일	미국 전체 팟캐스트 2위 [113]

용자들이 직접 버튼을 누르고 청취한다는 점에서 이용자들과의 깊은 교감 형성에 적격이다.

특히 이용자의 75%는 만 40세 미만이며, 전체의 45%는 30세 이하 젊은 층이라는 점에서 밀레니얼 세대와의 접촉 확대를 원하는 회사에 보물 같은 존재이다. 미국 전역 2백 개가 넘는 라디오방송국에 유료 판매되고 있다. 2020년 11월 현재 하루 평균 청취자는 3백만 명 정도로 웬만한 신문사나 방송사보다 훨씬 많다. [114]

기본적으로 NYT 기자와의 인터뷰 중심으로 진행하는데 해당 기자가 관련 기사 내용과 뒷얘기를 전달하며, 오리지널 음성 파일이나 해당 인물과의 인터뷰를 중간중간 넣어 진행한다. 2020년 1월까지 126명의 기자들(복수 출연 포함)이 나왔다. 출연 기자들은 취재원의 연락처를 '더 데일리' 제작진과 공유해 스토리의 깊이를 더하고 있다. 전통적인 라디

---

113 https://chartable.com/charts/itunes/us-all-podcasts-podcasts 2021년 1월 21일 기준 미국 내 2위.

114 Nic Newman and Nathan Gallo, "Daily news podcasts: building new habits in the shadow of coronavirus", *Reuters Institute for the Study of Journalism* (Nov. 19, 2020)

오와 최근 유행하는 순수 내러티브(*narrative*) 방식을 섞어서 제작한다.

출범 첫해 10월 17일 누적 다운로드 1억 건을 기록하며 애플 팟캐스트 순위에서 '가장 인기 있는 신규 팟캐스트 1위'에 올랐다. 2019년 9월 17일 다운로드 10억 건을 돌파했고 2018~19년 2년 연속 미국 전체 팟캐스트 1위로 집계됐다. 2020~21년에도 1~4위를 오르내린다.

바바로와 3명의 PD로 시작한 팀은 2020년 현재 16명이 넘는 규모로 커졌다. PD들은 NPR 또는 뉴욕 퍼블릭 라디오(New York Public Radio) 같은 공공 라디오방송 출신이 많다. '더 데일리' 팀은 본사 16층 창고를 개조해 녹음실로 쓰고 있다. 회사 측은 '더 데일리'를 무료 서비스하고 있으나 앞으로 분사한 뒤 유료 서비스하는 방안을 검토하고 있다. [115]

오디오 콘텐츠 사업 본격화

*NYT*는 2006년 '프론트 페이지(*Front Page*)'와 '북 리뷰(*Inside New York Times Book Review*)'라는 두 개의 팟캐스트 서비스를 시작했다. '프론트 페이지'는 배경음악 속에 기자가 5분 동안 그날의 A1면 기사를 에피소드를 곁들여 요약해 읽어주는 방식이었다. 2012년까지 팟캐스트는 12개로 늘었으나 그해 '북 리뷰'와 '프론트 페이지', '사이언스 타임스(*Science Times*)' 등을 제외한 나머지를 중단했다.

그러다가 2016년 8명으로 팟캐스트팀을 다시 만들어 도전에 나섰다.

---

115 마크 톰슨 전 NYT컴퍼니 CEO는 "더 데일리(*The Daily*)는 초창기에 예산도 제대로 배정받지 못했다. 청취자 수가 75만 명쯤 될 줄 알았는데, 뚜껑을 열고 보니 4천 3백만 명이나 되더라"고 말했다. Brian Veseling, *WAN-IFRA*(June 3, 2019)

킨시 윌슨 디지털 상품 담당 부사장과 샘 돌닉 편집국 부국장이 주도했다.[116] 그해 1월 보스턴의 WBUR과 공동제작해 내놓은 팟캐스트 '모던 러브(*Modern Love*)'는 한 달 만에 매주 30만 명의 청취자를 모았다. '모던 러브'는 10여 년 동안 *NYT*에 연재된 현대인의 사랑에 관한 칼럼이다.

그해 9월에는 *NYT* 매거진 소속 기자 2명이 책, 영화, 연극, 음악 등 문화현상과 이슈를 얘기하는 '스틸 프로세싱(*Still Processing*)' 팟캐스트를 시작했다. 2018년 4월에는 내러티브 다큐멘터리형 논픽션 팟캐스트 '칼리프 국가(*Caliphate*)'가 중동·테러리즘 전문기자인 루크미니 칼리마치의 입을 빌려 출범했다.[117]

같은 해 10월에는 두 명의 오피니언 칼럼니스트가 사회를 보면서 매주 주제를 놓고 토론하는 '디 아규먼트(*The Argument*)'를, 2020년 4월부터는 테크 전문기자인 케빈 루스가 인터넷과 일상생활을 주제로 풀어가는 '래빗 홀(*Rabbit Hole*)'을 선보였다.

*NYT*의 팟캐스트는 디지털 유료 가입자들에게 발송한 '데일리 브리핑 이메일' 경험을 바탕으로 했다. 브리핑의 내용을 '글자'에서 '음성'으로 바꾸고, 오디오에 적합한 감각을 덧입히고 유명 저널리스트를 출연시켰다. '더 데일리'를 포함한 *NYT* 팟캐스트 청취자는 매일 평균 5백만 명

---

116 Laura Hazard Owen, "The New York Times launches a podcast team to create a new batch of wide-reaching shows", *NiemanLab*(March 31, 2016)

117 팟캐스트 '칼리프 국가(*Caliphate*)'에서 이슬람국가(IS) 요원의 잔혹한 행각을 묘사한 핵심 증언자의 거짓말이 확인됨에 따라 *NYT*는 편집자 주(*Editors' Note*) 형태로 공식사과하고 '방송계의 퓰리처상'으로 불리는 '피바디상'을 반납했다. Marc Tracy, Katie Robertson and Tiffany Hsu, "New York Times Says 'Caliphate' Podcast Fell Short of Standards", *New York Times*(Dec. 18, 2020)

정도다. [118]

2020년 8월, 8명으로 '오피니언오디오(Opinion Audio) 팀'을 출범해 오피니언 부문 팟캐스트와 오디오 스토리텔링을 강화하고 있다. [119] 2020년 오디오 기업 오덤(Audm)과 팟캐스트 운영회사 시리얼(Serial) 프로덕션 인수로 오디오 콘텐츠산업 진출의 교두보를 확보했다. [120]

연간 매출 6백억 원 … 게임 · 쿠킹 · 오디오 등

십자말 퀴즈 등 게임, 쿠킹과 오디오, 이 세 상품은 편집국 기자들이 관여하지 않는 독립상품(standalone product)이다. 웹사이트 또는 앱에서 월정액을 내는 회원들에게만 서비스를 제공한다.

세 상품의 디지털 유료 구독자는 2016년 24만 명에서 2020년 말 160만 명으로 급증했다. 최근 3년 새 120만 명 정도 늘었고, 시간이 흐를수록 증가 속도에 탄력이 붙고 있다. 같은 기간 매출액은 936만 달러에서 5,470만 달러로 5배 넘게 증가했다.

---

118 '더 데일리'를 포함한 *NYT*의 팟캐스트 부문 매출은 2019년 2,900만 달러, 2020년에는 3,600만 달러를 기록했다고 메레디스 코핏 레비언 NYT컴퍼니 CEO가 밝혔다. Sarah Scire, "The New York Times wants to test Wirecutter as a subscription product", *NiemanLab* (Feb. 4, 2021)

119 The New York Times Company, "〔Press Release〕 Introducing the Opinion Audio Team" (Aug. 3, 2020)

120 Nicholas Quah, "Is The New York Times' purchase of Audm a turning point in its new audio strategy?", *NiemanLab* (March 24, 2020)

그림 3-5

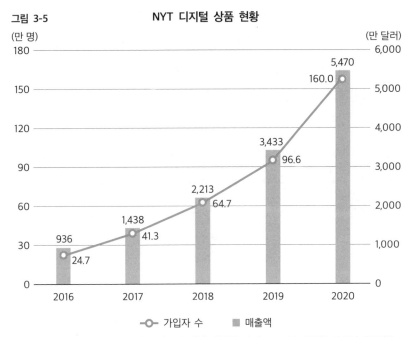

NYT 디지털 상품 현황

(만 명) ··· (만 달러)

• 대상: 십자말 퀴즈 등 게임, 쿠킹, 오디오 등 합계, 십자말 퀴즈는 2016년, 쿠킹은 2017년 유료상품 전환
• 자료: The New York Times Company 2016~2020 Annual Report

2016년부터 유료상품 ⋯ 십자말 퀴즈

십자말 퀴즈는 1942년 2월 15일 일요일 자 *NYT* 지면에 등장한 뒤 매주 일요일판 신문의 고정물이 됐다. 1950년부터는 평일에도 매일 게재되고 있다. 검은 칸과 흰 칸이 1 대 6의 비율로 짜인 십자가 모양의 네모 빈칸에 들어갈 단어를 채워나가는 게임이다. '원시적인 지적(知的) 유희'라는 놀림도 받았지만, 1940년대부터 미국인들의 매주 일요일 아침 식탁의 필수 메뉴가 됐다. 리처드 셰퍼드 전 *NYT* 기자의 말이다.

A1면에 (제2차 세계대전) 전쟁 보도 기사가 매일 실리는 상황에서 일요일 판이라도 십자말 퀴즈를 시작하려는 데 대해 많은 에디터들이 반대했다. 그러나 십자말 퀴즈는 *NYT* 자체의 기관(*institution*)이 됐고 화석화되지 않으려 애쓰고 있다. 121

십자말 퀴즈는 시간 제약 없이 스스로 즐기는 자신과의 오락이며 치매 예방·치료 효과가 크다는 게 장점이다. 존 F. 케네디 대통령은 백악관 휴게실에 마련된 1만 조각그림 맞추기 퍼즐을 즐겼고, 빌 클린턴 대통령은 해외 출장 때마다 비서에게 *NYT*의 십자말 퀴즈를 오려서 지참토록 했다.

1942년부터 1999년까지 십자말 퀴즈를 담당한 에디터는 4명이었다. 그중 한 명인 윌 쇼츠(Will Shortz)는 "십자말 퀴즈를 하면 걱정이 사라지고 침착해지며 집중력이 높아진다"고 말했다. 역대 발행인들도 퍼즐을 직접 풀면서 담당 에디터들에게 난이도와 지면 위치, 개선 방법 등을 상의했다. 122

*NYT*는 2011년부터 십자말 퀴즈 유료화를 목표로 삼고 2014년 '미니(*mini*) 크로스워드 퍼즐' 무료 서비스를 내놓았다. 2016년부터 월 6.95달러, 연간 39.95달러를 받는 유료상품으로 전환했다. 2021년 1월 현재 4주에 5달러, 연간 결제 시 40달러를 받는다.

단, 종이신문을 배달받는 유료 구독자는 공짜이며, 온라인 뉴스 유료

121 Richard Shepard, *The Paper's Papers: A Reporter's Journey through the Archives of The New York Times*(Times Books, 1996), p. 115
122 Richard Shepard(1996), p. 125

가입자는 50% 할인해 준다. '미니 크로스워드 퍼즐'은 비회원도 무료로 이용할 수 있다.[123] 2017년부터는 가입자들이 동료와 퍼즐 성적을 비교하며 자신의 성적 향상 여부를 수시로 확인하는 인터랙티브 서비스를 도입했다. 2019년 말 유료회원은 60만 명 정도였다.[124]

매월 순방문자 1천만 명 … 쿠킹

요일별, 시기별, 취향에 따른 1만 9천여 개의 레시피와 콘텐츠를 유료회원들에게 제공한다. 구독료는 4주 5달러, 1년은 40달러이다. 비회원들은 일부 콘텐츠만 볼 수 있다. 웹사이트에 등록된 종이신문 유료 구독자는 무료로 이용할 수 있다.

범람하는 공짜 레시피에 비해 *NYT*의 쿠킹(*Cooking*)은 상세한 쿠킹 가이드, 개인 교습을 곁들여 품질과 신뢰도가 높다. 특히 자신의 레시피 박스에 레시피를 저장하려면 유료 구독이 필수이다.

2019년 4분기에만 6만 8천 명이 신규 유료회원으로 가입했고 2020년 12월 말 유료회원은 72만 6천 명이다. 디지털 유료상품으로 쿠킹은 3단계를 거쳐 탄생했다.

1단계로 2014년 5월 앱과 웹 무료 서비스를 시작했다. 아만다 로티어

---

123 https://www.nytimes.com/crosswords 십자말 퀴즈 게임도 수시로 할인 프로모션을 한다. 2020년 5월 2일 *NYT*는 1주당 구독료 81센트(한 달 가입 조건)와 38센트 (1년 가입 조건)를 내걸었다. 1년 할인 가입 시 연간 구독료는 19.76달러이다.

124 Deb Amlen, "How to Solve The New York Times Crossword" https://www.nytimes.com/guides/crosswords/how-to-solve-a-crossword-puzzle

(Amanda Rottier) 에디터는 "곧바로 유료 구독상품으로 내놓기보다는 시장을 키우는 게 더 중요하다고 봤다. 시장에서 쿠킹 상품에 대한 수요를 확인하고 유료상품으로 전환했다"고 말했다. [125]

무료 서비스 중이던 2016년, 배달 서비스회사 셰프드(Chef'd)와 파트너십을 맺고 그해 여름부터 '쿠킹' 사이트와 앱에서 소개한 레시피를 토대로 식자재(*meal kits*)를 주문받아 48시간 안에 배달하는 부가사업을 시작했다.

2단계는 2017년 6월 말 유료 서비스로 전환이었다. 3년 1개월 정도 모든 이용자들이 무료로 마음껏 사용토록 해 입소문을 낸 다음 유료상품으로 바꾼 것이다. 유료 전환 당시 쿠킹 사이트와 앱의 매월 순방문자(UV)는 1천만 명, 이메일 뉴스레터 수신자는 1백만 명을 넘었다.

마지막 3단계로 소셜미디어를 통한 확산과 충성회원 결속력 강화이다. 2020년 6월 현재 'NYT Cooking Community Facebook'에는 5만 5천 명이 회원으로 가입해 있다. 'NYT Cooking Instagram'도 운영 중이다. 회원들은 레시피 사용 후기와 코멘트, 부가 정보 등을 공유한다. 페이스북 커뮤니티 회원의 84%는 여성이고 55~64세가 많다. 인스타그램에서는 25~34세 이용자가 주류를 이룬다. [126]

2020년 3월 인수한 오디오 기업 오덤(Audm)도 2020년 말 기준 3만 4

---

125 Joseph Lichterman, "The New York Times is now charging for its cooking site", *NiemanLab* (June 28, 2017)

126 Laura Hazard Owen, With corgis, chickens, and kitchen reveals, the *NYT Cooking Community Facebook* group is a "happy corner of the internet", *NiemanLab* (April 17, 2019)

천 명의 디지털 유료 가입자를 보유하고 있다.

에버그린 콘텐츠 … 와이어커터

IT 전문가인 브라이언 램(Brian Lam)이 2011년 만든 제품 추천전문 사이트로, *NYT*가 2016년 10월 3천만 달러를 주고 인수했다.[127] TV, 헤드폰 등 소형 전자기기와 랩톱, 프린터, 자동차, 아웃도어 용품, 가방, 여행 관련 상품에 대한 평가와 추천 정보를 매월 6~12개 올린다.

추천 포스팅은 온라인에 실린 모든 사용자 후기(後記)와 전문가 평가를 섭렵하고 자체 연구실험을 통해 분석한 뒤 실어서 높은 수준으로 평가된다. 대개 상품별 순위보다는 항목별로 '이 물건이 최고다'라며 최고 상품을 추천하며 다른 상품들을 추천하지 않는 이유도 밝힌다.

"소수의 이용자만 읽더라도 제대로 된 하나의 콘텐츠가 중요하다"며 오랫동안 가치 있는 '에버그린(*evergreen*) 콘텐츠'를 지향한다. 매출은 대부분 추천 수수료(*referral fee*)에서 얻는다. 이용자가 와이어커터의 정보를 읽다가 이 링크를 타고 아마존에 들어가 해당 상품을 구입하면, 아마존이 와이어커터(Wirecutter)에 수수료를 지불한다.

수수료는 구매금액의 약 2~8%이다. 상품 리뷰를 본 1백 명 중 평균 15명이 최종구매하는 것으로 알려지고 있다. 메레디스 코핏 레비언 NYT컴퍼니 CEO는 2020년 4분기 실적발표 컨퍼런스 콜에서 "와이어커터를 '유료 구독상품'으로 만드는 작업을 진행하고 있다"고 말했다.[128]

---

127 Sydney Ember, "New York Times Company Buys The Wirecutter", *New York Times*(Oct. 24, 2016)

서비스 저널리즘 상품

2017년 1월 공개된 NYT의 '2020 보고서'는 "디지털 독자 확보를 위해, 우리가 더 성장하려면 정통 저널리즘과 서비스 저널리즘이 모두 있어야 한다"고 밝혔다. 서비스 저널리즘 상품에 해당하는 것이 '스마터 리빙 (Smarter Living)'을 비롯해 TV 및 영화 프로그램 리뷰를 하는 '워칭 (Watching)', 건강 정보를 모은 '웰(Well)', 육아와 자녀교육 관련 정보 등을 담은 '페어렌팅(Parenting)'[129] 등이다.

이들은 편집국과 상품팀(product team)이 합작한 '버티컬 상품(vertical product)'으로 아직까지 무료 서비스 단계에 있다. '스마터 리빙'은 '만찬 잘 준비하는 법', '여름을 시원하게 보내기' 같은 생활정보와 가이드를 특화한다.

2017년 방한한 팀 에레라(Tim Herrera) '스마터 리빙' 에디터는 "연인과 행복하게 사는 비결이나 여행가방 싸는 법을 3천 자로 써서 제공하는 언론사는 NYT가 세계에서 유일하다. 이용자들은 우리의 서비스 저널리즘 콘텐츠를 보고 싶어 한다"고 했다.[130]

20~30년 전에도 생활정보를 다뤘으나 지금은 회사 전체가 일관성 있

128 Sarah Scire, "The New York Times wants to test Wirecutter as a subscription product", *NiemanLab*(Feb. 4, 2021)

129 Laura Hazard Owen, "The New York Times launches its (evidence-driven, non-judgy) Parenting vertical, with an eye toward making it a subscription product", *NiemanLab*(May 8, 2019)

130 Tim Herrera, "'뉴욕타임스'가 말하는 '서비스 저널리즘'이란?", 블로터(2017년 11월 15일). http://www.bloter.net/archives/294839

게 조직적으로 실행한다는 게 다르다. 팀 에레라 에디터는 자신의 경험을 이렇게 소개했다.

> 처음에는 웹사이트 안의 작은 박스로 '스마터 리빙'을 시작했다. 독자가 더 나은 삶을 살 수 있도록 했는데 예상을 뛰어넘는 엄청난 반응이 돌아왔다. '독자는 이런 내용을 좋아하는구나' 하고 생각하게 됐다. 131

철저한 이용자 중심 접근

그는 "새로운 콘텐츠 커버리지, 새로운 스토리, 새로운 방식의 실험을 통해 이용자들에게 *NYT*에 등록해 가입하지 않으면 '인생의 절반만 사는 것'이라는 느낌이 들도록 해야 한다"고 했다. 132

'워칭', '웰', '페어렌팅' 같은 상품과 관련해 *NYT*는 무엇보다 '이용자 중심 접근'을 중시한다. 어떤 상품이든 가장 큰 목표는 이용자를 돕는 것이어야 하며, 이런 노력을 일관되게 한다면 이용자가 찾아온다는 믿음에서다.

미국 신용평가회사인 '에퀴팩스(Equifax)'의 해킹 사건이 벌어져 사회보장번호(*social security number*)를 포함한 막대한 개인정보가 유출되는 사건이 벌어졌을 때, *NYT*는 소셜미디어를 통해 이용자들이 사건의 무엇을 궁금해 하는지 추적했다. 그날 속보(速報)보다 이용자들의 궁금증, 걱정

---

131 Tim Herrera, 블로터(2017년 11월 15일)

132 Shannon Palus, "With Smarter Living, the New York Times Is Making an Old Bet on Service Journalism", *Slate*(May 3, 2019)

등을 취합해 이에 충실한 5~6개의 스토리를 작성해 큰 반향을 얻었다.

관건은 '변화'에 대한 수용성이다. *NYT*는 1970년대 중반 요일별 섹션을 처음 도입하거나 1942년 십자말 퀴즈를 시작했을 때, 2010년대 후반 디지털 유료상품을 내놓으면서 "언론사가 할 일이 아니다"라는 저항에 부딪쳤다. 마크 톰슨 당시 CEO는 "뉴스의 개념을 항상 새롭게 정립해야 10년, 20년, 50년 후에도 저널리즘이 살아남을 수 있다"고 말했다.

TV 동영상 콘텐츠 판매로 디지털 영역 확장

*NYT*는 무료 홈페이지 운영(1단계)에서 지불 장벽(*paywall*) 설치에 따른 온라인 기사 유료화(2단계)와 구독상품 판매를 넘어 영화·비디오·오디오 등 콘텐츠 판매(3단계)로 디지털 비즈니스 영역을 확장하고 있다.

비디오 영상의 경우 2015년 4월 *NYT*는 글과 사진으로만 전달하던 여행 기사를 '36 Hours' 시리즈로 만들어 콘텐츠 비즈니스를 시작했다. 요리 서바이벌 프로그램 우승자가 세계 각지의 숨겨진 명소를 탐방해 현지 음식을 즐기며 현지인들과 교감하는 모습 등을 담아 한 회당 1시간 분량으로 제작했고 책으로도 냈다.

이어 2018년 11월에는 HBO PD 출신을 영화·TV 책임자(*editorial director for film and TV*)로 영입하고[133] 영상팀을 출범했다. 2019년 6월부터는 월트디즈니의 케이블채널인 FX와 OTT(온라인 동영상 서비스기

---

133 The New York Times Company, "[Press Release] Kathleen Lingo Named Editorial Director for Film and TV" (Nov. 15, 2018)

업) 홀루(Hulu)와 손잡고 '더 위클리(*The Weekly*)'라는 다큐멘터리를 제작공급하고 있다. *NYT* 기자들의 퓰리처상 수상 기사 등을 소재로 만든 '더 위클리'는 매주 30~40분 분량으로 방영된다.

이용자 기반 확대에도 유용해

이들이 제작한 '*Times*'는 2020년 1월 제36회 선댄스영화제에서 다큐멘터리 부문 감독상을 받았다.[134] *NYT*는 넷플릭스, 아마존 프라임 비디오 등 글로벌 영상 스트리밍 회사들과 제휴해 다큐멘터리와 영화 등을 공급한다. 이 같은 B2B(기업 간 거래)용 영상 콘텐츠 제작·판매는 매출 증대와 이용자 기반 확대, '콘텐츠 IP(지식재산권) 파워하우스'로서 성장이라는 측면에서 유용하다.

페이스북, 구글과는 계약을 통해 뉴스 콘텐츠 사용료를 받고 있다. "플랫폼 테크 기업들은 미디어의 기사를 퍼뜨려주며 호의를 베푼다"는 관점에 *NYT*는 동의하지 않는다. *NYT*는 디지털 재산권 매출과 뉴스 기사, 스토리텔링 비디오, 오디오, 사진 등 콘텐츠 라이선스 판매를 하는 전담조직으로 라이선싱 그룹(The New York Times Licensing Group)을 운영하고 있다.[135]

주문자 요구에 따른 맞춤형 콘텐츠 제작과 라이브(*Live*) Q&A, 컨퍼런스, 커리어 개발·코칭 같은 디지털 비즈니스도 진행한다.

---

134 John Koblin, "With 'The Weekly,' The New York Times Gets Serious About TV", *New York Times* (May 9, 2018)

135 https://nytlicensing.com/

2016년 40여 개에서 73개 된 뉴스레터

*NYT*는 2020년 5월 1일부터 뉴스레터 '모닝 브리핑'의 이름을 '더 모닝'으로 바꾸고, 오피니언 칼럼니스트인 데이비드 레온하르트(David Leonhardt)를 '더 모닝' 뉴스레터의 필자(*writer*)이자 호스트(*host*) 겸 앵커(*anchor*)로 임명했다고 밝혔다.[136] '호스트'와 '앵커'라는 직책을 사용했다는 점에서 '더 모닝' 뉴스레터 방송판이 곧 나올 것이라는 관측도 나왔다.[137]

2014년부터 '이메일 뉴스레터(*newsletter*)' 서비스를 시작한 *NYT*는 2021년 3월 현재 73개의 뉴스레터를 운영하고 있다. 디지털 유료 구독자가 아니라도 로그인 등록 후 자신의 이메일 주소를 기입해 신청하면 무료로 받아볼 수 있다.

뉴스레터는 크게 나누어 뉴스 브리핑 & 정치, 카테고리, 스페셜 오퍼(*special offer*) 등 세 종류이다. 이 가운데 카테고리는 다시 비즈니스 & 테크(*Business & Tech*), 라이프스타일, 아트 & 컬처(*Arts & Culture*), 오피니언 등 4개로 구분된다.

발송빈도를 기준으로 보면 매일 보내는 뉴스레터부터 1주에 2회 또는 3회, 매주, 격주, 매월 등으로 다양하다. 예컨대 '더 모닝'은 매일 발송하고, '이브닝 브리핑', '오늘의 헤드라인(*Today's Headline*)'은 주중에만

---

136 The New York Times Company, "〔Press Release〕 New Role for David Leonhardt"(April 30, 2020)

137 Joshua Benton, "The New York Times' morning email newsletter is getting an official "host and anchor", *NiemanLab*(April 30, 2020)

표 3-4   **뉴욕타임스의 뉴스레터**

분류	뉴스레터 명칭 * (　)는 발송 빈도	
뉴스브리핑· 정치·스포츠 등 (총 31개)	The Morning, Evening Briefing, Today's Headlines (매일), Coronavirus School Briefing (주 3회), The Upshot (주 2회) Coronavirus Briefing, On Politics with Lisa Lerer, Morning Briefing Asia Edition, California Today (주중 매일) Science Times, Sports, The New York Times Magazine (주 1회)	
외국어 (2개)	El Times, 新闻简报	
카테고리 (총 33개)	Business & Tech (5개)	Deal Book, On Tech with Shira Ovide (주중 매일), Your Money, With Interest (주 1회), Wheels (월1회)
	Life Style (13개)	At Home, NYT Parenting(주 1회), Cooking(주 5회), Running, Well, Real Estate, Smarter Living, The Learning Network(주중 매일)
	Art & Culture (5개)	Books, Watching (주 2회), Louder, Movies Update, Theater Update (주중 매일)
	Opinion (8개)	Debatable, Nicholas Kristof (주 2회), Opinion Today (주중 매일), Frank Bruni, Jamelle Bouie, Paul Krugman, Sunday Best (주 1회), Op-Docs (격주)
	Email Noti- fications (2개)	News Quiz, The Weekender (주 1회)
스페셜 오퍼 등 (7개)	Sophisticated Shopper, The New York Times Store, TicketWatch, Times Journeys, Updates and Special Offers, Great Getaways, New York Times Events	

• 기준: 2021년 3월 1일 현재
• 자료: https://www.nytimes.com/newsletters

보낸다. 'NYT 매거진'이나 '스포츠'는 매주 1회씩, '휠즈(Wheels)'는 매월 1회이다. 이 가운데 가장 인기 있는 뉴스레터는 매일 아침 보내는 '더 모닝(The Morning)'으로 매일 받아보는 구독자는 5백만 명이라고 메레디스 레비언 CEO가 밝혔다. [138]

'트럼프 어젠다(Trumps Agenda)', 'What We are Reading', '비츠(Bits)' 처럼 중간에 폐지되는 뉴스레터도 많다. 한 주일의 중요 뉴스와 분석기사, 가장 화제를 모은 칼럼, 여행·음식·건강·라이프스타일 섹션에서 선별한 하이라이트 등을 모은 'Your Weekly Edition'도 있다. 이 뉴스레터는 NYT의 알고리즘을 적용해 만든다. [139]

여행상품과 공연 안내, 티켓 구매, 'NYT 스토어' 같은 상품판매 목적의 뉴스레터와 중국어, 스페인어 뉴스레터와 뉴욕, 캘리포니아 같은 특정 지역용, 호주·캐나다 등 특정 국가에 특화된 뉴스레터도 있다.

뉴욕타임스 이메일 뉴스레터 열어보는 비율 50%

NYT는 2019년 5월 이메일 뉴스레터 총괄 책임자로 아담 파식(Adam Pasick)을 영입하며 이 부문 강화에 나섰다. 파식은 미디어 스타트업 쿼츠(Quartz)에서 '쿼츠 데일리 브리프(Daily Brief)' 뉴스레터를 맡아 8만 명이던 구독자를 20만 명 이상으로 늘린 주인공이다. [140]

138 Ken Doctor, *NiemanLab* (July 30, 2020)

139 Laura Hazard Owen, "All the news that's fit for you: The New York Times' 'Your Weekly Edition' is a brand-new newsletter personalized for each recipient", *NiemanLab* (June 6, 2018)

140 The New York Times Company, "[Press Release] Adam Pasick Joins The

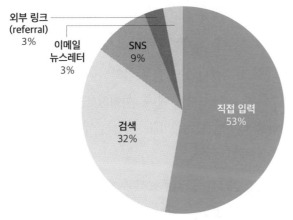

그림 3-6   뉴욕타임스 홈페이지 유입경로

외부 링크
(referral)
3%

이메일
뉴스레터
3%

SNS
9%

직접 입력
53%

검색
32%

• 자료: SimilarWeb (2020년 12월 기준)

2016년 40여 개이던 *NYT*의 이메일 뉴스레터 숫자는 계속 늘고 있다. 회사가 이메일로 보내는 *NYT* 뉴스레터를 열어보는 비율은 50% 정도로 미디어 업계 평균(약 25%)의 두 배쯤 된다. [141]

경제-비즈니스 분야에서 앤드루 소르킨(Andrew Sorkin)이 운영하는 '딜북(*Deal Book*)' 뉴스레터가 가장 인기 있다. 2001년 200여 명으로 시작한 '딜북' 뉴스레터 회원 수는 2017년에 30만 명을 넘었다. [142]

뉴스레터 서비스는 가장 안정된 커뮤니케이션 도구인 '이메일'을 이용해 오늘 꼭 봐야 할 기사를 웹사이트보다 축약한 형태로 제공해 '작은

Times as Editorial Director of Newsletters"(May 16, 2019)

141 Jason Grunberg, "Keeping the Gray Lady Spry: How The New York Times Is Going Digital First", *Sailthru*(June 2, 2017)

142 Stephen Hiltner, "(Times Insider) Andrew Ross Sorkin on the Origins, and the Future of Deal Book", *New York Times*(Dec. 20, 2017)

NYT'로 불린다. SNS에서 '좋아요'를 누르는 사람보다 이메일 뉴스레터 구독자의 충성도가 더 높은 것으로 평가된다. 뉴스레터 구독 결정 자체가 해당 미디어의 유료회원이 될 가능성이 높음을 의미한다.

그런 점에서 이메일 뉴스레터는 이용자 관여도(engagement)가 매우 높은 디지털 확장수단(funnel · 깔때기)이다. 이메일을 손쉽게 보내고 이용자 성향을 분석하는 메일침프(MailChimp) 같은 뉴스레터 자동화 도구도 생겼다.

뉴스레터들은 각자 관련기사 링크를 표시해 이용자들의 웹사이트 방문을 유도한다. '더 모닝'의 경우 뉴스레터 한 개 안에 35개가 넘는 기사 링크를 담기도 한다. 그 결과 이메일 뉴스레터는 NYT 홈페이지를 찾는 유입경로 상위 5개 중 하나이다.

유료 구독자 1천만 명 시대 연다

2011년 말 39만 명이던 NYT의 디지털 유료 가입자 수는 2020년 12월 말 669만 명으로 9년여 만에 630만여 명이 늘었다. 1백만 명 단위로 가입자가 순증(純增)하는 데 걸리는 기간은 점점 짧아지고 있다. 처음 1백만 명 가입자 도달에 4년 4개월이 걸렸지만, 2백만 명과 3백만 명을 넘는 데는 각각 1년 5개월과 1년 8개월이 걸렸다.

이어 4백만 명에 도달하는 데 1년 1개월이 걸렸고, 각각 6개월 만에 5백만 명과 6백만 명에 이르렀다. 2017년 말 260만 명이던 디지털 유료 가입자는 2020년 말 669만 명으로 3년 만에 410만 명 정도가 불었다.

그림 3-7

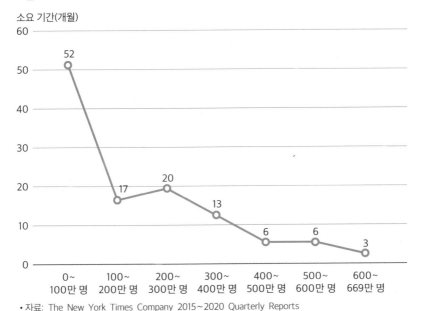

NYT 디지털 유료 구독 가입자 추세

소요 기간(개월)

• 자료: The New York Times Company 2015~2020 Quarterly Reports

특히 2019년 말 440만 명에서 2020년 말 669만 명으로 1년 만에 230만 명 가까이 늘어난 것은, 출범 초기에 "(온라인 기사 유료 가입자가) 아무리 많아도 1백만 명을 밑돌 것"이라는 맥킨지컨설팅의 진단을 무색케 하는 놀라는 증가세이다.[143]

이 같은 호조는 *NYT* 내부의 디지털 전환 전략이 효과를 발휘하는 가운데 외부상황이 유리하게 작동한 결과로 풀이된다. 외부요인으로는

---

143 *NYT*는 이런 상승세를 바탕으로 2020년 2월 디지털 뉴스 구독 요금을 기존 15달러(4주 기준)에서 2달러 오른 17달러로 변경했다. 9년여 만의 첫 인상이었다. 다만, 구독료 상승에 따른 가입자 이탈을 최소화하기 위해 20만 명의 '장기 충성 가입자 (*long-tenured digital subscribers*)'들에게만 인상을 적용했다. Marc Tracy, *New York Times* (May 6, 2020)

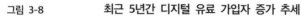

그림 3-8 **최근 5년간 디지털 유료 가입자 증가 추세**

(만 명)

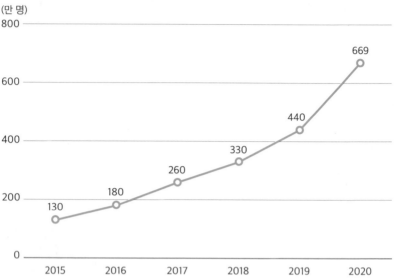

• 매년 12월 말 시점 기준, 디지털 뉴스와 디지털 상품 유료 구독자 합계
• 자료: The New York Times Company 2015~2020 Annual Report

'트럼프 효과(*Trump Bump*)'와 '코로나 효과(*Corona Bump*)'가 가장 크다.

'트럼프 효과'는 대통령 당선 전부터 *NYT*를 위시한 주류 미디어를 '가짜 뉴스', '국민의 적(敵)'이라고 공격한 트럼프에게 위기감과 반감을 느낀 리버럴과 엘리트, 젊은이들이 *NYT*로 몰려와 유료 구독을 하는 현상을 말한다. 일례로 트럼프가 대통령 선거에서 승리한 2016년 11월 초 150만 명이던 디지털 유료 구독자는 트럼프의 취임식(2017년 1월 20일) 무렵 185만 3천 명으로 치솟았다. 2개월여 만에 30만 명 넘게 늘어난 것은 당시로선 처음 있는 일이었다.

유연하고 섬세한 운용전략

*NYT*가 트럼프에 대한 공격적인 탐사보도를 시작한 2019년 중반부터 '트럼프 효과'는 더 뚜렷해졌다. 2019년 9월 말 405만 명이던 디지털 유료 가입자는 2020년 12월 669만 명으로 15개월 만에 264만 명 늘었다.[144] 회사 측은 트럼프 효과를 극대화하기 위해 이용자 분석 등을 통한 디지털 가입자 확장과 유지에 전사적 노력을 경주했다. 그러면서 유연하고 섬세한 디지털 운용전략도 폈다.

대표적으로 *NYT*는 2016년 11월 도널드 트럼프와 힐러리 클린턴이 맞붙은 미국 제45대 대통령 선거 개표 당시 온라인 기사 유료화 지불 장벽을 한시적으로 해제했다. 미국 동부시간 기준 그해 11월 7일 0시 1분부터 11월 9일 밤 11시 59분까지 3일 동안 모든 기사와 동영상 등을 무제한 이용하도록 했다.[145]

2015년 11~12월 하루 평균 6백 명이던 온라인 신규 유료 가입자는 2016년 같은 기간에 하루 평균 최대 1만 명으로 15배 가까이 급증했다. 2016년 대선 종료 직후부터 4주일 동안 새로 가입한 온라인 이용자가 전체 이용자의 10%를 차지할 정도였다.[146] 한시적인 전면무료 정책이 기존 무료 이용자를 습관적 이용자로 바꾸어 폭발적인 가입자 폭증으로 이어졌다.[147] 회원권 선물하기와 추수 감사절이나 크리스마스 시즌의 프

144 The New York Times Company Reports 2020 Third-Quarter Results, p. 7

145 "The New York Times to Offer Open Access on Web and Apps for the Election", *New York Times* (Nov. 3, 2016)

146 Ken Doctor, "Behind the Times' surge to 2.5 million subscribers", *Politico* (Dec. 5, 2016)

로모션 가격 정책도 상당한 효과를 거뒀다. [148]

대선 개표 · 코로나 때 유료화 부분 폐지

2020년 3월 '코로나 19 팬데믹'이 벌어지자, *NYT*는 '모든 코로나 관련 취재는 공짜(*All NYTimes Coronavirus Coverage is Free*)'라는 구호 아래 웹사이트 안에서 '코로나 19 바이러스' 관련 기사와 가이드 · 정보를 유료화 대상에서 제외했다. 로그인 등록을 하지 않고도 이들 기사는 무제한으로 볼 수 있게 했다. 그 결과 2020년 2분기(4~6월) 디지털 신규 유료 가입자만 66만 9천 명으로 분기 기준 최대기록을 세웠다.

2020년 11월 트럼프와 바이든이 맞붙은 미국 제46대 대통령 선거 개표가 진행된 3일 동안에도 *NYT*는 유료화 장벽을 없애고 페이스북 생방송 중계를 했다. 그 결과 이 기간 동안 *NYT*에 접속한 글로벌 순방문자(UV)는 2억 7,300만 명으로 전주(前週)의 두 배에 달했고, 주간(週間) 단위 최대기록을 세웠다. [149]

디지털 유료 가입자들의 이탈을 막고 신규 가입자 유치를 위한 노력도 각별하다. [150] 단적으로 2013년 무렵 2백 명에 달하는 구독자 관리팀

---

147 양정애 · 최지향, "이용자 분석을 통한 디지털 뉴스 유료화 방안"(한국언론진흥재단, 2019), p. 11

148 이정환, "2017 해외미디어 동향: 독자 지갑을 여는 주문, 다이내믹 페이월"(한국언론진흥재단), p. 13

149 The New York Times Company, "(Press Release) Readers Stayed Glued to The Times to Understand the Election"(Nov. 12, 2020)

150 구독자 유치 노력은 Meena Lee and Sarah Guinee, "The New York Times has signed up a lot of subscribers. Here's how it plans to keep them", *NiemanLab*

을 유지했는데 이 중 25명은 이용자 분석과 콘텐츠 시험, 가격과 시장 전략 등을 연구했다. 새로운 콘텐츠 판매전략을 비롯한 거의 모든 기획들은 A-B 테스팅을 거쳤다. [151]

디자인과 콘텐츠, 마케팅 분야에서 이용자 반응을 정확하게 측정하기 위해 전혀 다른 두 개의 방안을 시험한 것이다. 이런 접근은 대다수가 실패할 것이라고 예상한 온라인 기사 유료화와 디지털 전환에서 *NYT*가 예상보다 더 좋은 결과를 낳은 원동력이 됐다.

이런 속도와 분위기라면 '디지털 유료 가입자 1천만 명'이라는 목표는 당초 계획(2025년)보다 2~3년 빠른 2022~23년에 달성할 수 있을 것이라는 전망이 나온다. [152]

이용자의 4%만 유료 구독 … 96% 추가 확장 가능

'구독 경제(*subscription economy*)'라는 용어를 창안한 '구독 비즈니스' 전문가 티엔 추오(Tien Tzuo)는 "*NYT*의 디지털 유료 가입자는 정점에 도달하지 않았다"며 이렇게 말했다.

뉴욕타임스 디지털 이용자의 약 4%만이 콘텐츠 비용을 지불하고 있다. 나는 이를 96%의 성장 잠재력으로 본다. 이는 실리콘밸리에 있는 서비스형 소프트웨어 회사들이 오랫동안 알고 있던 교훈이기도 하다. [153]

(April 17, 2018)

151 Bill Kovach and Tom Rosenstiel (2014), pp. 357~358

152 Joshua Benton, *NiemanLab* (Aug. 5, 2020)

153 Tien Tzuo, Subscribed (2018), 《구독과 좋아요의 경제학》(부키, 2019), p. 122

디지털 구독 비즈니스에서 *NYT*가 뻗어나갈 잠재력과 가능성이 엄청나다는 분석이다. 일부 전문가들은 "*NYT*의 디지털 유료화 사업이 페이스북이나 구글만큼 빠르게 성장하고 있다"고 지적한다.

구독 수익, 해외확장 노력, 다층적인 서비스, 고객행동 통찰, 총유효시장(*Total Addressable Market*・TAM) 등에서 *NYT*는 실리콘밸리의 모범 사례를 따르고 있다는 것이다. 미디어 전문가인 피터 크레이스키(Peter Kreisky)는 이렇게 말했다.

품질이 뛰어난 저널리즘은 정보에 근거한 통찰에 관심이 많고 이를 얻기 위해서라면 언제 어디서나 기꺼이 돈을 지불할 헌신적인 이용자 집단으로부터 확고한 지지를 받을 것이다. 154

'2025년 디지털 유료 가입자 1천만 명'에 도달할 경우, *NYT*는 종이신문 매출이 전무(全無)해도 회사 운영에 어려움이 없게 된다. 디지털 구독과 광고매출로 회사 운영이 가능하다는 것이다. 하지만 경영진은 1천만 명보다 10배 많은 인원을 잠재적 유료 고객으로 보고 있다. 메레디스 코핏 레비언 NYT컴퍼니 CEO의 말이다.

매월 평균 전 세계 1억 5천만 명이 *NYT*를 디지털 공간에서 찾아오지만 이 가운데 돈을 내고 보는 사람은 470만 명(2020년 상반기 기준) 정도이다. 우리는 이 격차를 좁혀야 한다. 155

---

154 Tien Tzuo(2019), p. 125

2020년 12월 현재 669만 명의 디지털 유료 구독자(뉴스＋비뉴스 콘텐츠)는 매월 총방문자의 4.5% 정도인 만큼, 더 확장할 공간이 96% 정도 남아 있다는 것이다. 비(非)미국인 이용자들도 유망한 공략대상이다. 2020년 말 기준 509만 명의 디지털 뉴스 유료 가입자 가운데 비미국인은 전체의 18%인 92만 명으로 파악됐다. 회사 측은 2025년까지 비미국인 이용자를 전체의 20%에 해당하는 2백만 명으로 늘린다는 계획이다.

일정 단계 후 수익 급증하는 '디지털 마법'

마크 톰슨 당시 NYT컴퍼니 CEO는 2019년 11월 디지털 유료 가입자 증대를 위한 방법으로 두 가지를 제시했다.[156] 하나는 디지털 전체 이용자 가운데 20% 선에 머물고 있는 이용자의 로그인 등록(registration) 확대이다. 월간 무료제공 기사숫자를 계속 줄여가는 한편, 구독료를 내지 않는 이용자들의 로그인 등록, 즉 회원가입을 활성화하는 방안이다.

이런 접근은 '이용자들이 비구독 로그인(registered logged-on nonsubscriber)을 할수록 더 많은 기사를 읽고, 더 많이 유료로 전환(more consumption and more conversion)한다'는 판단에서다. 로그인 등록을 먼저 하게 한 뒤 유료 구독(subscription) 전환을 유도하는 전략이다. 로그인 등록과 회원가입 활성화로 '이용자 행태분석 → 유료 가입자 증가 → 광고매출과 트래픽 상승 → 고품질 저널리즘 업그레이드'로 이어지는 선

---

155 Sara Fischer, *Axios* (July 23, 2020)

156 Ken Doctor, "Newsonomics: CEO Mark Thompson on offering more and more New York Times (and charging more for it)" (Nov. 13, 2019)

순환(善循環) 구조를 만들 수 있다는 것이다. 등록(registered)과 구독(subscription)을 구분하는 뉴욕타임스의 전략은 강력한 콘텐츠가 뒷받침되기 때문에 가능하다. 이는 뉴스 산업에 대한 정확한 이해와 독자의 습관을 바꾸는 장기적인 실험과 끊임없는 개선의 결과라고 할 수 있다. [157]

두 번째는 중장기 성장기반 강화를 위한 투자이다. 마크 톰슨 당시 CEO는 "우리는 투자를 하면서 이윤을 '유지'하고 있다"고 말했다. 그의 말은 단기적으로 돈을 더 벌 수 있지만, 더 지속적인 성장을 위해 이윤을 적정 수준으로 관리한다는 사실을 시사한다.

마크 톰슨 당시 CEO는 뉴스룸(저널리즘), 상품(프로덕트), 테크놀로지 이 세 분야에 집중투자하면서 "'디지털 규모의 경제(economy of scale)'를 확보하기 위해서"라며 이렇게 말했다.

우리에게는 디지털 구독자 및 참여 규모가 필요하다. 목표는 영업 레버리지(operating leverage)가 상승하기 시작하는 지점에 도달하는 것이다. 즉, 수익이 투자 및 기타 비용을 넘어서는, 사업의 근본적인 수익성 증가가 시작되도록 하는 것이다. 예컨대 NYT의 저널리즘에 수억 달러를 지출해 5백만 명에게 서비스를 제공한다고 보자. 그렇다면 그 두 배인 1천만 명에게 서비스하기 위한 비용은 5백만 명 때의 두 배가 될 필요가 없다. [158]

이 말은 지속적인 투자로 어느 선까지 이용자 규모를 확보하면, 이용

---

157 "1,000만 독자 노리는 뉴욕타임스의 야망과 전략", 이정환닷컴 (2019년 11월 15일)
158 Ken Doctor, *Niemanlab* (Nov. 13, 2019)

자가 한 명 늘어날 때마다 추가로 드는 한계비용이 줄면서 규모의 경제가 구축된다는 의미이다. 구독자 한 명당 소요되는 비용 지표(*The Customer Lifetime Value to Customer Acquisition Ratio*)가 확실하게 개선되는 시점에 도달하는 게 긴요하다는 것이다. 이른바 '서비스로서 뉴스 비즈니스의 마법(*the magic of NaaS*)'이다.

넷플릭스 능가하는 무제한 성장 가능

디지털 비즈니스는 특성상, 신규 가입자 한 명 추가 때마다 드는 비용이 종이신문보다 훨씬 적다. 종이신문 시대에는 신문지면을 생산하고 판매하는 데 많은 변동비용이 발생한다. 그러나 디지털은 이용자가 5백만 명에서 1천만 명으로 늘어도 고정비용은 크게 증가하지 않는다.

따라서 구독자가 일정 규모에 도달하면, 총수익과 총비용 간의 격차인 마진(*margin*)이 더 벌어지고 '이익은 상향(*up-cycling profits*)'한다. 159 문제는 이런 구조를 달성하기까지 대규모 투자가 필수적이라는 점이다.

마크 톰슨 당시 CEO의 언급은 이런 구조에 도달하기 위해 *NYT*가 부단히 노력하고 있음을 보여준다. 이런 단계가 되면, *NYT*는 디지털 구독 서비스 기업들과 같은 사업구조를 이뤄 이론적으로는 무제한 성장을 할 수 있다. 대부분 자체 생산 콘텐츠를 생산·배포하는 *NYT*는 스트리밍과 주파수 확보, 영상 및 음원 확보에 많은 비용을 쓰는 넷플릭스, 스

---

159 Joshua Benton, *NiemanLab*(Aug. 5, 2020) *NYT* 디지털 배너광고의 경우, 노출 횟수 1천 번에 19.99달러의 광고료가 붙는 반면, 종이신문은 1천 번 광고 노출 당 1백 달러의 광고료가 붙는다. 이런 불균형을 상쇄하는 유일한 방법은 디지털 이용자들을 일정 수준 이상으로 많이 확보하는 것이다.

포티파이 같은 구독 서비스 기업보다 유리하다.

　세계 미디어 산업계에서 *NYT*가 독보적 경쟁 우위에 있는 것도 강점이다. 마크 톰슨 당시 CEO는 퇴임 직전인 2020년 7월 인터뷰에서 이렇게 말했다.

　뉴욕타임스를 둘러싼 경쟁구조는 이상하게 엷다(*thin*). 우리는 1,750명의 저널리스트가 세계 최고의 저널리즘을 생산하기 위해 노력한다. 그런데 다른 언론사에서 이걸 할 수 있는 인력은 거의 없다. 솔직히 앞으로 10년 뒤에는 (*NYT*를 위협하는) 경쟁자들이 더욱 적어질 것이다. 160

근원적 경쟁력은 고급 저널리즘

영국의 로이터(*Reuters*) 저널리즘 연구소는 "미디어 유료 구독자들의 '구독 피로(*subscription fatigue*)' 현상이 상당하다. 많은 이들은 여러 곳으로부터의 구독 요청에 지쳐 있다. 많은 이용자들은 뉴스보다 영화나 음악 구독을 더 선호한다"고 밝혔다. 161

　보고서를 작성한 닉 뉴먼(Nic Newman) 선임연구원은 "미디어 기업에게 '구독'이라는 구명보트는 제한된 능력을 갖고 있다. 이용자 풀(*pool*)이 너무 한정돼 있다"고 말했다. 세계 각국 미디어 기업들이 새로운 생존모델로 디지털 유료 구독을 선택하고 있지만 성과창출이 힘들다는 얘기이다.

160　*McKinsey Consulting* (Aug. 10, 2020)

161　Reuters Institute for the Study of Journalism, *Digital News Report 2019* (Oxford University: 2019), p. 9

그런 점에서 디지털 유료 구독자를 획기적으로 늘리면서 디지털 구독 중심 기업으로 체질을 바꾸고 있는 *NYT*는 미국은 물론 전 세계에서 매우 희귀한 사례이다. *NYT*의 '나 홀로 성공'은 세계 초일류 미디어라는 브랜드 파워와 높은 평판, 언론의 공적 사명에 충실한 오너 가문, 투기자본 위협으로부터 안전한 지배구조 같은 강점들이 어우러진 덕분이다. 162

여기서 간과할 수 없는 것은 *NYT* 스스로 자신의 핵심이 항상 뉴스, 즉 고급 저널리즘(*quality journalism*)에 있음을 잊지 않고 고급 저널리즘을 가장 중시하고 있다는 점이다. 마크 톰슨 당시 CEO는 이렇게 말했다.

정직하게 말해서 뉴욕타임스의 비즈니스는 메인 뉴스와 오피니언, 뛰어난 다양한 뉴스 스토리를 만드는 일이다. 이들 분야에 투자하는 것이야말로 우리가 해야 할 가장 중요하고도 큰 일이다. (중략) 만약 당신이 편집국에 투자한다면, 세상에서 가장 뛰어난 저널리스트들을 얻게 되며 이용자들은 그들이 만든 뉴스 콘텐츠를 소비하려 할 것이다. 이용자들은 우리가 만든 디지털 상품과 사랑에 빠질 것이며, 그들이 지불하는 돈은 저널리스트들을 위해 더 많이 쓰일 것이다. 163

톰슨은 또 "우리가 편집국에 투자하는 것은, 넷플릭스가 끊임없이 양질의 TV 콘텐츠에 투자하는 것과 같은 이치"라고 했다. 편집국과 뉴스 콘텐츠 제작에 최선을 다하고 최대한의 투자를 지속함으로써 '근본'이

162 Nikki Usher(2014), p. 222
163 Brian Veseling, *WAN-IFRA*(June 3, 2019)

탄탄해야 그 바탕 위에서 디지털 유료상품 성공이 가능하다는 것이다.

"NYT의 고객 기반은 1억 명 넘는다"

*NYT*에 대해 많은 사람들은 "세계 각국에서도 권위와 명성을 인정받는 고급 영어신문으로서, 미국을 대표하는 전국적 신문이며 엘리트층을 겨냥한 특수한 매체이기 때문"이라며 디지털 전환 성공을 높이 평가하지 않는 경향이 있다. 하지만 *NYT* 워싱턴지국장을 지낸 빌 코바치 전 하버드대 니먼펠로우십 책임자와 톰 로젠스틸 미국신문연구소(The American Press Institute) 사무국장은 다르게 평가한다.

> 당연하게 여겨지는 것도 '시험, 시험, 시험'을 했다. 그냥 무턱대고 새로운 걸 시도한 게 아니라 이용자를 철저하게 분석했다. 새로운 가격모델을 만들면서 이용자들의 목소리를 열심히 들었다. 뉴욕타임스의 경험은 우리가 아는 고품질 뉴스를 생산하는 회사가 연구를 멀리하는 게 아니라 적극적으로 활용해 성공한 극적인 사례이다. 164

철저한 경험적 접근을 바탕으로 한 혁신적 결정은 다시 이용자에 대한 이해를 높였고 편집국을 포함한 회사 전반에도 긍정적 영향을 미쳤다. 예컨대 *NYT*는 실험과 분석을 토대로 종이신문 유료 구독자에게는 디지털 구독료를 추가로 물리지 않기로 했다.

디지털 구독료를 추가로 물리는 것은 가장 충성스러운 독자를 '보상'

---

164 Bill Kovach and Tom Rosenstiel (2014), p. 358

하는 게 아니라 '배신'하는 꼴이 되기 때문이다. 결과적으로 이 결정은 종이신문 구독과 광고 수입 감소세를 모두 늦춰 디지털 전환에 필요한 시간과 자금을 벌 수 있는 현명한 선택이었다. 165

수년 전부터 실리콘밸리 스타트업처럼 자율적이고 수평적인 요소를 가미한 조직문화와 세계 최대사용 언어인 영어 매체로서 미국 이외 지역에서 확장성이 높은 것도 강점이다. 오너 가문과 직원들이 한마음이 되고, '트럼프 효과', '코로나 효과'처럼 기대않던 '행운'도 성공요인으로 작용했다.

메레디스 코핏 레비언 NYT컴퍼니 CEO는 "영어권에서 대졸자 이상 인구를 바탕으로 추정할 때 우리의 고객 기반은 적어도 1억 명보다 많을 것"이라고 말했다. 166 독창적인 성공 경험을 바탕으로 NYT가 내부 분열 없이 전략적으로 꾸준히 전진한다면, 유료 구독자 1천만 명을 넘어 2천만, 3천만 명도 머지않아 가능할 수 있다는 얘기이다.

165 Rem Rieder, "Encouraging News for the New York Times: Charging for content seems to be paying off", *American Journalism Review* (Oct. 20, 2011)
166 Sarah Scire, "The New York Times' success with digital subscriptions is accelerating, not slowing down", *NiemanLab* (May 6, 2020)

성장과 번영 이끈
세 기둥

4장

1904년 1월 18일 뉴욕시는 당시 뉴욕에서 발행되던 13개 일간신문들을 한데 모아 구리 박스(copper box) 안에 모두 봉함했다. 그로부터 60년 2개월이 지난 1964년 3월 개봉했다. 그때에도 살아남은 신문사는 단 3개였다. 이 가운데 60년 전 제호(題號)를 그대로 유지하고. 소유주가 바뀌지 않은 곳은 뉴욕타임스 한 곳뿐이었다.[1]

다시 그 시점으로부터 60년이 다 되어가는 2021년에 NYT는 세계 미디어계에서 한층 독보적인 존재로 더 크고 강력해졌다. 1백 년 넘게 NYT의 성장을 이끌고 있는 핵심 원동력은 세 가지이다. 무엇보다도 저널리즘 가치를 최우선시하고 이에 투철한 가문(家門)과 타의 추종을 불허하는 탐사보도 그리고 오피니언이다.

1   Edwin Diamond, *Behind the Times* (Villard Books, 2003), pp. 38~39

1. 설즈버거 가문

1950년대 미국 전체 일간신문들의 70% 이상은 가문(家門)이 소유하고 있었다. 하지만 지금은 가문이 대를 이어 소유하는 경우는 손에 꼽을 정도이다. 그나마 1백 년 넘게 한 가문이 미디어 기업의 오너로서 경영을 책임지는 곳은 NYT가 유일무이하다.

　1881년 창립 후 1917년부터 'LA타임스'의 소유와 경영을 책임져온 챈들러(Chandler) 가문은 2000년 트리뷴(Tribune Company)에 신문사를 매각했다. 1928년부터 '월스트리트저널(WSJ)'을 소유해온 밴크로프트(Bancroft) 가문은 2007년 루퍼트 머독의 뉴스코프(NewsCorp)에, 1933년부터 '워싱턴포스트'를 경영해온 그레이엄(Graham) 가문은 2013년 아마존의 제프 베이조스(Jeff Bezos)에 각각 넘겼다.

5대째 존속하는 비결

글로벌 금융위기 직후인 2009년 1월부터 3월까지에는 덴버의 '로키 마운틴 뉴스(Rocky Mountain News)', 시애틀의 '포스트 인텔리전서(Post Intelligencer)', 턱슨의 '시티즌(Citizen)' 등이 모두 발행을 중단했다. 1859년, 1863년, 1870년에 각각 창간된 이 신문들은 모두 가문이 경영을 맡아왔다.

　이처럼 사라진 미디어 가문들과 대조적으로 옥스-설즈버거 가문(Ochs-Sulzberger family)은 5대에 걸쳐 120년 넘게 NYT를 지배하고 있

표 4-1 **미국의 주요 미디어 가문**

가 문	미디어	소유 및 경영 기간 (년)
설즈버거 (Sulzberger)	'뉴욕타임스'	1896~현재
그레이엄 (Graham)	'워싱턴포스트'	1933~2013
챈들러 (Chandler)	'LA타임스'	1917~2000
밴크로프트 (Bankroft)	'월스트리트저널'	1928~2007
머독 (Murdoch)	'월스트리트저널'	2007~현재

다. 전 세계 언론사를 통틀어 한 가문이 이렇게 오래 회사 경영을 맡고
있는 경우는 거의 유일하다.

120년 넘게 경영하는 유일한 언론 가문

1992년 1월 설즈버거 주니어가 신임 발행인에 취임한 날, 막스 프랑켈
(Max Frankel) 편집인은 설즈버거 부자(父子)가 서 있는 현장에서 샴페
인 잔을 들고 책상 위로 올라가 편집국원들을 향해 "나는 (옥스-설즈버거
가문이라는) 전제정을 믿는다(I believe in the monarchy)"고 외쳤다. 2 그는
설즈버거 가문의 장점을 나열하면서 자서전 한 장(章)의 제목을 '전제정
이여, 오래오래 계속되라(Long live the monarchy!)'고 달았다. 3

설즈버거와 챈들러, 밴크로프트 가문은 서로 닮은 점이 많았다. 먼저
첫 번째 세대의 직계 아들이 없어 사위가 대(代)를 이어 소유권과 경영
권을 물려받았다. 둘째로 2대째까지는 내부 갈등이나 불협화음이 전혀
없었다. 밴크로프트 가문은 3대째에, 챈들러 가문은 4대째에 소유한 재

---

2 Max Frankel, *The Times of My Life and My Life with The Times* (Random House, 1999), p. 506

3 Max Frankel (1999), pp. 503~518

미니박스 | '뉴욕타임스' vs. 'LA타임스'

미국 동부와 서부를 대표한 두 신문사는 공통점이 많다. 똑같이 19세기(1851년, 1881년)에 창간했고, 인수자의 사위 가문이 대(代)를 물려가며 가족 경영을 했다는 점이다. 경영 성적표만 놓고 보면 챈들러(Chandler) 가문의 'LA타임스'가 설즈버거 가문의 NYT를 한동안 앞섰다.

1992년 NYT 매출은 총 18억 달러에 그친 반면, 'LA타임스'는 그해 36억 달러 매출을 올렸다. 하지만 그로부터 8년 후 2000년 챈들러 가문은 재산분배 등을 둘러싼 가족 내분으로 'LA타임스'를 매각해 언론사 경영에서 손을 뗐다. 반대로 NYT의 설즈버거 가문은 2000년대 초반 경영위기를 이겨내고 세계 최고의 미디어로 거듭났다. 2020년 12월 기준 두 회사의 디지털 유료 구독자 숫자는 각각 669만 명과 26만여 명으로 격차가 20배 넘게 난다. '반짝 성공'에 그친 챈들러 가문과 '은은하면서도 긴 성공'을 거두는 설즈버거 가문의 차이다.

• 자료: Nicholas Coleridge (1994), p.31

산분배와 처리방법 등을 놓고 분열해 결국은 신문사를 팔았다.

이 두 가문에 속한 수십 명의 자손들이 언론에 대한 사명감을 내팽개치고 수중(手中)에 더 많은 돈을 얻으려 싸웠기 때문이다. '워싱턴포스트'의 그레이엄 가문은 디지털 대응에 실패해 2억 5천만 달러를 받고 2013년 8월 제프 베이조스 아마존 창업자에게 매각했다.

'1, 2대 때에는 언론기업으로서 이익과 영향력을 누리고, 가문 규모가 커지면서 권력과 금전 몫이 줄면서 호화로운 생활에 익숙한 3대째부터 다른 업종에 눈길을 돌리며 외도를 하다가 신문사 경영이 더 나빠지는' 패턴을 반복한 것이다. 4

---

4   Michael Hiltzik, "Washington Post Buy: Can Jeff Bezos Fix Newspapers' Business

설즈버거 가문 역시 3~4대부터 직계 자손들이 수십 명으로 늘었다. 하지만 다른 가문들과 달리 분열하거나 재산 다툼을 벌이지 않고 안정과 응집력을 유지하고 있다.

후계자 선정의 3대 원칙

*NYT*를 경영하는 '옥스-설즈버거 가문'의 시조는 아돌프 옥스(Adolph Ochs)이다. 그의 사위인 아서 헤이즈 설즈버거(Arthur Hays Sulzberger, 약칭 AHS)가 후임 발행인이 됨에 따라 '옥스-설즈버거 가문'(이하 설즈버거 가문)이 탄생했다.5

AHS는 1957년에 자신의 맏사위인 오빌 드라이푸스를 차기 발행인으로 지명했다.6 4년간 경영수업을 거친 오빌 드라이푸스는 발행인이 된 지 2년여 만에 세상을 떴고, AHS의 외동아들인 아돌프 옥스 설즈버거(약칭 펀치 설즈버거)가 발행인이 됐다. 이어 그의 아들과 손자가 대를 이어 발행인을 맡았다.

외관상으로 보면 두 명의 사위 발행인을 제외하면 맏아들(겸 외동아들)이 경영권을 물려받아 동양의 장자(長子) 상속제도를 연상케 한다. 설즈버거 가문은 후계자 선임과 관련해 세 가지 원칙을 갖고 있다. 그것은 회사에 들어오기 전에 다른 곳에서 직장생활을 할 것, 공정하고 투명하게

Model?", *Los Angeles Times*(Aug. 6, 2013)

5 David W. Dunlap, "〔Looking Back〕 1917 | The Ochses and Sulzbergers Get Hyphenated", *New York Times*(Nov. 16, 2017)

6 David W. Dunlap, "〔Looking Back〕 1935-1988 | How to Succeed in Business (At Least This One)", *New York Times*(Oct. 20, 2016)

후임자를 뽑을 것, 가문이 결정한 사항에 조건 없이 승복할 것 등이다.

이런 원칙을 마련한 것은 설즈버거 가문의 후계자 자리를 놓고 경쟁이 갈수록 치열해지고 있기 때문이다. 가문에서 절대적 카리스마를 가진 큰 어른이 없는 데다 직계·방계 친인척이 계속 늘고 있어서다. A. G. 설즈버거의 발행인 선정 당시 그와 경쟁을 벌인 같은 항렬의 4촌, 6촌 형제들만 40명 가까이 됐다. 1990년대 초반 펀치 설즈버거의 후임을 놓고 설즈버거 주니어와 그의 형제 3명, 9명의 사촌 등 모두 13명이 후보에 올랐던 것과 비교하면 3배 가까이 늘었다.

설즈버거 주니어와 A. G. 설즈버거는 각각 4명(댄 코언, 수전 드라이푸스, 스테픈 골든, 마이클 골든)과 2명(데이비드 퍼피치, 샘 돌닉)의 사촌들과 막판까지 각축했다. 이들 6명은 발행인 후임자 선정 당시 모두 *NYT*에 근무하고 있었다.

오너 가문 구성원도 無특혜, 無관용

설즈버거 가문이 일찍부터 지켜온 원칙은 *NYT*에서 일하려는 가문 구성원들은 먼저 외부에서 경험과 경력을 쌓도록 한 것이다. 그리고 입사 후에도 다른 직원들과 똑같은 조건에서 일하도록 하며, 발행인으로 발탁된 경우를 제외하면 고속승진하는 특혜를 배격한다.

설즈버거 주니어는 대학 졸업 후 첫 직장으로 노스캐롤라이나주 랠레이에서 발행되는 석간신문 '랠레이타임스(*The Raleigh Times*)'에서 2년 반정도 사회부, 시청 및 부고 담당기자로 근무했다.[7] 그는 동료기자들과

---

7 설즈버거 주니어는 1970년대 초반 터프츠대학 재학 시절 환각 유발성 약품을 복용하고

똑같이 매일 오전 7시까지 출근해 주급 150달러를 받았다. 1978년 *NYT*에 입사해 경영수업의 일환으로 인쇄공장에서 일할 때 설즈버거 주니어는 평사원들과 똑같이 매주 월요일부터 수요일까지 3일간은 오후 7시부터 새벽 3시까지 야간근무를 했다.

그의 사촌인 댄 코언(Dan Cohen)은 플로리다주 올랜도에 있는 NBC 방송 자회사의 카메라맨으로 일하다가 *NYT* 전략기획파트로 입사했다. 8

A. G. 설즈버거는 2004년부터 5년간 '프로비던스 저널(*Providence Journal*)'과 오리건주 포틀랜드의 '오레거니언(*Oregonian*)' 사회부 기자로서 3백 건이 넘는 기사를 썼다. 9 그와 경합한 샘 돌닉(Sam Dolnick)은 AP통신 사회부 기자로 3년간 취재하다가 다시 AP통신 뉴델리 특파원 발령을 받았다. 그는 외부 저널리즘 단체의 상(賞)을 받을 정도로 능력을 인정받았다.

하버드대 MBA 출신인 데이비드 퍼피치(David Perpich)는 2010년 *NYT* 입사 전에 2008년부터 2020년까지 컨설팅기업 부즈앤컴퍼니(Booz & Company)에서 소비재·미디어·디지털 담당 컨설턴트로 일했다. 그는 음악 관련 회사 2개를 세워 운영했으며 *NYT*의 온라인 기사 유료화와 상품정보 비교 사이트인 와이어커터 인수 실무작업을 주도했다. 10

히피 문화를 신봉해 차기 발행인으로 부적합하다는 지적을 받았다. Joe Hagan, "Bleeding 'Times' Blood", *New York Magazine* (Oct. 3, 2008)

8 Susan Tifft and Alex Jones, *The Trust* (Little, Brown and Company, 1999), p. 563
9 Gabriel Sherman, "The Heirs: A Three-Way, Mostly Civilized Family Contest to Become the Next Publisher of The Times", *New York* (Aug. 24, 2015)
10 Levitz, Eric "A. G. Sulzberger Vanquishes His Cousins, Becomes Deputy Publisher of the New York Times", *New York Magazine* (Oct. 19, 2016); Sydney

두 사람은 2021년 초 현재 40대 중반이지만 임원 신분이 아니다. 샘 돌닉은 편집국 부국장 대우(assistant managing editor)이고, 데이비드 퍼피치는 독립상품(standalone product) 담당 책임자로 있다.

"뉴욕타임스에 족벌주의는 없다"

설즈버거 가문의 또 다른 특징은 가문 구성원들에게 특혜를 허용하지 않는다는 사실이다. 펀치 설즈버거의 큰누나인 메리언의 딸인 수전 드라이푸스(Susan Dryfoos)는 신문기자가 되기를 열망해 NYT에 들어와 일단 교육·과학 분야 서무로 일했다. 그러다가 '뉴저지 섹션' 소속 기자로 발령났다.

그곳에서 좋은 업무성과를 낸 수전 드라이푸스에 대해 그의 상사가 발행인 우수상(Publisher's Merit Award) 후보자로 정해 결재를 올렸다. 하지만 펀치 설즈버거는 "지금 시점에서 수전이 상을 받는 건 적절치 않다"며 거부해 없던 일이 됐다.[11]

1942년 1월 NYT에 입사한 오빌 드라이푸스도 맨 처음 사회부 기자로 발령나 예외 없이 사건·사고를 취재했다. 당시 AHS 발행인의 맏사위였지만 그는 똑같이 선배기자들을 오랫동안 뒷바라지하며 잔심부름을 했다. 코네티컷주 브리지포트 공장 폭발사고 시 그는 사망자 숫자를 세는 허드렛일을 했다. 기사 바이라인에 드라이푸스가 적히는 경우도 거

Ember, "New York Times Elevates Sam Dolnick to Masthead", *New York Times*(April 3, 2017); "David Perpich-Head of Standalone Products". https://www. nytco. com/person/david-perpich

11 Susan Tifft and Alex Jones(1999), p. 583

의 없었다. 12

드라이푸스의 외동아들인 바비(Bobby)에게도 특별대우는 없었다. 다트머스대학 재학 중 성적불량으로 자퇴해 IBM에 다니다가 재입학해 대학을 간신히 졸업한 바비는 1979년 *NYT*에 입사했으나 불륜과 업무역량 미흡으로 후계자 경쟁에서 일찌감치 탈락했다. 전직 발행인의 아들이라는 사실이 회사생활에 아무 영향을 주지 못한 것이다.

그래서 설즈버거 가문 사람들 사이에는 "뉴욕타임스에 네포티즘(*nepotism* · 족벌주의)은 없다"는 말이 나돌고 있다. 13 언론학자인 수전 티프트와 알렉스 존스는 이렇게 지적한다.

설즈버거 주니어는 런던과 워싱턴에 근무할 때, 은수저를 물고 태어나 특별대우를 받는다는 평을 극도로 싫어하고 스스로 능력을 증명하려 했다. 워싱턴지국에서는 기사 하나를 쓰기 위해 하루에 10군데 전화를 걸었다. 그는 빌 코바치(Bill Kovach) 워싱턴지국장에게 '어떻게 조직을 이끌고 의사결정을 내리는가'를 물으며 리더십 훈련을 받고자 했다. 14

1980년대 중반 여성 인사부장이 펀치 설즈버거의 조카 중 한 명과 결혼한다는 사실을 밝히자, 펀치 설즈버거는 그녀를 인사부장 자리에서 사퇴시키고 다른 부서로 발령냈다. 15 가문의 입김이 인사에 어떤 형태로

---

12 Susan Tifft and Alex Jones(1999), p. 202
13 Susan Tifft and Alex Jones(1999), pp. 542~546
14 Susan Tifft and Alex Jones(1999), p. 555, 558~559
15 Susan Tifft and Alex Jones(1999), p. 548

든 영향을 미치는 것을 극도로 꺼려했기 때문이다.

편치의 또 다른 조카인 스테픈 골든(Stephen Golden)은 능력부족으로 자회사인 지방신문사의 여러 부서를 돌며 일했다. 반대로 그의 친형인 마이클 골든(Michael Golden)은 광고담당 수석 부사장을 거쳐 1997년 부회장으로 발탁돼 20여 년 재임했다. 친형제라도 능력에 따라 대우가 달랐다. 샘 돌닉과 데이비드 퍼피치도 '발행인 가문이기 때문에 잘 나간다'는 비판을 받지 않으려 각별히 조심한다. 16

공정하고 투명한 후계자 선정

2015년 11월 당시 64세이던 설즈버거 주니어 발행인은 사내 연례연설(annual State of The Times) 말미에서 "앞으로 2년 이내에 (차기 발행인에 취임할) 부발행인을 지명하겠다"고 선언했다. 그러면서 "이 선임은 회사 이사회와 고위 경영진, 옥스-설즈버거 가족 이사회가 참여하는 공식적인 과정"이라며 "우리가 할 수 있는 한 최대한 투명하게 진행하겠다"고 약속했다. 17

이때까지 경합하던 A. G. 설즈버거와 샘 돌닉은 발행인으로 선임될 경우 달성할 비전과 계획을 담은 메모를 만들어 위원회에 제출했다. 선정위원회는 수개월 동안 서류심사와 두 사람에 대한 심층 인터뷰와 비전 등을 종합평가했다. 가족 소유기업 후계자들의 정신·심리상태를 전문

---

16 Jill Abramson, *Merchants of Truth* (Simon & Schuster, 2019), p. 397

17 Brian Stelter, "NYT begins succession planning for Arthur Sulzberger Jr.", CNN (Nov. 2, 2015)

적으로 연구한 심리학자까지 고용해 의견을 들었다. 18 *NYT*는 이 같은 심사평가 과정을 거쳐 1년 후인 2016년 10월 19일 부발행인에 A. G. 설즈버거를 낙점했다.

A. G. 는 설즈버거 가문의 정통 직계손(孫)으로서 회사에 대한 비전과 업무열정을 인정받았다. 그는 2014년 3월 완성된 '혁신보고서(*Innovation Report*)'를 주도했고 편집국 전략팀 차장으로서 '우리가 나아갈 길(*Our Path Forward*)'이란 전략메모 작성에도 참여했다. 질 에이브럼슨 전 편집인의 증언이다.

A. G. 는 설즈버거 주니어의 아들이라는 후광(後光)으로 발행인이 됐다고 생각하기 쉽다. 하지만 그는 뉴욕 상류층 생활에 젖어 있지 않고 건실했다. 내가 읽지도 않은 시카고지국장이 쓴 뉴욕타임스 기사까지 아침부터 샅샅이 읽을 정도로 신문에 대한 열정이 뜨거웠다. 19

공평한 기회 부여

역대 발행인들은 차기 발행인 후보들에게 공평한 기회를 주고자 했다. 특정인을 유리하게 대우하면 선정작업 자체가 무의미했기 때문이다. 펀치 설즈버거 발행인은 자신의 아들인 설즈버거 주니어와 댄 코언, 수전 드라이푸스, 스테픈 골든, 마이클 골든 등 5명의 사촌들에게 사내 이사

---

18 Karl Vick, "How A. G. Sulzberger Is Leading the New York Times Into the Future", *TIME*(Oct. 10, 2019)
19 Jill Abramson(2019), pp. 394~396

회와 임원회의에 참석 기회를 균등하게 주었다. 20

그는 누이들에게 "회사에 근무하는 자녀 가운데 누구라도 내가 부당하게 대우한다고 생각한다면 언제든 나에게 직접 얘기해 달라"고 말했다. 1992년 발행인 선임 전에 회사는 외부 컨설팅사 자문을 거쳐 경영진과 가문신탁 대표자 등 7명으로 선정위원회를 구성해 가동했다.

가문의 '단합' 최우선 … 결정되면 '승복'

설즈버거 가문은 매년 두 차례 정기 회합한다. 한 번은 NYT 업무 관련 공식회동이고, 다른 한 번은 야외에서 사적인 가문 재결합(family re-union) 성격 모임이다. 두 번의 모임 때마다 가문 구성원들이 가장 중요시하는 것은 단합이다.

공·사석에서 NYT 사내 자리를 놓고 특정 자녀를 홍보하거나 불평하는 일, 공개적인 야심 표출이나 술수(術手)를 벌이는 행위는 금기사항이다. 21 이는 아돌프 옥스 이래로 예외 없이 지켜져 온 가문의 규칙이다.

1990년 98세로 세상을 뜬 이피진 옥스 설즈버거(Iphigene Ochs Sulzberger)는 "우리의 후손들 가운데 누가 능력 있는지 지켜볼 따름이다. 능력 있는 후손이 없다면 가문 밖에서 영입할 것"이라며 혈통보다 NYT의 영속성을 더 중시했다.

이런 분위기가 형성된 데는 아돌프 옥스의 친조카로서 18년 동안 경영수업을 받았으나 발행인은 되지 못한 줄리어스 애들러가 한몫했다.

---

20 Susan Tifft and Alex Jones (1999), p. 721
21 Susan Tifft and Alex Jones (1999), p. 582

그는 1935년 5월 7일 *NYT* 이사회에서 자신과 동갑내기로 아돌프 옥스의 사위인 아서 헤이즈 설즈버거(AHS)가 발행인에 선출되자 현장에서 흔쾌히 승복하며 이렇게 말했다.

나보다 더 충실하고 더 헌신적인 2인자를 구할 수 없으리라는 사실을 나는 그대들에게 알리고 싶다. 22

어떤 불평이나 서운함도 드러내지 않고 애들러는 그 자리에서 가문과 *NYT*를 위해 2인자가 되겠다고 몸을 낮춘 것이다. 그는 어떤 불협화음이나 마찰 없이 AHS와 한마음으로 *NYT*의 발전을 이뤘다.

가문 구성원 내 진실된 배려

이런 전통은 후대로 이어져 펀치 설즈버거는 월터 맷슨 경영담당 사장에게 지시해 메리언, 루스, 주디 등 3명의 누이를 정기적으로 오찬에 초대해 각 자녀들의 *NYT*에서 활동과 발전 상태를 자세하게 보고하고 협의토록 했다. 펀치 설즈버거는 가문과 관련된 결정을 외부에 공개하기 전에 모든 누이들에게 일일이 전화를 걸어 생각과 계획을 설명했다. 이사회 이사들에게는 개별적으로 방침을 설명하며 협조를 구했다.

1992년 1월 이사회에서 아들인 설즈버거 주니어를 발행인으로 선임하기에 앞서 미리 누나와 사촌들에게 택배로 서류를 보냈다. 23 가문 내

---

22 표완수, "아서 옥스 설즈버거"(한국언론연구원, 1998), p. 214
23 Susan Tifft and Alex Jones(1999), pp. 640~641, p. 764

부의 분열과 반목을 차단하려는 세심한 배려였다. 1997년 NYT컴퍼니 회장에 취임한 설즈버거 주니어는 사촌인 댄 코언을 광고담당 수석 부사장으로 임명했다가 1년 반쯤 후 물러나도록 했다.

그날 저녁 설즈버거 주니어와 댄 코언 두 사람은 *NYT* 본사에서 댄의 자택이 있는 어퍼 웨스트 사이드(Upper West Side)까지 약 40블록을 함께 걸어가며 이런저런 얘기를 했다. 두 사람 간에 감정적 앙금을 없애고 가문의 단합을 위해서였다. 24

그림 4-1   **설즈버거 가문 가계도**

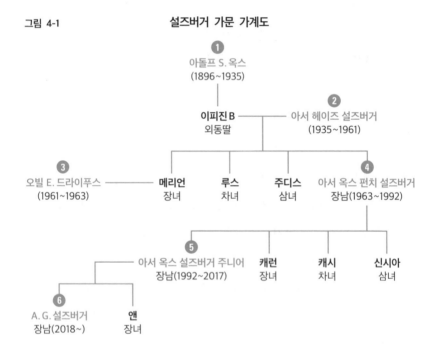

24 Susan Tifft and Alex Jones(1999), p. 777

이탈자 없이 경영권 도전 다 이겨

설즈버거 가문은 1896년부터 지금까지 두 차례의 경영권 도전에 직면했다. 한 번은 사내 전문경영인으로부터, 다른 한 번은 외부의 전문투자자로부터였다. 그때마다 가문은 균열(龜裂) 없이 합심 대응함으로써 이겨냈다.

첫 번째 도전은 1990년대 중반 랜스 프리미스(Lance Primis) 경영총괄 사장으로부터 나왔다. 그는 마이클 골든 부회장을 비롯한 설즈버거 가문 인사들의 회사경영 참여를 후진적인 행태라고 비판하며, 비가문경영(non-family management)이 회사의 주주 가치를 보존하는 최선의 방법이라고 주장했다. 25

상당수 비편집국 종사자들도 그의 주장에 동조했다. 그러나 프리미스 같은 전문경영인이 경영 전면에 나설 경우, 설즈버거 가문은 역할이 대폭 축소돼 실권(實權)을 내놓아야 했다. 마이클 골든을 중심으로 설즈버거 가문의 반(反)프리미스 공동전선이 구축됐다. 펀치 설즈버거는 프리미스와 가까운 관계인 큰누나 메리언(Marian)을 직접 만나 설득했고, 메리언은 흔쾌히 가문 편으로 돌아섰다.

설즈버거 가문은 1996년 9월 20일 프리미스와 정반대 스타일인 러셀 루이스(Russel Lewis) 전무를 새 사장으로 전격 임명하고 취임 4년이 갓 지난 프리미스를 해임하며 정면돌파했다. 26

두 번째 도전은 2006년 4월 18일 NYT컴퍼니 연례 주주총회에서 모건

25 Susan Tifft and Alex Jones(1999), pp. 733~735
26 Susan Tifft and Alex Jones(1999), pp. 748~749, p. 752

스탠리펀드의 하산 엘마스리(Hassan Elmasry) 최고운영책임자(COO)가 제기했다. 클래스 A주식의 7.6%를 소유하던 모건스탠리펀드를 대표해 그는 클래스 A주식과 클래스 B주식으로 나눠진 NYT의 '이중 주식구조'를 비판하며 설즈버거 가문의 경영 2선 후퇴를 요구했다.

엘마스리는 "2002년 6월 고점(高點) 대비 2006년 4월 NYT 주가가 52% 하락했는데도 경영진이 무능하게 대응하고 있다"며 4명의 이사 후보에 대한 승인을 거부했다. 이에 대해 NYT 측은 "우리는 모든 주주들의 이익에 부합하도록 일하고 있다. 자사의 경영관습은 기업에 요구되는 최고기준에 부합하거나 그 이상"이라고 반박했다.

2003년부터 2007년까지 4년여 진행된 하산 엘마스리 측의 개편 요구는 헛수고로 끝났다. 설즈버거 가문에서 한 명의 이탈자도 없었기 때문이다. '이중 주식구조'를 바꾸려면 '옥스-설즈버거 가문신탁' 이사회의 이사 8명 가운데 6명이 찬성해야 했다.

언론 철학과 가풍, 교육

설즈버거 가문의 원조(元祖)인 아돌프 옥스가 NYT를 인수한 목적은 개인적인 부 축적이나 명예심 또는 기업 외형을 늘리려는 게 아니었다. 자극적인 보도로 광고수입 증대에 혈안이 된 대중상업신문들이 판치는 상황에서 옥스는 '존경받는, 진지한 신문'을 만들어 영속(永續)시키고자 했다.

그는 주주들과 가족들을 위해 꼭 필요한 배당을 제외한 나머지 모든 이익금을 신문사에 재투자했다. NYT를 인수한 1896년부터 1935년 사망할 때까지 39년 동안 발행인으로 재임한 옥스는 1900년에 받은 2만 5천 달러 이상을 연봉으로 받아가지 않았다. 아무리 경영상태가 좋은 해라도 그보다 적은 급여를 가져갔다.[27]

인수 초기 판매부진으로 경영난을 겪을 때, 그는 심야에 회사 안으로 다시 들어가 켜져 있는 모든 전등(電燈)을 일일이 껐다. 한 푼이라도 전기요금 지출을 아끼기 위해서였다. 하지만 뉴욕시 당국이 자신의 가까운 친구를 통해 15만 달러짜리 광고협찬 거래를 제시해왔을 때, 그는 가(假) 계약을 맺었다가 신문의 독립성 유지를 위해 취소했다.

사명과 헌신으로 경영

아돌프 옥스는 외부의 이해관계가 결부되거나 사업상의 유혹에 넘어가 신문이 망가지는 사례를 자주 목도(目睹)했고 이를 극도로 경계했다. *NYT* 기자 출신인 게이 탈레이즈(Gay Talese)는 자신의 *NYT* 관련 기념비적 저작 '*The Power and the Kingdom*'에서 이렇게 말했다.

옥스는 그의 후손들도 이런 유혹과 위협에 저항하고 버틸 수 있는 지혜를 갖기를 바랐다. 영리(營利)를 위한 게 아니라 위대한 교회 운영처럼 미덕(*virtue*)과 사명감(*mission*)을 갖고 뉴욕타임스를 경영하고 이런 정신이 영속되길 바랐다.[28]

---

27 David Halberstam, "150th Anniversary: 1851-2001; Where the Gray Lady Got Its Steel", *New York Times*(Nov. 14, 2001)
28 Gay Talese, *The Kingdom and the Power*(Random House, 2007), pp. 12~13

실제로 아돌프 옥스는 사망 직전까지 변호사를 계속 만나 그의 마지막 꿈이 차질을 빚지 않도록 애썼다. 사후(死後)에도 *NYT*가 직계 가족에 의해, 옥스 자신이 평생 품었던 것과 같은 '헌신(*dedication*)'의 마음으로 운영되기를 바랐다.

그의 딸과 사위인 AHS 부부(夫婦)도 옥스가 남긴 철학과 뜻을 계승해 돈을 많이 벌거나, 세금을 어떻게 적게 낼까 하는 데는 거의 무관심했다. 옥스가 남긴 신탁자산 자금은 주로 장기 국채(國債)에 투자했다. AHS는 개인 재산을 어디에 어떻게 굴리고 있는지 제대로 알지 못했다. 돈이나 부 축적 이야기는 가족에서 금기시됐고, 오직 신문 얘기가 가장 가치 있는 화젯거리로 여겨졌다. 29

실제로 1937년부터 57년까지 20년간 *NYT*의 세후(稅後) 영업이익률은 4.5%였다. 그나마 자회사인 제지회사(Spruce Falls Power)의 기여분을 제외하면 2%대에 그쳤다. 1957년 이후 세후 영업이익률은 1.7%로 떨어졌다. 1950년대에는 경영악화로 연간 총이익이 10만 달러를 밑도는 해도 종종 있었다. 이익금이 생기면 대부분 장비와 인력, 취재지원 등에 재투자됐다.

이윤보다 공익 선택

펀치 설즈버거의 맏누이인 메리언은 "우리 형제들은 모두 회사가 번 돈은 *NYT*를 훨씬 더 좋은 신문으로 만들기 위해 다시 항아리 속에 들어가야 하는 것으로 배우고 훈련받았다"고 말했다. "30 아돌프 옥스 이후 모

---

29 Susan Tifft and Alex Jones(1999), p. 321

든 발행인들은 예외 없이 *NYT*를 상업적 기업이라기보다 책임 있는 공적 기관(*public institution*)이라고 여겼다. 언론학자인 수전 티프트와 알렉스 존스의 진단이다.

뉴욕타임스는 엘리트들을 위해 엘리트들이 만드는 신문으로 퓰리처상은 가장 많이 받지만 돈은 별로 못 버는 회사였다. 설즈버거 가문 사람들은 자신의 의무이자 영광인 *NYT*를 위해서라면 야심과 부(富)를 기꺼이 희생했다. 이들에게 가장 중요한 사명은 신문을 통한 '진실' 규명이었다.[31]

1987년 미국 주식시장 대폭락 후 광고 물량이 40% 급감하는 상황에서, 펀치 설즈버거가 편집국 내부 낡은 카펫 바닥 교체를 위해 30만 달러의 사비(私費)를 지출한 것은 이런 일념에서였다. 이윤추구와 공익에 기여라는 두 가지 선택지(選擇枝) 가운데, 설즈버거 가문 발행인들은 주저하지 않고 공익을 택했다.

수차례의 긴축경영 때마다, 편집국은 가장 마지막에 가장 적게 적용받는 대상이었다.[32] A. G. 설즈버거 발행인은 "이런 가풍에서 성장한 데 큰 자부심을 느끼고 이를 사랑한다"고 말했다.[33]

30 Susan Tifft and Alex Jones(1999), p. 589
31 Susan Tifft and Alex Jones(1999), p. 782, pp. 657~658
32 Susan Tifft and Alex Jones(1999), p. 608
33 Karl Vick, *TIME*(2020)

가문 경영 1백 년 넘게 보장 … 지배 구조

아돌프 옥스의 유언(遺言) 대로 *NYT* 보통주식(*common stock*) 의 50.1%
를 소유한 '옥스 신탁(*the Ochs Trust*)'이 1935년 세워졌고, 이 신탁의 이
사회가 사실상 *NYT*를 경영했다. 옥스의 외동딸인 이피진 옥스 설즈버
거가 세상을 뜨면, 신탁자산은 그녀의 직계 자녀들에게 동일한 비율로
분배되도록 했다.

그로부터 22년 후인 1957년 설즈버거 가문 소속 주주들은 의결권 있
는 클래스 B주식과 의결권 없는 클래스 A주식으로 '이중(二重) 주식구
조' 채택을 결정했다. 그러면서 클래스 B주식 대부분은 '옥스 신탁'과 이
피진 설즈버거 부부가 소유하도록 했다.

클래스 A주식은 일반인에 거래를 허용했다. 주식 거래를 위해 *NYT*
는 1958년부터 회사 경영실태를 외부에 공개하기 시작했다.[34] 1969년
1월 14일부터 *NYT* 클래스 A주식은 뉴욕증시에서 거래됐다.

다시 29년 후인 1986년 6월, 이피진 설즈버거의 직계 자녀 4명과 손
자 13명, 24명의 증손자들은 가문의 구성원이 주식을 매각해도 회사의
지배권을 계속 갖도록 하는 제도적 장치를 마련했다. 이 장치는 '클래스
B주식을 가문 바깥에 팔지 않겠다'는 일종의 가문 협약(*covenant*) 으로,
당사자들 전원이 여기에 서명했다.

이 협약에 따르면 가문 구성원이 현금이 필요해 클래스 B주식을 팔
경우, 먼저 가문 내부 모든 구성원에게 내놓아야 한다. 매입할 사람이

---

34 Belen Villalonga and Christopher Hartman, "The New York Times Co.", *Harvard
Business School Case Study* (Oct. 20, 2008), p. 5

없으면 NYT컴퍼니에 클래스 A주식과 동일한 가격으로 팔아야 한다. 만약 가문의 구성원이나 *NYT*가 이 주식을 사지 않아 부득이하게 일반에 내다 팔 경우에는 그 주식을 클래스 A주식으로 전환해 팔도록 했다.

협약은 1986년 8월 5일 기준으로 이피진 여사의 마지막 후손이 세상을 떠난 후 21년간 더 유지되도록 했다. 이 장치는 설즈버거 가문 구성원 가운데 누가 주식을 팔더라도, 가문의 *NYT* 경영권 장악이 영향받지 않도록 했다.

의결권 주식이 외부인에게 넘어가는 것을 봉쇄하면서 최소 1백 년 이상 설즈버거 가문의 회사 소유와 통제를 보장한 것이다. 사주(社主) 가문의 경영권 방어에는 최상의 방책이었다. 이피진 여사가 1990년 사망한 뒤, 설즈버거 가문은 1997년 신탁 명칭을 '옥스-설즈버거 가문신탁 (*Ochs-Sulzberger Family Trust*)'으로 바꾸었다. 이 '가문신탁'은 최고의 목표를 이렇게 밝혔다.

뉴욕타임스가 외부 영향에서 자유롭고, 전적으로 두려움이 없으며, 사심 없이 (*unselfishly*) 공공의 복리 (*public welfare*) 에 헌신하는 독립적인 신문으로 존속하는 것이다. [35]

35 https://nytco-assets.nytimes.com/2020/05/Final-Web-Ready-Bookmarked-Proxy-Statement.pdf

"가문은 저널리즘을 지키는 파수꾼"

이 협약은 그러나 설즈버거 가문의 구성원들에게 재정적으로는 큰 손해였다. 클래스 B주식을 시장에서 팔 경우, *NYT* 경영권과 직결되는 의결권 주식의 특성상 프리미엄이 붙어 1986년 당시 이피진 여사의 자식들인 4형제는 각각 수억 달러씩, 4형제 전체로는 10억 달러가 넘는 현금을 손에 넣을 수 있었기 때문이다.

그 후에도 여러 겹으로 클래스 B주식 매각 차단장치가 만들어졌고, 클래스 B주식을 팔더라도 클래스 A주식과 같은 가격에 팔기로 합의함으로써 손해가 불가피했다. 이런 단점에도 불구하고 설즈버거 가문의 직계 가족 중 한 명의 반대도 없이 이 협약은 만장일치로 채택됐다. 이같은 단결과 희생정신은 설즈버거 가문 이외의 다른 언론 가문에서는 찾기 힘들다. 36

여기에는 1980년대 들어 기업 사냥꾼들이 주식을 대량 매입해 가족 기업의 경영권을 위협하는 외부 환경도 작용했다. 그러나 더 큰 요인은 독특한 가풍(家風)이 뿌리 깊게 박혀 있었기 때문이다.

설즈버거 가문 구성원들은 "언론사는 이윤을 남기는 기업 그 이상의 것이어야 한다"며 *NYT*를 '공적(公的) 자산'으로 간주했다. 그리고 가문 구성원 각자는 '*NYT*의 저널리즘 정신을 지키는 파수꾼이자, 조타수(操舵手)이다'는 소명의식을 갖고 있었다. *NYT* 전 기자인 리처드 셰퍼드(Richard Shepard)는 이렇게 평가했다.

---

36 Susan Tifft and Alex Jones(1999), p. 585

NYT의 발행인들이 회사에 기여한 내용과 그들의 기질과 자질은 개인적으로 달랐다. 하지만 그들은 하나같이 옥스-설즈버거 가문의 전통에서 가장 숭고한 윤리(the loftiest ethics)를 믿으며 그에 따라 행동했다. 그들은 어떤 편의를 위해 이 가치와 전통이 훼손되거나 잊혀서는 안 된다는 데 마음이 일치했다.[37]

1995년 1월 설즈버거 주니어 발행인과 그의 사촌 형제 4명이 '미래를 위한 제안(Proposals for the Future)'이라는 제목의 공동보고서를 내놓은 것은 이런 배경에서였다. 50쪽 분량의 이 보고서는 NYT에 대한 가문의 소유 및 경영유지와 가문의 단결·보존을 가장 중요한 두 개의 목표라고 천명하면서 24개의 공개제안을 했다.[38]

이들 5명은 1992년부터 조찬 모임을 꾸준히 하면서 그들의 부모들이 모두 세상을 떠날 경우, 어떻게 NYT를 이끌지 등에 대해 진지한 대화를 나눴다. '미래를 위한 제안' 보고서는 지배구조, 이사회 참여, 승계, 고용 등 분야별로 3년여간 이들이 나눈 대화를 바탕으로 정리한 선언문이었다.

10대 시절부터 교육받으며 가문 공동체 의식

설즈버거 가문 구성원들이 2000년대 들어 경영위기 상황에서 함께 허리띠를 졸라매고 긴축조치를 군말 없이 수용한 것도 이런 정신에서다.

---

37 Richard Shepard, *The Paper's Papers* (Times Books, 1996), p. 62
38 Susan Tifft and Alex Jones (1999), pp. 721~723

2008년 11월 20일 설즈버거 주니어 발행인은 클래스 B주식 주주들에게 지급하는 배당금을 75% 줄인다고 발표했다. 이는 가문 구성원들에게 연간 기준으로 1,800만 달러에 달하는 금액이었다.

가문 구성원들과 '옥스-설즈버거 가문신탁' 이사회는 한 명의 이탈도 없이 그의 결정을 지지했다. 39 이들은 2009년에도 각자 연간 1백만 달러 안팎에 이르는 배당금을 1달러도 받지 않았다. '공익'과 저널리즘 자체를 무엇보다 중시하는 책임의식이 가문 전체에 1백 년 넘게 흘러내려오고 있기에 가능한 모습이다.

설즈버거 가문은 이런 문화와 전통을 형성하기 위해 부단히 노력했다. 무엇보다 '가문 공동체 의식'을 갖도록 어렸을 때부터 교육에 신경 썼다. 아서 헤이즈 설즈버거와 이피진 설즈버거 부부는 외아들인 펀치 설즈버거가 11세일 때, 가문전담 변호사인 에디 그린바움(Eddie Greenbaum)에게 1년에 1~2회씩 펀치를 포함한 4명의 자녀 교육을 맡겼다.

그린바움은 뉴욕 시내 자신의 회사 사무실로 4명을 불러 모아놓고 NYT라는 언론사와 외할아버지 아돌프 옥스가 남긴 유언에 대해서, 그리고 언젠가 NYT를 4형제가 물려받고 운영할 미래에 대해 자유롭게 토론하도록 했다.

장녀인 메리언(Marian)은 당시 교육에 대해 "'NYT는 너희들의 것이다. 너희들은 그것을 잘 배워야 해'라고 머리에 입력하는 것 같았다"고 회고했다. 그린바움의 지도 아래 이들은 '길의 규칙(the rules of the road)'

---

39 "Feeling the Pinch-Arthur Sulzberger has come to embody the troubles of America's newspaper industry", *Economist*(Dec. 4, 2008)

을 배웠다. 교육의 핵심은 'NYT는 성(聖)스러운 뉴욕타임스라고 불릴 정도로 중요하고, 가족은 상대적으로 덜 중요하다'는 것이었다.

차녀인 루스(Ruth)는 "우리는 우리가 특별한 존재라고 생각하는 것을 허락받지 않았다"고 했다. 가족들의 봉사와 합심으로 NYT를 유지하고 발전시키는 게 중요하며, 돈 얘기를 많이 하는 것은 온당치 못하며, 가족 내부 갈등은 피해야 한다는 가르침이었다. 이들은 'NYT는 개인이나 가족 소유물이 아니라 공적 기관'이라는 가르침을 반복적으로 들었다.

여름 청년캠프 같은 가문의 연례 단합 회동

그린바움은 점차 토론 주제와 내용의 깊이를 더했다. NYT 안에서 가족 구성원들이 어떤 자리를 맡는 게 좋은지, 훈련된 전문가들에게 회사 경영을 맡길 때의 장단점 등을 토의했다. 전체적인 분위기는 'NYT를 위해 봉사할 자격은 충분히 있으나 어떤 자리나 권력을 갖고 군림해서는 안된다'는 것이었다. 가족 내부 화합과 단결이 중요하다는 얘기도 빠지지 않았다.

그린바움은 재미있는 사례와 농담을 섞어가며 유쾌한 분위기에서 세미나식 교육을 했다. NYT의 주식과 '옥스 신탁' 같은 금융·회계 문제도 다뤘다. 4명의 펀치 형제들은 아침저녁 식탁에서도 NYT 안에서 일어난 일을 갖고 종종 얘기하고 토론했다.

아이들 입장에선 부모의 사랑이나 관심은 뒷전이고 집안의 관심이 온통 NYT에 쏠려 있었다. 일부 자녀들은 "망할 뉴욕타임스, 얼굴 없는 그레이 올드 레이디(Grey Old Lady)와 내가 경쟁하고 있구나"라며 푸념할 정도였다. 40 설즈버거 가문 사정에 정통한 한 인사는 이렇게 말했다.

설즈버거 가문 사람들은 10살이 되면 가문의 모임에 참석하기 시작한다. 15세가 되면 *NYT*의 관리자(*caretaker*)로서 그들의 역할을 이해하며, 18세 또는 21세가 되는 해에 설즈버거 가문의 역사와 유산에 대해 배우는 하루 일정의 오리엔테이션을 받는다. 외부인으로서 설즈버거 가문 사람과 결혼 하는 사람도 마찬가지다. 41

가문 구성원들은 매년 한 차례 *NYT* 본사에서 모여 회사 재정과 자산 상황을 보고받은 뒤 그룹별로 나뉘어 신문제작 부문과 비즈니스(경영) 부문 임원들과 면담시간을 갖는다. 회사 바깥에서 가문 연례 단합 행사 는 고급 휴양시설 같은 곳에서 하지 않고 젊은이들의 여름캠프 같은 분 위기에서 진행된다.

"우리는 한 가족이다(*We Are the Family*)" 같은 노래를 부르고 '더 룩아 웃(*The Lookout*)'이라는 뉴스레터와 페이스북 같은 SNS를 통해 가문 구 성원들이 서로 소통한다. 42

주말 사용과 여행비용은 개인계좌 지출

설즈버거 가문은 후대에 자신들의 지혜와 노하우를 전달해오고 있다. 2 대 발행인인 아서 헤이즈 설즈버거는 후계자로 내정된 사위 오빌 드라이 푸스에게 발행인이 갖춰야 할 자질과 주의할 점 등에 대해 편지를 써서 훈계했다. 퇴임한 뒤에는 *NYT* 사보(社報) '타임스 토크(*Times Talk*)'를

---

40 Susan Tifft and Alex Jones (1999), pp. 184~185
41 Joe Hagan, "Bleeding 'Times' Blood", *New York Magazine*(Oct. 3, 2008)
42 Joe Hagan(Oct. 3, 2008)

통해 자신의 발행인 철학과 경영 원칙 등을 소개하며 간접 조언도 했다. AHS가 강조한 *NYT* 발행인의 자질은 이런 식이다.

발행인은 무한한 호기심을 가져야 한다. 우주를 포함한 광범위한 주제까지. 그리고 글을 충분히 이해하고 문장의 스타일을 평가할 수 있는 능력을 갖춰야 한다. (중략) 발행인은 뉴욕타임스 이외에 다른 이해관계나 이익을 챙겨서는 안 된다. 발행인에게는 되돌려줄 특혜가 없고 다른 사람에게 특혜를 바라서도 안 된다. 성실성과 건전한 판단력, 모르는 것을 기꺼이 배우고 '예스맨(*yes-man*)'이 아닌 사람들을 발탁할 수 있는 능력을 갖춰야 한다. 43

3대 발행인인 펀치 설즈버거도 1988년 당시 36세이던 아들 설즈버거 주니어를 부발행인(*deputy publisher*)으로 지명하고 1992년 발행인에서 내려오기 전까지 4년 동안 아들에게 경영경험을 전수했다. 설즈버거 주니어는 하루에 5~6통씩 전화를 걸어 아버지의 자문과 의견을 구했다. 펀치 설즈버거는 아들이 발행인으로 취임한 후 'Dad(아빠)'라고 서명한 메모와 문서, 편지 등을 보내 주요 사안에 대한 의견과 해법 등을 전했다. 44

설즈버거 가문 발행인들 사이에 '불문율' 같은 규칙도 있다. AHS 발행인 이래로 회사 소유 승용차를 주말이나 휴일에 사적 용도로 쓰지 않는 것과 발행인 부부 해외여행이나 가족여행, 가족행사 등과 관련한 경

---

43 Richard Shepard(1996), pp. 79~80
44 Susan Tifft and Alex Jones(1999), p. 700

비는 회사계좌를 일절 거치지 않고 반드시 개인계좌의 경비로 쓰는 것이 대표적이다.

공사(公私)를 확실하게 구분하고 정직하고 투명한 회계처리로 설즈버거 가문은 미국 국세청을 비롯한 어떠한 제 3자의 실사(實査)와 추적에도 떳떳할 수 있었다. 역대 발행인과 그 가족들은 이해충돌 가능성 등을 우려해 주식투자를 하지 않고 있다. 45

음지에서 사회봉사 … 노블레스 오블리주 실천

설즈버거 가문은 대신 책임 있는 시민정신(responsible citizenship)과 노블레스 오블리주(noblesse oblige) 실천에 앞장서고 있다. 가문의 구성원 대다수가 자선활동과 기부, 지역사회 봉사에 긍정적이고 적극적으로 참여한다. 더욱이 뉴욕 공공도서관이나 메트로폴리탄 박물관 이사 같은 몇 가지 예외를 제외하면 설즈버거 가문 구성원들은 대부분 빛이 나지 않고 유행과는 거리가 먼 곳에서 봉사활동을 하고 있다.

일례로 1인당 참석티켓 가격이 5백 달러(약 55만 원)에 이르는 고급 연회 행사를 여는 것보다 호스피스 위원회에 참석해 호스피스와 입원 환자들에게 실질적으로 도움 되는 방안을 토의하고 짜내는 것을 선호하는 식이다. 46

펀치 설즈버거 발행인의 친누이인 메리언 설즈버거와 주디스 설즈버거부터 앞장섰다. 메리언은 100세로 세상을 뜰 때까지 뉴욕시 자선봉사

---

45 Susan Tifft and Alex Jones(1999), pp. 332~336
46 Nicholas Coleridge, Paper Tigers(1994), pp. 68~69

활동과 시민단체 활동의 지도자로 활동했다. 뉴저지주에서 뉴욕항까지 2만 7천 에이커에 이르는 지역을 청정공원으로 만드는 '게이트웨이 휴양지역(Gateway National Recreation Area)' 창설을 주도했고, 뉴욕 청정(Keep New York City Clean) 캠페인에 앞장섰다. [47]

1990년대 맨해튼 42번가에 나란히 있는 오래된 극장 복원사업을 벌였고, 비영리단체인 뉴욕항 국립공원 관리단(National Parks of New York Harbor Conservancy) 여성 위원장으로 봉직했다.

주디스는 에이즈(AIDS)와 전염병, 면역 연구 같은 공공의료 분야에 전념하면서 모교인 컬럼비아대 의과대학에 게놈연구센터를 세웠다. 셋째 누이 루스는 차타누가타임스 발행인으로서 차타누가 지역 대학과 박물관, 교향악단 같은 지역사회와 단체에 봉사했다.

NYT와 무관하게 자기만의 삶을 사는 구성원들도 많다. 수전 드라이푸스(Susan Dryfoos)는 NYT 기자 경험을 바탕으로 설즈버거 가문 역사가로 변신했고, 린 돌닉(Lynn Dolnick)은 스미소니언 동물관 팀장으로, 캐시 설즈버거(Cathy Sulzberger)는 부동산 개발사업자로, 아서 골든(Arthur Golden)은 베스트셀러 《게이샤의 추억(Memoirs of a Geisha)》을 쓴 작가로 활동하고 있다. [48]

47 Robert D. McFadden, "Marian Sulzberger Heiskell, Civic Leader in New York City, Dies at 100", New York Times(March 15, 2019)
48 Joe Hagan(Oct. 3, 2008)

설즈버거 가문은 남다른 용인술(用人術)을 구사했다. 인재를 아끼고, 인재를 붙잡으려 정성을 다하면서 최고 인재에게 최고의 대우를 했다. 인재를 발탁할 때는 물론 물러나게 할 때도 한결같은 마음으로 대했다. 이런 접근은 가문과 *NYT*의 영속성을 함께 높이는 원동력이 되고 있다.

시험해 본 뒤 믿고 기용한다

1952년부터 1964년까지 13년간 편집국장을 지내고 1964년부터 1968년까지 초대 편집인(*executive editor*)으로 일한 터너 캐틀리지(Turner Catledge)에 대한 설즈버거 가문의 예우(禮遇)가 이를 보여준다.

1944년 가을 아서 헤이즈 설즈버거(AHS) 발행인은 순회 정치부 기자로 노스다코다주에서 취재 중이던 캐틀리지에게 연락해 태평양 순회여행을 제의했다. 2만 7천 마일의 긴 여정을 함께한 두 사람은 뉴욕 본사로 귀환하기 전 샌프란시스코의 한 호텔에서 자리를 같이했다. 두 사람은 저녁식사 전에 위스키를 1병 이상씩 만취할 때까지 통음(痛飮)했다. 그러면서 신문사 사정과 국내외 정세, 회사 인물평 등을 포함한 많은 주제를 허심탄회하게 나눴다.

저녁식사를 하러 자리에서 일어선 AHS는 캐틀리지에게 손을 내밀며 "당신, 합격(*Well, you pass*)"이라고 말했다. 긴 여행과 체력한도까지 술을 마시며 생각과 자질, 태도를 시험한 뒤 합격 평가를 내린 것이다. 캐틀리지는 이듬해인 1945년 1월, 부국장에 임명됐고 승진하기 시작했다. 49

터너 캐틀리지가 1968년 편집인에서 물러날 때도 마찬가지였다. 펀치 설즈버거 당시 발행인은 물론 그를 발탁한 전(前) 발행인인 AHS와 부인 이피진 옥스 설즈버거 여사까지 나서서 그의 노고를 위로하고 감사를 표했다. 편집인 퇴임 인사발령 며칠 후, 터너 캐틀리지는 AHS로부터 본사 14층 회장실로 오라는 연락을 받았다.

캐틀리지가 회장실 문을 열고 들어가자, 이피진 여사가 그에게 다가와 포옹했다. 책상 뒤 휠체어에 앉아 있던 AHS는 백포도주 잔을 건네면서 굵은 목소리로 "이렇게 하는 게 내가 원한 것은 절대 아니었음을 자네가 알았으면 좋겠네"라고 말했다. 캐틀리지는 이들의 배려에 감동했다. 50

펀치 설즈버거는 신문사 기자들과 친구처럼 어울렸다. A. M. 로젠탈 편집인, 아서 겔브 편집국 부국장, 제임스 그린필드 부국장 대우 등이 단골 멤버였다. 펀치는 이들 중 일부와 종종 주말 부부동반 만찬을 했다. 때로는 해외여행도 같이하며 가족처럼 지냈다. 51

그는 용병술에도 뛰어났다. 열정과 에너지가 넘치고 두뇌 회전이 빠른 비워싱턴지국 출신의 A. M. 로젠탈과 그와 비슷한 또래로 합리적이고 차분한 워싱턴지국 출신인 막스 프랑켈 간의 견제와 경쟁을 유도하며 두 사람에게 편집인 자리를 모두 17년간 맡겼다. 52

49 Gay Talese (2007), pp. 199~201

50 Susan Tifft and Alex Jones (1999), p. 427

51 Susan Tifft and Alex Jones (1999), p. 590

52 펀치 설즈버거는 막스 프랑켈을 편집인으로 발탁하면서 세 가지를 주문했다. "위대한 신문을 더 위대하게 만들어 달라. 설즈버거 주니어의 차기 발행인 준비를 도와 달라. 편집국을 다시 행복한 일터로 만들어 달라." 특히 세 번째 주문은 독재와 전횡을 행사한 전임자(A. M. 로젠탈)를 의식한 것이었다. Max Frankel (1999), p. 415

T 미니박스 │ **이피진 옥스 설즈버거** (Iphigene Ochs Sulzberger · 1892~1990)

아돌프 옥스의 무남독녀로 아버지 이후 2대 발행인(AHS)부터 3대(오빌 드라이푸스), 4대(펀치 설즈버거) 발행인 선정과정에 가장 큰 영향력을 행사한 '설즈버거 가문의 가모장(家母長 · matriarch)'이었다. 세 사람에게 각각 아내, 장모, 어머니였던 그녀는 설즈버거 가문의 1백 년 넘는 소유 · 경영에 결정적인 구심점 역할을 했다.

특히 남편의 사망(1968년) 이후 1990년 97세로 본인이 사망할 때까지 가문의 유일한 큰 어른으로서 4명의 직계 자녀와 13명의 손자 · 손녀, 24명의 증손(曾孫) 등 41명의 직계 자손들을 단단하게 묶었다. 만 25세(1917년) 때부터 81세(1973년)까지 NYT 이사로 재임했고 '옥스 신탁(the Ochs Trust)'을 이끌었다.

유머감각과 에너지가 넘치고 총명했던 그녀는 20세기 후반까지 NYT 역사와 설즈버거 가문에서 가장 중심적인 인물이었으나 회사 안에서 공식 직함을 맡지 않았다. NYT를 누구보다 열심히 읽었지만 기사나 칼럼과 관련해 개입이나 의견제시를 극도로 자제했다.

대신 공원 · 도서관 · 역사교육 같은 분야에 관심을 갖고 활동했다. 역사에 대한 대중의 무지(無知)와 낮은 관심의 문제점을 지적하는 기획 기사를 회사에 제안했고, 이렇게 실린 기획기사는 퓰리처상(1944년 · 공공서비스 부문)을 받았다.

1952년 대통령 선거에서는 회사의 방침을 따라 드와이트 아이젠하워(공화당)를 투표했으나 4년 후 선거에서는 남편인 AHS의 설득을 뿌리치고 자신이 지지하는 아들라이 스티븐슨(민주당) 후보를 찍었다.

- 자료: "Iphigene Ochs Sulzberger Is Dead; Central Figure in Times's History", New York Times (Feb. 27, 1990); Susan Dryfoos, Iphigene (1979/1987), pp.249~250

"뽑았으면 신뢰하라"

펀치의 아들인 설즈버거 주니어도 이런 전통을 이어받았다. 차기 편집국장 후보로 막스 프랑켈 편집인이 추천한 조 렐리벨드(Joe Lelyveld) 국제 담당 부국장을 검증하기 위해 설즈버거 주니어 당시 부발행인은 1989년 여름 독일 베를린에서 열린 국제언론협회(International Press Institute · IPI) 총회에 그와 함께 단 둘이 출장 갔다. 두 사람은 출장기간 중 매일 아침 베를린 시내 여러 곳을 같이 조깅하면서 많은 얘기를 나누었다. 렐리벨드는 이후 편집국장과 편집인을 맡았다. 53

아돌프 옥스가 유산으로 남겨준 것 중 하나는 '신뢰'였다. "당신이 일에 적합한 가장 훌륭한 사람 하나를 채용했으면 그를 신뢰하라. 어깨 너머로 감시하지 말라. 그가 과연 일에 적합한지 아닌지에 대해서 밤새 염려하지 말라." 옥스는 '만약 어떤 사람을 신뢰할 수 없으면 그를 채용하지 말고, 채용했으면 그를 신뢰하라'는 원칙을 유훈(遺訓)으로 남겼다. 54

이 원칙은 미국 국방부 기밀문서(일명 '펜타곤 페이퍼')를 보도했던 1971년 6월에도 적용됐다. 그해 6월 12일 낮 펀치 설즈버거는 A. M. 로젠탈 편집국장에게 기밀보고서를 단독 입수한 닐 시핸(Neil Sheehan) 기자의 취재원을 묻지 않았다. 로젠탈도 마찬가지로 시핸 기자에게 그 서류들이 조작되지 않은 진본(眞本)인지만을 확인하도록 요구했다.

시핸의 직속상사인 막스 프랑켈 워싱턴지국장도 그가 어떻게 해서 공문서를 입수했는지 묻지 않았다. 제임스 레스턴이나 법무실장인 제임스

---

53 Susan Tifft and Alex Jones(1999), pp. 619~620
54 Harrison Salisbury(1983), pp. 26~27

굿데일 고문변호사, 시행의 동료들도 같았다. 뉴스의 근본 소스를 밝히는 게 적절치 못하다고 느낄 때는 아무도 강요하지 않는 게 *NYT*의 불문율이다.

이런 모습은 설즈버거 가문의 위상을 높일 뿐 아니라 오너 가문과 직원들 간의 화학적 융합을 낳는 결정적 촉매제가 됐다. 동시에 *NYT*의 장기 지속성장을 견인하면서 다른 오너 가문 신문사들을 앞서는 동인(動因)이 됐다.

겸손과 경청의 리더십

설즈버거 가문 사람들은 어렸을 때부터 스스로 돈이 많거나 권력자라고 생각하지 않도록 교육받았다. 대신 겸손이 몸에 배도록 훈육됐다. 이런 가풍은 20세기 미국에서 영향력 있는 부자 가문 가운데 드문 일이었다.

아돌프 옥스부터 그랬다. 그는 회사경영이 안정된 뒤에도 사치나 위세(威勢)와 거리를 뒀다. 회사 소속 기사가 운전하는 자가용 승용차에서 내릴 때에도 그는 문을 스스로 열고 내렸다. 모임이나 행사장에서는 가급적 침묵했고 꼭 필요할 때만 말을 하며 경청했다. [55]

2대 발행인 아서 헤이즈 설즈버거(AHS)는 1958년 노동조합 주도 파업으로 19일 동안 발행중단 사태를 겪었다. 하지만 파업 후 기자들이 돌아올 때, 그는 편집국이 있는 3층 문 앞에 서서 밝은 얼굴로 악수하며 그들을 일일이 맞았다. [56]

---

[55] Susan Tifft and Alex Jones (1999), p. 60
[56] Brooks Atkinson, "Arthur Hays Sulzberger", *New York Times* (Dec. 15, 1968)

드라이푸스는 매일 아침 자신의 집 근처에서 4명의 회사 임원들을 만나 회사까지 약 2마일(3.2km) 거리를 걸어 오전 10시쯤 회사에 도착했다. 이들은 걸으면서 전날 밤 백악관과 행정부 고위직과 만찬에서 나눈 얘기나 정치·경제 동향, 회사 내부 소식을 공유했다.

군림하거나 폼 잡는 최고경영자(CEO)와는 정반대였다. 드라이푸스의 아침 걷기는 건강관리 목적도 일부 있었다. 57

펀치 설즈버거는 '소크(A. Sock)'라는 필명을 쓰면서 1979년까지 사보 '타임스 토크(Times Talk)'에 편집자 편지 형식을 빌려 자기의 심경과 불만을 털어놓았다. 'Sock'는 Punch와 똑같이 '타격'이란 뜻이었다.

1968년 1월 말 톰 위커 워싱턴지국장의 후임으로 제임스 그린필드(James Greenfield)가 내정된 데 불만을 품고 워싱턴지국의 막스 프랑켈(Max Frankel) 수석기자가 휴가를 내고 예고 없이 펀치 설즈버거의 자택을 찾아왔다. 마침 펀치의 42세 생일 저녁이었다. 그러나 펀치 부부는 이를 내색하지 않고 그를 맞이해 보드카를 함께 마시며 환대했다. 며칠 후 펀치는 그린필드 발령을 취소하고 프랑켈을 후임 지국장으로 임명했다. 58

기사내용 간섭하거나 지시하지 않는다

주말인 1979년 7월 4일, 펀치 설즈버거는 월터 맷슨(Walter Mattson) 부사장 집을 찾아가 오후 내내 그와 함께 시간을 보냈다. 사내 갈등으로 경영담당 사장 자리를 사양하는 맷슨을 설득하기 위해서였다. 맷슨은

57 Susan Tifft and Alex Jones(1999), p. 331
58 Max Frankel(1999), p. 304

펀치의 간곡한 요청 끝에 같은 달 23일 사장에 취임했다. 59

맷슨에게 재무·판매·영업 등 경영 부문을, A. M. 로젠탈(Rosenthal)
에게 신문제작을 각각 맡긴 펀치 설즈버거는 더 중요한 전략적 의사결정
에 전념하면서 *NYT*의 황금시대를 열었다. 펀치의 발행인 재임기간 29
년(1963~1991년) 중 회사의 매출은 170배 정도 늘었고, 1987년 한 해 이
익금(1억 6천만 달러)은 그가 취임한 1963년 회사 총매출액의 16배에 달
했다. 막스 프랑켈 전 편집인은 "펀치 설즈버거는 겸손한 리더였다"며 이
렇게 말했다.

> 펀치와 함께 일한다는 것은 대단한 즐거움이다. 그를 불쾌하게 하거나 화
> 나게 했을 때에도 우리가 듣는 말은, '당신으로 하여금 그렇게 하도록 만든
> 것은 무엇인가요?'라는 식의 질문이다. 어떤 때 펀치가 전화를 걸어 '잠깐
> 상의할 일이 있는데 몇 분만 시간을 내줄 수 있는가'라고 물어와 '곧 올라가
> 겠다'고 대답하면 그는 언제나 '아니, 내가 내려가겠소'라고 했다. 이것은
> 단순한 태도가 아니라 그의 사람됨을 나타낸다. 60

펀치 설즈버거는 기사에 개입한 적이 거의 없었다. 아주 드물게 사설
(社說)에 대해서만 의견을 피력했다. 그의 생각에 맞지 않는 기사를 간
혹 읽을 경우, 펀치는 편집국장이나 편집인에게만 얘기했지 개별 기자
에게 절대 말하지 않았다.

---

59 Susan Tifft and Alex Jones (1999), pp. 540~541
60 Nicholas Coleridge (1994), p. 45

이렇게 하는 것이 발행인으로서의 권위와 품격을 유지하는 길이라고 그는 생각했다. 금덩어리들을 손대지 않고 잘 보관하는 것처럼 말이다. 그래서 *NYT*에서는 펀치를 '오즈의 마법사(*Wizard of Oz*)'에 비유했다. 보이지 않지만 막강한 권력과 권위를 행사한다는 이유에서다. 61

디지털 전환에서 솔선수범

펀치 설즈버거는 NYT컴퍼니 회장 시절에도 매일 아침 6시 30분 뉴욕 시내 맥그로힐(McGraw-Hill) 빌딩에 있는 헬스클럽에 도착해 운동한 다음 오전 7시 45분까지 사무실에 출근했다. 카페테리아에서 도넛을 사들고 사무실에서 직접 차를 끓여 마셨다. 오전 9시 비서가 출근할 때까지 혼자서 여러 구상을 하며 결정을 내렸다. 그는 "이 시간에 회장실로 걸려오는 전화를 내가 직접 받는 바람에 상대방이 자주 놀란다"며, "내가 매일 아침 신문에서 가장 먼저 읽는 기사는 부고(*obituary*)"라고 말했다.

펀치 설즈버거는 다음 날 A1면 기사를 정하는 오후 5시 '페이지 원 미팅(*Page One Meeting*)'에 출장 등으로 자리를 비우지 않는 한 거의 매번 참석했다. 매일 오후 4시 45분쯤 회장실이 있는 14층에서 엘리베이터를 타고 편집국으로 내려가 14~15명이 앉아있는 회의실 한쪽에 앉았다. 이는 20세기 어느 신문사 오너 발행인도 실천하지 못한 일로 이 회의에 한 번도 참석한 적 없는 아버지(AHS)나 아들과 대비됐다.

하지만 '앉되 기여하지 말라(*Sit in, but not contribute*)'는 말 그대로 그는 회의에서 말을 거의 하지 않았다. 의견을 직접 물어오지 않는 한, 어

---

61 Nicholas Coleridge (1994), pp. 33~34

떠한 토론이나 대화에도 끼어들지 않았고 한 마디의 의견도 내놓지 않았다. 회의 참석 이유에 대해 그는 이렇게 말했다.

> 회의장에 앉아 있으면 듣고 배우는 것이 너무 많다. 그리고 회사 사람들이 어떻게 생각하고 있는지를 알 수 있는 아주 좋은 방법이다. 62

설즈버거 주니어 역시 발행인에 선임되기 전 "나는 잘못된 층(임원들이 있는 층)에 우연히 내린 저널리스트이다"라고 말하면서 기자들과 친하게 지냈다. 자신의 집으로 기자와 칼럼니스트들을 종종 불러 저녁을 함께했다. "1천여 명의 편집국 기자들과 다 친해지기로 작심한 것 같다"는 얘기가 나올 정도였다. 직원들과 격의 없는 공감대를 구축한 것이다. 63

이런 전통을 바탕으로 설즈버거 가문은 회사의 중대사업에 솔선수범하고 있다. 2011년부터 본격화된 디지털 전환의 경우, A. G. 설즈버거는 '혁신보고서'(2014년)와 전략메모인 '우리가 나아갈 길'(2016) 같은 큰 비전과 전략을 담당했다.

그의 사촌인 샘 돌닉은 2015년부터 회사의 오디오와 가상현실(VR), 팟캐스트 '더 데일리', 모바일 전략과 디지털 변환팀(*digital transition team*)을 이끌었다. 64 다른 사촌 데이비드 퍼피치는 온라인 뉴스 유료화

62 Arthur Gelb, "A Newsroom and a Beloved Publisher", *New York Times* (Sept. 30, 2012)

63 Nicholas Coleridge (1994), p. 59

64 The New York Times Company, "(Press Release) Sam Dolnick Promoted to Assistant Editor"(April 3, 2017)

와 상품정보 비교 사이트 '와이어커터' 인수 실무작업을 주도했다.

A. G. 설즈버거는 발행인으로서 회사의 디지털 전환을 직접 챙기며 이끌고 있다. [65] 신중하고 겸손한 처신으로 모범이 되라는 선조(先祖)의 당부를 후대 구성원들이 그대로 실천하고 있는 것이다. [66] 여기에 설즈버거 가문의 위대함과 남다름이 있다.

---

65 대표적으로 2019년 1월 31일 오후 4시 30분부터 1시간 넘게 백악관에서 도널드 트럼프 대통령과 회견 후 보인 A. G. 설즈버거의 전향적인 자세이다. *NYT*의 인기 팟캐스트 '더 데일리(*The Daily*)' 제작진으로부터 갑작스러운 전화 인터뷰 요청을 받은 그는 조금도 주저함 없이 저녁 6시 30분 워싱턴 DC발(發) 뉴욕행 기차표 예약을 취소했다. 그리고 마이크로폰을 귀에 꽂고 진행자인 마이클 바바로 기자와 'A. G.'라는 이름으로 인터뷰했다. 녹음한 내용은 다음 날 아침 6시에 32분짜리 '더 데일리'에 '대통령과 발행인(The President and the Publisher)'으로 방송됐다. Michael Barbaro, "(Times Insider) We Had a Favor to Ask of the Publisher. We Needed Him for a 'Daily' Interview. Immediately.", *New York Times*(Feb. 1, 2019)
66 Susan Tifft and Alex Jones(1999), p. 597

2. 오피니언과 칼럼

뉴욕타임스 본사 건물 13층에는 논설실(*editorial board*)이 있고, 논설실을 포함한 오피니언면 전체를 책임져 온 11명의 논설실장(*editorial page editor* · 2021년 1월 하순부터 오피니언 에디터로 명칭 변경)의 초상화를 전시한 갤러리(*portrait gallery*)가 있다. 67

　이런 모습은 회사가 오피니언 부문을 중시하며 자랑하고 있다는 방증이다. 실제로 오피니언 부문68은 *NYT*의 성장과 번영을 이끌어 온 핵심 동력 가운데 하나이다. 2021년 2월 현재 *NYT* 오피니언 부문에서 일하는 인력은 1백 명이 넘는다. 69

NYT 오피니언의 특징

최고 책임자인 오피니언 에디터는 여기서 매일 제작하는 사설(社說)과 옵-에드(*Op-Ed*)면의 각종 칼럼, 매주 일요일판 사설과 칼럼이 게재되는 선데이 리뷰(*Sunday Review*) 섹션, 팟캐스트 같은 오디오와 비디오, 독자편지 등을 관장한다. 그는 평시에도 편집인(*executive editor*)을 거치지

67　David W. Dunlap, "(Looking Back) 2007-2016 | The Rosenthal Era in the Editorial Department", *New York Times* (March 18, 2016)

68　https://www.nytimes.com/section/opinion

69　Marc Tracy, "Kathleen Kingsbury Is Named New York Times Opinion Editor", *New York Times* (Jan. 22, 2021)

않으며 사주(社主)인 발행인(*publisher*)에게 직접 보고하고 의논한다.

수십 개 대학교 교재에 사설 실려

1960~90년대 세계 각국 정치인과 외교관, 지식인들은 *NYT*에 실린 칼럼과 사설의 단어 하나하나에 신경을 곤두세웠다. 제임스 레스턴을 필두로 한 칼럼은 세계 외교가와 지성계의 필독물이었다. 이런 권위는 정치와 국제 분야 칼럼은 물론 문화, 스포츠 칼럼에서도 이어졌다.

일례로 러셀 베이커(Russell Baker)가 쓴 '옵서버(*Observer*)' 칼럼은 각급 학교 영어교재로 채택될 정도의 명문으로 유명했다. 퓰리처상 수상자인 레드 스미스(Red Smith)의 1970년대 스포츠 칼럼은 간결하고 아름다운 문장으로 남녀노소를 막론한 팬들의 박수를 받았다. [70]

지금도 *NYT* 칼럼니스트나 논설위원이 쓴 글들은 세계적인 주목대상이다. 시카고대에서 심리학 박사학위를 받은 논설위원 브렌트 스테이플스(Brent Staples)가 쓴 사설과 에세이들은 미국을 포함한 전 세계 수십 개 대학교재에 실려 있다. [71] 제임스 다오(James Dao) 전 오피니언면 담당 에디터는 "유명 오피니언 칼럼니스트들이 일주일 정도 휴가를 떠나 정해진 요일에 칼럼이 실리지 않으면 당장 국내외에서 관련 문의와 항의 편지가 온다"고 말했다. [72]

인공지능(AI) 같은 테크놀로지와 소셜미디어의 영향력이 급증하는 디

---

70 안재훈, "미국의 칼럼니스트", 〈신문과 방송〉(1991년 9월호), p. 16

71 https://www.nytimes.com/interactive/2018/opinion/editorialboard.html (2021년 1월 31일 검색)

72 Remy Tumin, "The Op-Ed Pages, Explained", *New York Times*(Dec. 3, 2017)

지털 시대에 맞춰 *NYT*의 오피니언 부문도 변신하고 있다. 텍스트와 활자 중심 칼럼과 사설을 넘어 오디오와 동영상으로 채널을 확대하고, 30~40대 칼럼니스트들을 등용해 밀레니얼 세대와의 소통에 적극적이다.

1970년부터 지금 같은 오피니언면 체제

1883년 논설실이 창설된 후 1950년대 말까지 사내에서 논설실과 오피니언면의 존재감은 높지 않았다. 4~5명의 논설위원들이 사설 등을 쓰고 2~3명의 석학급 외부 전문가들이 칼럼을 가끔 싣는 정도였다.[73] 이는 아돌프 옥스 시절부터 *NYT*가 '의견'에 대해 대단히 조심스러운 자세를 취해온 분위기 탓이 컸다.

옥스는 오랫동안 필자 이름을 적는 기명(記名) 기사를 반대해왔을 뿐 아니라 논설위원이 쓰는 의견이 광고주를 불쾌하게 하고 뉴스면의 객관성을 훼손한다는 이유로 사설란의 폐지까지 진지하게 검토했다.[74] 이런 저런 영향으로 초대 논설실장인 찰스 밀러(Charles R. Miller)는 39년간 (1883~1922년), 4대 실장인 찰스 메르츠(Charles Merz)는 23년간 각각 일했다.

메르츠는 아서 헤이즈 설즈버거 당시 발행인과 동갑내기 친구로 막역한 사이였다.[75] 논설실장들의 장기 재임은 그만큼 사내에서 서로 앞다투어 근무하려는 선망(羨望)의 자리가 아니었음을 보여준다.[76] 오피니

73 Edwin Diamond (2003), p. 275
74 James Reston, 《데드라인》(동아일보사, 1992), p. 275
75 Gay Talese (2007), pp. 184~185
76 최단명 논설실장은 1937년부터 이듬해까지 1년간 재임한 존 핀리(John Finley)이다.

표 4-2

뉴욕타임스 역대 논설실장

이 름	재임 기간 (년)
Charles Ransom Miller	1883~1922
Rollo Ogden	1922~1937
John Finley	1937~1938
Charles Merz	1938~1961
John B. Oakes	1961~1976
Max Frankel	1977~1986
Jack Rosenthal	1986~1993
Howell Raines	1993~2001
Gail Collins	2001~2006
Andrew Rosenthal	2006~2016
James Bennet	2016~2020
Kathleen Kingsbury	2021~

• 2021년부터 Opinion Editor로 논설실장의 직함 명칭 변경
• 자료: https://en.wikipedia.org/wiki/List_of_The_New_York_Times_employees

언면의 논조도 지금과 많이 달랐다.

　20세기 초반부터 1950년대까지는 보수 색채가 더 짙었다. 예컨대 여성 참정권 문제와 관련해서는 히스테릭할 정도로 반대 입장을 보였다. 1914년의 사설(3월 22일 자)은 "모든 여성들에게 투표권을 인정해줄 경우 여성과 국가에 어떠한 이익도 돌아가는 게 없을 것이다"라고 강조했다.

　현대적 의미의 *NYT* 오피니언면을 만든 주인공은 존 오크스(John Oakes)이다. 프린스턴대 졸업 후 로즈 장학생(*Rhodes Scholar*)으로 옥스퍼드대에 유학한 그는 1961년부터 76년까지 논설실장으로 재임했다.[77]

---

[77] 1976년 9월 뉴욕주 상원의원 선거를 앞두고 오크스 실장은 벨라 압주그(Bella Abzug)를 지지한 반면, 펀치 설즈버거 발행인은 대니얼 패트릭 모이니핸(Daniel P. Moynihan)을 지지했다. 사설에는 발행인 뜻대로 모이니핸 지지가 실렸으나, 오크스

1970년부터 그는 오피니언면의 위치를 주중판 A 섹션의 맨 마지막 두 개면으로 옮겼고, 이 체제는 지금까지 이어지고 있다.

논설실장 중 두 명은 편집인으로 직행

게일 콜린스(Gail Collins)는 캐슬린 킹스베리가 2021년 1월 첫 오피니언 에디터를 맡기 전까지 유일한 여성 논설실장이었다. 78 막스 프랑켈과 하웰 레인스는 논설실장을 마치고 편집인으로 직행했다. 10대 논설실장인 앤드루 로젠탈은 같은 회사에서 편집국장과 편집인(1977~88년)을 지낸 A. M. 로젠탈의 3남이다. 시기는 겹치지 않지만 아버지와 아들이 *NYT* 편집인과 논설실장을 각각 맡은 것은 로젠탈 부자(父子)가 유일하다.

논설실은 1970년대 중반까지 '60대 백인 남성들의 집단'으로 불렸다. '워싱턴포스트'에 있다가 1974년 논설실로 옮긴 로저 윌킨스(Roger Wilkins)는 흑인 가운데 최초로 *NYT* 사설을 쓴 주인공이다. 79 1980년 대 중반 이후 논설실에 여성과 흑인 숫자가 늘었다.

매주 90건 정도 칼럼 등 게재

1970년 독자 구독현황 조사에서 오피니언면은 A1면에 이어 두 번째로 가장 많이 읽히는 지면으로 확인됐다. 그 결과 오피니언면의 중요성이 부각됐다. 조직확대도 이뤄져 1979년 논설실은 12명 규모로 커졌다. 80

실장은 '에디터에게 보내는 편지(To the Editor)'에서 "나는 논설실장으로서 오늘 아침 자 사설에 실린 모이니핸 지지에 동의하지 않음을 밝힌다"고 적었다.
78 https://www.nytimes.com/column/gail-collins
79 Ellis Cose, *The Press*, 《미국 4대 신문의 성장사》(한국언론자료간행회, 1992), p. 213

1980년대 이후 오피니언면의 가치는 더 높아졌다. 2010년대 들어 회사 차원의 디지털 전환 추진 속에 저널리스트들 외에 전체의 절반 정도는 프로듀서(PD), 디자인 등 멀티미디어 능력을 갖춘 인력들로 채워졌다.

오피니언 코너에 매주 게재되는 칼럼과 사설은 2020년 6월 기준 매주 120건 정도였으나 그해 하반기부터 매주 90건 정도로 줄었다. 81 주중판 종이신문 오피니언면에 활자로 인쇄되어 실리는 사설과 칼럼은 하루 6~8건이다. 그러나 일요일판 선데이 리뷰(*Sunday Review*) 섹션에 매번 10개 안팎의 칼럼이 실리고, 종이신문에 게재되지 않고 디지털판에만 실리는 온라인 칼럼도 제법 된다.

오피니언 칼럼니스트나 논설실원들이 제작하는 오피니언 뉴스레터 (*opinion newsletter*)에 쓴 칼럼들도 대부분 오피니언면에 실린다. 뉴스레터에 게재된 글들은 오피니언 에디터와 실무 에디터가 협의해 온라인에만 싣거나 온·오프라인 모두에 싣기도 한다. 82 외부 전문가나 유명 인사들이 보내온 칼럼도 종이신문에는 싣지 않고 온라인에만 실리는 경우도 제법 된다.

---

80 Edwin Diamond(2003), p. 277

81 Kevin Lerner, "Journalists know news and opinion are separate, but readers often can't tell the difference", *NiemanLab*(June 22, 2020); Sarah Scire, "The New York Times' new opinion editor, Kathleen Kingsbury, on reimagining opinion journalism", *NiemanLab*(Feb. 11, 2021)

82 오피니언 칼럼니스트인 니콜라스 크리스토프(Nicholas Kristof)가 자신의 뉴스레터에 쓴 칼럼 "Biden's Nightmare May Be China"는 홈페이지 오피니언 코너와 2021년 1월 31일 자 '선데이 리뷰' 종이신문에도 게재됐다.

한국 신문과 다른 4가지 특징

*NYT*의 오피니언 부문은 우리나라 신문 오피니언면과 몇 가지 측면에서 다르다. 먼저 텍스트 형태로 사설·칼럼을 게재하는 데 만족하지 않고 오디오와 비디오, 팟캐스트 등으로 다양한 플랫폼을 활용한다. 이를 위해 팟캐스트와 오디오·비디오 부문을 두고 기술 인력과 관련 책임자들을 두고 있다. 이 부문 역량강화를 위해 외부 전문가 채용을 최근 늘리고 있다. 83

두 번째로 편집국에서 일하는 기자들과 데스크들은 옵-에드(*Op-Ed*) 면에 어떤 칼럼이나 글도 쓰지 않는다. 논설실원들도 오피니언면 바깥의 뉴스면에 기사를 쓰지 않는다. 84 논설실과 편집국, 즉 의견을 담은 칼럼과 사실(事實)을 다루는 기사 간에 '정치와 종교의 분리'처럼 높은 장벽을 쳐 놓고 있다. 그 대신 일반 뉴스면에서 뉴스 분석(*news analysis*), 온 워싱턴(*On Washington*), 백악관 메모(*White House Memo*), 비평자의 노트북(*Critic's notebook*), 타임스 스포츠(*Sports of the Times*) 같은 문패를 달고 기자들의 시각이나 입장을 전하는 준(準) 칼럼들이 있다. 미디어 전문 기자가 쓰는 '미디어 이퀘이션(*Media Equation*)'도 여기

---

83 팟캐스트 '디 아규멘트' 활성화와 충성 이용자 확대를 위해 복스(Vox)의 정치 선임기자인 제인 코스턴을 영입해 기존 진행자인 로스 다우탯, 미셸 골드버그와의 3인 진행 체제로 개편했다. The New York Times Company, "〔Press Release〕 Jane Coaston Named New Host of 'The Argument'"(Nov. 6, 2020)

84 "기자들은 뉴스면에 현장 칼럼을 쓴다. 일요일판이나 여행(*Travel*) 같은 특별섹션에는 기자들과 논설실원 또는 칼럼니스트들이 소속을 떠나 자유롭게 쓴다"고 앤드루 로젠탈 논설실장이 말했다. "〔Talk to The Times〕 Editorial Page Editor Andrew Rosenthal", *New York Times*(April 12, 2009)

에 속한다. 85

그래서 거의 모든 편집국 기자들은 다음 날 아침 자 사설에 어떤 아이템이 어떤 내용으로 실리는지 알 수도 없고 알 필요도 없다. 오피니언 에디터와 편집인이 신문제작 등을 놓고 서로 의논하거나 회의하는 경우도 없다.

세 번째로 주중판과 일요일판 신문의 오피니언면이 다르다. 월요일부터 토요일까지 주중판 오피니언면은 매일 2개면 발행된다. 왼쪽 '사설면(*editorial page*)'에는 사설과 독자편지가, 오른쪽 '옵-에드면'에는 칼럼과 전문가 기고문이 실린다. 일요일판의 경우 10~12쪽 분량의 '선데이 리뷰(*Sunday Review*)' 섹션에 사설과 칼럼, 독자편지 등이 게재된다. '선데이 리뷰' 섹션은 광고를 극소화하고 맨 뒷면까지 전면 칼럼으로 구성된다. 86

사설은 물론 모든 칼럼에 필자의 얼굴 사진이나 캐리커처 등을 쓰지 않고 필자 유형이 다양한 것도 색다르다. 논설실원은 주로 사설(*editorial*)을 쓰고, 오피니언 칼럼니스트(*opinion columnist*)들은 자기 이름이 적힌

---

85 NYT의 퍼블릭 에디터였던 클라크 호이트는 "취재원이 말하는 것을 기록하고 팩트만 전달하는 저널리즘은 독자들에게 무용하다. 취재기자들은 전문가적인 분석으로 맥락을 제시해 보여야 한다"고 말했다. 그러나 그는 "똑같은 기자가 완전히 중립적인 뉴스 기사를 쓰는 한편 자기 의견을 담은 칼럼을 쓰는 것은 너무 많이 나가는 것이며 독자들의 신뢰를 깰 위험이 있다"고 했다. Clark Hoyt, "〔The Public Editor〕 The Blur Between Analysis and Opinion", *New York Times*(April 13, 2008)

86 일요일판인 2020년 12월 13일 자 '*Sunday Review*' 섹션 전체 8개면에서 광고는 2면 왼쪽에 자사의 인기 뉴스레터 '더 모닝(*The Morning*)' 안내 및 가입 권유 광고가 유일하다. 나머지 모든 면은 광고 없이 전면(全面) 칼럼으로 채워졌다. 다른 날짜 '*Sunday Review*'도 비슷하다.

기명칼럼을 매주 1∼2회씩 작성한다. 칼럼니스트에게는 사무실과 전문 리서처, 비서가 배속돼 있다.

　외부에서 기고 칼럼을 쓰는 오피니언 기고 필자(contributing opinion writer)와 온라인 전담 온라인 칼럼니스트(online columnist)도 있다. 사설(社說) 없이 오피니언면을 내보내는 날도 종종 있다. 이 경우 사설 자리에 대개 오피니언 칼럼니스트의 칼럼을 싣는다.

논설실원 13명 중 순수 NYT 출신은 두 명

2021년 1월 현재 논설실장을 포함해 13명으로 구성된 논설실원 가운데, 절반이 넘는 7명은 논설실에 오기 전까지 NYT에서 일한 적이 한 번도 없다. 나머지 6명 가운데 5명은 NYT 편집국 기자였고 1명은 편집국 밖에 있는 NYT 매거진에서 근무했다.

　이들 6명 중 다른 언론사에 몸담은 적 없이 NYT에서만 일한 사람은 세르지 슈메먼(Serge Schmemann)과 브렌트 스테이플스(Brent Staples) 두 명뿐이다. 그나마 슈메먼은 NYT국제판인 '인터내셔널헤럴드트리뷴(IHT)' 논설실장으로 일하다가 논설실로 왔다.[87] 13명 가운데 3명이 퓰리처상 수상자이다. 여성은 킹스베리 오피니언 에디터를 포함해 6명으로 논설실원 전체 13명 가운데 남성 7명, 여성 6명이다.

　이 같은 구성은 동종(同種) 교배를 피하면서 다양한 취재경험을 중시

---

87 "The New York Times Editorial Board",
　　https://www. nytimes. com/interactive/2018/opinion/editorialboard. html (2021년
　　1월 31일 검색)

하기 때문으로 해석된다. 논설실에서 일하다가 다시 편집국 기자나 데스크로 발령받아 기사작성과 취재를 하는 일도 없다. 논설실원들은 그날의 주요 뉴스와 진행 상황을 바탕으로 자신이 쓸 사설 아이디어를 매일 내놓으며 토론을 거쳐 주제와 필자를 배정받는다.

다른 신문사 사설과 마찬가지로 *NYT*도 사설에 필자의 이름을 적지

표 4-3   뉴욕타임스 논설실 명단 (13명) * 2021년 1월 현재

이 름	직책 분야	합류시점	주요 경력	비 고
Kathleen Kingsbury	논설실장	2017년	'보스턴글로브' 디지털국장	퓰리처상 수상
Binyamin Appelbaum	경제·비즈니스	2019년	'워싱턴포스트', NYT워싱턴지국	Fed 취재
Greg Bensinger	테크놀로지	2020년	'워싱턴포스트', WSJ	빅 테크 기업 취재
Michelle Cottle	미국 정치	2018년	'애틀랜틱', '뉴스위크'	여성
Mara Gay	뉴욕	2018년	WSJ, '뉴욕데일리뉴스'	여성
Jeneen Interlandi	헬스 과학	2018년	'뉴스위크', NYT 매거진	여성
Lauren Kelley	여성	2018년	온라인매체 롤링 스톤 에디터	여성
Alex Kingsbury	정치·국제	2018년	'보스턴글로브' 논설실	NPR PD
Serge Schmemann	국제	2013년	IHT 논설실장	퓰리처상 수상
Brent Staples	교육·경제	1990년	NYT 메트로폴리탄 부에디터	심리학 박사
Farah Stockman	정치·국제	2020년	'보스턴글로브', NYT 순회기자	여성, 퓰리처상 수상
Jesse Wegman	대법원·법률	2013년	'뉴스위크', 데일리비스트	NPR PD
Nick Fox	비상근 에디터	1995년	뉴스데이, NYT	언론학 석사

않는다. 사설은 개인의 의견이 아니라 *NYT*라는 기관의 집단의견을 반영한다는 이유에서다. 제임스 베넷 전 논설실장은 "논설실은 편집국을 대변하지 않으며, 논설위원들과 옥스-설즈버거 가문의 신념을 반영한다"고 말했다. 88

설즈버거 가문은 오피니언 에디터(옛 논설실장)를 통해 사설의 방향을 통제한다. 1940~70년대에는 발행인이 자신이 내고 싶은 사설의 초고(草稿)를 메모형식으로 써서 보내는 경우도 있었다. 89 앤드루 로젠탈 전 논설실장은 "필자들이 스스로 취재를 하고 논지에 맞는 자료와 정보를 모은다는 점에서 우리 사설은 사실에 기반을 둔 강한 의견(*a strong opinion based on reality*)을 제시한다"고 했다. 그는 이렇게 말했다.

논설실원들은 대개 최소 20년이 넘는 풍부한 경험과 취재기술을 갖고 있다. 또 회사 자료실이 제공하는 자료와 데이터베이스, 각 분야 사람들의 다양한 의견을 듣는다. 이들은 경험을 토대로 하되 책과 자료를 읽고 많은 사람과 정보, 관점을 접함으로써 좋은 글을 쓴다. *NYT* 사설은 논설실원들이 스스로 한 기획보도(*enterprise reporting*)에 기반하고 있다. 90

88 James Bennet, "Why The Times Editorial Board Supports an Impeachment Inquiry", *New York Times*(Sept. 27, 2019)
89 Edwin Diamond(2003), p. 281
90 "(Talk to The Times): Editorial Page Editor Andrew Rosenthal", *New York Times* (April 12, 2009)

T 미니박스 | **인터뷰: 제임스 베넷 11대 논설실장**

11대 논설실장인 제임스 베넷(James Bennet)은 딘 바케이 편집인 후임자로 유력했으나 톰 코튼(Tom Cotton) 연방 상원의원의 기고 칼럼(2020년 6월 3일)을 검증하지 않고 내보낸 책임을 지고 전격 사임했다. 수백 명의 사내 직원들이 이 칼럼에 항의성 집단서명을 하며 파문이 커진 탓이다.

백악관 출입기자 등을 지낸 뒤 월간지 '애틀랜틱' 편집국장을 거쳐 2016년 NYT에 복귀한 그는 논설실장 신분이던 2020년 1월 자사 기자와 인터뷰했다.

— 사설은 누구의 입장을 대변하나?
우리는 5대에 걸쳐 뉴욕타임스를 경영하며 이끌어온 옥스-설즈버거 가문과 가문 구성원들의 원칙을 그대로 반영한다.

— 논설실의 '지도적 가치'는?
4가지이다. 자유롭고 공정한 세계의 옹호, 자유와 진보가 민주주의와 자본주의를 통해 전진하는 세계질서의 지지(支持), 정직한 통치와 기회 균등 및 건강한 지구 증진, 그리고 아돌프 옥스가 말한 '건전한 양심의 자유로운 행사'의 고양(高揚) 등이다.

— 내부 의견 수렴은 어떻게 하나?
매주 두 번 정도 전체 회의를 한다. 중요 문제들에 대해 수십 년간 우리가 취해온 입장과 일치하는 맥락에서 어떻게 다룰 것인가를 논의하기 위해서다. 기본적으로 만장일치 합의를 추구한다. 이견이 있을 때는 투표를 한다.

• 자료: James Bennet, "[Understanding The Times] 'What Is an Editorial Board?' ", New York Times (Jan. 13, 2020); "New York Times Opinion Editor Resigns After Column Controversy", Reuter (June 8, 2020)

세계 최고 경쟁력 지닌 칼럼니스트들

자기 이름을 단 기명(記名) 칼럼을 정기적으로 쓰는 오피니언 칼럼니스트들은 오피니언 에디터의 지휘를 받지만 특별한 요청이 없는 한 내부 회의에 참석하지 않는다. 2021년 1월 기준 총 15명인 이들의 면면은 화려하다.

노벨 경제학상 수상자(폴 크루그먼)와 퓰리처상 수상자(토머스 프리드먼, 니콜라스 크리스토프, 브렛 스티븐스), 글로벌 베스트셀러 저자(데이비드 브룩스), 1980년대생 천재급 저널리스트(에즈라 클라인, 자멜 부이에) 등은 세계 미디어에서 최고 실력자들로 평가된다. 91

15명 가운데 7명은 1940~1960년대에 태어났고, 8명은 1970~80년대 출생자들이다. 연령대가 편중되지 않고 고르게 분포돼 있다. 토머스 프리드먼과 데이비드 브룩스(David Brooks), 모린 다우드 3명은 사무실을 워싱턴 DC K스트리트에 있는 워싱턴지국 안에 두고 있다.

유명 칼럼니스트 영입에는 발행인이나 오피니언 에디터가 직접 나선다. 펀치 설즈버거 발행인은 윌리엄 새파이어를 직접 영입했다. 앤드루 로젠탈 전 논설실장은 2009년 윌리엄 크리스톨(William Kristol) 후임으로 당시 29세이던 로스 다우탯(Ross Douthat)을, 92 제임스 베넷 논설실장은 바리 와이스(Bari Weiss, 2020년 퇴사)와 브렛 스티븐스(Bret Stephens)를 영입했다. 93

---

91 2021년 초 뉴욕타임스 사내 오피니언 칼럼니스트들(8개)과 논설실원(3개)들이 받은 퓰리처상은 모두 11개이다.

92 Richard Pérez-Peña, "Times Hires New Conservative Columnist", *New York Times* (March 11, 2009)

표 4-4   오피니언 칼럼니스트 명단 (총 15명, 2020년 1월 31일 현재)

이 름	입사(출생) 연도	특이사항	기 타
Charles M. Blow	2008 (1970)	매주 월, 목 칼럼, 反트럼프	흑인
Jamelle Bouie	2019 (1987)	슬레이트 매거진 정치부장	흑인
David Brooks	2003 (1961)	WSJ, '위클리 스탠더드' 출신	보수
Frank Bruni	2011 (1964)	'뉴욕포스트' 출신, 주 2회 칼럼	게이
Gail Collins	1995 (1945)	NYT 첫 여성 논설실장(2001~06년)	최고령
Ross Douthat	2009 (1979)	잡지 '애틀랜틱' 시니어 에디터 출신	
Maureen Dowd	1995 (1952)	퓰리처상 수상(1999년)	여성
Thomas Friedman	1995 (1953)	퓰리처상 3회 수상, 매주 수, 금 칼럼	
Michelle Goldberg	2017 (1975)	퓰리처상 수상(2018년), 슬레이트 출신	여성
Nicholas Kristof	2001 (1959)	퓰리처상 2회 수상	
Paul Krugman	1999 (1953)	노벨 경제학상(2008년) 단독 수상	
Farhad Manjoo	2018 (1978)	Wired, WSJ 근무	흑인
Jennifer Senior	2018	NYT 매거진 출신	여성
Bret Stephens	2017 (1973)	퓰리처상 수상(2013년)	중도보수
Ezra Klein	2021 (1984)	Vox 편집국장 출신, 팟캐스트 진행	

• 자료: 'Opinion', New York Times
  https://en.wikipedia.org/wiki/List_of_The_New_York_Times_employees

칼럼니스트들은 주제를 자유롭게 선택해 매주 한두 건의 칼럼을 쓴다. 사안에 대한 입장 선택도 자유로우며 대학 강의나 기업체, 해외 특강 등 상당한 자율성을 갖고 외부 활동을 한다. 회사에서 자료조사팀의 지원도 받지만 칼럼의 모든 내용과 사실 관계에 책임을 진다.

주요 칼럼니스트마다 페이스북 등에 팬클럽이 있고 일부는 '안티 (anti) 모임'이 구성돼 있다. [94] 인기 칼럼니스트가 쓰는 칼럼들은 일반 기

---

93 James Bennet, "Introducing Our New Columnist", *New York Times* (April 28, 2017)
94 폴 크루그먼(Paul Krugman)이 매주 칼럼을 쓸 때마다 이를 반박하는 '콘트라 크루그먼 (Contra Krugman)'이라는 모임이 대표적이다. 2015년 9월부터 활동하는 이 단체는 단체 모임과 여행 같은 집단 행사도 연다. https://contrakrugman.com/ 참조

사보다 훨씬 많은 댓글과 독자 이메일을 받는다. 이들이 쓰는 칼럼은 회사가 정한 저널리즘 윤리와 사실 정확성 같은 기준에 부합해야 한다. 예컨대 특정 정치 후보에 대한 명백한 지지 같은 것은 금지된다. 칼럼니스트들도 회사의 기사 매뉴얼(*Manual of Style and Usage*)과 윤리 규정을 지켜야 한다. [95]

오피니언 부문의 다양한 면모

오피니언에 등장하는 사설과 칼럼의 논조는 진보적 색채가 확연하다. 2010년대 들어 이런 경향은 더 확실해지고 있다. 진보적인 종합 월간지 '애틀랜틱(*Atlantic*)'의 도발적인 주장들과 별반 다르지 않다는 평가를 받는다.

미국 리버럴 진영의 '나침반'

오피니언면이 리버럴 쪽으로 기운 것은 존 오크스가 논설실장을 맡은 1961년부터다. 그는 1976년까지 논설실을 이끌면서 인권과 시민자유, 환경문제, 베트남전쟁 반대 등 리버럴 가치를 강하게 주장했다. 역대 발행인 가운데는 설즈버거 주니어가 재임 기간(1992~2017년) 내내 리버럴 논조에 앞장섰다.

이 과정에서 논설실과 의견충돌이 빚어지기도 했다. 설즈버거 주니어

---

95 "〔Talk to The Times〕 Editorial Page Editor Andrew Rosenthal", *New York Times* (April 12, 2009)

표 4-5

뉴욕타임스 보수 성향 칼럼니스트

이 름	활동 연도	특이사항
William Safire	1973~2005	리처드 닉슨 대통령 연설보좌관 출신, 퓰리처상 수상(1978년)
David Brooks	2003~현재	24세 때부터 칼럼 집필, '뉴욕타임스' 종신 칼럼니스트
Ross Douthat	2009~현재	'애틀랜틱' 선임 기자 출신, 팟캐스트 'The Arguement' 진행, 주로 일요일판에 칼럼 게재
Bret Stephens	2017~현재	'월스트리트저널' 출신, 퓰리처상 수상(2013년)

𝕋 미니박스 | **데이비드 브룩스** (David Brooks · 1961~)

'보보스(Bobos · 2000년)'와 '인간의 품격(The Road to Character · 2015년)', '두 번째 산(The Second Mountain: The Quest for a Moral Life · 2019년)' 등 여러 권의 세계적 베스트셀러를 냈다. 1983년 시카고대 역사학과 졸업 직후 시카고 '시티 뉴스' 경찰기자로 근무한 뒤 24세부터 오피니언 저널리스트가 됐다. 1986년부터 '월스트리트저널(WSJ)'에서 서평(書評) 담당 에디터와 브뤼셀 상주 칼럼니스트(1990~94년) 등을 지냈다.

1995년 신보수 매체인 '위클리 스탠더드(Weekly Standard)' 창간 멤버로 합류해 선임 에디터로 일하다가 2003년 게일 콜린스 NYT 논설실장의 영입제의를 받고 그해 은퇴한 보수논객 윌리엄 새파이어의 후임이 됐다.

그는 미국 리버럴들을 충분히 이해하는 바탕 위에서 격조 있는 칼럼을 쓴다. 2003년 9월부터 매주 한두 번 기명칼럼을 쓰는데 보수 성향이 짙다. 그는 "논설실장과 발행인은 내가 쓴 글의 주제나 내용에 대해 편집하거나 감독하지 않는다. 그들은 '당신이 생각하는 것은 무엇이든 써라. 우리는 그것을 발행하겠다'라고 말한다. 흥미로운 칼럼을 써내는 한 전적인 자유를 누린다'고 했다."

발행인이 아프가니스탄에서 미군 철수를 요구하는 사설 작성을 요구하자, 논설실이 "너무 급진적"이라며 반발해 발행인과 논설실원들이 문을 닫아 걸고 비공개 토론을 한 적도 있다. 96

　지금도 논설실과 칼럼니스트들은 리버럴 일색이다. 15명의 오피니언 칼럼니스트 가운데 보수 성향은 데이비드 브룩스와 브렛 스티븐스, 로스 다우탯 등 최대 3명이다. 3명도 미국에서 정통보수로 간주되지 않는다.

　일례로 도널드 트럼프 대통령을 그의 재임기간 중과 말기에 중립적으로 평가한 사람은 데이비드 브룩스 한 명뿐이었다. 중도보수로 분류된 두 명도 거칠고 노골적으로 반(反) 트럼프, 반공화당 비난 대열에 합세

96　Jill Abramson (2019), p. 78

했다.

 '뉴욕 매거진'의 정치칼럼니스트인 마이클 토머스키(Michael Tomasky)
는 "뉴욕타임스 사설은 미국 엘리트에게 무엇이 책임 있는 리버럴한 견해
인지를 알려주고 있다"고 말했다. *NYT*가 미국 리버럴 진영의 교과서이
자, 나침반이 되고 있다는 얘기다. 자타가 인정하는 보수 칼럼니스트인
데이비드 브룩스는 "뉴욕타임스 칼럼니스트가 되고 첫 6개월 동안 29만
통 정도의 이메일을 받았는데 대부분 적대적인 내용이었다"며 이렇게 말
했다.

> *NYT*에서 첫 6개월은 너무나 고통스러웠다. 그전에 이 정도 규모로 미움
> 을 받아본 적이 없었다. 당시에는 내 이메일 주소가 칼럼 바로 밑에 적혀
> 있었다. 이메일을 통해 공격이 쇄도했고 온라인 댓글도 마찬가지였다. 그
> 것들 때문에 아주 낙담했고 상처를 많이 받았다. [97]

 리버럴 매체이면서도 반대논조를 포용하고 인정했던 과거와 달리 독
자들까지 외골수 강성 리버럴이 되고 있다는 얘기이다. 이런 흐름은
2010년대 이후 더 심화하고 있다.

세계 최초의 Op-Ed면

1970년 9월 21일 자부터 A 섹션 후반부 사설면(*editorial page*) 맞은편에
실리는 옵-에드(*Op-Ed*) 면은 '사설면의 반대면에 있다(*Opposite to the*

---

97 Christopher Beam, "A Reasonable Man", *New York Magazine*(July 1, 2010)

Editorial Page)'는 뜻이다. 공간적으로도 그러하지만 내용에서도 *NYT*의 목소리와 다른 글들을 담겠다는 취지를 담고 만들어졌다.

1970년 뉴욕에서 최고의 보수 성향 신문으로 평가받던 '뉴욕 헤럴드 트리뷴(*The New York Herald Tribune*)'이 폐간되면서, 보수 논조를 담은 외부 칼럼과 시민들의 글을 실으면 신문의 권위와 판매, 광고 모두에 도움이 될 것이라는 현실적 고려가 작용했다. 98 *NYT*는 옵-에드면의 목적에 대해 이렇게 밝히고 있다.

뉴욕타임스와 아무 관련이 없는 필자와 사상가들로부터 여러 이슈들에 대한 새로운 아이디어와 통찰력을 독자들에게 제공하고 살펴볼 수 있는 더 큰 기회를 주고자 한다. 따라서 이 면에 소개되는 필자들의 시각은 때때로 우리의 시각과 완전히 다를 수 있다. 99

판에 박힌 상투적인 입장을 반복하는 게 아니라 자극을 주고, 흥미 있고, 영감 넘치는 아이디어를 교류하는 공적(公的) 광장을 지향한다는 얘기이다. 옵-에드면을 전담하는 초대 에디터에는 소련과 공산권 취재로 이름을 날린 해리슨 솔즈베리(Harrison Salisbury · 1908~1993)가 임명됐다.

그는 "옵-에드면에 실린 칼럼을 읽고 난 후 '이 아침에 왜 이런 칼럼이 실려 있을까'라며 독자들이 고개를 갸우뚱거리게 만들려고 충격요법을

---

98 David Shipley, "And Now a Word From Op-Ed", *New York Times* (Feb. 1, 2004)
99 Remy Tumin, "(Times Insider) The Op-Ed Pages, Explained", *New York Times* (Dec. 3, 2017)

쓰곤 했다"고 했다.

제임스 레스턴은 자신의 회고록에서 "1940년대부터 우리는 지금까지 칼럼이나 사설란에서 독자들의 의견에 주의를 기울이지 않아왔다. 그래서 설즈버거 발행인에게 옵-에드면 신설을 강하게 요청했다"고 밝혔다.

나는 뉴욕타임스를 다른 신문과 구별짓는 요인은 바로 각 대학과 정부, 세계의 다국적 기업에 포진한 수준 높은 독자들이며, 이들의 의견을 매일 지면에 반영하는 것은 우리 신문만이 할 수 있는 일이라고 주장했다. 100

펀치 설즈버거 발행인은 레스턴 등의 건의를 수용해 옵-에드면을 신설했다. 이는 세계 신문사 가운데 최초의 시도였고 많은 세계 각국 권위지들이 이를 따라 했다.

외부 기고문도 행정부 정책 바꿔

옵-에드면은 지식인과 고급 독자들을 중심으로 인기를 모았다. 에드윈 다이아몬드의 말이다.

옵-에드면에 수준 높은 자발 기고문(*unsolicited manuscripts*)이 1990년 들어 하루 60여 건, 매주 수백 통씩 접수돼 편집자들이 애먹었다. 일부 교수와 전문가들이 대학이나 연구소와의 계약서에 뉴욕타임스에 연간 몇 건의 기고문을 싣겠다고 약속했기 때문이다. 101

100　James Reston(1992), p. 343
101　Edwin Diamond(2003), p. 279

외부에서 보내오는 기고문을 고를 때 큰 원칙은 'NYT에서만 볼 수 있는 글이어야 하며, 논쟁을 불러일으킬 수 있어야 한다'는 것이다. 102 한 예로 민주당 의원이 공화당 의원을 비판하는 글은 싣지 않지만 민주당 의원이 같은 당 동료를 꾸짖는 글은 싣는다. 또 정부 현직 장·차관이나 고위 공무원이 쓴 기고문 등은 싣지 않고 파병 군인이나 장애인처럼 소외된 사람의 칼럼은 우대한다.

사설과 칼럼은 물론 외부 기고문의 영향력도 상당하다. 쿠바 관타나모 수용소 수감자인 사미르 나지 알 하산 모크벨(Samir Naji al Hasan Moqbel·당시 35세)이 2013년 4월 14일 자 옵-에드면에 수감자들의 고통을 적은 기고문103을 썼다. 보름쯤 후 버락 오바마 대통령은 관타나모 수용소 폐지를 다시 추진하겠다고 밝혔다. 기고문이 가라앉았던 수용소 폐지 논란을 불러일으켜 정책변화를 촉발한 것이다.

옵-에드면에 정기적으로 또는 현안이 생길 때마다 글을 쓰는 '오피니언 기고 필자(contributing opinion writer)'104들의 수준도 높다. 글로벌 경제 분야의 루치르 샤르마(Ruchir Sharma)는 투자은행 모건스탠리의 수석 글로벌전략가로 'Breakout Nations(2012)' 같은 저서를 냈다.

NYT 법조전문기자 출신인 린다 그린하우스(Linda Greenhouse)도 오

102 박현진·장택동, "Why NYT? 세계는 왜 뉴욕타임스를 열독하는가", 〈동아일보〉
     (2013년 5월 11일)
103 Samir Naji al Hasan Moqbel, "Gitmo Is Killing Me", *New York Times*(April 14,
     2013)
104 오피니언 기고 필자들의 칼럼 맨 끝부분에는 "이 에세이는 필자만의 의견을 반영한다
     (This essay reflects his/her opinions alone)"는 표시가 붙는다.

피니언 기고 필자로서 2주마다 목요일 자 신문에 법조 및 대법원 관련 칼럼을 쓴다. 미국에서 가장 권위 있는 법률가 1백 인 중 한 명인 팀 우(Tim Wu) 컬럼비아대 로스쿨 교수와 저널리스트인 제너퍼 와이너(Jennifer Weiner), 유명 저술가인 엘리엇 애커만(Elliot Ackerman), 유명 작가 마가렛 렌클(Margaret Renkl), 언론인 마티 프리드먼(Matti Friedman)도 오피니언 기고 필자이다.

1860년부터 대통령 후보자 지지입장 표명

2020년 미국 대통령 선거 투표일(11월 3일)을 28일 앞둔 그해 10월 6일 자 사설에서 *NYT*는 "조 바이든 후보가 지금 미국이 필요로 하는 지도자"라면서 공개지지(*endorsement*)를 선언했다. [105] 캐슬린 킹스베리 당시 논설실장 대행은 같은 날짜 오피니언면의 '편집자 노트(*Editor's Note*)'에서 바이든 후보를 지지하기로 결정한 배경을 밝혔다. [106]

*NYT*는 2020년 1월 19일부터 9명의 민주당 대선 예비 후보자들에 대한 논설실원과의 인터뷰 전문과 동영상을 홈페이지와 팟캐스트, '더 위클리' TV 등에 띄웠다. 지지후보 결정 과정을 일반인에게 투명하게 공개한 것이다.

대선 후보자에 대한 공식입장 발표는 1860년 에이브러햄 링컨(Abraham Lincoln) 대통령에 대한 공개지지를 시작으로 2020년까지 모

---

105 The Editorial Board, "Elect Joe Biden, America", *New York Times* (Oct. 6, 2020)

106 Kathleen Kingsbury, "[Editor's Note] Why The Times Editorial Board Endorsed Joe Biden for President", *New York Times* (Oct. 6, 2020)

두 34차례 이뤄졌다. 19세기 후반 6차례 대통령 선거에서는 공화당 후보를 지지했으나, 1884년 그로버 클리블랜드(Grover Cleveland) 후보 지지를 계기로 민주당으로 돌아섰다.

ⓣ 미니박스 | **해리슨 솔즈베리** (Harrison Salisbury · 1908~1993)

미네소타대학 졸업 후 UP통신 기자를 거쳐 NYT에 입사해 1949년부터 54년까지 모스크바 특파원을 지냈다. 제2차 세계대전의 결정적 전투인 9백여 일간의 레닌그라드 공방전을 다룬 저서 '900 Days: The Siege of Leningrad(1969)'와 소련발 기사로 유명해졌다.

2차 세계대전 후 미국 기자 출입이 금지됐던 알바니아 현지 취재(1957년)를 했고, 시베리아와 중앙아시아 등 '철의 장막'을 뚫고 취재한 최고의 국제 민완기자였다.

1959년에는 2차 세계대전 이전에 단 한 명의 미국 기자 입국을 허락했던 몽골에도 입국허가를 받아 갔다.

1966년 12월에는 미국 기자로는 최초로 북베트남 수도인 하노이로 날아가 단독 취재했다. 미군 공습으로 북베트남 민간인들의 피해를 처음 폭로해 미국은 물론 전 세계에 큰 반향을 일으켰다. 1967년 1월 귀국할 때 공항에서 수많은 사진기자들의 취재 세례를 받았고, 본사에 들어오자 에디터들이 기립 환영하며 솔즈베리와 악수를 나눴다.

1970년 오피니언면의 옵-에드(Op-Ed)면 초대 에디터를 맡았다. 리처드 닉슨 대통령의 역사적인 중국 방문(1972년)에 자극받아 1973년 5월 부인 샬롯 솔즈베리와 함께 5주일의 중국 취재여행을 했다. 그해 65세로 퇴직한 뒤 'China: 100 Years of Revolution'(1983), '천안문 일기(Tiananmen Diary)'(1989), 'The New Emperors'(1992) 같은 중국 관련 책을 냈다.

'Without Fear or Favor'(1980)와 자서전 'Journey For Our Times'(1983), 'Heroes of My Time'(1993) 등 29권의 저서를 썼다.

• 자료: Gay Talese (2007), pp.429~450; Eric Pace, "Harrison E. Salisbury, 84, Author and Reporter, Dies", New York Times (July 7, 1993)

NYT의 두 번째 여성 논설실장이자 초대 오피니언 에디터인 캐슬린 킹스베리 (Kathleen Kingsbury)는 '보스턴글로브'에서 디지털 담당 편집국장과 논설실 부실장으로 일하다가 2017년 NYT로 옮겼다. 시사주간지 '타임(Time)'의 홍콩특파원으로 일했고 '보스턴글로브' 재직 중 퓰리처상을 받았다. 조지타운대와 컬럼비아대 저널리즘스쿨을 졸업했다. 논설실 부실장 시절, 정치인 후보자 지지(political endorsement) 선언과 관련해 인터뷰했다.

― 왜 후보 지지를 하나?
후보자들의 공약과 기반을 깊이 있게 평가해 독자들의 결정에 도움을 주기 위해서이다. 지지후보 검증 과정에서 논설실원들은 입후보자들에게 거칠고 어려운 질문을 한다. 19세기 후반에는 NYT를 비롯한 신문사들의 지지선언을 받은 후보들이 대부분 낙선했다. 1940년부터 2012년 대통령 선거에서는 공개지지를 받은 후보자들이 많이 당선됐다.

― 누가 지지 후보를 정하는가.
수십 년의 언론경력을 지닌 논설실원들이다. 이들은 자신의 경험이나 분야별 전문성을 바탕으로 독자적인 연구를 한다. 과학, 법률, 비즈니스 등 전문분야가 있으며 최소 4~6번 대통령 선거를 치렀다. 여러 후보들의 정책공약이나 과거 발언을 분석하며 직접 유세 현장에 가서 투표자들도 인터뷰한다.

― 최종 결정은 어떻게 하나?
각 후보자들을 인터뷰한 다음, 논설실원들이 모두 모여 해당 후보자의 장단점을 토의하고 숙고한다. 홍보담당자나 비서팀장도 빠진 상태에서 후보자들과 매우 사적인 집단 심층 인터뷰를 한다. 대략 한 시간 넘게 진행되는 인터뷰에서 원하는 거의 모든 질문을 꺼낸다. 논설실의 합의를 바탕으로 최종 결정을 내린다.

• 자료: Lara Takenaga, "[Understanding The Times] How and Why Our Editorial Board Endorses Political Candidates", New York Times (Jan. 13, 2020)

역대 논설실장 가운데 찰스 메르츠, 존 오크스, 막스 프랑켈, 잭 로젠탈, 앤드루 로젠탈은 모두 유대인이다. 토머스 프리드먼, 데이비드 브룩스 같은 오피니언 칼럼니스트들도 유대인이다. 미국 내 유대인들이 가장 밀집해 모여 있는 뉴욕에 위치한 NYT는 미국 유대인들에게 고향 신문(hometown paper)으로 불렸다.

그러나 독일계 유대인인 아돌프 옥스는 각종 유대인 사교 클럽과 모임에 가입하지 않았다. 1916년 러시아 정부가 유대계 미국인의 비자 발급을 거부했을 때, 기사나 사설을 통해 항의하기는 커녕 오히려 기사에서 유대인(Jews)이라는 말을 의도적으로 뺐다. 친(親)유대인 신문으로 인식되는 걸 극도로 싫어했기 때문이다.

후임 발행인들도 대체로 중립적인 입장을 보였다. 특히 1967년 '6일 전쟁'을 계기로 선명한 친(親)이스라엘 논조는 사라졌다. 사안에 따라 입장을 다르게 취했다. 예외적으로 윌리엄 새파이어(William Safire · 1929~2009)는 노골적으로 친이스라엘 주장을 폈다.

1993년 12월 빌 클린턴 대통령이 해군 제독 출신으로 CIA 부국장을 지낸 보비 인맨 (Bobby R. Inman)을 국방장관에 내정했다. 민주·공화 양당 모두 그의 기용을 환영했다. 그러나 새파이어는 인맨의 내정을 반박하는 이유 4가지를 자신의 NYT 칼럼에 열거했다. 가장 큰 결격 사유는 인맨의 반(反)이스라엘 정서였다. 칼럼이 나온 후 인맨은 자진사퇴했다.

새파이어는 닉슨 대통령 시절 백악관 연설문 담당으로 일하다가 워터게이트 사건이 터진 이듬해인 1973년, NYT로 옮겨 2005년까지 일했다. 그의 칼럼은 명쾌한 분석과 수려한 문장, 직설적인 표현으로 유명했다. 한동안 사내 유일한 보수 칼럼니스트였고, 1979년부터 NYT 매거진에 매주 '온 랭귀지(On Language)' 칼럼을 통해 탁월한 언어감각도 보여줬다.

• 자료: Neil Lewis, "From the archives: The Times and the Jews", Columbia Journalism Review (January/February 2012)

34차례 가운데 민주당 후보를 27차례, 공화당은 6차례, 제3의 정당 후보 지지(1896년)는 한 차례 각각 했다. 공화당 후보 지지는 드와이트 아이젠하워(Dwight Eisenhower · 1956년)를 마지막으로 이후 64년간 전무(全無)하다. 107

디지털 시대의 오피니언

회사 전반의 디지털 전환 흐름에 맞추어 오피니언 부문도 변신하고 있다. 2020년 11월부터 2021년 1월까지 3개월 동안 캐슬린 킹스베리 오피니언 에디터 주도로 단행된 일련의 오피니언 부문 인사를 보면 특징이 드러난다.

먼저 2020년 11월, 36세의 에즈라 클라인(Ezra Klein)을 칼럼니스트 겸 팟캐스트 진행자로 영입했다. 클라인은 2014년에 인터넷 미디어 '복스(Vox)'를 공동창업했고, 베스트셀러 《우리가 양극화된 이유(Why We're Polarized)》(2020년)를 썼다.

디지털 멀티 플레이어 영입

팟캐스트와 비디오, 넷플릭스, 블로그를 통해 정치 평론을 펴온 다재다능한 저널리스트로서 '복스' 편집국장과 '워싱턴포스트', 넷플릭스 등에서 활동했다. 킹스베리 오피니언 에디터는 그의 임용에 대해 "클라인은

---

107 "List of United States presidential election endorsements made by The New York Times" in Wikipedia(2021년 2월 11일 검색)

칼럼과 팟캐스트 활동으로 미국의 새로운 시대에 적합한 감각의 정치 칼럼과 논평을 발신할 것"이라고 말했다. 108

그는 '트럼프 이후의 공화당', '정당이 실패할 때 어떻게 기후변화 문제를 해결할까' 같은 현대적 주제를 갖고 담담한 목소리로 정보와 논리, 통찰력을 들려주고 있다.

킹스베리 에디터는 2020년 12월에는 비즈니스와 경제, 테크놀로지를 담당하는 에디터로 디지털 비즈니스 전문잡지인 '레스트 오브 월드(*Rest of World*)' 편집장인 싯하르타 마한타(Siddhartha Mahanta)를 영입했다. 109

2021년 1월에는 오디오 부문 이용자 담당 에디터(*audience editor for Audio*)로 샤논 부스타(Shannon Busta)를 스카우트했다. 부스타 에디터는 오피니언면의 오디오와 이용자 분야, 특히 팟캐스트의 디지털 확장 전략을 맡는다. 110 이에 앞서 2020년 8월 초에는 오피니언 부문 전담 오디오팀을 출범했다. 111

---

108 The New York Times Company, "(Press Release) Ezra Klein Joins Times Opinion as Columnist and Podcast Host"(Nov. 20, 2020), 에즈라 클라인은 2021년 1월 26일부터 매주 2회(화요일, 금요일) '에즈라 클라인 쇼(The Ezra Klein Show)'라는 팟캐스트를 하고 있다. The New York Times Company, "(Press Release) Introducing 'The Ezra Klein Show,' a Podcast from New York Times Opinion"(Jan. 19, 2021)

109 The New York Times Company, "(Press Release) Opinion Welcomes Siddhartha Mahanta"(Dec. 14, 2020)

110 The New York Times Company, "(Press Release) Shannon Busta Joins Opinion as Audience Editor for Audio"(Jan. 8, 2021)

111 The New York Times Company, "(Press Release) Introducing the Opinion Audio Team"(August 3, 2020)

표 4-6 **뉴욕타임스 오피니언 부문 뉴스레터 (2021년 1월 현재)**

이 름	내 용	발행 빈도
Debatable	매주 현안 논쟁	매주 2회
Opinion Today	뉴스 · 빅 아이디어	주중 (월~토) 매일
Nicholas Kristof	국제정치 · 외교안보	매주 2회
Paul Krugman	경제	매주 1회
Frank Bruni	정치, 인물, 코멘터리	매주 1회
Jamelle Bouie	정치, 사상, 코멘터리	매주 1회
Sunday Best	매주 베스트 칼럼	
OP-Docs	단편 다큐멘터리 소개	2주에 1회

이들 인사를 관통하는 공통 키워드는 '디지털'이다. 텍스트에만 익숙한 인물보다 칼럼니스트로서 팟캐스트 같은 디지털 능력도 갖춘 멀티플레이어를 선호한다.112 오피니언 부문에서 제공하는 8종류의 뉴스레터 가운데, 'OP-Docs' 뉴스레터는 다큐멘터리 동영상을 전문으로 소개한다.

30~40대 신예 … 팟캐스트 · 뉴스레터 생산

오피니언 부문이 디지털로 급전환하는 사회와 세상 변화에서 소외되지 않도록 이용자들의 눈높이에 맞추어 부단히 혁신하고 있는 것이다. 오피니언 부문에서 생산하는 콘텐츠들을 오디오(팟캐스트), 비디오, 뉴스레터 등으로 전달하고, 이를 위해 오피니언 전담 오디오팀, 비디오팀,

---

112 캐슬린 킹스베리 오피니언 에디터는 "뉴욕타임스는 전 세계에서 아이디어 저널리즘을 위한 최고의 플랫폼을 갖고 있다. 우리 오피니언이 과거보다 더욱 강력해지도록 플랫폼을 계속 확장할 것"이라고 말했다. Sarah Scire, "The New York Times' new opinion editor, Kathleen Kingsbury, on reimagining opinion journalism", *NiemanLab*(Feb. 11, 2021)

기술지원팀을 가동하는 게 그런 예이다.

칼럼니스트와 논설위원들은 수시로 팟캐스트와 비디오, 라이브 이벤트에 출연하고 자기 이름을 단 뉴스레터를 정기적으로 보내고 있다. 뉴스레터의 경우, 자기 이름을 걸고 나가는 4종류와 매일(월~토요일), 주 1회와 2회, 격주로 발행되는 것을 포함해 모두 8종류가 있다.

2021년 2월 현재 방송되고 있는 오피니언 부문 팟캐스트는 '에즈라 클라인 쇼' 외에 '디 아규먼트(The Argument)'와 '더 스웨이(The Sway)' 등 3개이다. 1년 전인 2020년 초반까지 '디 아규먼트' 1개뿐이었던 것과 비교하면 큰 진전이다. 113

'디 아규먼트'는 오피니언 부문에서 가장 이른 2018년 시작된 팟캐스트로 1970년대 생인 로스 다우탯(1979년생)과 미셸 골드버그(1975년생) 두 명의 오피니언 칼럼니스트가 공동 진행하다가 2021년 1월부터는 인터넷 매체 복스(Vox)의 정치담당 선임기자로 활약하던 제인 코스턴(Jane Coaston)이 새로 진행을 맡고 있다. 매주 1회씩 40~50분 분량이다.

그 이전까지 다우탯은 보수 입장에서, 골드버그는 진보 입장에서 정치 현안에 대한 입장을 폈다. 이용자들은 자신의 정치적 입장을 확인하면서 반대진영에 대한 설득논리를 얻었다. 114 새 사회자인 제인 코스턴

---

113 Paula Szuchman, "〔Times Insider〕 Opinion Podcasts Invite You to Hear the World Differently", *New York Times*(Feb. 24, 2021)

114 코로나 19 팬데믹으로 2020년 3월 13일부터 뉴욕타임스 칼럼니스트들도 대부분 재택근무에 들어갔다. 오피니언 칼럼니스트들은 미국 동부시간으로 평일 오후 1시마다 매일 트위터로 라이브 채팅을 한다. 보통 9~10명 참여한다. The Editors, "Our Writers Are Also Stuck at Home, So Let's Chat", *New York Times*(March 25, 2020)

은 오피니언 부문 안팎의 유력 저널리스트들을 초대해 대화와 토론방식으로 진행하고 있다.

카라 스위셔(Kara Swisher)는 2018년부터 *NYT*에 전문가 기고를 하는 오피니언 기고 필자(*contributing opinion writer*)이다. 그가 2020년 가을부터 매주 내보내는 팟캐스트 '더 스웨이'는 실리콘밸리와 IT 업계, 빅테크 기업들에 초점을 맞추고 있다.[115]

"트위터가 최고의 에디터?"

"트위터는 뉴욕타임스의 수뇌부가 아니지만 최고의 에디터(*ultimate editor*)가 됐다. 대부분은 디지털 천둥이 두려워 자기 검열 속에 산다."

논설실 소속의 배리 와이스(Bari Weiss) 에디터는 2020년 7월 중순 사주인 A. G. 설즈버거 발행인에게 보낸 1,500단어 분량의 공개 사직서에서 이렇게 주장했다.[116] 그는 자신이 몸담아 온 *NYT*가 트위터 여론에 민감하게 반응하며 이에 휘둘리고 있음을 비판했다.

와이스는 이 서신에서 "회사 내 동료들이 트위터나 슬랙(*Slack*·업무용 채팅 메신저) 등을 통해 나를 비판해 왔다"며 "내가 일하는 편집국 문화가 나에게 적대적이며, 나는 자유롭지 않은 환경에서 일했다"고 밝혔다. 회사 안에서 희귀한 보수 성향으로 분류되는 그녀에 대한 '집단 왕따' 현상이 있었음을 폭로한 것이다.

---

115 The New York Times Company, "〔Press Release〕Kara Swisher to Launch Podcast With Opinion"(April 28, 2020)

116 https://www.bariweiss.com/resignation-letter

와이스의 사퇴는 자신을 영입한 제임스 베넷 전 논설실장의 갑작스런 사임으로 촉발됐다. 베넷 실장은 당시 흑인 시위진압에 '군대를 투입하자'는 톰 코튼 미국 연방 상원의원(공화당)의 칼럼을 실었다가 사내 비판에 직면해 사표를 냈다. 편집국과 논설실을 중심으로 한 8백여 명의 직원들이 이 칼럼 게재에 항의하며 집단 반발했다.

와이스 에디터의 퇴사는 NYT 내부가 온통 리버럴 일변도여서 보수주의자들이 숨 쉴 수 있는 공간이 사라진 속사정을 드러냈다. 성향이 다른 에디터를 겨냥한 집단 따돌림은 과거 NYT에선 상상도 할 수 없는 일이다. 다양성과 품위, 외부 시각에 대한 열린 자세를 중시해 온 오피니언 부문의 취지와도 어긋난다.

이런 현상은 트위터 같은 소셜미디어(SNS) 확산으로 정치적 양극화와 편 가르기가 더욱 극심해진 데 따른 디지털 시대의 부산물이다. 종이신문 시대에 통용됐던 "우리 생각과 다른 논조의 외부 칼럼도 실어야 한다"는 오피니언 제작원칙이 디지털 시대에는 더 이상 통용되기 힘들어졌음도 확인됐다.

인터넷 공간과 소셜미디어 활성화로 온라인에서 칼럼을 접한 독자들은 이를 종이신문 기사와 똑같이 인식하는 경향이 갈수록 굳어지고 있다.[117] 때문에 온라인 칼럼 및 외부 기고문도 종이신문에 실린 칼럼과 똑같은 비중과 기준으로 대해야 하는 시대가 된 것이다.

117 Kevin Lerner (June 22, 2020)

방향은 오피니언 저널리즘과 국제화

2020년 1월 28일 자 보도자료에서 *NYT*는 "우리는 원점에서 새로 시작하기 위해 백지상태에서 조직 재구성에 착수했다. 매일 매일의 중대 현안에 대한 토론을 활성화하고, 새로운 생각과 보도를 촉진하는 오피니언 저널리즘(*Opinion journalism*)이라는 두 가지 야심찬 목표 아래 조직을 새롭게 구성하기로 했다"고 밝혔다.[118]

이 방침에 따라 짐 다오 당시 논설실 부실장(에디터)은 매일 현안 뉴스에 대한 대응과 준비를, 캐슬리 킹스베리 당시 부실장은 장기 기획으로 업무를 분장했다. 논설실과 연계된 그래픽, 비디오, 오디오팀은 킹스베리 부실장에게 보고하도록 했다.

논설실 내부는 정치, 국제, 산업(테크놀로지 포함), 문화, 과학 등 5개 분야로 구분하고 각 팀은 선임 논설위원이 책임지도록 했다. 논설실원들은 5개 팀 안에서 사설을 쓰고, 주요 현안이 발생했을 때 오피니언 칼럼니스트들과 더불어 기명칼럼을 쓸 수 있는 자격이 주어진다.

외부 칼럼니스트들과 논설실원이 쓴 칼럼 가운데 어느 칼럼이 게재될지는 사전조율을 거치는 게 원칙이며, 그렇지 않을 경우 더 품질이 좋은 것으로 결정된다.

오피니언 부문은 미국 바깥의 해외 독자들을 겨냥해 비(非)미국인 칼럼니스트들도 수시로 필자로 영입한다. 이들의 국적은 영국, 케냐, 멕시코, 인도, 한국, 일본, 중국, 나이지리아 등으로 다양하다. 2013년에

---

118 The New York Times Company, "〔Press Release〕 Opinion's Reorganization", (Jan. 28, 2020)

는 24명 정도의 외국인 기고자들을 선정해 매월 칼럼을 실었다. 여기에는 한국 소설가 김영하도 포함됐다. [119]

2018년에는 한국인 음악가 사라 정(Sarah Jeong)을 논설실 비상근 칼럼니스트로 합류시키기도 했다. [120] 해외에 있는 이용자들을 대상으로 디지털 유료 가입자 확대를 추진하고 있는 *NYT*는 칼럼과 칼럼니스트들의 국제화에 더 박차를 가할 전망이다.

119 Andrew Rosenthal, "The Opinion Section Is Expanding", *New York Times*(Oct. 8, 2013)
120 "Sarah Jeong Joins The Times's Editorial Board", *New York Times*(Aug. 2, 2018)

3. 뉴욕타임스의 심장, 탐사보도

2013년 4월 15일 뉴욕타임스 본사 건물 편집국 중앙, 빨간색 카펫이 깔린 3층 복도에 선 아서 옥스 설즈버거 주니어 당시 발행인은 환한 표정으로 손가락 4개를 머리 옆으로 세워 보였다. 이날 컬럼비아대 저널리즘스쿨 퓰리처상(*The Pulitzer Prize*) 선정위원회의 발표에서 분석보도와 국제보도, 탐사보도, 기획보도 등 4개 부문 상을 *NYT*가 휩쓸었음을 알리는 신호였다. 퓰리처상은 '세계 신문업계의 오스카상(賞)'이라 불릴 정도로 권위 있는 상이다. [121]

7년 후인 2020년 5월 4일 열린 제 104회 퓰리처상 시상식에서 *NYT*는 다시 3개 부문(탐사보도, 논평, 국제보도)에서 상을 받았다. 이로써 *NYT*

표 4-7   **퓰리처상 수상 최상위 미디어**

순 위	미디어	수상 횟수
1	New York Times	130
2	Washington Post	65
3	Associated Press	52
4	LA Times	46
5	Wall Street Journal	37

• 대상기간: 1917~2020년, 2020년 12월 말 기준
• 자료: www.pulitzer.org

---

121 1917년부터 퓰리처상을 운영해 온 퓰리처상위원회는 1964년 지역보도(*Local Reporting*) 부문을 폐지하고 탐사보도(*Investigative Reporting*) 부문을 신설했다. 이를 통해 '운동가, 개혁가, 폭로자' 등으로 저널리즘의 새로운 역할을 독려했다. Bill Kovach and Tom Rosenstiel(2014), p. 223

는 1917년부터 시상한 퓰리처상에서 총 130회를 수상해 단일 언론사 가운데 압도적 1위에 올랐다.[122] 2위(워싱턴 포스트·65회)보다 두 배 많으며, 3~5위 언론사 3개를 합한 수치(135회)와 비슷하다.

탐사보도 저널리즘의 힘

*NYT*가 퓰리처상을 많이 받는 원동력은 탐사보도 저널리즘(*investigative journalism*)이다. 레베카 코르벳(Rebecca Corbett) 편집국 부국장 겸 탐사보도팀장은 탐사보도 저널리즘에 대해 이렇게 설명한다.

> 대중에게 잘 알려지지 않고 있지만 큰 사회적 파장을 낳을 만한 기사를 다루는 행위이다. 또 법률적으로나 윤리적으로 해당 인물의 공적(公的)인 약속 위반 여부가 의문시될 때, 이를 끈질기게 파헤쳐 드러내는 활동이다.[123]

1975년 출범해 미국 미주리대에 본부를 두고 있는 '탐사기자 및 편집인협회(*Investigative Reporters and Editors*·IRE)'도 비슷한 정의(定義)를 내린다. IRE는 "개인이나 조직이 숨기고자 하는 중요한 사안을 독자적으로 파헤치는 보도행위가 탐사보도"라고 밝혔다. 그러면서 기자가 직접 탐사취재할 것, 주제가 독자들이 일반적으로 인정할 정도의 중요성

---

122 *NYT*의 퓰리처상 수상 목록은 https://en.wikipedia.org/wiki/List_of_Pulitzer_Prizes_awarded_to_The_New_York_Times

123 Katie Van Syckle, "〔Understanding The Times〕How The Times Decides What to Investigate", *New York Times* (March 20, 2019)

을 가질 것, 개인이나 기관의 은폐 시도가 있는 내용일 것 등 3개 기준을 적시했다. [124]

고비용 · 장기취재 필요한 탐사보도

그래서 탐사보도는 대개 취재기간이 수개월 또는 1년 넘게 걸리는 경우가 많다. 국내와 해외 출장도 가야 한다. 또 해당 이슈를 제대로 파헤치고 많은 이해 관계자들의 입장을 들어야 해 전담기자나 팀이 필요하다. 시간과 비용이 많이 들뿐더러 취재기자는 생명까지 위협받을 수 있다.

따라서 해당 취재를 해낼 수 있는 역량 있는 저널리스트와 이를 뒷받침하는 데스크, 그리고 회사 차원의 '의지'가 없으면 장기간, 지속적인 탐사보도는 불가능하다. 마빈 캘브(Marvin Kalb) 전 하버드대 쇼렌스타인센터(Shorenstein Center) 장은 이렇게 말했다.

탐사보도는 모든 저널리즘 가운데 가장 비용이 많이 든다. 기꺼이 파헤치는 일에 뛰어들고, 때로는 취재원을 기분 나쁘게도 하는, 거친 저널리스트가 있어야 가능하다. 미디어 기업들의 경영악화에 따른 재정난(*money crunch*) 은 탐사보도 저널리즘을 제약하고 있다. [125]

디지털 미디어가 발흥하는 상황에서 많은 온라인 매체와 스타트업 미

---

124 탐사기자 및 편집인협회 홈페이지(https://www.ire.org) 참조
125 Cristine Russell, "The Survival of Investigative Journalism-From Iraq to China, health and medicine under scrutiny", *Columbia Journalism Review* (March 24, 2008)

디어들은 깊이 있고 사회적으로 의미 있는 탐사보도에 주력하지 못한다. 대신 소셜미디어에서 화제가 되는 주제나 인터넷 트래픽 증가로 회사 수익에 도움이 되는 아이템을 주로 선택한다. 그런 점에서 탐사보도 저널리즘은 전례 없는 위기에 직면하고 있다.

이러다 보니 탐사보도는 위축되고 있다. 이는 살아있는 권력 견제와 사회비리 고발을 사명으로 하는 정론(正論) 저널리즘의 후퇴를 뜻한다. 그런 측면에서 *NYT*가 경쟁사들을 따돌리며 '탐사보도 부문 세계 1위'로 독주하고 있다는 사실은, 위기에 처한 세계 저널리즘에서 *NYT*가 유력한 희망임을 보여준다.

"탐사보도는 디지털 활성화의 촉매제"

*NYT*는 탐사보도 저널리즘의 쇠퇴를 막고 유지하고 강화하기 위해 의식적으로 끈질기게 노력하고 있다. "탐사보도는 *NYT*의 심장(*Investigative reporting is the heart of the Times*)"이라는 딘 바케이 편집인의 말126처럼, *NYT*는 탐사보도를 저널리즘의 정수(精髓)이자 회사 성장의 핵심자산으로 확신한다.

1972년 리처드 닉슨 대통령의 대통령 선거과정 비리를 파헤친 워터게이트 사건 보도에서 '워싱턴포스트'에 압도당하자 회사 경영진은 탐사보도를 전담하는 기자들로 독립된 탐사보도팀을 신설했다. A. M. 로젠탈(Rosenthal) 당시 편집국장은 워싱턴지국을 탐사보도에 강한 조직으로

---

126 Jill Abramson, "When all the news that fits is Trump", *Columbia Journalism Review* (Fall, 2017)

바꾸었고, 그가 편집국장과 편집인으로 있는 동안 워싱턴지국장은 탐사보도팀이 강해야 자리를 유지할 수 있었다.[127]

이런 신념은 이후에도 지속됐으며 2005년부터 2012년까지 회사가 경영난에 처했을 때와 최근의 디지털 전환을 추진할 때에도 움츠러들지 않았다. 마크 톰슨 당시 NYT컴퍼니 CEO는 이렇게 말했다.

우리는 저널리즘의 가치를 믿었다. 이 가치는 우리가 끝까지 붙들고 팔아야 할 유일한 것이다. 그래서 다른 대다수 회사들과 달리 우리는 저널리즘에 투자했다. (중략) 우리 투자의 상당 부분은 고전적인 저널리즘의 폭을 넓히고 우리가 가진 강점을 구축하는 데 사용됐다. 특히 탐사보도 저널리즘의 가치를 높이 샀다. 뉴욕타임스가 제공하는 수많은 오리지널 탐사 저널리즘 기사는 우리가 가진 강점 중 하나이다. 다른 디지털 매체, 인쇄 매체, 방송에서 갖고 있지 않은 우리만의 기사들을 생산해내는 데 집중했다. 이것이 중요한 포인트이다.[128]

이런 판단은 NYT가 170년 역사를 지닌 신문기업으로서 탐사보도 저널리즘을 계승 발전시켜야 한다는 당위론적 인식 때문이 아니다. 그것은 오히려 디지털 혁명 시대에 NYT가 스스로 지향하는 '세계적 수준의 멀티미디어 뉴스 조직'으로 거듭나려면, 미디어 본연의 역할인 탐사보도 저널리즘을 제대로 키우는 게 긴요하다는 현실적 이유에서다.

---

127 Bill Kovach and Tom Rosenstiel (2014), p. 224
128 마크 톰슨, "세계신문협회(WAN-IFRA) 2020 월드리포트", pp. 12~14

2019년 6월 2일 영국 글래스고에서 열린 제 71차 세계뉴스미디어총회
(*World News Media Congress* · WNMC)에서 마크 톰슨 당시 CEO는 티나
스티에글러 스타트업 '랩' 대표의 "NYT의 성장을 위한 핵심사업 분야는
무엇인가"라는 질문에 이렇게 대답했다.

십자말 퀴즈(*Crossword Puzzle*)와 요리(*Cooking*), 페어렌팅(*Parenting*) 등
이 많은 기여를 한다. 그러나 무엇보다 중심은 뉴욕타임스, 즉 종이신문이
다. 2층짜리 건물로 비유해 보자. 1층은 최고의 저널리스트들을 모으고 심
도 있는 제품을 만드는 곳이 돼야 한다. 그러면 소비자가 사랑에 빠지고 흔
쾌히 지갑을 열 것이다. 이 기반 위에 쌓는 2층은 전문적 지식, 데이터, 과
학, 상품, 디자인, 디지털 마케팅 등 모든 측면을 아우르는 복합적 공간이
다. 그래도 1층이 2층보다 더 중요하다. [129]

뛰어난 탐사보도 기사들이 디지털 상품판매와 매출증대로 디지털 전
환을 활성화하는 방아쇠가 된다는 얘기이다. 이를 위해 회사는 탐사보
도를 전폭 지원하고 있다. 경영진은 물론 저널리스트들도 그 중요성을
인식하고 뛰어들기를 선호한다. 경력기자를 뽑을 때에도 가장 중요한
기준은 단발적인 특종보다는 사회현상의 이면을 파헤치거나 비리를 고
발하는 탐사보도 능력이다. [130]

---

129 김소영, "마크 톰슨 뉴욕타임스 CEO, '언론의 위기, 고품질 뉴스로 돌파한다'",
〈한국일보〉(2019년 6월 15일)
130 뉴욕타임스는 여름방학 기간 중에 탐사보도 전문 전·현직 기자들을 강사로 초빙해
대학 입학 이전 젊은이들을 상대로 10일여간 2,850달러를 받고 이론과 실무를 가르
치는 '탐사 저널리즘 입문(Introduction to Investigative Journalism)' 강의 코스를

진화하는 탐사보도

많은 저널리스트들이 자신의 이름을 빛내고 대우(연봉)를 높이는 데 가장 효과적인 방법은 탐사보도이다. 그런 점에서 *NYT* 기자들은 거의 모두가 탐사보도 기자들이라고 해도 틀린 말이 아니다. 1995년부터 2008년까지 *NYT* 세금전문 탐사보도 기자로 활약하며 2001년 퓰리처상을 받은 데이비드 존스턴(David C. Johnston)은 이렇게 말했다.

> *NYT* 기자들은 분야에 관계없이 탐사보도 기법을 활용하고 있다. 빌딩이 무너지고, 전쟁이 터지는 식의 대형 사건·사고가 일어나지 않는 한 기사들은 평소 탐사보도를 늘 꿈꾼다. 심지어 작은 인물기사를 작성할 때도 탐사성을 가미하려 한다.

탐사보도는 신문 읽기와 구독의 핵심

베스 크노블(Beth Knobel) 뉴욕 포덤대 교수(커뮤니케이션학)는 1991년부터 2011년까지 *NYT* A1면에 게재된 기사 콘텐츠 분석을 통해 탐사기획 보도의 비중이 연대별로 어떻게 달라졌는지 추적 조사했다. 그 결과 2007~2008년 글로벌 금융위기에도 탐사기획 보도의 비중은 감소하지 않은 것으로 밝혀졌다. 금융위기가 끝난 2011년의 탐사기획 보도비중은 3.19%로 10년 전(0.34%)과 비교해 오히려 9배 이상 높았다.

진행하고 있다. https://nytedu.com/courses/pre-college/introduction-to-investigative-journalism-2/

그림 4-2

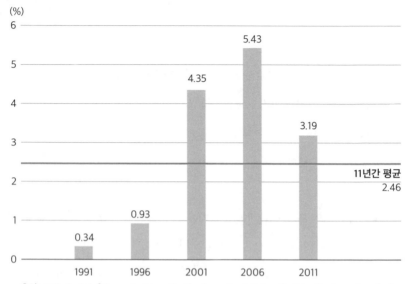

뉴욕타임스 A1면 기사 탐사보도 비중

(%)

- 5.43
- 4.35
- 3.19
- **11년간 평균**
  2.46
- 0.93
- 0.34

1991 1996 2001 2006 2011

• 출처: Beth Knobel, "The end of investigative journalism? Not yet", Columbia Journalism Review (April 13, 2018)

*NYT*의 이 비율은 같은 기간을 대상으로 한 크노블 교수의 조사에서 '월스트리저널'(*WSJ*·평균 4.03%), '워싱턴포스트'(*WP*·3.80%)에 이어 전국지 가운데 3위에 해당됐다. 이는 외부 경제환경 악화로 탐사보도 비중이 감소하고 있을 것이라는 예상을 빗나간 것이다. 크노블 교수는 주요 언론사 편집책임자들과의 인터뷰를 통해 얻은 공통된 답변을 이렇게 요약했다.

탐사기획 형식의 고발보도는 독자들의 신문 '읽기'는 물론 신문 '구입'을 유도하는 핵심 판매 포인트가 되고 있다. 그래서 편집자들은 모든 가능한 자원을 동원해서 탐사기획 보도를 계속 내보내려 애쓰고 있다. 131

탐사보도 뉴스가 디지털 전환을 성공시키는 유력한 촉진제인 동시에 종이신문 부수 감소를 막고 유지하며 늘리는 핵심도구가 된다는 것이다. 그런 점에서 사려 깊은 미디어 기업이라면 탐사보도를 중시하고 장려하는 게 마땅한 선택이다. 이런 야심찬 탐사보도를 어떤 다른 미디어보다 활발하고 지속적으로 추구한다는 점에서 *NYT*는 확실히 돋보이고 차별화된다.

지역과 정부, 세계를 바꾸는 NYT 탐사보도

NYT 탐사보도의 파장은 개인과 지역을 넘어 국가와 전 세계에 미친다. 20세기 들어 *NYT*의 첫 본격 탐사보도인 1971년 미국 국방부 비밀문서(일명 '펜타곤 문서') 폭로 보도는 닉슨 행정부를 뒤흔들었다. 당시 리처드 닉슨 행정부는 국가안보상의 이유를 들어 *NYT*의 후속보도를 막으려 했으나 소송에서 졌다. 닉슨 대통령은 이듬해(1972년) 워터게이트 도청 사건이 '워싱턴포스트' 등의 집요한 탐사취재로 폭로되면서 치명타를 입고 불명예 퇴진했다.

2012년 10월 26일 자부터 *NYT*가 심층보도한 원자바오(溫家寶) 중국 총리 일가족의 3조 원 규모 부정축재 의혹 보도는 중국 공산당의 강한 부인에도 불구하고 원자바오의 정치적 몰락을 앞당겼다. 전임 리펑, 주룽지 총리 등과 달리 원자바오는 퇴임 후 근황 보도조차 사라졌다. 총리 시절 다져온 소탈하고 검소한 '평민(平民) 총리'라는 이미지가 선전(宣

---

131 Beth Knobel, "The end of investigative journalism? Not yet", *Columbia Journalism Review*(April 13, 2018)

傳) 목적으로 '조작된 허구'임이 NYT의 탐사보도로 드러났기 때문이다.

2017년 10월 5일 조디 캔터(Jodi Kantor)와 메건 투헤이(Megan Twohey) 기자의 첫 보도132로 시작된 할리우드의 거물인 하비 와인스타인(Harvey Weinstein)의 성추문 폭로 탐사기사들은 와인스타인 구속을 넘어 전 세계에 '미 투 운동(Me Too movement)'을 일으켰다. 성폭행, 성희롱을 고발하는 이 운동은 소셜미디어에서 해시태그(#MeToo) 달기로 대중화되었다. 두 명의 기자는 이듬해 퓰리처상을 받았다.

뉴욕 네일(nail) 업계 종업원들의 열악한 처우와 작업환경을 지적한 탐사보도도 파장을 낳았다. 사라 니르(Sarah Nir) 기자가 13개월 동안 취재한 이 기사는 2015년 5월 7일과 5월 8일 온라인판에 먼저 나간 뒤133 3일 후인 5월 10일 종이신문 A1면에 게재됐다.

지면에 보도된 당일, 앤드루 쿠오모(Andrew Cuomo) 뉴욕주지사는 5개 주정부 기관을 중심으로 특별단속반을 구성토록 지시하고 업계에 대대적인 단속명령을 내렸다. 특별단속반은 임금과 오버타임 수당체불, 작업장 환경안전, 무허가업소 운영 여부를 조사했다. NYT의 이 보도가 뉴욕 네일업계 전체를 바꾸는 발화점이 됐다. 134

132 Jodi Kantor and Megan Twohey, "Harvey Weinstein Paid Off Sexual Harassment Accusers for Decades", *New York Times* (Oct. 5, 2017)

133 Sarah M. Nir, "The Price of Nice Nails" (May 7, 2015) ; Sarah M. Nir, "Perfect Nails, Poisoned Workers", *New York Times* (May 8, 2015)

134 NYT는 사라 니르(Sarah Nir) 기자의 탐사보도를 한국어와 스페인어, 중국어로 번역해 웹사이트는 물론 트위터, 페이스북 등 소셜미디어에도 올려 해당 지역 독자들에게 대대적인 '입소문 마케팅'을 벌였다. 서수민, "집중 분석-NYT 네일살롱 탐사보도", 〈신문과 방송〉 (2015년 7월호), pp. 21~23

디지털 장착한 비주얼 탐사보도

회사 전반의 디지털 전환 흐름에서 탐사보도도 예외는 아니다. 종이신문의 텍스트와 사진 위주 제작방식으로는 급변하는 이용자들의 취향을 따라잡을 수 없고 도태되기 십상인 탓이다. 진화하는 방향은 끈질기고 치열한 저널리즘 정신과 디지털 테크놀로지와 사진, 영상, 지도 등을 접목하는 것이다.

2017년 4월 회사의 비디오 부문 강화 전략의 한 축으로 시작된 '비주얼 탐사보도(Visual Investigations)'가 이런 시도에 해당한다. '비주얼 탐사보도'는 사진, 소셜미디어 영상, 애니메이션, 위성사진, 지도, 감시카메라 영상 등 모든 공개자료들을 활용해 사건과 사태의 전모를 종합적으로 재구성하고 숨겨진 사실을 찾아내는 첨단 저널리즘 기법이다. [135]

2018년 10월 초 터키 주재 사우디아라비아 영사관을 방문했다가 실종된 사우디 언론인 자말 카쇼기(Jamal Khashoggi)를 다룬 NYT의 비주얼 탐사보도가 대표적이다. [136] 이 보도는 영사관 도착 후 두 시간 만에 사우디 전담팀의 치밀한 작전에 의해 카쇼기가 암살된 과정과 함께 암살팀에 시신(屍身) 해체를 위해 부검 전문가도 포함돼 있었음을 많은 동영상과 지도, 위성 및 감시 카메라 영상, 3D 기법 등을 적용해 8분 32초 분량으로 적나라하게 재구성해 고발했다.

'비주얼 탐사보도'는 인터넷 접근이 가능한 모든 사람들로 하여금 세

---

135 Youtube, "How The Times Makes Visual Investigations | NYTimes"(Feb. 14, 2020) https://www. youtube. com/watch?v=reTUxfQsSUQ (2021년 2월 6일 검색)
136 "Killing Khashoggi: How a Brutal Saudi Hit Job Unfolded | NYT-Visual Investigations"(Nov. 17, 2018)

계 각처에서 자행되는 부정과 불의, 범죄를 생생하게 확인하고 공분(公憤)토록 하는 첨단 보도기법이다. 주로 인권 유린과 범죄, 시위 같은 이슈를 많이 다루며, 분량은 5분~10분 정도이다. 종이신문이나 온라인 기사보다 읽기 쉽고 전파력이 훨씬 높아 사회적 폭발성과 반향(impact)이 크다는 평가를 받고 있다.

2019년 7월에는 북한의 김정은 국무위원장이 국제사회의 촘촘한 제재를 뚫고 어떻게 50만 달러짜리 메르세데스 벤츠 고급 승용차를 손에 넣었는지 전모를 비주얼 탐사보도로 다뤘다.[137] 이탈리아에서 사우디아라비아로의 무기수출 과정, 미국 과격 폭력시위를 경찰이 대응해 해체하는 과정, 나이지리아 유혈참사 같은 주제 등도 다뤘다.[138]

더 젊은 이용자들 ··· 국제적으로 확산

NYT의 비주얼 탐사보도팀은 말라치 브라운(Malachy Browne) 선임 스토리 PD를 팀장으로 컴퓨터 프로그래머, 인공위성 영상분석가, 비디오 저널리즘 전공자 같은 디지털 전문가들로 구성돼 있다. 리서치, 보도, 제작 3개 분야로 나뉘어 일하며 방대한 분량의 공개 동영상과 자료를 수집·분석하고 포렌식(forensic) 하는 역량을 갖추고 있다.

제작된 비주얼 탐사보도물은 대부분 유튜브 등에 올린다. 이 가운데 2017년 네바다주 라스베이거스(Las Vegas)에서 발생한 59명 총기 피살

---

137 "How Kim Jong-un Gets His $500,000 Mercedes | NYT-Visual Investigations" (July 17, 2019) https://www.youtube.com/watch?v=BSe9JDVczUc&ab_channel=TheNewYorkTimes
138 https://www.nytimes.com/video/investigations

2019년 상반기 NYT 편집국 탐사보도팀(investigations team)은 레베카 코르벳 (Rebecca Corbett) 부국장 대우와 딘 머피(Dean Murphy) 에디터가 공동팀장으로 이끌었다. 1명의 전문 리서처(researcher)도 상근한다. 편집국 차원의 탐사보도 전담 인력과 별도로 사회부, 워싱턴지국 등에 분야별 탐사기자가 있다. 부서별 탐사취재 가운데 편집국 차원에서 중점적으로 키울 만하다는 합의가 이뤄지면, 편집국 탐사보 도팀이 취재 지휘와 지원, 데스킹을 하는 협업체계이다.

레베카 코르벳은 하비 와인스타인의 성(性)추행 탐사보도를, 딘 머피는 애플 공장에 서 불법노동 문제와 원자바오 중국 총리의 가족부패 기사를 각각 지원했다. 세 기사 는 모두 퓰리처상을 받았다. 두 사람이 인터뷰에서 밝힌 내용이다.

— 탐사보도는 일간 보도와 무엇이 다르고 어떤 것이 추가되는가?
코르벳: 모든 탐사보도를 18개월처럼 길게 진행하지는 않는다. 단기, 중기, 장기로 여러 종류가 있다. 탐사보도 기자들도 일간 기사를 쓴다. 무엇을, 어떻게 취재하느냐 에 따라 달라진다.

머피: 일간 보도와 탐사보도는 때로는 무관하지만 기자들은 평소 작은 팁(tip)들을 갖고 있다. 거기에서부터 또는 과거 취재경험에서 단서를 얻는다. 협업도 중요하다. 2018년 7월, 스콧 프루이트 환경보호청(EPA) 청장 사퇴는 여러 부서가 협업해 탐사 보도한 덕분이다. 워싱턴지국과 환경데스크, 규제취재팀이 참여해 그의 비리와 문제 점을 여러 각도에서 폭로했다.

— 탐사보도 기자들에게 필요한 자질은?
코르벳: 그들은 문서를 입수해 분석하고 파헤치고 해석하는 데 뛰어나다. 어떤 기자 들은 아주 특이할 정도로 끈질기고 강인하다.

머피: 그들은 매우 집요하다. 이것은 선천적으로 타고난 것이다. 발견하려는 것을 잘 뒤지고 도와줄 수 있는 사람들을 찾는 능력도 중요하다.

— 탐사보도 프로젝트 시작 여부는 어떻게 결정하는가?
코르벳: 보통 많은 사람들에게 영향을 미치는 강력한 스토리가 될 만한 잠재력 있는 주제에 주목한다. 정책적 함의가 있거나 현실세계에 효과가 큰 것도 유력하다. 그러 나 대부분은 처음부터 확신하고 시작하지는 못한다.

> **머피**: 나는 아이디어를 갖고 온 담당기자에게 묻는다. '당신이 생각하는 대로 모든
> 걸 다 찾고 발견하고 취재해 쓴다면 어떤 내용이 되고 어떤 추가 결과물이 있을 건
> 가'라고. 그렇게 될 개연성을 계산하고, 거기에 도달하기 위해 어떤 자원을 사용할지,
> 어떤 사람들을 취재하고 필요로 할지 등을 따지도록 한다. 이는 지적(知的) 게임이고,
> 재미이다.
>
> **코르벳**: 예컨대 트럼프 대통령이 과거에 절세하려고 편법을 사용했다는 결론을 내리
> 고 보도하려면 에디터로서 자신감이나 확신이 있어야 한다. 그래서 무엇보다 팩트가
> 탄탄하게 뒷받침되어야 한다. 문서나 인터뷰 또는 어떤 사람의 성명서가 있으면 유용
> 하다. 현실적으로는 여러 개의 조합이다. 탐사보도를 제작하는 정해진 교본은 없다.

• 자료: Katie Van Syckle, "[Understanding The Times] How The Times Decides What to Investigate"
(March 20, 2019)

사건 보도는 유튜브에서만 1,680만 뷰를 기록했다.[139] 다른 비주얼 탐
사보도물도 대개 수백만 뷰를 기록한다.

말라치 브라운 팀장은 "우리는 전통적인 탐사보도 정신과 첨단 디지
털 기법을 적용해 고발하고 책임을 묻는 새로운 형태의 저널리즘을 하고
있다"며, "우리의 주 시청자들은 종이신문 구독자보다 훨씬 더 국제적이
고 젊다"고 말했다.[140]

---

139 "How the Las Vegas Gunman Planned a Massacre, in 7 Days of Video ｜
NYT-Visual Investigations"(March 23, 2018)
https://www.youtube.com/watch?v=6ZRgVX8SYX4&ab_channel=TheNewYor
kTimes

140 Anton Jolkovsk, "NYTimes' pioneering Visual Investigations: behind the
scenes", *WAN-IFRA*(Jan. 29, 2020);"Live Chat With the Visual Investigations
Team"(Feb. 7, 2020) https://www.nytimes.com/2020/02/07/video/visual-in-
vestigations-live-chat.html

그렇다면 *NYT*의 탐사보도는 무엇이 얼마나 다를까? 2010년대 들어 퓰리처상을 받아 세계 언론계에 명성을 떨친 아래 4가지 사례를 살펴본다.

① 뉴욕시 옐로우 택시면허

당시 30세의 민완기자 브라이언 로젠탈(Brian M. Rosenthal)은 2019년 5월 19일 자를 시작으로[141] 5차례 기획기사로 뉴욕의 명물인 '노란 택시 (*yellow cab*)' 택시면허(*taxi medallion*) 문제를 집중 조명했다. 이 기사는 TV다큐멘터리로도 제작돼 그해 7월 7일 *NYT* '더 위클리(*The Weekly*)'에 방영되었다.

이 기사는 1~2단 기사로 처리할 수도 있는 사안이었다. 우버(Uber) 같은 첨단 공유차량 서비스 보급으로 뉴욕 택시운전 기사들의 급여가 계속 줄어 자살률이 높아지고 있다는, 어쩌면 평범한 내용이었다. 하지만 로젠탈 기자는 수개월에 걸친 현장취재와 방대한 문서자료 분석으로 뉴욕 택시업계의 구조적 비리를 파헤쳐 시 당국의 정책변화를 이끌어냈다. 그는 2020년 5월 퓰리처상(탐사보도 부문)을 받았다.

1년간 650명 택시기사 직접 인터뷰

그의 취재 후기[142]에서 주목되는 것은 로젠탈 기자가 취재단서를 잡는

---

141 Brian M. Rosenthal, "As Thousands of Taxi Drivers Were Trapped in Loans, Top Officials Counted the Money"-(Part 1 of The Times's investigation: How Reckless Loans Devastated a Generation of Taxi Drivers) (May 19, 2019)

과정이다. 2018년 4월 9일, 중앙정보국(FBI)이 트럼프 당시 대통령의 전 변호사인 마이클 코언의 집과 사무실을 압수수색한 당시, 로젠탈 기자는 이 사건을 취재하고 있었다.

그는 "코언이 뉴욕시 택시면허를 30개 보유하고 있는 데 주목했다. 후속기사 후보를 찾다가 '왜 코언이 그렇게 많은 택시면허를 갖고 있을까' 뉴욕 택시업계를 취재해 보면 좋겠다고 마음먹었다"고 밝혔다.

2018년 4월 중순 취재에 착수한 로젠탈 기자는 "1만 3천 개로 면허 숫자가 제한되고 90%는 이민자 출신들이 모는 뉴욕 택시면허 가격이 한 개당 1백만 달러라면 너무 비싸지 않나" 하는 의문을 품었다. 그는 450명의 택시기사를 만나 "택시면허 가격이 왜 1백만 달러나 되는가?"라는 똑같은 질문을 했다.

면허소유 택시기사 가운데 1백만 달러를 다 낸 사람은 거의 없었다. 그러나 저임금 이민자들은 택시면허를 얻으려고 평생 모은 돈을 털어 넣었고 모자라는 돈은 대출받았다. 그는 택시면허 대출을 둘러싼 5백여 건의 소송사례를 분석했다. 대부분의 대출계약은 3년 내에 대출자가 빌린 돈을 다 갚도록 하는 등 택시기사에게 불리했다.

그는 1995년부터 2018년까지 뉴욕에서 이뤄진 1만 888건의 택시면허 거래문서를 열람해 택시면허 거래 데이터베이스를 구축했다. 이 과정에서 12명의 전·현직 은행직원과 법률가, 브로커도 취재했다.

로젠탈 기자는 택시기사들이 모여 있는 케네디 국제공항에 갔다. 2~

142 Brian M. Rosenthal, "(Times Insider) How We Investigated the New York Taxi Medallion Bubble", *New York Times*(May 22, 2019)

3개월 동안 틈날 때마다 가서 택시기사들과 친해진 후 그들의 집을 찾아가 취재하고 그들의 친구들도 만났다. 통역자까지 써 가면서 2백여 명의 택시기사들을 추가 취재했다. 이를 바탕으로 대출의 늪에 빠져 주 6일씩 아침부터 밤까지 일해도 빚을 갚기도 힘든 택시기사들의 실태를 기사화했다. 회사는 1년여간 그의 취재를 보장했고 디지털 법률 분석 등으로 도와줬다. 이렇게 해서 로젠탈 기자는 "공유자동차 기업 우버가 진출한 2011년 이후 뉴욕 택시 수입이 10% 감소했지만 택시면허 가격은 96% 떨어졌다"며 택시면허 제도의 허점과 브로커들의 '약탈적 대출' 관행을 파헤쳤다.

문서 1만 1천여 건 열람

뉴욕시는 2004년 택시면허 경매제도를 도입하면서 '택시면허가 주식보다 나은 투자상품'이라며 낙찰가격 상승을 부추겼다. 택시면허 가격이 비싼 값에 낙찰될수록 뉴욕시 세금수입은 불어났기 때문이다. 또 폴란드계 미국인 가문이 뉴욕 택시면허를 가문(家門) 비즈니스로 키워온 사실도 파악했다. 이 과정에서 택시기사에게 전액 대출해준 뒤 3년 내에 모두 갚도록 하는 상품이 등장했다. 대출 중개로 큰돈을 번 브로커들이 속출했다.

그러자 2002년 20만 달러이던 뉴욕 택시면허 가격은 2014년 1백만 달러로 뛰었다. 택시면허는 '이민자들의 로또(lotto)'로 불렸다. 하지만, 우버, 리프트 등 공유 자동차 서비스가 인기를 모으자, 택시면허 가격은 2017년부터 15만~20만 달러로 추락했다. 비싼 면허를 산 택시기사들은 금융사들의 대출회수와 집, 소득 압류사태로 고통을 겪었다.

로젠탈 기자는 매월 평균 1만 1,845달러의 수입을 올리는 한 택시기사는 면허 대출금 상환(4,400달러)과 기름값, 정비, 보험료, 식사비 등을 빼면 1,400달러만 집에 가져간다는 사실을 밝혀냈다.[143] 상당수 뉴욕 택시기사들은 브로커나 전주(錢主)들에게 현금을 매월 바치는 '인간 ATM 기기'처럼 살고 있었다.

실제로 2016년 이후 1천 명에 가까운 택시기사들이 개인파산을 신청했고, 빚을 감당 못해 자살한 기사가 2018년에만 10여 명에 달했다. 탐사보도 후, 뉴욕주 검찰은 '택시면허 가격을 부풀려 판매했다'며 뉴욕시를 상대로 택시기사들에게 8억 1천만 달러를 배상하라고 명령했다. 이와 별도로 뉴욕시는 총 5억 달러(약 5,500억 원)로 추산되는 택시기사들의 빚 탕감을 위해 구제금융 방안을 검토키로 했다. '죽음의 초대장'이 된 뉴욕 택시면허의 실상과 구조 해부 기사가 당국을 움직였다.

② 도널드 트럼프의 세금 비리

2016년 11월 대통령 선거에서 도널드 트럼프 당선을 예상 못했던 *NYT*는 대통령 선거 종료 직후 탐사보도를 대폭 강화했다. 딘 바케이(Dean Baquet) 편집인이 직접 나서 백악관 전담 출입 취재기자를 7명으로 늘렸다. 이는 *NYT* 역사상 가장 많은 백악관 취재 규모였다. 또 5백만 달러의 편집국 예산을 추가 확보해 트럼프의 비리 관련 중장기 탐사보도

---

143 Brian M. Rosenthal, "'They Were Conned': How Reckless Loans Devastated a Generation of Taxi Drivers", *New York Times*(May 19, 2019), 같은 기자의 "'We Were Wiped Out': New Yorkers Preyed on Chicago Cabbies", *New York Times* (Oct. 4, 2019).

에 착수했다.

2016년 11월 대통령 선거에서 힐러리 클린턴 후보보다 도널드 트럼프를 더 많이 지지한 주(州) 들 가운데 지국이 없는 곳에 주재 기자들을 파견했다.144 저널리즘의 본분인 '살아있는 권력에 대한 견제와 비판'에 *NYT*가 총력을 기울인 것이다. 그 결과, 2018년과 2019년 2년 연속 *NYT*는 퓰리처상을 받았고, 2020년 11월 대선에서 트럼프는 재선에 실패했다.

2018~19년 2년 잇따라 퓰리처상 받아

*NYT*는 2016년 대통령 선거 당시 트럼프 캠프와 러시아 정부 간 내통 의혹과 제임스 코미 당시 FBI 국장에 대한 압박공작 등을 파헤치는 보도로 2018년 4월 퓰리처상(정치보도 부문) 을 받았다. 수상작은 워싱턴지국 백악관 취재팀이 2017년 4월 6일 자부터 같은 해 12월 30일 자까지 쓴 총 10건이었다.

한 해 후인 2018년 10월에도 트럼프 관련 기획 탐사보도를 냈다. 3명의 탐사보도 전문기자들이 1995년 트럼프의 납세기록을 입수한 뒤 이를 토대로 1년 넘게 미공개 회계감사 서류, 경리대장 등 10만 페이지가 넘는 문서를 입수해 읽고 분석했다. 인터뷰와 영상 촬영도 했다.

*NYT*는 1995년부터 2005년까지 20년 동안 트럼프와 트럼프 회사의 재무상황을 재구성해 2018년 10월 2일 자 A1면 톱기사부터 8개면에 걸쳐 실었다.145 1년 6개월의 취재 끝에 나온 그날 자 기사분량은 총 1만

---

144 Jill Abramson (2019), p. 390

표 4-8

표 4-8   2018년 퓰리처상 수상한 뉴욕타임스 기사: '트럼프-러시아 내통 의혹' 관련 (10건)

게재일	기사 제목
2017.4.6.	Undisclosed On Forms, Kushner Met 2 Russians
2017.4.22.	In Trying to Avoid Politics, Comey Shaped an Election
2017.5.11.	President Shifts Rationale For Firing F.B.I. Director, Calling Him a 'Showboat'
2017.5.16.	Trump Appealed To Comey To Haunt Inquiry Into Aide
2017.5.17.	Trump Transition Said to Know Of Flynn Inquiry Before Hiring
2017.5.19.	Trump Admitted Dismissal At F.B.I. Eased Pressure
2017.7.10.	Trump's Son Heard of Link To Moscow Before Meeting
2017.7.11.	Emails Disclose Trump Son's Glee At Russian Offer
2017.9.7.	To Sway Vote, Russia Used Army of Fake Americans
2017.12.30.	Unlikely Source Propelled Russian Meddling Inquiry

4,218단어였고, 2,500단어 분량의 요약판146을 별도로 실었다.

종이신문 기사는 수요일 아침 자에 실었지만 온라인판에서는 화요일 (10월 1일) 오후부터 게재됐다. 이어 일요일판에는 1만 3천 단어 분량으로 12개면에 걸친 '스페셜 리포트(*Special Report*)' 섹션을 만들어 관련 기사들을 실었다.

종이신문 8개면 게재 … 오디오 · 비디오도 총동원

카메라 취재 영상물을 30분 분량으로 편집해 '가족 비즈니스: 트럼프와 세금(*The Family Business: Trump and Taxes*)'이라는 제목으로 일요일에

---

145 David Barstow, Susanne Craig and Russ Buettner, "(Special Investigation) Trump Engaged in Suspect Tax Schemes as He Reaped Riches From His Father", *New York Times*(Oct. 2, 2018)

146 Russ Buettner, Susanne Craig and David Barstow, "11 Takeaways From The Times's Investigation Into Trump's Wealth", *New York Times*(Oct. 2, 2018)

방영했다. 취재기자들은 팟캐스트 '더 데일리'에 출연해 취재 뒷얘기를 털어놓았다. 종이신문과 온라인, 텍스트와 오디오, 비디오를 총동원함으로써 과거 종이신문 때보다 기사의 위력과 영향력을 더 크게 키웠다.

이 기획보도를 지휘한 폴 피쉬레더(Paul Fishleder) 취재팀장은 "종이신문 8개면에 실은 것은 *NYT* 전체 기사를 통틀어 가장 긴 기사 가운데 하나"라고 말했다.[147] 이 기사에 따르면 트럼프는 3세 때부터 부동산 개발업자인 아버지로부터 매년 20만 달러를 받아 8세 때 백만장자 대열에 올랐다. 17세 때는 아파트 52채에 대한 소유권을 넘겨받았다.

성인이 된 이후 트럼프와 형제들은 유령회사를 세워 탈세에 본격 가담했다고 한다. 트럼프는 또 아버지로부터 현 시세로 최소 4억 1,300만 달러(약 4,600억 원)어치를 상속 또는 증여로 물려받았고 이 과정에서 거액의 세금을 탈루했음이 드러났다.

2016년 대선 유세 때 "아버지로부터 1백만 달러 '소액'을 빌려 사업을 시작했고, 빌린 자금과 이자를 모두 갚아야 했다"고 한 트럼프의 발언이 모두 거짓말로 판명난 것이다.[148]

2018년 10월 3일 뉴욕시 정부와 검찰당국은 "트럼프 가문이 수십 년 동안 세금을 축소 납부했는지 여부에 대한 조사에 착수하겠다"고 밝혔다. 이 기사는 2019년 4월 퓰리처상(해설보도 부문)을 받았다. 퓰리처상 선정위원회는 "이 보도로 트럼프가 자수성가(自手成家)했다는 주장은

147 Owen, Laura Hazard, "Why The New York Times TL;DR'd its own 14,218-word Trump investigation", *NiemanLab*(Oct. 2, 2018)

148 Melina Delkic, "[Times Insider] How Times Journalists Uncovered the Original Source of the President's Wealth", *New York Times*(Oct. 2, 2018)

표 4-9	2019년 퓰리처상 수상한 뉴욕타임스 기사: '트럼프 재산형성' 관련 (5건)
게재일	기사 제목
2018.10.1.	11 Take aways From The Times's Investigation Into Trump's Wealth
2018.10.1.	4 Ways Fred Trump Made Donald Trump and His Siblings Rich
2018.10.2.	Trump Took Part in Suspect Schemes to Avoid Tax Bills
2018.10.4.	City Officials Join Effort To Examine Trump Taxes
2018.12.15	A Scheme Aided the Trumps. Tenants Are Paying.

거짓이며, 그와 가족들이 많은 탈세를 저질렀고 편법을 구사했음이 드러났다"고 밝혔다. 149

NYT는 2020년 대통령 선거(11월 3일)를 한 달 반쯤 앞둔 같은 해 9월 하순부터 11월 2일 자까지 '대통령의 세금(The President's taxes)'이라는 제목으로 탐사기획 기사를 한 달 넘게 실었다. 이 기사도 2016년 하반기부터 4년 가까이 추적해온 트럼프 보도의 일환이었다. 150 이들은 "지난 20년간 트럼프 대통령 본인 및 트럼프 재단이 소유한 회사들의 세금기록들을 분석한 결과, 트럼프는 2016년 연방 소득세를 750달러만 냈고 지난 15년 가운데 10년 동안 소득세를 전혀 내지 않았다"고 밝혔다.

---

149 "David Barstow, Susanne Craig and Russ Buettner of The New York Times-The 2019 Pulitzer Prize Winner in Explanatory Reporting"
https://www. pulitzer. org/winners/david-barstow-susanne-craig-and-russ-buettner-new-york-times

150 "The President's Taxes: A Reader's Guide", *New York Times*(Oct. 31, 2020)

③ '월마트 멕시코'의 부정부패

*NYT*는 2013년 4월 국제보도로 두 개의 퓰리처상을 받았다. 첫 번째는 데이비드 바스토(David Barstow)와 폰 베트랍(von Bertrab) 기자가 1년 6개월간 사투(死鬪) 끝에 2012년 4월 22일 자에 실은 기사였다. [151]

'미국 최대기업인 월마트가 멕시코에 진출해 점포 확장을 위해 멕시코 정부에 조직적으로 뇌물을 바쳤다'는 고발성 탐사보도였다. 월마트의 해외법인 가운데 최대 규모로 멕시코에서 가장 많은 직원(20만 9천 명)을 고용하고 있던 '월마트 멕시코'는 "최단시간에 수백 개 점포를 동시다발적으로 열어 경쟁사들이 미처 대응할 시간조차 갖지 못하게 한다"는 전략으로 시장을 장악했다.

확인된 뇌물만 264억 원 … 18개월 추적

바스토 기자는 무서운 확장의 비결이 '검은 돈'이라는 사실을 파헤쳐 냈다. 멕시코 현지 변호사 등에 대한 취재를 통해 월마트가 멕시코 정부 말단부터 최고 권력자까지 층층이 매수했으며 확인된 뇌물액수만 2,400만 달러(약 264억 원)가 넘는 사실을 밝혀냈다.

그는 기사에서 "월마트 멕시코 법인이 변호사에게 돈을 건넨 시점으로부터 몇 주일, 심지어 며칠 만에 새 점포 개설 허가가 나왔다. 조직적인 뇌물 공세에는 월마트 멕시코 법인의 최고 경영진이 관여하고 있었다"고 밝혔다.

---

151 David Barstow, "Wal-Mart Hushed Up a Vast Mexican Bribery Case", *New York Times* (April 22, 2012)

미국 국내에선 해외부패방지법(Foreign Corrupt Practices Act)에 따라 다른 나라 정부에 뇌물을 주더라도 범법행위이지만, 월마트 미국 본사는 멕시코 지사의 부정행위를 알면서도 별다른 제재 없이 덮었다고 그는 지적했다.[152]

바스토 기자는 2013년 6월 21~23일 미국 텍사스주 샌안토니오에서 열린 '탐사보도 컨퍼런스'에 나와 취재과정과 노하우를 공개했다. 강연에서 그는 이렇게 말했다.

또 제보 서류뭉치가 배달됐다. 보잉 747기가 지나가다 내 책상 위에 서류한 무더기를 툭 던져 놓은 것처럼. 처음엔 바로 쓰레기통으로 직행해야 마땅한 자료처럼 보였다. 대부분의 제보가 그렇듯이. 멕시코에서 부정부패라니. 늘 있는 일 아닌가. 그런데 그냥 버리기엔 찜찜한 3가지 이유가 있었다. ① 제보자가 월마트의 전직 임원이었다. 즉, 비리과정을 직접 목격한 사람이다. ② 제보내용이 매우 상세했다. 뇌물액수와 건넨 날짜가 빠짐없이 기록돼 있었다. ③ 월마트의 최고 경영진까지 보고가 올라간 것으로 돼 있었다. 사실일 가능성이 높은 중요한 일이라는 감이 왔다.[153]

바스토 기자는 이어 말했다.

152 David Barstow and Alejandra Xanic von Bertrab, "How Wal-Mart Used Payoffs to Get Its Way in Mexico", New York Times(Dec. 17, 2012)
153 이지혜, "〔클릭! 취재 인사이드〕'성역' 허물고 중국·멕시코 당국 굴복시킨 NYT 기자들의 死鬪", 〈조선닷컴〉
    http://news. chosun. com/site/data/html_dir/2013/09/08/2013090801454. html

취재는 엄청난 인내와 지구력을 필요로 했다. 제보서류를 보며 하나하나 확인해 보는 수밖에 없었다. 월마트 멕시코 각 지점이 새로 문을 연 날짜, 뇌물을 건넨 시각, 정부 허가가 나온 일정을 일일이 대조해 봤다. 멕시코 관청이 자료를 내놓지 않을 때는 정보공개법을 이용해 요청했다. 관청을 찾아가 서류를 직접 뒤지기도 했다. 거의 매일 찾아가 종일 죽치고 앉아 있으니, 나중에는 관청 직원들이 나를 식구로 여겼다. 결국 수천 건의 정부 문서를 찾아내는 데 성공했다.

제보자와 15시간 심층 인터뷰

바스토 기자는 "한 조각의 정보라도 갖고 있다면 월마트 전직 직원, 공무원 할 것 없이 누구든 찾아갔다. 대신 월마트 본사가 눈치 채지 않도록 조용히 일했다"며, "제보자인 전직 임원과는 15시간 넘게 인터뷰했다"고 밝혔다. 정보를 모은 후 최종확인을 위해 그는 홍보 전문가, 변호사를 이끌고 온 월마트 최고 경영진을 만났다. 이때 그는 이렇게 대응했다고 밝혔다.

최고급 슈트를 차려 입고 나오는 기업 임원진을 만날 때 나는 최대한 허름하게 입고 나간다. 꾀죄죄한 차림에 양팔에는 서류뭉치를 잔뜩 끼고 간다. 어리숙한 외모에 그들이 방심하도록 한다. 그리곤 서류뭉치를 최대한 큰 소리가 나도록 쾅 던져 놓는다. 그들이 서류를 직접 확인하게 한다. 만약 그들이 재빨리 서류를 돌려보면 이미 다 알고 있는 내용이라는 뜻이고 열심히 메모하느라 바쁘면 진짜 몰랐던 사실이라는 뜻이다. 8시간의 미팅에서 월마트측은 변변한 변명 한 마디 못했다. 기사가 나간 후에도 월마트 측의 공격을 받지 않았다. 그들도 공정한 기사라고 인정할 수밖에 없었다.

해명 기회를 충분히 주었던 덕분이다.

바스토 기자는 "관련 자료와 서류를 읽고 또 읽어서 내 자신이 서류에 푹 절었다는 심정이 될 때 취재를 마쳤다"고 말했다. 이 기사로 월마트가 받은 타격은 컸다. 미국 최대기업이라는 명성에 금이 갔고 주가 폭락으로 최소 80억 달러(시가총액 기준)가 사라졌다.[154]

'컬럼비아 저널리즘 리뷰'의 라이언 치툼(Ryan Chittum) 부(副)에디터는 "바스토 기자의 탐사보도 기사는 범위와 깊이가 놀랍다"며 "20명 이상이 등장하는 복잡한 스토리를 쉽게 이해할 수 있도록 했다. 이런 대형 탐사보도는 NYT에서도 흔하지 않다"고 평가했다.[155]

④ 원자바오 총리 일가 3조 원 축재

NYT 국제 탐사보도의 진수를 보여준 또 다른 사례는 2012년 10월 26일자에 실린 원자바오(溫家寶) 중국 총리 일가족의 3조 원 규모 부정 축재 의혹 보도였다.[156] 기사를 쓴 데이비드 바보자(David Barboza) 상하이

---

154 데이비드 바스토와 폰 베트람 기사의 월마트 관련 기사들은
   https://archive. nytimes. com/www. nytimes. com/2012/04/22/business/at-
   wal-mart-in-mexico-a-bribe-inquiry-silenced. html

155 Ryan Chittum, "The Times's Extraordinary Wal-Mart Investigation", *Columbia
   Journalism Review* (April 23, 2012)

156 뉴욕타임스에 쓴 데이비드 바보자(David Barboza) 기자의 탐사보도 기사들은
   "Billions in Hidden Riches for Family of Chinese Leader"(Oct. 25, 2012),
   "Lobbying, a Windfall and a Leader's Family"(Nov. 24, 2012), "Family of
   Chinese Regulator Profits in Insurance Firm's Rise"(Dec. 30, 2012) 등이다.

(上海)지국장은 이듬해 퓰리처상(국제보도 부문)을 받았다.

중국 공산당 제18차 전국대표대회와 제18기 중앙위원회 제1차 전체 회의를 2주 정도 앞두고 터진 이 보도의 파장은 컸다. 최고 지도부인 7인 상무위원에 원자바오를 견제해온 상하이방(상하이 출신 엘리트그룹)과 태자당(고위관료나 혁명원로 자제모임) 세력이 약진한 것이다.

1년 동안 공개자료 분석하고 자료청구

원자바오는 태자당의 대표인물인 보시라이 전 충칭(重慶)시 서기의 실각을 주도해 태자당 진영의 분노를 샀다. '청렴 이미지'를 내세워온 원자바오는 그해 말부터 정계에서 사라졌다. 원 전 총리 가족에 부정적인 이 보도가 원자바오의 퇴장을 앞당겼다는 분석이 나왔다. 일각에선 "태자당이 의도적으로 정보를 흘렸을 것"이라는 의혹을 제기했다. 그러나 바보자 기자는 "기사 보도할 때까지 꼬박 1년 동안 공개된 자료만을 갖고 기사를 썼다"고 일축했다.

비즈니스·경제 분야를 주로 취재하다가 2008년 상하이지국장이 된 바보자 기자는 2011년 10월부터 '위험에 빠진 용(Endangered Dragon)'이라는 제목의 시리즈 기사를 취재하는 과정에서 상하이와 베이징(北京)에서 은행원·법조인·회계사 등을 만날 때마다 "중국 고위 지도부의 가족들이 기업의 비밀주식을 받아 특혜를 누리고 있고, 신분이 잘 드러나지 않는 차명투자가 성행한다"는 얘기를 들었다.

그는 이 가운데 의혹이 많이 제기된 원자바오에 초점을 맞췄다. 하지만 소문만 있을 뿐 이 소식을 한 줄이라도 다룬 매체는 없었다. 대안으로 수집 가능한 모든 공개자료를 모으기로 하고 정부기관에 공개자료를 요청했다.

뜻밖에 상무부 역할을 하는 국가공상행정관리총국(SAIC)에서 받은 기업 등록 자료 주주(株主) 명부에서 원자바오의 친척 이름이 눈에 띄었다.

바보자 기자는 "SAIC에는 생각 못한 공개 기업정보들이 많았다. 원자바오 총리의 친척들과 관련 있는 수십 개의 민간투자회사에도 자료공개를 청구해 비용을 내고 자료를 입수했다"며, "확보한 문서를 수차례 읽고 변호사와 회계사, 금융전문가들에게 기록이 의미하는 바를 묻고 확인했다"고 말했다. 157 이런 '수수께끼 맞추기'로 그는 수십 개 투자회사와 조직에 숨겨진 친척들의 이름을 찾아냈다.

중국 보복에도 굴복 않고 계속 보도

바보자 기자는 *NYT* 블로그에 올린 글에서 "한 달로 예상한 취재는 수천 장의 자료를 찾고 해석하느라 1년이 걸렸다. 구할 수 있는 공개자료가 어마어마했다는 사실에 놀랐다. 취재과정에서 어떤 부정도 없었다. 남보다 앞서 문서를 철저히 검증했을 뿐"이라고 했다. 158

하지만 시진핑(習近平)이 중국 공산당 총서기로 공식 취임하는 전당대회 개막을 앞두고 보도가 나갈 경우 피해를 우려한 *NYT*는 바보자 지국장 부부(夫婦)를 일본으로 피신시켜 기사를 마무리하도록 했다. 2012~14년 당시 편집인이던 질 에이브럼슨은 "이 보도는 우리에게 가장 억압적인 독재국가에서도 탐사보도가 가능하다는 것을 일깨워 주었다"고

---

157 David Barboza, "Obtaining Financial Records in China", *New York Times*(Oct. 26, 2012)

158 "〔Blogs〕David Barboza Answers Reader Questions on Reporting in China", *New York Times*(Oct. 29, 2012)

했다. 159

NYT는 당시 중국 현지인을 대상으로 영어 사이트와 별도로 2천만 달러를 들여 중국어 웹사이트를 만든 상태였다. 이 웹사이트는 본사 기사 외에 중국 전역에 있는 30여 명의 취재기자(통신원, 보조원 포함)들이 쓴 기사들도 담고 있었다.

주미 중국대사는 NYT 본사 '처칠룸'에서 설즈버거 주니어 발행인을 만나 "취재내용은 조작된 것이다. 기사가 게재되면 '심각한 결과'가 벌어질 것"이라고 협박했다. 중국어 웹사이트가 차단될 수 있음을 직감했지만 설즈버거 주니어는 "기사 인쇄 전에 발행 여부를 통보해주겠다고"만 했다.

해당 기사가 영어와 중국어 웹사이트에 게재된 지 1시간 만에 NYT 중국어 사이트가 차단됐다. 설즈버거 발행인은 베이징으로 가서 중국 당국에 중국어 웹사이트 차단 해제를 요청했으나 실패했다. 하지만 그는 바보자의 후속보도가 계속 나가도록 했다.

중국 당국은 중국 주재 NYT 기자들에 대한 신규 취재비자 발급을 중단하고 베이징 지국에 근무하는 중국인 직원을 기밀 누설죄로 체포해 10시간 동안 조사했다. 이런 보복조치에도 NYT는 물러서거나 타협하지 않았다. 160

159 Jill Abramson (2019), pp. 205~206
160 이에 대한 중국의 반응은 Minami Funakoshi, "China Reacts to David Barboza's Pulitzer Prize", *Atlantic* (April 17, 2013)

월트 보그대니치(Walt Bogdanich) NYT 탐사데스크 부에디터(assistant editor)는 2008년 말까지 30여 년 동안 탐사보도 한 우물을 팠다. '월스트리트저널'과 CBS방송을 거쳐 2001년 NYT에 합류했는데, 퓰리처상을 두 차례(1998년, 2008년) 받았다. 두 번째 수상작은 2007년 5월 6일 자부터 같은 해 12월 17일 자까지 5회 게재한 '독성(毒性) 파이프라인(A Toxic Pipeline)'이란 국제 과학 탐사기사였다.

이 기사는 중국에서 제조된 맹독성 물질이 들어간 가짜 감기약이 파나마까지 유통돼 수백 명의 목숨을 앗아가는 과정과 구조를 고발했다. 독성 의약품의 이동과정을 3개 대륙을 탐사하며 역추적해 중국 당국의 허술한 안전규제에 원인이 있음을 규명해 냈다. '편집국에 말한다(Talk to the Newsroom)'에서 보그대니치 기자가 독자들과 주고받은 인터뷰 내용이다.

— 탐사보도에 얼마나 우선순위를 두나? 광고수입 감소 등으로 탐사보도가 약화되지 않나?

뉴욕타임스는 경영진부터 말단기자까지 탐사보도를 매우 중시한다. 회사가 재정적 이유로 심층 탐사보도를 중단하거나 줄인 적은 없다. 오히려 최근 탐사보도팀 규모를 더 늘렸다. 훌륭한 탐사보도 여부는 돈이 아니라 간부들의 의지와 기자들의 기술에 달려 있다.

— 탐사보도를 강화할 수 있는 방안은?

탐사보도 비용은 20년 전과 비교하면 많이 줄었다. 인터넷 덕분이다. 예컨대 지금은 출장가지 않고 뉴욕 사무실 책상에 앉아서 중국 화학회사가 공개시장에서 파는 약품의 성분을 분석할 수 있다. 현금사정이 좋아야만 탐사보도를 할 수 있는 게 아니다. 돈이 넘쳐났던 과거에도 탐사보도를 제대로 한 언론사는 드물지 않았나.

— '파나마 독성 의약품' 탐사기사는 어떻게 나왔나?

독성물질이 든 약을 먹고 1백 명 이상 파나마인들이 사망했다는 소식을 접하고, 10년 전 아이티(Haiti)에서 취재했던 게 떠올랐다. 그때는 독성물질이 든 약을 복용한 수십 명의 아기들이 죽었다. 당시에는 중국산 독성물질이 안전한 성분으로 오기(誤記)됐었는데, 중국 당국은 부정한 수출업자를 처벌하지 않았다. 이번 건도 중국기업 탓으로 의심했는데, 취재 결과 내가 품은 의심이 사실로 판명됐다.

— 일반기자와 탐사기자의 차이는? 취재할 때 윤리적 문제는?

모든 기자는 탐사기자여야 한다고 본다. 나는 장기 탐사보도를 할 때 주로 공적 문서(public records) 분석기법을 쓰는데, 이것은 일반 취재에서도 유용하다. 윤리 문제에서 우리의 원칙은 간단하다. '취재를 위해 거짓말하지 않는다(We don't lie to get stories)'이다.

— 탐사기자에게 요구되는 자질은?

탐사전문기자는 취재할 때 '(이런 일이나 구조로) 누가 이득을 얻는가?' 하는 기본 질문을 늘 잊지 않아야 한다. 또 여러 기법이나 자원을 동원해 취재원의 말문을 열어야 한다. 그런 점에서 탐사기자들은 아마추어 심리학자여야 한다. 또 어떤 사건이나 구조에 쉽게 분노해야 한다. 그런 분노가 없으면 취재과정에서 큰 장애물이 생길 때 밀고 나가기 힘들다.

— 기사가 실리지 않거나 중도에 실패할 때는? 어떻게 이런 사례를 줄이나?

곁가지 사건들에 주의가 분산될 때 실패하기 쉽다. 사소한 단서들이 나올 때, 잘 취사선택해야 한다. 그때 가장 중요한 판단기준은 경험이고, 그다음은 동료기자들이나 전문가, 친구들과 취재결과를 놓고 정기적으로 의논하는 것이다. 취재내용을 25단어 이내 한 문장으로 설명하지 못하면 취재를 중단하는 게 낫다.

• 자료: "Talk to the Newsroom: Walt Bogdanich", New York Times (Dec. 14, 2008)

미래를 향한
생존 무기

5장

뉴욕타임스가 세계 최고의 미디어로 장기 생존하는 비결 가운데 하나는 이용자와 정치권력에 대한 상반되는 태도에서 찾을 수 있다. 이용자(독자)에게는 최대한 몸을 낮추어 투명하게 소통하며 선호(選好) 변화를 기민하게 반영하는 눈높이 경영을 한다.

반대로 권력자와 특히 정치권력에 대해서는 어떤 위협이나 압력에도 위축되거나 타협하지 않고 진실을 파헤치며 비판 목소리를 낸다. 정권에게는 당당하고, 국민에게는 친절하고 겸손한 것이다.

1. 이용자와의 눈높이 경영

경영진을 포함한 회사 인사(人事)이동과 경영상황, 특종기사 뒷얘기, 저널리스트 소개 등을 망라한 모든 사정을 *NYT*만큼 외부에 자주 공개하고 소통하는 미디어 기업은 드물다. 전문가들은 *NYT*에 대해 "편집광(*paranoia*) 처럼 투명성에 집착하는 미디어"라고 말한다.

보도자료와 동영상, 유튜브는 물론 자사 취재전담 미디어 담당기자를 통한 취재와 인터뷰 등으로 방법도 다양하다. '타임스 인사이더(*Times Insider*)', '언더스탠딩 타임스(*Understaning Times*)', '비하인드 바이라인(*Behind Byline*)' 같은 코너와 자사가 제작하는 팟캐스트, 다큐멘터리에도 *NYT* 기자들 이야기와 탐사기획 보도 스토리들이 자주 등장한다.

외국에 있는 평범한 독자들도 *NYT*의 역사와 인물, 배경, 경영실태와 테크놀로지, 직원 해고나 사퇴 같은 자질구레한 내부사정까지 쉽게 알수 있다.

신뢰와 소통, 투명성

발행인과 CEO, 편집인, 오피니언 에디터 같은 경영진부터 이용자들의 눈높이에 맞춘 소통에 나서고 있다. 이들은 자신들의 메시지를 종이신문 A1, 2면이나 오피니언면처럼 눈에 잘 띄는 곳에 크고 분명하게 싣는다. 이런 움직임은 시민단체나 정치권 같은 외부압력에 의해서가 아니라 자율적인 판단과 가치관, 전통에 따라 이뤄지고 있다.

아돌프 옥스가 발행인 취임 이틀째인 1896년 8월 19일 자 오피니언면 (당시 4면)에 '업무 공고(Business Announcement)'을 실어 신문사 경영철학과 제작원칙을 천명한 후, 이런 흐름은 1백 년 넘게 회사의 문화이자 전통으로 굳어져 있다.

오너와 경영진부터 앞장서

옥스의 첫 기고문으로부터 96년 후인 1992년 1월 발행인에 취임한 아서 옥스 설즈버거 주니어 역시 신문에 자신의 이름을 내걸고 발행인 레터를 게재했다.[1]

2018년 1월 1일부터 발행인을 맡은 A. G. 설즈버거는 '발행인으로부터의 노트'를[2] 실어 새 포부와 다짐을 전 세계 이용자들 앞에 밝혔다. 그는 같은 달 미국 전역에서 2,500여 명의 독자들이 보내온 질문에 대해 자신의 성장배경과 자신이 생각하는 발행인으로서 사명과 역할, '가짜 뉴스'에 대한 입장, 아버지와의 관계, 발행인이 된 이유 등을 포함한 회사 중요 현안과 민감한 이슈에 대해 직접 답했다.[3]

발행인은 매년 연례실적 보고서, 분기 보고서와 별도로 매년 1~2월 지난해 회사상황과 실적을 평가하고 올해 계획과 다짐을 밝히는 신년사

---

1 Arthur Ochs Sulzberger Jr., "From The Publisher", *New York Times* (Jan. 17, 1992)

2 A. G. Sulzberger, "A Note From Our New Publisher", *New York Times* (Jan 1, 2018)

3 "〔Ask The Times〕On Trust and Transparency: A. G. Sulzberger, Our New Publisher, Answers Readers' Questions", *New York Times* (Jan. 22, 2018)

⟨*State of The Times Remarks*⟩를 내놓는다. 4 이때 직원들로부터 현장에서 질문을 받고 대답도 한다.

　회사의 중대한 방침 변화나 새로운 프로젝트를 할 때, 회사에서 큰 과실이나 잘못을 범했을 경우 발행인을 포함한 경영진이 나와서 설명하고 공개사과한다. 2016년 11월 초 미국 대통령 선거보도에서 *NYT*는 힐러리 클린턴의 당선을 확신하다가 낭패를 봤다. 이에 설즈버거 주니어 발행인과 딘 바케이 편집인은 공동명의로 대선보도 잘못을 인정하고 새로운 취재결의를 독자들에게 전했다. 5

　2011년 3월 온라인 기사 유료화 도입 시, 설즈버거 주니어 발행인은 독자들에게 취지를 설명하며 가입 안내를 했다. 6 2014년 10월에는 발행인과 마크 톰슨 CEO가 전 사원들에게 경비절감과 인력감축 이유를 밝히며 협조를 요청했다. 7 기자 1백 명의 명예퇴직 실시 같은 소식도 자사 기자가 직접 취재한 기사로 외부에 공개했다. 8

4　"2019 State of The Times Remarks: A. G. Sulzberger to Times employees at 2019 State of The Times address"(Jan. 8, 2019) ; "2020 State of The Times Remarks: A. G. Sulzberger's address to employees at 2020 State of The Times"(Jan. 14, 2020) ; A. G. Sulzberger, "2021 State of The Times Remarks"(Feb. 16, 2021) ; "Our Journalism: A Note to Staff From New York Times Publisher A. G. Sulzberger"(April 25, 2019)

5　"To Our Readers, From the Publisher and Executive Editor", *New York Times* (Nov. 13, 2016)

6　Arthur Ochs Sulzberger Jr., "A Letter to Our Readers about Digital Subscriptions", *New York Times* (March 17, 2011)

7　Insider Staff, "Arthur Sulzberger Jr. and Mark Thompson on Cost Cuts", *New York Times* (Oct. 1, 2014)

8　Insider Staff, "[Times Insider] A memo to the newsroom staff of The Times from

2014년 5월 *NYT*의 첫 흑인 편집인이 된 딘 바케이는 4개월 후인 그해 9월 초 *NYT* 본사에서 독자들이 지켜보는 앞에서 자사의 미디어 전문기자 데이비드 카(David Carr)와 공개 인터뷰를 했다. 그는 자신의 경력과 취재 일화, 신문사 혁신과 디지털 이슈 등에 대해 솔직하게 얘기하고 청중들의 질문을 받았다. 관련 내용은 동영상으로 제작됐다. 9

딘 바케이 편집인은 이후에도 CNN, BBC 같은 다른 언론사 인터뷰에도 적극 출연한다. 10 그는 틈날 때마다 사내 '독자센터(*Reader Center*)' 행사를 통해 일반 독자들과 가감 없이 소통한다. 11 고객과의 원활한 소통으로 *NYT*는 이용자들의 신뢰를 얻으며 유대를 돈독히 하고 있다.

1백 년 넘은 투명성과 소통 '전통'

*NYT*는 저널리즘 제작과 콘텐츠 유통에 들이는 노력 이상으로 이용자들과의 쌍방향 소통에 정성을 다한다. 이를 위해 웹사이트와 종이신문에 고정 코너와 기획물을 다수 운영한다.

2005년부터 2010년까지 진행한 '편집국과의 대화(*Talk to the Newsroom*)' 도 그중 하나이다. 매주(每週)마다 편집국 간부를 포함한 주요 데스크와 기자들이 자신의 업무를 중심으로 독자들이 궁금해 하는 질문에 대답했

Dean Baquet, the executive editor", *New York Times* (Oct. 1, 2014)

9　Erika Allen, "〔Insider Events〕 David Carr Interviews Dean Baquet", *New York Times* (Sept. 9, 2014)

10　대표적으로 "In-depth interview with New York Times' top editor", CNN 'Reliable Sources' (Oct. 11, 2015)

11　"〔Bulletin Board〕 Dean Baquet Answers Readers' Questions on Editing in the Newsroom", *New York Times* (July 6, 2017)

다. 5년 동안 편집국 간부와 기자 1백여 명이 출연했고 빌 켈러(Bill Keller) 당시 편집인과 질 에이브럼슨 편집국장 등 간부들은 1~2년마다 등장했다. 앤드루 로젠탈(Andrew Rosenthal) 논설실장을 포함한 논설실원들도 수시로 출연했다. 12

2008년 3월 4일 진행된 정치부와의 '편집국 대화'에는 독자들의 실명(實名) 질문에 대해 정치부원 중 19명이 참여해 자신의 이름을 밝힌 상태에서 대답했다. 13 '편집국과의 대화'는 베일에 싸여 있던 NYT 제작방식과 의사결정 구조, 기자들의 분야별 업무 등을 낱낱이 드러내 투명성을 획기적으로 높였다.

동시에 저널리즘과 NYT에 관심 있는 시민과 젊은 층의 눈길을 끌었고 저널리즘 지망생들에게는 '정보의 보고(寶庫)'가 됐다. 각 분야 고참 기자들과 에디터들이 현장경험과 노하우, 철학과 일하는 방식을 생생하게 전해 주었기 때문이다. 14

2010년 이후에는 '타임스 인사이더(Times Insider)'와 '언더스탠딩 타임스(Understanding Times)', '비하인드 바이라인(Behind Byline)' 같은 코너가 기존의 '편집국과의 대화'를 대신했다.

'타임스 인사이더'의 경우, 자사의 인기 팟캐스트인 '더 데일리(The Daily)' 히트작 스토리와 50일간 NYT 여름방학 인턴을 한 대학생의 경

---

12 "Talk to The Times: Editorial Page Editor Andrew Rosenthal", *New York Times*, (April 12, 2009)

13 "Talk to the Newsroom: A Political Q&A", *New York Times* (March 4, 2008)

14 이재경, "독자의 신뢰 위해 노력하는 모습 한눈에", 〈신문과 방송〉(2010년 7월호), pp. 94~97

험담, 모스크바·홍콩 등 해외 특파원들의 현지생활과 취재기 같은 뒷얘기를 전한다. '코로나 19 팬데믹' 시기에는 *NYT* 기자들의 재택근무와 대응방식을 다루었다.[15]

시민과 청년, 저널리스트 지망생들에게 유용해

2019년 10월 시작된 '비하인드 바이라인'은 이용자들이 만나거나 알고 싶은 기자와 간부들을 다른 기자가 인터뷰하는 코너이다. 첫 회에는 마크 레이시(Marc Lacey) 당시 정치부장을 인터뷰했다.[16] 게시판(*Bulletin Board*) 코너는 특종기사나 기획 시리즈에 대한 궁금증을 독자 입장에서 질의응답(Q&A) 하거나 기사 형식으로 파헤친다.

2019년 9월 27일에는 제임스 베넷(James Bennet) 당시 논설실장이 자기 이름으로 '게시판'에 글을 실었다. 제목은 "왜 논설실은 (도널드 트럼프 대통령에 대한) 탄핵 청문을 지지하는가?"였다.[17] 회사의 역사나 에피소드, 인물 등 스토리에 초점을 맞춘 '언더스탠딩 타임스(*Understanding Times*)'라는 코너와 저널리스트들이 사용하고 있거나 앞으로 취재와 상품제작에 적용하기 위해 개발 중인 첨단기술과 기법을 소개하는 '우리가 사용하는 기술(*Tech we're using*)'이라는 코너도 있다.[18]

15 John Otis, "〔Times Insider〕 The Journalists Changing Roles During the Coronavirus Outbreak", *New York Times* (April 3, 2020)

16 Lara Takenaga, "〔Behind Byline〕 Who Is Marc Lacey? Meet the Times Editor Moderating the Democratic Debate-Interview", *New York Times* (Oct. 14, 2019)

17 James Bennet, "Why The Times Editorial Board Supports an Impeachment Inquiry And what is an editorial board anyway?", *New York Times* (Sept. 27, 2019)

18 일례로 Ali Watkins, "〔Tech we're using〕 Police Data and the Citizen App: Partners

독자의견 제작에 반영 … 비밀제보 시스템도

*NYT*는 2017년 5월 이용자와의 소통을 전담하는 내부 조직으로 '독자센터'를 편집국 내부조직으로 만들고 기자 8명을 배치했다. 외부 이용자들의 고충 및 불만상담과 독자편지 접수 정도를 하는 한국 신문사의 독자서비스 센터와 다른 점은 독자들의 목소리와 의견을 저널리즘에 반영할뿐더러 활용까지 한다는 점이다. 한나 잉버(Hanna Ingber) 독자센터 국장은 이렇게 말했다.

우리가 독자센터를 만드는 이유는 우리 독자들의 지식과 경험, 목소리를 이용해 더 나은 저널리즘을 구현하기 위함이다. 큰 힘을 갖고 있는 우리 독자들은 다른 미디어 경쟁자들과 *NYT*를 차별화하는 데 많은 도움을 준다. 19

실제로 독자들은 독자센터에 직접 연락하거나 소셜미디어 등을 통해 기사제보와 분석, 통찰력을 제공한다. 이들은 *NYT*가 공정성과 정확성, 품질 기준 등을 충족시키지 못할 때 준엄하게 따지며 책임을 묻는다. 독자센터는 편집국 각부는 물론 논설실과도 긴밀하게 협력하며 광고 마케팅, 온·오프라인 상품개발 부문과도 끈끈한 관계를 맺고 있다.

이용자들이 독자센터에 도움을 요청할 경우, 해당 기자는 그에 대한 해법이나 방법을 성실하게 담아 후속조치를 취한다. 2018년 1~2월에

in Crime Coverage", *New York Times* (Oct. 2, 2019)

19 The New York Times Company, "(Press Release) Introducing the Reader Center" (May 30, 2017)

는 평창 동계올림픽 취재현장에서 기자가 *NYT* 디지털 유료 가입자들에게 뉴스를 메시지 형태로 직접 전해주고 이들이 제기하는 궁금증이나 질문 등을 채팅채널로 받아 답했다. [20]

*NYT*는 국내외 독자들로부터 기사 아이디어나 제보도 적극 수용하고 있다. 뉴스 콘텐츠 제작을 저널리스트들의 전유물로 여기지 않고 외부에 개방해 놓고 있다. 단순한 기사제보나 아이디어 접수를 넘어 정부 관리와 정치인 등 공인들이 법을 위반(違反)한 증거를 은밀하게 접수받는다. 기업이 비윤리적 활동을 하는 경우에도 마찬가지다.

정보 제공자의 신원(身元)과 주소, 제보내용 등을 보호하고 비밀을 보장하기 위해 *NYT*는 와이파이 공간에서 이용 가능한 '시큐어드롭(*Secure-Drop*)'이란 제보·접수 시스템을 독자 개발해 운영하고 있다. [21]

'이용자 참여' 활성화

*NYT*는 뉴스와 정보를 일방적으로 발신(發信)만 하지 않는다. 이용자(독자)들과 자연스럽게 접촉하고 소통하여 이들을 저널리즘 제작과 유통과정에 참여시키고 있다. 활발한 온·오프라인 접촉을 통해 그들을 충성스런 팬으로 만들고 뉴스 스토리 제작의 '주역'으로 삼는다. 이 같은 '이용자 참여(*audience engagement*)' 노력은 신뢰도 상승과 매출증대를 이끌

---

20 Sam Manchester, "Sam at the Games", *New York Times* (Jan. 26, 2018)

21 은밀한 제보 접수 목적으로 *NYT*는 '시그널(Signal)' 앱과 왓츠앱(WhatsApp), 우체국 우편 등을 선호하고 있다. "Got a confidential news tip?", *New York Times* (Dec. 13, 2020)

어 디지털 전환 성공을 견인하는 보이지 않는 힘이 되고 있다. [22]

한 예로 신종 코로나바이러스가 확산되기 시작하던 2020년 2월 하순, *NYT*는 "코로나 바이러스 피해를 입은 사람들을 직접 만나 취재하겠다"며 대상자 공모(公募)를 시작했다. 그리고 실제로 자원자들을 접촉해 기사로 제작했다.

'이용자 참여' 문화는 수십 년 동안 이용자(독자)들을 참여시키고 접촉하며 쌍방향 소통으로 축적한 믿음으로 형성됐다. *NYT*는 지금도 여러 시도를 쉼 없이 하고 있다.

매년 60회 여는 '타임스 토크'

NYT 저널리스트들은 1998년부터 문학, 정치, 국제, 예술, 테크놀로지, 비즈니스, 패션, 혁신, 공연 등 각 분야 유명 인사들을 불러 독자들 앞에서 면대면(面對面) 대화와 공연, 토론기회를 갖는다.

민주주의, 세계정세, 인공지능(AI), 글로벌 명품시장, 예술 등으로 매번 주제를 바꾸어 진행하는 고품격 컨퍼런스이다. 행사 주제와 출연자에 따라 후원기업이나 단체의 후원을 받아 경비를 마련한다. 참석하는 독자들은 사전접수 후 추첨이나 선착순으로 정하는데 전원 무료이다. [23]

뉴욕과 워싱턴 DC, 시카고, LA, 시애틀, 샌프란시스코 등 주요 도

---

22 Mathew Ingram, "Is engaging with readers the key to both trust and revenue?", *Columbia Journalism Review* (Nov. 22, 2019)
23 '타임스 토크쇼'와 *NYT*의 컨퍼런스는 www.timestalks.com과 http://nytconfer-ences.com 참조

시에서 열린다. 런던올림픽(2012년)이나 칸영화제(2011년) 같은 국제행사에 맞춰 해외에서 개최하기도 한다. 이용하는 방법은 현장 참석, 생방송 시청, 녹화 동영상 시청 등 3가지 방식이 있다.

지금까지 앨 고어 전 부통령, 엘리자베스 워런 연방 상원의원, 중국 출신의 인권운동가이자 설치미술가인 아이웨이웨이(艾未未), 가수 그레이스 존스(Grace Jones) 같은 개인적으로 만나기 힘든 유명 인사들이 타임스 토크 무대에 섰다. 매년 60회 정도 열리는데, 출연자들은 NYT 기자나 논설위원들과 함께 대화하며 자신의 시각과 의견을 피력한다.

2018년 9월 14일 워싱턴 DC 소재 신문박물관(Newseum)에서 열린 '타임스 토크'의 경우, 앤드루 소르킨(Andrew R. Sorkin) 딜북(Deal Book)에디터와 엘리자베스 워런 상원의원 두 사람이 나와 2008년 글로벌 금융위기 원인을 분석하고 현재에 주는 시사점 등을 토론했다.[24]

2019년 시애틀에서 열린 '시애틀 스타트업 엔진'이라는 제목의 '타임스 토크'는 캐런 와이즈(Karen Weise) 실리콘밸리 특파원이 진행했다. 온라인 부동산 중개회사 CEO, 벤처캐피탈 CEO 같은 토론자들이 1시간 6분 동안 기술창업의 요람인 시애틀의 강점을 각자의 조직에 어떻게 접목하고 발전시킬 수 있는지를 놓고 토론하고 질의응답 시간을 가졌다.[25]

24 https://www.nytimes.com/video/us/100000006102337/ten-years-post-financial-crisis-were-in-a-different-place.html(2020년 4월 15일 검색)
25 https://www.timestalks.com/talks/the-seattle-start-up-engine(2020년 4월 26일 검색)

저널리스트와 독자들 현장서 만나

이용자들이 직접 참가하는 구독자 이벤트(*Subscriber Event*)도 활발하다. *NYT*가 주제와 참석 저널리스트를 선정한 다음, 관심 있는 독자들의 신청을 받아 일정한 인원을 뽑아 진행한다. 저널리스트들과 이용자들이 현장에서 만나 대화하는 라이브 이벤트이다.

2020년 4월 15일 *NYT* 본사 사옥 내 타임스 홀(*Times Hall*)에서 열린 '코로나 바이러스, 테크 그리고 데이터(*Coronavirus, Tech and Data*)'라는 행사의 경우, *NYT*의 '테크놀로지' 뉴스레터를 맡고 있는 쉬라 오비드

Ⓣ 미니박스 | 독자편지 (Letters to the Editor)

1851년 창간 직후부터 운용을 시작한 '독자편지' 코너는 이용자들이 직접 참여하는 대표적인 창구이다. 이 코너가 지금처럼 오피니언면에 고정된 것은 1931년 12월 4일 자부터. 영어 단어 150자 안팎 분량으로 매주 50~70개 정도의 독자편지가 실린다. 그러나 NYT 독자편지 담당 데스크(Letters desk)에 도착하는 이메일과 편지는 하루에 5백~1천 통 정도다.

투고자들은 일반 시민, 가정주부, 학생, 대학교수, 외국 대사관, 외국 정부 관료는 물론 정치인, 전·현직 고위 공무원, 스포츠 스타 등으로 다양하다. 미국 국내와 해외 단골 필자만 1백 명이 넘는다. 1999년부터 이 코너를 맡고 있는 토머스 파이어(Thomas Feyer) 에디터는 "어느 분야에 어떤 성향의 글을 보내는지 이름만 봐도 알 정도인 기고자가 1백 명이 넘는다"고 말했다.

NYT 측은 독자편지를 자주 보내 글이 채택되는 열성 기고자들을 수시로 본사로 초청해 감사 표시를 하고 회사 탐방 기회 등을 제공한다. 일요일판 NYT 매거진과 서평(Book Review)은 '독자편지' 코너를 별도로 운영한다.

• 자료: Emily Palmer, "[Times Insider] Dear New York Times: A Reader, a Fax and a Twist", New York Times (March 4, 2020); Katie Van Syckle, "Meet The New York Times's Most Devoted Letter Writers", New York Times (May 9, 2018)

(Shira Ovide) 에디터가 진행 겸 사회를 봤고, *NYT* 내 최고 전문가인 찰리 위젤(Charlie Warzel) 논설실원이 나왔다. 26

2015년 2월 10일 같은 장소에서 열린 파멜라 폴(Pamela Paul) 서평 (*Book Review*) 담당 에디터와 독자들과의 만남에는 *NYT* 독자로 온라인 등록한 사람만 참가신청을 할 수 있었다. 이 행사에는 *NYT* 서평란 인기 코너인 '바이더북(*By the Book*)'에 소개된 저명 소설가 3명이 초청인사로 나왔다. 참석자들은 저자(著者) 사인회와 칵테일 파티 등으로 친교를 다졌다. 27

이용자들은 현장 이벤트 외에도 온라인 대화, 컨퍼런스 콜, 패널 토론, 실시간 질의응답(*Live Q&A*) 같은 여러 방식으로 참가한다. 이런 식의 교류와 네트워킹은 *NYT*에 대한 이용자들의 신뢰와 충성심을 높이고, 그들이 지갑을 열 수 있는 분위기를 만든다. '디 인포메이션(*The Information*)' 같은 실리콘밸리 테크 미디어들도 비슷한 서비스를 추가함으로써 이용자 유료 구독을 유인하고 있다.

초 · 중 · 고교생들 '참여'로 고객 만들어

*NYT*는 '미래의 고객'을 키우는 데도 적극적이다. 여기서 중요한 것은 막연한 '홍보'나 '선전'이 아니라 이들을 '참여'시키면서 유익한 정보와 콘텐츠를 공급한다는 점이다. 1998년부터 홈페이지에 10대 학생 및 교사들을 상대로 디지털과 종이신문 활용 학습을 지원하는 '학습 네트워크(*The Learning Network*)'를 운영한다.

---

26 https://coronavirusandbigtech. splashthat. com/
27 Susan Lehman, "By the Book: Times Premier Event", *New York Times* (Feb. 10, 2015)

이때부터 2015년까지 올린 학습지원 콘텐츠는 3천 개가 넘는다. 영국의 문호 '셰익스피어'나 미국 소설 《위대한 개츠비》, '제 1차 세계대전' 같은 키워드와 관련해 *NYT*에 소개된 기사 등을 활용해 글쓰기 연습을 하고 지식·정보를 제공한다. 교사들을 상대로 '시사(時事) 사건을 이용해 가르치는 50가지 방법' 같은 글28도 제공한다.

매년 4월 첫째 주부터 6월 말까지 3개월간은 미국 모든 고교생과 교사들에게 '학습 네트워크'를 온라인 유료화 대상에서 제외해 무료로 개방한다. '학습 네트워크'는 사설 콘테스트(*editorial contest*)와 팟캐스트 콘테스트(*podcast contest*), 여름 독서 콘테스트(*summer reading contest*), 매주 시사 퀴즈 이벤트 같은 '참여 프로그램'을 진행한다. 29 고교생들에게 이용자 체험기회를 제공하고 습관화함으로써 이들을 *NYT* 고객으로 만들려는 목적에서다. 30

매월 마지막 주 일요일에는 초등학생 전용 '어린이 뉴욕타임스(*The New York Times for Kids*)' 섹션을 발행한다. 이 섹션은 코로나 19 바이러스 확산, 교내 총기사고. 인종차별, 역사적 인물들의 동상 철거 같은 성인들도 관심을 가질 만한 이슈들을 다룬다. 2018년 1년간 195명의 미국

---

28 Michael Gonchar, "50 Ways to Teach With Current Events"(Oct. 7, 2014) https://learning. blogs. nytimes. com/2014/10/07/50-ways-to-teach-current-events

29 Michael Gonchar and Katherine Schulten, "〔Weekly News Quiz for Students〕 Promote News Literacy With Our Weekly Current Events Quiz for Students", *New York Times*(May 16, 2019). 상세 내용은 www. nytimes. com/learning

30 *NYT* 기자들이 정치, 비즈니스, 스포츠, 엔터테인먼트 분야의 유명 인사들과 짝을 이뤄 대학생들을 상대로 라이브 대화(*live conversation*) 등을 하는 '*Get With The Times*'라는 대학생 전용 연중 컨퍼런스도 있다. https://www. getwiththetimes. com/

T 미니박스 | **편집국 펠로우십 프로그램**

차세대 저널리즘 인재 충원을 목표로 2018년 시작돼 매년 6월부터 1년간 본사(또는 워싱턴지국 등)에서 정규기자들과 똑같이 근무하며 에디터·기자들의 멘토링과 피드백을 받는 훈련 프로그램이다.

매년 최소 20명 정도 뽑는데 2020년에는 미국 등 16개국에서 2,200명이 지원해 110 대 1의 경쟁률을 보였다. 정식급여를 받으며 노동조합 가입이 보장된다. 취재와 오디오, 비디오, 그래픽 등 각 분야 저널리스트로 일하려는 대학(대학원) 졸업생, 직장근무 경력이 짧은 청년들이 대상이다.

매년 가을부터 12월 초까지 신청자 접수를 받는다. 편집국 여름 인턴은 이 프로그램에 통합됐다. 단, 광고·디자인·데이터·테크놀로지·상품개발 같은 비즈니스 분야는 여름 인턴제도를 별도 운용한다. 펠로우십 과정에서 능력과 열정을 인정받은 이는 곧바로 채용된다.

• 자료: The New York Times Company, "[Press Release] Our 2020-21 Newsroom Fellows-We are thrilled to introduce the 2020 New York Times Fellowship class" (Feb. 20, 2020) https://www.nytco.com/careers/newsroom/newsroom-fellowship/

초등학교 4학년 학생들이 '어린이 뉴욕타임스' 섹션 오피니언면에 글을 써서 실었다. [31]

전문가들과 초등학생들이 온라인에서 대화하는 '가상 라운드테이블 토론(*virtual round-table discussion*)'도 정기적으로 개최한다. 어렸을 때부터 자연스레 뉴스를 접하고 칼럼 등을 쓰고 토론함으로써 신문과 친밀해지도록 유도하는 것이다. [32]

---

31 'The New York Times Company in Numbers in 2018' in The NYT Company 2018 Annual Report (March 20, 2019)

32 Danya Issawi, "[Times Insider] Talking About Racism With the Times's Youngest Readers", *New York Times* (Aug. 28, 2020) ; Remy Tumin, "[Times Insider] The

우리 독자들의 (NYT에 대한) 신뢰는 (NYT에게) 본질적인 일이다. 우리
는 매일 모든 직원들의 활동과 판단으로 그 신뢰를 새롭게 한다. 이 일은
저널리즘과 직장, 공적 활동영역 모두에서 이뤄지고 있다. [33]

자사 홈페이지 '표준 및 윤리 (*standards and ethics*)' 부문에 NYT는 이렇
게 천명하고 있다. NYT는 2003년 제이슨 블레어 (Jason Blair) 기자 사
건 등을 계기로 더 구체적인 내용의 가이드라인을 만들어[34] 모든 당사
자들에게 이 가이드라인의 실천을 요구하고 있다. 수십 년 전 실린 기사
라도 오보 (誤報) 로 판명나면 기꺼이 정정 (訂正) 과 사과문을 싣는다. 편
집국과 논설실 활동을 회사 바깥 입장에서 독립적으로 평가하고 기준을
제시하는 전담 간부도 두고 있다.

"위반 시 해고" … 윤리 가이드라인만 5개

NYT의 윤리규범 가이드라인은 상호중첩되고 보완적인 다섯 개의 문건
들로 구성돼 있다. 편집국과 논설실의 저널리스트가 지켜야 할 취재 및
직업윤리 규범을 망라한 '윤리적 저널리즘 가이드북 (*Ethical Journalism
Guidebook*)'을 비롯해 구성원으로서 지켜야 할 '성실성 가이드라인 (*Guide-*

New York Times Gets a Kid Columnist", *New York Times* (Nov. 19, 2017)

33 https://www. nytco. com/company/standards-ethics/

34 윤석민, 《미디어 거버넌스: 미디어 규범성의 정립과 실천》 (나남, 2020), p. 221

lines on Integrity) '이 첫 번째이고 가장 포괄적이다.

여기에다 '소셜미디어 가이드라인(*Social Media Guidelines*)', '독자들의 기사댓글 운용에 대한 가이드라인(*Guidelines for Reader Comments*)', '컨퍼런스와 실시간 이벤트 등에 대한 표준(*Editorial Standards for NYT Live*)' 도 있다.

이 가이드라인들은 공통적으로 "적절한 결정을 내리기 힘들 경우 같은 부서 상급자나 편집국 스탠더드 에디터, 논설실 부실장과 면담해 상

Ⓣ 미니박스 | **161년 전 오류도 정정 보도**

NYT는 1853년 1월 20일 자 '솔로몬 노섭(Northup)의 억류와 귀환에 관한 이야기'라는 제목의 기사에서 주인공 '노섭'의 스펠링을 제목에선 'Northrup'으로, 본문에선 'Northrop'로 다르게 썼다. 이런 스펠링 오류는 161년 만인 2014년 2월, 이 스토리를 바탕으로 만든 영화 '노예 12년'이 제86회 아카데미 최우수작품상을 받으면서 알려졌다.

일부 네티즌들이 영화 관련 사실을 찾느라 NYT 아카이브(archive · 기사 보관 데이터베이스)를 검색했다가 오자(誤字)를 발견해 트위터로 공개한 것이다. NYT는 2014년 3월 4일 자 A2면 '고침(Corrections)'란에서 "당시 스펠링을 잘못 쓰는 오류를 범했다. 독자가 이 문제를 트위터를 통해 지적했다. 이번 일을 계기로 더 완벽하고 정확한 기록을 갖게 됐다"고 밝혔다.

이런 정정 노력은 고급을 지향하는 NYT 브랜드의 이미지와 일치한다. 독자들도 사소한 실수까지 바로잡는 NYT에 호감을 갖게 된다. 사내에선 업무 긴장도와 집중도를 높이는 효과를 낳는다. 한 연구결과에 의하면 NYT의 정정보도 기사 건수(件數)는 우리나라 신문보다 2배 가까이 많다. 이는 NYT가 오보 기사를 적극적으로 확인해 정정하고 있기 때문으로 풀이된다.

• 자료: "Corrections", New York Times(March 4, 2014), A2; 임양준, "한국과 미국 일간신문의 정정보도 기사 비교 연구", 〈한국언론정보학보〉 37호 (2007년), pp.204~236

의하라”고 명문화하고 있다. 또 상황 변화에 맞춰 규정을 계속 업데이트
하면서 규범내용을 추가 또는 삭제하고 있다.

일례로 *NYT*는 1999년 5월 7일 팩트체크와 발언 인용의 정확성
(*exactness of quotations*), 정직한 뉴스 소스(*source*) 공개, 사진 사용의 성
실성 같은 기본적인 직업관행을 담은 ‘편집국 성실성 성명서(*Newsroom
Integrity Statement*)’를 마련했다. 그로부터 9년 만인 2008년 9월 25일 그
간의 변화를 반영해 내용을 업데이트했다.

2004년에는 ‘익명의 취재원 사용에 대한 정책(*Policy on Confidential
Sources*)’을 제정했고, 2017년 10월에는 ‘소셜미디어 가이드라인’을 만들
었다가 2020년 11월 개정 · 보완했다. 2015년 7월에는 ‘컨퍼런스와 실시
간 이벤트 등에 대한 표준’을 신설했다.

저널리스트와 일반 직원들도 적용대상

이 가운데 2004년 9월 제정된 ‘윤리적 저널리즘 가이드북’은 편집국과
논설실의 직원들(기자와 사진작가, 영상 및 아트 디렉터, 디자이너, 그래픽
편집자, 리서처 등)을 모두 적용대상으로 한다. 이 가이드북은 “뉴욕타임
스의 중립성과 불편부당함을 지키고 *NYT*에 근무하거나 직원이라는 이
유로 획득한 미공개 정보 등으로 개인적인 이득이나 특혜를 누리지 않도
록 하는 게 목적”이라고 밝히고 있다.

모두 14개 항목 155개 조항으로 이뤄진 가이드북은 “모든 직원들은 가
이드북을 숙지하고 있어야 한다. 잘 몰랐다고 해서 나중에 처벌이 경감
되지 아니하고 오히려 더 가중된다”며 “가이드라인에 대한 고의적인 위
반을 할 경우 해고(解雇) 조치까지 내릴 수 있다”고 못 박았다.

가이드북은 "직장에 출근해 있는 동안에는 특정 정파(政派)를 지지하는 옷은 물론 단추나 배지도 부착할 수 없다"고 했다. [35]

기업 초청강연, 취재 관련 주식·펀드투자 금지

'윤리적 저널리즘 가이드북(Ethical Journalism Guidebook)'[36]은 서문(序文)을 제외한 13개 항목에서 취재원과의 관계, 접대와 선물 및 향응 처리 기준, 광고주와의 관계, 정치참여나 공공부문 활동, 외부강연 및 프리랜서 활동, 방송 출연, 가족 및 친구들과의 연관성, 주식투자 등에 관한 기준을 세밀하게 적시해 놓고 있다. 외부강연과 관련한 기준은 이렇다.

직원들은 회사의 승인을 받지 않는 한 개별 회사나 업계모임에 초청받아 강연해서는 안 된다. 회사가 필요하다고 참가를 승인할 경우, 회사가 강연료를 지불하며 외부의 강연료를 받아서는 안 된다. 초청이 올 경우 수락 여부를 놓고 상급자들과 의논해야 한다. 직원들은 고객 유치나 이익창출 목적인 행사의 강연초청을 수락해서는 안 된다. 단, 교육적 목적이거나 로비나 정치활동과 관계없는 비영리단체 활동에 한해 직원들은 강연료, 사례

---

35 1989년 뉴욕타임스의 대법원 출입 기자인 린다 그린하우스(Linda Greenhouse)는 낙태 권리를 지지하는 '선택의 자유'라는 시위에 참여했다. 그녀는 "그저 청바지와 오리털 재킷을 입은 한 명의 여자였다. 나는 내 존재를 드러내지 않았다"고 했지만, 뉴욕타임스는 그녀의 행진이 그녀가 하는 보도의 이미지를 위험하게 한다며 그녀를 징계했다. Bill Kovach and Tom Rosenstiel (2014), p. 193

36 규범집 제목은 'Ethical Journalism Guidebook: A handbook of values and practices for the News and Opinion departments'이다.
전문은 https://www.nytimes.com/editorial-standards/ethical-journalism.html

비, 경비, 교통 편의를 제공받아도 된다. 강연료가 5천 달러를 초과할 경우, 직원들은 수령 전에 편집국 스탠더드 에디터, 행정담당 부국장 또는 논설실 부실장과 반드시 상의해야 한다.[37]

재무적 이득과 관련해서는 "미공개 정보를 이용해 금전적 이익을 얻거나 얻는 듯한 모양새가 되지 않도록 항상 주의해야 한다"며 이렇게 규정했다.

임직원들은 펀드투자와 국채, 공공채와 *NYT* 주식, 회사 직무와 무관한 주식은 소유할 수 있다. 그러나 직무와 관련 있거나 그럴 가능성 있는 기업의 주식이나 금전적 이익을 취해선 안 된다. 출판 에디터가 출판사에 투자 또는 지분을 갖고 있거나, 건강 담당기자의 제약회사 주식 보유, 미디어 담당기자의 미디어 기업 주식 매매, 국방 담당기자가 방위산업 주식에 특화된 뮤추얼펀드에 투자하는 행위 등은 금지된다.[38]

편집인부터 차장까지 매년 재무거래 확인

특정 부서로 옮기거나 신규 채용될 때 본인은 물론 배우자, 가족 구성원, 친구 가운데 자신의 업무와 관련해 중립성을 해칠 수 있는 금융 거래나 자산이 없음을 확인받아야 한다. 윤리 규정은 "편집국 스탠더드 에

---

37 'Speaking Engagements' in *Ethical Journalism Guidebook*
   https://www. nytimes. com/editorial-standards/ethical-journalism. html
38 'Investments and Financial Ties' in *Ethical Journalism Guidebook*

디터와 논설실 부실장이 해당 국(局) 또는 실(室) 소속원에 대해 규정 위반 거래를 하는지 수시로 확인할 수 있다"고 했다.

주식 소유가 금지된 분야로 출입처를 옮긴 기자는 관련 주식을 모두 팔아야 한다. 자동차 업종 취재 기자나 데스크는 특정 자동차기업 주식을 소유할 수 없다. 주식 매각이 힘들 경우, 담당 간부와 협의해 단계적으로 팔거나 그 주식을 '백지 신탁(blind trust)'에 넣어야 한다. 회사는 '백지 신탁' 설립비용을 지원할 수 있다.

간부들은 최고재무책임자(CFO)에게 회사의 규정, 규칙을 위반하는 재무적 거래나 소유를 하지 않음을 매년 확인받아야 한다는 규정도 있다. 편집인, 편집국장, 편집국 부국장과 부국장 대우, 경제와 산업, 금융 담당 부장-차장들, 일요일판 담당 경제부장, 논설실장과 부실장들, 옵-에드면 담당 에디터(Op-Ed editor)를 대상으로 명문화했다.

선물 거절하는 '샘플 편지' 공유

스포츠, 문화·예술, 음식, 여행, 자동차, 테크놀로지, 영화, 패션 같은 특정 분야를 취재하는 직원들을 위한 주의사항도 구체적으로 적시해 놓고 있다. 스포츠 취재 담당자는 취재용 경기장 출입증 외에 어떠한 입장권이나 여행경비, 식사, 선물 및 특혜를 제공받아서는 안 된다. 공연, 극장, 패션, 미술, 출판 담당기자나 데스크들은, 자신과 직간접으로 아는 사람들의 작품에 대한 비평을 앞두고 비공식적으로라도 언급해서는 안 된다.

그림, 조각품, 사진, 판화 등 고가(高價) 귀중품 분야를 취재하는 문화부 기자나 데스크 등은 편집국 부국장에게 매년 그들이 소유하고 매매

1962년부터 매주 게재되는 레스토랑 리뷰(Restaurant Review)에도 5~6가지 윤리 규정을 적용한다. 리뷰 담당기자 이름은 반드시 익명으로 해야 하며, 품평 대상 레스토랑에 예약할 때와 품평 식사를 할 때 자기 신분을 밝혀서는 안 되고, 식당 예약을 가명(假名)으로 해야 한다.

품평용 식사비용(동반자 포함)은 회사가 모두 부담하며, 대상 레스토랑은 최소 개업 2개월은 돼야 한다. 또 최종기사 완성 전에 보통 3차례 식사를 해야 한다는 것이다. 품평 기준은 식감, 서비스, 가격 3가지인데, 기자 취향에 따라 비중이 달리 적용될 수 있다고 밝혔다.

NYT 기자가 자신이 쓴 책을 출간해 NYT 서평(書評)에 소개할 경우, 그 책에 대한 서평은 다른 경쟁 언론사 기자가 쓰도록 권한다.

2016년 11월 출간된 오피니언 칼럼니스트 토머스 프리드먼의 '늦어서 고마워(Thank You for Being Late)'에 대한 NYT 서평은 존 미클레스웨이트(John Micklethwait) 블룸버그 편집국장(editor-in-chief)이 썼다.

• 자료: Pete Wells, "[Understanding The Times] The Art and Etiquette of a New York Times Restaurant Review", New York Times (June 7, 2018)

거래한 그림, 조각 등의 목록을 제출해야 한다. 자동차 담당기자는 시승(test driving)이나 자동차 리뷰 목적으로 차량을 공짜로 이용해서는 안 되며, 시장가격 수준으로 회사가 반드시 렌트 비용을 정상 지불하도록 명문화했다.39

가이드북은 또 직원들의 규정 준수를 돕기 위해 외부인의 선물이나 원하지 않는 외부 수상(受賞) 제의를 정중하게 거절하는 샘플 편지(sample letter)를 예시로 마련해 놓고 있다.

---

39 'Rules for Specialized Departments' in *Ethical Journalism Guidebook*

소셜미디어 활동도 가이드라인

소셜미디어 활동과 관련한 별도 가이드라인도 있다. [40] 이 가이드라인은 "소셜미디어가 이용자들과 교감하며 스토리텔링 경험을 공유하고 실시간 업데이트를 하는 등 장점이 있지만 잘못 사용할 경우 전체 편집국의 신뢰도를 떨어뜨리고 편향적인 미디어로 각인될 수 있다"며 이렇게 밝혔다.

중립적이고 공정한 미디어라는 우리의 평판을 해칠 수 있는 어떠한 포스팅도 피해야 한다. 편집국 간부들은 스태프들이 해당 가이드라인을 준수하도록 관리할 책임이 있다. 가이드라인 위반사항은 정기적인 고과(考課) 평가 때 반영된다.

소셜미디어 가이드라인은 소셜미디어 사용에 뛰어난 저널리스트 8명의 의견을 바탕으로 편집국의 광범위한 의견 수렴을 거쳐 제정됐다. 이 가이드라인은 "어떤 특정 정당의 의견이나 정치적 견해, 특정 후보자를 편들거나 NYT의 저널리즘 평판을 해치는 어떠한 언급이나 포스팅을 해서는 안 된다"고 밝혔다. 편집국 모든 부서 직원들에게 적용되는 가이드라인은 또 이렇게 밝혔다.

소셜미디어 활동이 사적인 영역에 속한다고 생각할 수 있지만 우리가 공개적으로 하는 모든 행동은 NYT와 연관돼 비추어진다. 따라서 우리 저널리

---

40 *Social Media Guidelines for the Newsroom*,
   https://www.nytimes.com/editorial-standards/social-media-guidelines.html

스트들은 소셜미디어에서 소비자 서비스 불만을 털어놓지 말기를 강력 권고한다. 왜냐하면 정당한 불평이라고 생각해도 *NYT* 기자나 에디터로서 특별배려를 받을 수 있기 때문이다.

"SNS에서 소비자 불만 올리면 안 돼"

그러면서 소셜미디어상에서 특정 정파를 지지하는 성향을 가진 사적(私的)이거나 은밀한 그룹에 가입하지 말고, 상대방을 항상 존중하며, 상대방이 공격적으로 질문하거나 비판할 때 사려 깊게 생각하고 가급적 즉각 대응하지 않는 게 좋다고 밝혔다. 마지막으로 소셜미디어에 포스팅하는 게 좋을지 나쁠지 불확실할 때에는 아래에 해당하는지 스스로 물어보라고 권고했다.

내가 포스팅하려는 견해가 *NYT*에 실려도 괜찮은 내용인지. 어떤 사람이 내 포스팅을 읽고 편향됐다고 생각하지 않을지. 앞으로 공정한 취재에 영향을 미치지 않을지. 동료들이 해당 업무를 하는 데 나쁜 영향을 주지 않을지.

내부에서 독립된 감독 체제

2003년 들어 *NYT*는 '스탠더드 에디터(*standard editor* · 표준 편집인)'와 '퍼블릭 에디터(*public editor* · 공익 편집인)'를 신설했다. 두 명의 에디터는 일상적인 뉴스제작을 맡지 않는다. 편집국 바깥의 독립적인 시각에서 저널리즘의 '기준'과 '방향'이 공익 기준에서 이탈하지 않도록 중심을 잡는 게 주 역할이다. 하웰 레인스 편집인 후임인 빌 켈러 편집인이 취임 첫날(2003년 7월 30일) 두 에디터 신설을 약속한 다음 실천했다.

취재원과의 유착 등 조사 … 스탠더드 에디터

스탠더드 에디터의 업무는 저널리즘 규범과 윤리 등에 관한 사항을 감시·감독하는 일이다. 구체적으로 기사의 정확성과 팩트체크는 물론 기사 전반의 공정성, 기자들의 업무 이해상충을 포함한 윤리규정 준수와 취재원 실명(實名) 게재, 기사작성 가이드라인 준수 여부 등을 확인하고 바로잡는 일을 한다. 41

회사 안의 '퍼블릭 에디터'나 외부 독자들이 취재원과의 유착(癒着) 의혹 같은 문제점을 제기할 경우, 이를 독자적으로 조사한다. 신입 기자나 에디터들을 상대로 관련 교육도 한다. 뉴스 문장 표현과 관련한 유권 해석도 스탠더드 에디터가 맡아 한다.

종이신문과 웹상에서 모든 윤리적 문제와 기준에 대한 자문과 판단을 하며, 기사에 사용되는 단어와 용어 표기에 대한 질문도 처리한다. 예컨대 도널드 트럼프 당시 대통령에 대해 "'프레지던트(president) 트럼프'로 표기하지 않고 '미스터(Mr.) 트럼프'로 표현하는 게 정치적 편견(偏見)에 따른 결정이 아니다"라고 스탠더드 에디터는 유권해석했다. 42

스탠더드 에디터는 "취재원을 익명으로 쓴 기사를 남발할 경우 기사의 신뢰도가 훼손된다"며 기사 문장에서 실명(實名) 사용을 요구한다.

---

41 Sara Morrison, "Standards and double standards: The New York Times lets some swears slide, but not others", *Columbia Journalism Review* (Aug. 16, 2012)
42 Philip B. Corbett, "(Bulletin Board) Why The Times Calls Trump 'Mr.' (No, We're Not Being Rude)", *New York Times* (Nov. 8, 2017)

작성된 기사가 익명의 취재원에 의지한 기사라는 이유로 실명이 확인될 때까지 며칠 보류되는 일도 종종 벌어진다.

스탠더드 에디터는 논란이 될 만한 이슈에 대해서는 편집인은 물론 발행인과 직접 상의한다.[43] 2003년 9월 당시 63세의 앨런 시걸(Allan Siegal) 부국장이 초대 스탠더드 에디터에 임명됐다. 이어 2006년부터 크레이그 휘트니(Craig Whitney)가 2대 에디터로 일했고, 2009년부터는 필 코벳(Phil Corbett) 부국장이 지금까지 스탠더드 에디터를 맡고 있다.

기사 표절 등 감시 … 퍼블릭 에디터

'퍼블릭 에디터(public editor)'는 2003년 10월부터 2017년 6월까지 14년 정도 존속됐다. '공익 편집인'이라는 이름 그대로 공익 관점에서 NYT의 저널리즘 행태를 감시하고 평가하는 역할을 했다.

사내 출신 인사들을 선임할 경우 사적(私的)인 이해관계가 얽혀서 독립적인 업무가 방해받을 수 있다는 이유에서 퍼블릭 에디터는 비(非) NYT 출신으로 선임했다. 2년 계약직으로 해 다음 자리에 연연하지 않고 감시견(watch dog) 역할에 충실하도록 했다.

퍼블릭 에디터가 쓰는 칼럼은 꼭 필요한 문법이나 스펠링 수정을 제외하면 어느 누구도 첨삭(添削) 또는 수정을 못 하도록 했다. 그만큼 독립성을 확실하게 보장하기 위해서였다. 첫 칼럼은 2003년 12월 7일 자에 다니엘 오크렌트(Daniel Okrent)가 썼다.

---

43 Byron Calame, "A Conversation With the Standards Editor", *New York Times* (Aug. 28, 2005)

퍼블릭 에디터들은 실제로 모두 외부 출신들로 채워졌다. 리즈 스파이드(Liz Spayd)는 '워싱턴포스트'에서 25년간 근무 후 '컬럼비아 저널리즘 리뷰(*Columbia Journalism Review*)' 편집장으로 일하다가 발탁됐고, 바이런 칼람(Byron Calame)은 '월스트리트저널(*WSJ*)'에서 40여 년 일한 고참 언론인이었다.

이들은 익명 취재원부터 기사 표절, 기자들의 개인 이익과 저널리즘 원칙의 충돌 같은 *NYT*에서 일어난 문제들을 모두 다뤘다. 바이런 칼람은 퍼블릭 에디터의 책무를 3가지로 정리했다.

첫째, *NYT*에 대한 독자들과 공공의 우려와 관심을 신문사 안으로 전달하고 환기시키는 것. 둘째, 저널리즘의 정확성과 공정성을 감시하는 것. 셋째, *NYT* 안에서 진행과정을 독자들이 투명하게 이해하도록 돕고 간부들과 기자들이 독자를 의식하도록 최선을 다하는 것이다.[44]

설즈버거 주니어 발행인은 '퍼블릭 에디터' 폐지 이유와 관련, "소셜미디어와 온라인 독자들이 사실상 '워치독(*watch dog*)' 역할을 한다. 수많은 워치독에게 권한을 부여할 필요가 있다"고 말했다. 일각에선 퍼블릭 에디터들이 경영진까지 매섭게 비판하는 게 부담됐다는 지적도 있다. '퍼블릭 에디터'는 껄끄럽고 민감한 이슈까지 끄집어내 공공(公共) 정보로 제공하고 공론화함으로써 회사의 투명성과 공정성을 높였다는 평가

---

44 Byron Calame, "The New Public Editor: Toward Greater Transparency", *New York Times*(June 5, 2005)

를 받고 있다. 45

"익명보도는 신뢰 훼손의 제1주범"

기사 작성에서 취재원의 실명(實名)을 밝히고 취재원이 한 발언을 정확하게 인용하는 것은 저널리즘의 출발이자, 기본이다. *NYT*는 2004년 2월 25일 기자들에게 익명(匿名)의 취재원을 기사에 인용할 경우 지켜야 할 원칙에 관한 규정을 담은 '비밀 취재원(*Confidential News Sources*)' 메모를 배포했다.

이 메모에서 *NYT*는 "기본적으로 일반 인터뷰에서 익명의 인용을 금지한다"고 밝혔다. *NYT* 기사를 통해 신분이 드러난 취재원이 법적인 위험이나 생명의 위협을 받을 경우, 또 신분을 밝히기 어려운 고위 공직자에 한해서만 제한적으로 익명 인용을 허용했다. 하지만 담당 부장은 반드시 취재원의 실명을 알고 있어야 하며, 취재원의 익명을 보장한 약속은 기자 개인뿐 아니라 회사가 한 것으로 간주한다고 메모는 강조했다.

이어 '독자의 신뢰 확보(*Preserving Our Readers* · 2005년 5월)', '우리의 신뢰성에 대한 확신(*Assuring Our Credibility* · 2006년 6월) 준칙' 등을 제정해 익명 취재원 사용 기준을 높였다. 46 이 준칙은 '익명 보도가 우리의 신뢰도를 훼손하는 첫 번째 주범(*No.1 killer of our credibility*)'이라며 "우리는 너무 자주 취재원의 실명 사용을 위해 노력하지 않는다"고 했다.

---

45 이재경, 〈신문과 방송〉(2010년 7월호), p. 97
46 박재영, "익명 취재원 사용과 기사 주관성 배제에 관한 뉴욕타임스의 준칙", 〈한국의 뉴스미디어 2006-한국저널리즘과 뉴스미디어에 대한 연차보고서〉(한국언론재단, 2006), pp. 211~216

국가 안보 관련 이슈이거나 신원이 노출되면 취재원이 극단적인 결과에 직면하는 예외적으로 민감한 기사(*exceptionally sensitive story*)의 경우, 기자는 편집인에게 취재원의 전적인 비밀보장(*total confidentiality*)을 요구할 수 있다. 이 상황에서 편집인은 해당 취재원에 대해 매우 제한적인 정보만 기자에게 요구할 수 있다. 기자의 전적인 취재원 비밀보장 요청을 승인할 수 있는 사람은 편집인 1명이라고 준칙은 밝혔다.

*NYT*는 "특종을 놓치거나 시간을 더 많이 쓰더라도 기사에서 실명 사용을 양보할 수 없다"고 밝혔다. 단기적 손실보다 장기적으로 얻게 될 신뢰가 훨씬 크고 더 가치 있다는 믿음에서다.

2. 권력에 맞서는 정론 저널리즘

뉴욕타임스는 창간 이후 170년 동안 정치권력과 애증(愛憎)을 반복하며 권력 견제와 비판이라는 언론 본연의 역할에 충실했다. 20세기 들어 대통령 후보 지지선언과 이념 정체성에서는 리버럴 성향이 뚜렷해졌지만 특정 정당이나 정치 지도자에 기울지 않고 '독립언론'의 길을 걸었다.

그러면서 20세기 후반부와 21세기 들어 *NYT*는 미국 최고 권력과 정면충돌했다. 20세기에는 1971년 리처드 닉슨 행정부와 부딪쳤다. 베트남전쟁 관련 국방부 기밀문서(일명 '펜타곤 문서') 보도를 놓고 연방 대법원에서 법률 소송전을 벌였다.

21세기에는 미국 제45대 대통령에 당선된 도널드 트럼프의 예비후보 시절부터 그의 재선 실패 후까지 5년 정도 생사(生死)를 건 싸움을 벌였다. 공화당 행정부와 펼친 두 차례의 격돌에서 승자(勝者)는 두 번 모두 *NYT*였다. *NYT*는 독립적인 리버럴 미디어의 대표주자로서 위상을 더욱 굳혔다.

이런 유례없는 경험에서 축적한 정론 저널리즘 정신은 지금까지 성장의 토대였을 뿐 아니라 *NYT*의 미래를 담보하는 강력한 무기이자 유산이다.

*NYT*는 어떤 언론사보다 제 1, 2차 세계대전과 냉전시기를 거치면서 미국 행정부와 긴밀한 협조관계를 유지했다. 경영진은 *NYT*의 이런 준(準) 공적인 위상이 사적(私的) 이익 챙기기에 급급한 다른 민간기업 및 경쟁 언론사와 다르다는 측면에서 자부심을 가졌다.

제 1차 세계대전 참전군인인 아서 헤이즈 설즈버거(약칭 AHS) 발행인은 "*NYT*는 '공공의 기관'인 동시에 '미국의 기관(*American Institution*)'이다"라고 말했다. 2차 세계대전 전쟁 중에 검열기관의 지적이 없었는데도 스스로 보도를 여러 번 자제한 것은 이런 배경에서다.

U2기 격추 · 쿠바 침공 진실 알고도 협조

1942년 OSS(*Office of Strategic Services* · 제 2차 세계대전 중 만들어진 미국 전략정보국으로 나중에 CIA로 발전)를 창설한 윌리엄 도너번(William Donovan) 대령은 AHS를 찾아와 OSS와의 협력을 요청했다. 도너번은 "만약 *NYT*가 특파원 수를 배로 늘리고, 해외 특파원들이 취재한 내용을 OSS에도 보고한다면 *NYT*에 미국 정부가 보유한 정보에 접근할 수 있도록 해주겠다"고 제의했다. 전쟁 중이라는 비상상황이었지만 AHS는 "기자들의 순수한 취재내용을 팔아 정보를 얻는 데 동의할 수 없다"며 단호하게 거절했다.

AHS는 1945년 1월 공개강연에서 "우리는 수많은 비밀정보와 미공개 정보를 갖고 있지만 국가의 안위와 관련되기 때문에 보도하지 않아 왔다"고 말했다. *NYT*는 1960년대 중반까지 미국 정부 발행 국채(國債)와

공공채권에만 투자했다. 그만큼 정부를 신뢰했고 관계도 돈독했다. 47

　미·소 간의 냉전대결이 한창이던 1960년 5월 1일, 소련군의 공대공(空對空) 미사일을 맞고 미군의 U-2기 정찰기가 격추됐다. *NYT*는 1년 전부터 U-2기가 소련 상공을 정찰비행 중이며, 그해 격추된 U-2기가 단순한 기상관측기였다는 미국 정부의 해명이 거짓말이라는 사실도 알고 있었다. 하지만 *NYT*는 국가이익과 안보상의 이유를 내세운 행정부의 해명을 그대로 수용했다. 48

　1961년 4월 6일 *NYT*는 "쿠바로 미군의 침공작전이 임박했다"는 내용의 마이애미발(發) 기사를 A1면 톱기사로 결정했다. 그러나 이 기사로 군사작전이 실패할 것을 우려해 오빌 드라이푸스(Orvil Dryfoos) 발행인은 터너 캐틀리지 편집국장, 제임스 레스턴 워싱턴지국장과 의논해 A1면 하단 작은 기사로 줄였다.

　'피그스만 침공(*The Bay of Pigs Invasion*)' 작전이 결국 실패하고 얼마 후, 존 F. 케네디 대통령은 *NYT* 간부들을 만난 자리에서 "만약에 그때 당신네 신문이 차라리 작전에 대해 더 자세하게 써 줬더라면 그 계획은 취소됐을 것"이라고 말했다. 49

47　The New York Times Staff, The Newspaper: Its Making & its Meaning (Charles Scribner's Sons, 1945), p. 175, 183

48　Max Frankel, The Times of My Life and My Life with The Times (1999), pp. 207~208

49　James Reston, 《데드라인》(동아일보사, 1992), p. 311

NYT 본사에서 오찬한 미국 대통령만 19명

1962년 10월 21일 소련이 미국 바로 밑 쿠바에 미사일을 배치하는 국가 안보 위기상황이 터진 것을 NYT는 발 빠르게 먼저 취재해 사실 대부분을 확인했다. 하지만 케네디 대통령은 오빌 드라이푸스 발행인에게 직접 전화해 국가안보상 이유로 '24시간 보도유예'를 요청했고, NYT는 내부 논의 끝에 이를 받아들였다.

NYT는 또 우주공간에서 핵무기를 터뜨리는 작업과 연계된 '아르거스 프로젝트(Project Argus)'라는 정부 프로그램 진행을 일찌감치 알고 있었다. 그러나 실제 시험이 시작되기까지 수주일 동안 기사를 게재하지 않았다. 그러다가 시험이 끝나고 '뉴스위크(NewsWeek)'의 보도가 먼저 나온 뒤에야 관련 기사를 게재했다. "언론인이 우리나라 정부를 난처하게 해서는 안 된다"는 발상50에서였다.

터너 캐틀리지의 후임으로 1964년부터 1969년까지 편집국장을 지낸 클리프턴 대니얼(Clifton Daniel)은 해리 트루먼(Harry Truman · 민주당) 대통령의 외동딸과 결혼했다. 그렇지 않아도 친(親) 민주당 성향인 NYT는 터너 캐틀리지 편집인-클리프턴 대니얼 편집국장 시기에 한층 민주당과 가까워졌다.51

실제로 1963년 말 암살된 케네디 대통령의 뒤를 이은 린든 존슨(Lyndon Johnson · 민주당) 대통령 시기에 NYT는 정권과 가장 밀착했

50 Clifton Daniel, "Responsibility of the Reporter and Editor", NiemanReport 15 (Jan. 1961), p. 14
51 Susan Tifft and Alex Jones, The Trust(1999), pp. 351~353

다. 린든 존슨은 현직 대통령 신분으로는 처음 1964년 2월 6일 *NYT* 본사를 찾았다. 14층 임원실에서 아서 헤이즈 설즈버거 회장과 환담한 뒤 11층 임원 전용식당에서 오찬을 하며 2시간 정도 머물렀다.

그는 이후 터너 캐틀리지 편집인에게 하루에 3~4차례 전화를 걸어 현안을 의논하고 협조를 구했다. 펀치 설즈버거 발행인과도 허물없는 사이였다. 린든 존슨 대통령처럼 *NYT* 본사를 찾아와 오찬하고 자필 서명(署名)을 남긴 미국 대통령은 우드로 윌슨, 프랭클린 루스벨트를 포함해 19명이다. 대통령 당선인 신분으로는 도널드 트럼프가 유일하게 왔고, 앨 고어와 조 바이든은 부통령 신분으로 방문했다.[52]

언론인 해리슨 솔즈베리는 "미국 현대사를 통틀어 린든 존슨 대통령 집권 초기가 대통령과 *NYT*가 발행인부터 기자들까지 가장 밀착했던 시기"라고 말했다.[53]

분수령 된 '펜타곤 문서' 보도

행정부와의 비정상적인 밀월(蜜月)을 경계하는 목소리는 회사 안에서부터 나왔다. AHS 발행인은 1945년 강연에서 "전쟁(2차 세계대전)이 끝나면 정부와의 이런 관계는 반드시 끝나야 한다"고 말했다. 그는 이 약속

---

52 본사 건물 16층 임원실에는 미국 정·부통령과 세계 각국 정상 및 유명 인사들의 서명을 봉함한 50여 개의 사진액자가 벽에 게시돼 있다. David W. Dunlap, "[Looking Back] 1964 | A President on The Times's Lunch Menu", *New York Times* (Nov. 24, 2016)

53 Harrison Salisbury, *Without fear or favor: An Uncompromising Look at the New York Times* (1980), p. 89

404

을 지키지 못한 채 아들에게 공을 넘겼다. 하지만 '독립언론'으로 재탄생은 공짜로 주어지지 않았다.

15부 한정판 비밀 제작된 '펜타곤 문서'

총 47권, 7천 페이지(약 3천 페이지의 설명과 4천 페이지의 부속서류)에 250만 자 분량으로 구성된 '펜타곤 문서(Pentagon Papers)'의 공식 명칭은 '미국-베트남 관계(United States - Vietnam Relations): 1945~1967'이었다.[54]

로버트 맥나마라(Robert S. McNamara) 국방장관은 1967년에 이 기밀문서 작성을 지시하며 레슬리 겔브(Leslie Gelb) 국방부 국제안보국장을 책임자로 임명했다. 그해부터 3년간 36명의 장교와 민간 전문가, 역사학자들이 참여해 1945년부터 1967년까지 23년에 걸쳐 4명의 미국 대통령이 베트남전쟁에 정치·군사적으로 개입결정을 내리는 과정을 조사했다. 베트남전쟁과 같은 실수를 장래에 되풀이하지 않으려는 목적에서 15부 한정판으로 비밀 제작했다.

이 문서는 미국이 라오스에 대한 공습을 실시하고 북베트남 해안에 대한 공격 등을 통해 베트남에서 역할을 의도적으로 키웠고, 린든 존슨 대통령이 확전(擴戰)하지 않겠다는 대(對)국민 약속을 하는 와중에도 미 해병대가 공격작전을 벌였다는 내용을 담고 있었다. 특히 미국이 베트남전쟁에 군사개입을 강화하는 구실로 내세웠던 '통킹만(灣) 사건'이 월맹군의 도발로 촉발된 게 아니라 미군이 조작한 사건이라고 지적했다.

---

54 https://www.nytco.com/company/history/our-history/

'통킹만 사건'은 1964년 8월 북베트남 어뢰정이 미군 구축함 매독스호(號)를 선제공격했다고 알려진 사건으로, 미국은 이 사건을 구실로 베트남전쟁 확전을 정당화했다. 하지만 펜타곤 문서를 통해 "공해상에서 공격받았다는 미군 구축함 매독스호(USS Maddox)는 북베트남 영해를 수시로 넘나들던 암호명 '데소토'라는 정보수집 함정이었으며, 북베트남 어뢰정이 매독스호를 공격했다는 증거가 없다"는 사실이 드러났다.

美 행정부의 거짓말과 치부 폭로

1967년까지만 다룬 '펜타곤 문서'는 닉슨 행정부의 베트남전쟁 수행에 대해 언급하지 않았다. 그러나 과거 행정부의 비밀행적 폭로 그 자체가 행정부에 대한 신뢰를 실추시켜 닉슨 행정부의 베트남전쟁 의지를 무력화하는 결과를 낳았다.

NYT는 이런 측면을 감안해 비밀 군사작전을 방불케 할 정도로 기밀을 유지하며 문서의 사실 확인작업을 벌였다. 보도에 따른 파장과 문제점 등을 다각도로 검토했다. 여기서 핵심역할을 한 사람 중 한 명이 전직 해군장교 출신으로 하버드대에서 경제학 박사학위를 받고 국방부 특별보좌관 신분으로 문서작업에 참여한 대니얼 엘스버그(Daniel Ellsberg)이다.

당초 인도차이나에서 미국의 역할을 열렬히 지지했던 그는 문서작업을 마쳐갈 무렵, 미국의 인도차이나 개입에 대해 적극적인 반대 입장으로 돌아섰다. 국방부에서 나와 랜드연구소(Rand Corporation) 컨설턴트를 거쳐 MIT대 국제문제연구소 연구원으로 있던 엘스버그는 인도차이나 반도에서 미국의 저의(底意)를 폭로해야 한다고 결심했다. 그는 정부의 허가를 받지 않고 1969년부터 문서 전체를 복사해 매사추세츠주 케임브리지에 숨겨 놓고 있었다.

보도 결정 못해 3개월 고심

1971년 3월 19일 *NYT*의 닐 시핸(Neil Sheehan) 기자는 부인 수전과 함께 매사추세츠주 케임브리지로 여행하다가 가명(假名)으로 모텔에 투숙했다. 대니얼 엘스버그로부터 자신이 복사해 놓은 문서를 모두 열람해 봐도 된다는 허락을 받은 시핸은 아예 그 문서 전체를 복사하기로 했다.[55]

엘스버그는 닐 시핸을 직접 만난 적은 없으나 시핸 기자가 쓴 베트남전쟁 관련 보도기사에 감탄하고 있었다. 하버드대 출신으로 베트남전에도 참전했던 닐 시핸은 서울의 미8군에도 근무했다. 시핸은 다음 날 쇼핑백 4~5개 분량의 방대한 문서를 고속복사기로 밤을 새워 복사했다. 그는 전화도청을 우려해 통화 중 가명을 썼고 복사 도중 FBI(미국 연방수사국)가 덮칠까봐 노심초사했다. 문서 입수에 앞서 시핸은 과연 그것이 보도될 수 있을 것인지를 신문사 선배와 간부들에게 타진했고 "추진하라"는 허락을 받았다.

시핸은 뒤섞인 복사물을 한 달에 걸쳐 정리한 다음 4월 20일 워싱턴지국장실에서 브리핑했다. 회사는 4월 말부터 펀치 설즈버거 발행인 주재로 비밀회의를 거듭했다. 보도 여부를 놓고 12주 동안 회사는 논란에 휩싸였다. 편집국 간부들과 사내 변호사들 간에 논쟁이 벌어졌다.[56]

---

55 Janny Scott, "Now It Can Be Told: How Neil Sheehan Got the Pentagon Papers", *New York Times*(Jan. 7, 2021)

56 James Reston(1992), pp. 313~314

루이스 룁(Louis Loeb)을 필두로 한 회사 자문 변호사들은 정부의 1급 비밀보고서 보도에 반대했다. 이 문서 보도로 '간첩법 위반'으로 회사가 피소돼 재정이 악화되고 발행인이 수감될 것이라는 이유였다. '책임 있는 저널리즘'이라는 회사 원칙에도 맞지 않는다고 했다. 하딩 밴크로프트(Harding Bancroft) 총괄 부사장도 "정치적, 경제적 피해가 너무 클 것"이라고 했다.

호텔에서 비밀작업 ··· '프로젝트 X'

그러나 편집국에선 편집국장부터 일선 기자들까지 한목소리로 "보도해야 한다"고 주장했다. 이 가운데 법무실장인 제임스 굿데일(James Goodale) 변호사는 '수정헌법 제1조'를 들어 "신문 발행을 못하거나 구속될 사안은 아니며, 역사적 가치가 있는 의미 있는 보도가 될 것"이라며 기자들 편을 들었다. 그러나 루이스 룁은 "기사 게재 여부를 검토하기 위해 기밀문서를 읽는 것부터 죄(罪)가 될 수 있다"고 말했다. 57

변호사들은 미국의 치부(恥部)를 전 세계에 드러낼 경우, 예상되는 닉슨 정부의 보복을 크게 우려했다. 하지만 펀치 설즈버거 발행인은 가족이나 친구들과 일절 상의하거나 흔들리지 않고, "이 보도에 대한 판단과 평가는 독자들만이 할 수 있다"고 믿었다.

그는 A. M. 로젠탈 편집국장에게 "이 보도에 관한 한 최종 결정권은 나에게 있다"고 밝혔다. 펀치 설즈버거는 "기사를 싣지 않았다가는 영구히 불명예스러워할 것 같았다"고 토로했다. 로젠탈 국장은 이 작업을

---

57 Susan Tifft and Alex Jones (1999), p. 485

'프로젝트(Project) X'로 명명하고 뉴욕힐튼호텔 1107호에서 비밀리에 하도록 지시했다.

보안을 우려해 호텔방 청소직원은 전담자 한 명만 쓰고, 그 직원이 휴가 간 날에는 방 청소 자체를 하지 않았다. 이후 비밀누설을 우려해 다시 *NYT* 본사 10층으로 옮겨 와 작업했다.[58] A. M. 로젠탈 편집국장과 막스 프랑켈 워싱턴지국장, 제임스 그린필드(James Greenfield) 국제부장 세 사람은 그린필드 부장의 집에서 6월 10일 새벽 3시 30분까지 이 문제를 놓고 논쟁을 벌였다. 이들이 내린 최종 결론은 "국방부 기밀문서를 있는 문서 그대로 보도하며, 만약 그렇지 않고 설명이나 해설, 요약본으로 싣는다면 기사로서 가치가 없다"는 것이었다.[59]

로젠탈 국장은 자기들의 결론대로 게재가 안 될 경우 신문사를 그만두겠다고 마음먹었다. 그는 펀치 설즈버거 발행인에게 "만약 우리가 보도하지 않겠다고 결정하면, 우리가 기자들에게 얘기해온 모든 것을 우스꽝스러운 조롱거리로 만들 것이며, 우리는 더 이상 그들에게 진실을 찾아 나가라고 말할 수 없을 것"이라고 말했다. 6월 11일 오전 회의에서 펀치 발행인은 이들의 요구를 수용해 문서 그대로 보도한다는 내부 방침을 정하고 공식 메모로 만들어 확인했다.[60]

---

58 Niraj Chokshi, "Behind the Race to Publish the Top-Secret Pentagon Papers", *New York Times*(Dec. 20, 2017)

59 Neil Sheehan and Hedrick Smith(et all), *The Pentagon Papers: The Secret History of the Vietnam War*(Racehorse Publishing, 1971/2017)

60 Susan Tifft and Alex Jones(1999), p. 487

닉슨 행정부, '간첩죄'로 봉쇄 시도

펜타곤 문서 첫 보도는 1971년 6월 13일 *NYT* 일요일판 A1면을 장식했다. 그날 발행된 신문의 A4면과 5, 6, 7면에 관련 기사가 이어졌다. 제목은 '베트남에 관한 공식문서: 30년간 증대된 미국 개입에 관한 국방부 연구보고서'였다[61]. 첫 기사가 나간 일요일 하루는 물론 월요일 오전까지도 백악관과 행정부는 특별한 반응을 보이지 않았다. 그러자 펀치 설즈버거 발행인은 예정됐던 영국 출장길에 올랐다.

막스 프랑켈 당시 워싱턴지국장은 "나중에 확인한 바로는 닉슨 대통령의 초기 반응은 케네디, 존슨 등 민주당 행정부의 실정(失政)을 드러내는 것으로 나쁘지 않다는 쪽이었다"고 회고했다. [62] 그러나 닉슨 대통령은 월요일 오전 헨리 키신저 백악관 국가안보보좌관의 보고를 받은 뒤 심각성을 깨닫고 전면대응을 지시했다.

행정부의 공식반응은 월요일 저녁 7시 30분쯤, 로버트 마디언(Robert Mardian) 법무부 차관이 *NYT*의 제임스 굿데일 변호사에게 전화를 걸어 정부의 공식입장을 담은 전보를 보냈다고 통보한 것이다.

존 미첼(John Mitchell) 법무장관 명의로 된 이 문서의 수신인은 '*NYT* 사장 겸 발행인 아서 옥스 설즈버거'로 돼 있었다. 15줄 남짓한 분량의 정중한 어조(語調)로 '국방부 기밀문서 보도는 간첩죄(*the Espionage Act*)에 관한 법률조항에 위배되니 더 이상 보도하지 말 것'과 '국방부로 문서

---

61 Neil Sheehan, "Vietnam Archive: Pentagon Study Traces 3 Decades of Growing U. S. Involvement", *New York Times* (June 13, 1971)

62 Max Frankel (1999), p. 334

를 반환할 것'을 요구했다.

이 같은 내용을 더 보도할 경우 미국의 방위에 회복할 수 없는 상처를 입히
게 될 것이다. 본인은 귀하가 이 정보를 더 이상 신문에 싣지 않을 것과 이
서류를 국방부에 돌려줄 것을 정중하게 요청한다. 63

펀치 설즈버거 발행인의 결단

뉴욕 시간으로 월요일 밤 9시 (런던 시간 화요일 오전 2시), 펀치 설즈버거
발행인은 편집국과 스피커폰 통화를 했다. 편집국 현장에선 150여 명의
기자들이 모여 있었다. 펀치는 상황보고를 다 듣고 난 뒤 굿데일 법무실
장에게 "고문 변호사 루이스 룁(Louis Loeb)의 의견은 어떤가?"라고 물
었다. "룁은 더 이상 보도해서는 안 된다고 말하고 있지만 편집국 기자
들은 모두 보도해야 한다는 의견"이라고 굿데일은 답했다.

굿데일은 "NYT와 같은 '기관'이 정부에 머리를 숙이고 들어간다면 앞
으로 NYT의 위상은 땅에 떨어질 것이다. 절대로 NYT가 그렇게 돼서는
안 된다"고 말했다. 펀치는 한 가지를 더 물었다. "보도를 계속할 경우
책임이 얼마나 더 무거워지는지"였다. 제임스 굿데일은 "그 차이는 5%
도 못될 것"이라고 했다. 그러자 펀치의 입에서 두 마디가 나왔다. "계속
기사를 내보내라(Go Ahead)."

150여 명의 기자들 입에서 환호성이 터져 나왔다. 펀치의 말은 짧았

---

63 David W. Dunlap, "[Looking Back] 1971 | Supreme Court Allows Publication of
Pentagon Papers", *New York Times* (June 30, 2016)

지만, 그것이 내포한 의미는 컸다. 언론자유를 놓고 *NYT*가 닉슨 행정부와의 정면대결을 선포한 것이었기 때문이다. 펀치 설즈버거 발행인은 간부들과 숙의 끝에 존 미첼 법무장관에게 요청을 정중하게 거절(*respectfully decline*)하는 답신을 보냈다. 64

WP와 '보스턴글로브'도 합세

3일째인 6월 15일 화요일 자 A1면에 막스 프랑켈 워싱턴지국장이 쓴 '미첼, 베트남에 관한 시리즈 기사중단 시도 — 그러나 *NYT*는 미첼 요청 거부(*Mitchell Seeks to Halt Series on Vietnam, but Times Refuses*)'라는 제목의 머리기사가 실렸다.

같은 날 닉슨 행정부는 미국 헌정사상 최초로 언론사를 상대로 기사 게재 금지 가처분신청을 연방 제1심 법원에 냈다. 법원은 "미국의 국가 이익을 해친다"는 임시명령(*temporary court order*)을 내려 *NYT*에 대해 보도 정지를 판결했다. 65

이런 사태를 예견한 엘스버그는 펜타곤 문서 복사본을 몇 개 더 준비해 놓고 있었다. 그는 '워싱턴포스트(*WP*)'와 '보스턴글로브' 등에 이 문서를 제공했다. *WP*는 3,500만 달러 규모의 회사주식 상장을 앞두고 있었다. 그래서 *WP*의 사내 자문 변호사들은 기밀문서 보도에 모두 반대했다.

---

64 Katie Van Syckle, "〔Times Insider〕 A Scoop About the Pentagon Papers, 50 Years Later", *New York Times* (Jan. 15, 2021)
65 Susan Tifft and Alex Jones (1999), p. 490

그러나 사주(社主)인 캐서린 그레이엄은 문서를 입수하자마자 보도를 결정하고 6월 18일 아침 자부터 게재를 시작했다. 이어 '보스턴글로브'는 6월 22일부터 보도했다. 닉슨 행정부는 다시 펜타곤 문서보도가 '간첩죄'에 해당한다며 국가기밀 누설혐의로 *NYT*에 이어 *WP*까지 제소했다.

연방대법원의 역사적 판결

연방대법원(*U. S. Supreme Court*)은 1971년 6월 30일 재판에서 9명의 대법관 가운데 6 대 3의 판결로 양(兩) 신문사에게 국방부 비밀문서를 보도할 권리를 인정하는 판결을 하면서 다음과 말했다.

　　수정헌법 제1조를 통해 건국의 아버지들은 자유언론이 우리 민주주의 체제에서 핵심적인 기능을 수행할 수 있도록 보호장치를 제공했다. 언론은 지배자들이 아닌 피지배자들을 위해 봉사해야 한다. 이 문서의 공표를 제한하려는 연방정부의 주장은 정당화될 수 없다. 66

　　법원이 언론자유를 보장한 수정헌법 제1조(*the First Amendment*)에 근거해 신문사 편을 들어주며 행정부의 청원을 기각한 것이다. 당시 휴고 블랙(Hugo Black) 판사는 "미국 헌법이 언론자유를 보장한 것은 정부의 비밀을 파헤쳐 국민들에게 알리기 위해서"라고 말했다.

　　펜타곤 문서 보도를 놓고 미국 여론은 양분됐다. 반전론자(反戰論者)들은 환호했지만, 전쟁 지지론자들은 *NYT*의 보도를 비판했다. 닉슨 행

---

66 New York Times Co. v United States, 439 U. S. 713(1971)

정부와 *NYT* 간의 전례 없는 법정 공방은 그동안의 협조관계에 종지부를 찍었다.

1백 년 전 '트위드 링' 보도 계승

'펜타곤 문서' 보도 이전까지만 해도 *NYT* 워싱턴지국 기자들은 정부 및 정권 엘리트들과 긴밀한 관계였다. 특히 1940~50년대 *NYT*와 행정부는 사실상 '동맹(*allies*)' 관계였다. 그러나 이 보도 이후 워싱턴 인맥의 좌장인 제임스 레스턴은 "정부와 언론 간의 갈등은 피할 수 없을뿐더러 바람직하다. 나의 불만은 정부와 언론이 그동안 너무 편안하고 너무 믿는 관계였다는 점이다"라고 말했다.

이런 분위기는 1970년대 이후 미국 언론계에 행정부에 비판적 입장을 견지하는 적대적 저널리즘(*Adversarial Journalism*)의 발흥으로 이어졌다.[67] 동시에 잠복해 있던 저널리즘 정신을 일깨워 언론계 전반에 탐사보도(*investigative reporting*)의 물꼬를 여는 분수령이 됐다. 1972년 리처드 닉슨 대통령의 선거 부정비리를 파헤친 워터게이트 스캔들(*Watergate scandal*) 특종 보도에서 발휘된 기자 정신은 '펜타곤 문서' 보도 과정에서 축적된 것이었다.

'펜타곤 문서' 보도는 뉴욕 시정(市政)을 오염시킨 '트위드 링(*the Tweed Ring*)' 일당의 부정부패를 1871년 여름 끈질긴 추적 취재로 그를 감옥으로 쫓아낸 1백 년 전 *NYT*를 연상시켰다.

'펜타곤 문서' 법률 소송을 이끈 *NYT* 변호인단의 대표자인 플로이드

---

67 Matthew Pressman, *On Press* (2018), pp. 190~197

에이브럼스(Floyd Abrams)는 "미국 전체가 한창 전쟁하고 있는 나라와 관련된 정부의 비밀문서 게재 여부를 결정해야 했던 '펜타곤 문서' 보도의 무게감은 '트위드 링' 때보다 훨씬 높았다"고 말했다. 68

탐사보도와 '적대적 저널리즘' 발흥

펜타곤 문서 폭로로 '명분 없는 베트남전쟁'을 고발한 엘스버그는 "개인의 안위보다 평화와 진실을 먼저 생각해 비슷한 상황에 처한 사람들에게 영감을 준" 공로로 2006년 '대안 노벨상'으로 불리는 '훌륭한 생활상 (*Right Livelihood Awards*)'을 받았다.

절체절명의 순간에서 최종 승리한 *NYT*는 미국을 넘어 세계적 권위지로서 위상을 높이고 전 세계 자유언론을 이끄는 기수(旗手)로 자리매김했다. 당시 보도를 총지휘했던 A. M. 로젠탈 편집국장은 20년 후 이렇게 회고했다.

펜타곤 문서 뭉치들을 받아 읽으면서 애국주의와 국가이익, 저널리즘의 목적, 헌법상 자유의 경계, 그리고 언론사의 평판과 우리들의 경력 등 많은 것들이 떠올랐다. 최종 결정은 모든 신문사 운영과 존재에 책임을 지고 있는 펀치 설즈버거 발행인이 내렸다. 펜타곤 문서와 같은 문제에 다시 부딪히더라도, 우리의 대답은 동일해야 할 것이다. 69

---

68 Floyd Abrams, "The Pentagon Papers a Decade Later", *New York Times* (June 7, 1981)

69 A. M. Rosenthal, "[On My Mind] The Pentagon Papers", *New York Times* (June 11, 1991)

감옥행과 *NYT* 폐간 위험을 무릅쓰고 게재 결정을 내린 펀치 설즈버거 자신은 후일, "1971년 6월 12일 저녁이 발행인으로서의 일생에 그토록 중요한 분수령이 될 줄은 몰랐다"며, "당시 그 문서를 보도하지 않았더라면 *NYT*에서 용기와 자유언론의 정신은 사라졌을 것"이라고 했다. 1997년 10월 16일 NYT컴퍼니 회장 퇴임 기자회견에서 그는 이렇게 말했다.

내가 내린 기사와 관련된 결정들 가운데 펜타곤 문서 보도만큼 어려웠던 적은 없었다. 우리는 다 함께 바위처럼 단단한 기초 위에 하나의 조직을 건설했다. 70

트럼프와의 미디어 전쟁

부동산 사업자로 부와 명성을 쌓은 도널드 트럼프(Donald Trump)가 2015년 6월 16일, 뉴욕 맨해튼에서 대통령 입후보 선언 연설을 할 때만 해도, 그는 심심한 경선 레이스에 재미를 더해줄 '괴짜' 정도로 여겨졌다. 트럼프는 그러나 반(反) 기득권층 및 반엘리트 기치를 내걸고 공화당 대선 후보가 된 데 이어 힐러리 클린턴 민주당 후보를 꺾고 대통령이 됐다.

① 뉴욕타임스와 트럼프의 공방

대선 후보 경선과정에서부터 그는 *NYT*에 날선 비판을 가했다. 2015년 11월 24일, 트럼프 후보는 사우스캐롤라이나 경선 유세 도중 선천성 관

---

70 "Punch Sulzberger's Pentagon Papers Decision", *NiemanLab* (September 15, 1999)

절만곡증을 앓는 세르지 코발레스키(Serge Kovaleski) *NYT* 기자를 향해 "오, 이 불쌍한 사람을 보라. 자기가 무슨 말을 했는지 기억도 못 한다"고 말하며 자신의 오른팔을 흔들어댔다. 코발레스키 기자는 1987년~1993년 '뉴욕데일리뉴스'에서 트럼프에 대한 기사를 썼다.

이에 대해 *NYT*는 성명을 내고 "우리 기자 외모를 조롱했다는 사실이 매우 충격적"이라고 비판했다. 그러나 트럼프는 "나는 비난받을 행동을 한 적이 없다"며 "자신의 장애를 이용해서 망해가는 *NYT*를 위해 나를 비난하려는 이야기를 지어내는 악행은 그만둬야 할 것"이라며 *NYT*의 사과를 거꾸로 요구했다. 71

보수 미디어 등에 업고 주류매체 공격

트럼프는 이후에도 자신의 트위터를 통해 "지난 10년 동안 한심한 짓만 해온 *NYT*를 왜 읽어?", "*NYT* 바보들은 '보스턴글로브'를 13억 달러에 사서 1달러에 팔았다"는 등으로 비난 글을 수시로 올렸다.

그가 공화당 대선 후보로 확정된 뒤, 트럼프와 그의 정치 참모인 스티브 배넌(Steve Bannon)은 *NYT*를 '반대 정당(*the opposition party*)', '가짜 뉴스 미디어(*fake news media*)'라고 불렀다. 대신 우파 성향의 폭스 뉴스(Fox News)와 우파 인터넷 매체인 브라이트바트 뉴스(Breitbart News)를 매일 칭찬하면서 지지층을 결집했다. 보수 성향 지지자들의 리버럴 매체에 대한 반감을 이용해 *NYT* 때리기를 한 것이다.

---

71 Robert Mackey, "Beneath Trump's Mockery of a Reporter, a Cascade of Lies Leading Back to 9/11", *Intercept* (Jan. 10, 2017)

2016년 6월 *NYT*의 뉴스제작 총책임자인 딘 바케이(Dean Baquet) 편집인은 하버드대 니만재단의 미디어 전문매체인 니만랩(*NiemanLab*)과의 인터뷰에서 트럼프에 대해 이렇게 말했다.

중요한 것은 트럼프가 단순히 충격적이거나 터무니없는 말만 하는 게 아니라 확실하게 거짓말을 한다는 것이다. 나는 그가 우리의 언어에 도전해오고 있으며, 그는 저널리즘을 바꿀 것이라고 생각한다. 나는 우리가 이제 본질을 말해야 한다고 생각한다. 우리는 트럼프가 한 말들의 사실을 확인하고 있다. 우리는 그가 거짓말을 한다고 더욱 강하게 쓸 것이다. [72]

2016년 9월 초 트럼프는 "오바마 대통령은 미국에서 태어나지 않았다"고 발언했다가 다시 "나는 그런 비열한 주장은 한 적이 없다"고 부인했다. 이에 대해 딘 바케이 편집인은 신중 대응을 주문하는 에디터들의 의견을 묵살하고 트럼프의 행태에 대해 '거짓말(*lie*)'이라는 단어를 써서 A1면 톱기사 제목으로 뽑았다. [73] 이는 똑같은 행태에 대해 '거짓말'이라는 표현을 거부한 '워싱턴포스트'와 '월스트리트저널'과 비교하면 앞서가는 결정이었다.

2016년 1월부터 그해 11월 미국 대통령 선거가 이뤄질 때까지 *NYT* 기사에 '트럼프(Trump)'라는 단어가 등장한 것은 7만 7천 회로, 3만 4천

---

72 Ken Doctor, "The New York Times' Dean Baquet on calling out lies, embracing video, and building a more digital newsroom", *NiemanLab*(Oct. 6, 2016)

73 2016년 9월 17일 자 A1면 톱기사 제목은 "Trump Gives Up a Lie but Refuses to Repent"였다.

회에 그친 '힐러리 클린턴(Clinton)'보다 두 배 넘게 많았다. *NYT*는 초기부터 트럼프 '비판'과 '검증'에 주력했다. [74]

주류 언론계의 反트럼프 시각

미국 미디어 분석회사인 '미디어퀀트(mediaQuant)'는 2016년 대선을 앞두고 "트럼프가 2016년 1월부터 3월 말까지 거둔 '언드 미디어(*Earned Media*)' 효과는 20억 달러였고, 그해 11월 대선 기간까지는 50억 달러로 계산됐다"고 밝혔다.

'언드 미디어'는 미디어를 직접 소유하거나 대가를 치르지 않고도 홍보효과를 누리는, '공짜 홍보성 보도' 혜택을 의미한다. [75] 이를테면 트럼프가 2016년 5월 집무실에서 멕시코 음식인 타코(*Taco*)를 먹는 모습과 함께 "나는 히스패닉을 사랑한다!"고 올린 트위터 사진 한 장과 관련 보도만으로 2억 달러어치의 공짜 언론 홍보가 이뤄졌다는 것이다.

2016년 당시 미국 정·재계의 큰손들 가운데 트럼프를 공개적으로 지지하는 사람은 거의 없었고, 트럼프 본인도 자기 돈을 거의 쓰지 않았다. 그럼에도 정치 아웃사이더인 트럼프가 2016년 11월 대선에서 승리한 것은 트럼프의 개인기와 이를 충실히 보도해준 '언드 미디어'의 합작품이다. [76]

---

74 Musa al-Gharbi, "The New York Times' obsession with Trump, quantified", *Columbia Journalism Review* (Nov. 13, 2019)

75 Emily Stewart, "Donald Trump Rode $5 Billion in Free Media to the White House", *Street* (Nov. 20, 2016)

76 Frank Bruni, "Will the Media Be Trump's Accomplice Again in 2020?", *New York Times* (Jan. 11, 2019)

하지만 미국 주류 언론계에서는 트럼프에 대해 비판적인 시각이 퍼졌다. 2016년 7월, '컬럼비아 저널리즘 리뷰'에서 전직 언론인인 데이비드 민디치(David Mindich)는 이렇게 주장했다.

> 1954년 미국 사회를 휩쓴 조셉 맥카시(Joseph McCarthy) 광풍에 대해 '언론인이 중립, 객관성, 초연(*detachment*)이라는 간판 뒤에 숨어서 침묵해서는 안 된다'며 맥카시를 정면 비판한 1950년대 가장 존경받는 방송인이자 CBS방송 메인앵커였던 에드워드 머로(Edward Murrow·1908~1965)처럼 도널드 트럼프에 대해서도 목소리를 내야 한다. 77

"객관성 잃더라도 트럼프 파헤쳐야"

트럼프는 1950년대 전반부의 조셉 맥카시처럼 선동적인 발언과 공격으로 뉴스 주기를 지배하는 방법을 알고 있다는 것이다. 트럼프는 공화당 대선 후보 경선과정에서부터 '미국 민주주의를 위협하는 거짓말쟁이이자 사기꾼'으로 인식되면서도 언론의 조명을 받았는데, 이를 바로잡아야 한다는 지적이었다. 한 달 후 *NYT*의 미디어 칼럼니스트인 짐 루텐버그(Jim Rutenberg)는 자사 칼럼에서 이렇게 밝혔다.

> 단순히 도널드 트럼프에게 반대하는 것 이상으로 더 가까이 심층적으로 그의 문제점 등을 지적해야 한다. 이것은 모든 주류 미디어들에게 한 번도 가 본

---

77 David Mindich, "For journalists covering Trump, a Murrow moment", *Columbia Journalism Review*(July 15, 2016)

적 없는 영역이며, 중립과 객관성을 견지해온 언론과 저널리스트들에게 전례 없이 불편한 일이다. 트럼프에게 우리는 정상적인 기준들(*normal standards*)을 적용할 수 있을까. 트럼프가 2015년 대통령 선거 출마를 선언하면서 저널리즘이 지켜온 균형은 깨졌고 더 이상 존재하지도 않는다.[78]

루텐버그는 "트럼프를 정상적인 정치인처럼 다룬다면 그것은 독자들에게 부정직한 것이며, 전 세계에서 가장 강력한 후보를 낱낱이 파헤치는 정치 저널리즘의 가장 숭고한 의무를 포기하는 것"이라고 말했다.

트럼프가 대통령에 당선되기 전부터 *NYT* 내부에서 '트럼프 비정상론'이 퍼진 것이다. 트럼프와 *NYT* 두 진영 간의 타협은 애초부터 불가능했다. "누가 죽느냐"는 사생결단 대결만이 기다리고 있었다.

경영진, "두려움 없이 권력 책임 묻겠다"

*NYT*는 수차례 여론조사 수치 등을 바탕으로 2016년 11월 대통령 선거에서 힐러리 클린턴의 압승을 확신했다. 투표 당일인 11월 8일 오전 '페이지 원 미팅' 뉴스제작 회의에서 캐롤린 라이언(Carolyn Ryan) 정치부장은 "오늘 저녁은 일찍 마감할 것이다. 선거 결과는 이미 클린턴 쪽으로 넘어가 있다"고 했다. '트럼프가 이길 수 있다'는 극소수 의견은 무시됐다.

딘 바케이 편집인은 투표 당일 "마담 프레지던트(*Madam President* · 여성인 힐러리 클린턴이 대통령이 됐음을 상정한 표현)"라는 대문자로 머리기사

---

78 Jim Rutenberg, "Trump Is Testing the Norms of Objectivity in Journalism", *New York Times* (Aug. 7, 2016)

를 쓰는 역사적인 A1면 계획을 일찌감치 승인했다. 하지만 그날 밤 10시 30분쯤 플로리다주 선거 결과가 트럼프의 압승으로 판명되자 그때서야 바케이 편집인과 라이언 부장은 트럼프 당선 기사 준비를 지시했다. 79

선거 다음 날 (11월 9일) NYT의 A1면 톱기사 제목은 "민주당원, 학생, 미국의 동맹국들, 트럼프 집권이라는 현실에 직면하다"였다. 80 같은 날짜 '월스트리트저널 (WSJ)' A1면 톱기사 제목이 '새로운 정치질서 (A New Political Order)'로 중립적인 것과 대비됐다.

11월 13일 설즈버거 주니어 발행인과 딘 바케이 편집인은 공동명의로 된 '독자 앞으로 보내는 편지'에서 "예상치 못한 괴이한 선거 결과가 나왔다. 우리는 선거 이후에도 두려움이나 특혜 없이 (without fear or favor) 권력의 책임을 물으며 저널리즘의 사명에 최선을 다하겠다"고 밝혔다. 81

"망해가는 NYT" … 취임 첫해 30회 비난

대선 기간 중에 NYT는 트럼프의 여성 편력과 부동산 거래 및 파산 의혹을 파헤치는 기사를 실었고, 트럼프는 일부 기사에 소송을 냈다. 트럼프는 정치 입문 이후 주류 미디어들을 배제하고 최장 280자 이내의 단문형 소셜미디어 (SNS) 트위터로 하루에도 수십 차례 트윗을 날렸다.

트럼프는 NYT에 대해서는 "형편없이 관리 운영되는 (poorly run and

---

79 Jill Abramson (2019), pp. 370~371
80 Patrick Healy and Jeremy W. Peters, "Democrats, Students, and Foreign Allies face the reality of a Trump Presidency", *New York Times* (Nov. 9, 2016)
81 "To Our Readers, From the Publisher and Executive Editor", *New York Times* (Nov. 13, 2016)

managed)", 정직하지 않은 기자들이 완전히 조작된 기사를 쓰도록 내버려두는 "심각하게 망해가는 신문(seriously failing paper)" 등으로 비난했다.

그는 '망해가는(failing)'이라는 형용사를 취임 첫 1년 동안 30회 정도 사용하며 NYT의 자존심을 긁었다. 10여 명의 NYT 임직원들의 실명(實名)을 언급하며 트윗으로 깎아내렸다. 82 일례로 퓰리처상을 받은 여성 오피니언 칼럼니스트 모린 다우드(Maureen Dowd)에 대해서는 "신경질적인 멍청이(a neurotic dope)"라고 했다.

뉴욕에서 출생하고 성장·활동한 트럼프는 '뉴욕데일리뉴스', '뉴욕포스트' 같은 타블로이드판 신문은 물론 NYT도 빼놓지 않고 읽어 왔다. 그는 "NYT만이 성공한 사람에게 정당성을 부여할 수 있다"며 인정받기를 갈망했다. 이런 이중성 때문인지 트럼프는 대선에서 승리한 지 보름도 안 된 2016년 11월 22일, 맨해튼에 있는 NYT 본사를 찾아갔다. 비서실장 내정자와 고문 등을 대동하고 간 그는 16층 임원실에서 설즈버거 발행인과 비공개 면담 후 간부들 및 취재기자들과 75분간 집단인터뷰를 했다.

트럼프는 이날 NYT를 '미국의 위대하고도 위대한 보석, 세계의 보석(a 'great, great American jewel' but a 'world jewel')'이라고 치켜세우면서 참석자 모두에게 "내가 잘못하면 언제든 전화해 달라. 기쁘게 들을 것"이라고 말했다. 83 하지만 NYT는 다음 날 오피니언 칼럼니스트 프랭크 브

---

82 Jasmine C. Lee and Kevin Quealy, "The 487 People, Places and Things Donald Trump Has Insulted On Twitter: A Complete List", *New York Times* (July 10, 2018)

83 Michael D. Shear, Julie Hirschfeld Davis and Maggie Haberman, "Trump, in Interview, Moderates Views but Defies Conventions", *New York Times* (Nov. 22,

루니(Frank Bruni)는 칼럼에서 "트럼프와 잘 지내기 힘들다. 애초부터 그의 최측근 인물들은 창조적이거나 통합적이지 않다. 그는 극단적 정책을 펴지 말았어야 한다"고 선을 그었다.[84]

백 일 '밀월 기간'에도 살벌한 '말싸움'

*NYT*는 실제로 트럼프 당선 이후 백악관 전담 취재기자를 늘리고 트럼프와 그의 가족에 대한 비리 취재를 목적으로 중장기 탐사보도 프로젝트에 착수했다. 딘 바케이 편집인은 공식적으로는 "*NYT*가 트럼프에 반대하는 야당이 되는 것을 결코 원하지 않는다"고 말했다.

하지만 그가 매일 지휘하고 제작하는 뉴스들은 반(反) 트럼프 성향이 갈수록 분명했다. '펜타곤 문서' 보도의 주역이던 A. M. 로젠탈 편집인의 묘지명(墓誌銘)인 "신문을 곧게 세웠다(*He Kept the Paper Straight*)'라는 말대로, *NYT*는 트럼프 정권에 엄격한 잣대를 들이댔다.[85] 그것은 1970년대 초반 리처드 닉슨 정권과의 갈등과는 비교할 수 없을 정도로 전면적이고 치열했다.

2017년 1월 말 트럼프가 취임 직후 첫 번째 내린 '반(反)이민' 행정명령에 대해 *NYT*는 "비겁한 위협"이라고 비난했다. 그러자 트럼프는 "'가짜 뉴스 *NYT*'의 구독자 수가 갈수록 줄고 있다"고 주장했다. 2월 6일, 그는 트위터에서 "망해가는 *NYT*가 나에 대한 완전한 소설을 쓴다. 지

2016)

84 Frank Bruni, "〔Opinion〕 Donald Trump's Demand for Love", *New York Times* (Nov. 23, 2016)

85 Jill Abramson(2019), pp. 386~390

난 2년 동안 엉터리 기사를 써 놓고서 지금은 이야기와 출처까지 만들어 내고 있다"고 했다.

'NYT가 대통령에 대한 날조 기사를 쓰고 있다'는 현직 대통령의 공개 발언이나 트럼프 대통령에 대한 NYT의 원색적인 비판 모두 전례 없는 일이었다. 새 대통령 취임 후 보통 '백 일 간의 밀월(蜜月)' 기간이 있지만 정권 초반부터 살벌한 '언어 전쟁'이 벌어졌다.

𝕋 미니박스 | **매기 해버먼 (Maggie Haberman · 1973~)**

도널드 트럼프 대통령의 재임 기간 내내 백악관을 취재한 NYT의 스타 기자로 2020년 말 현재 150만 명의 트위터 팔로워를 갖고 있다. 트럼프 대통령은 트위터에서 그녀의 실명을 거론하며 "힐러리 아첨꾼(Hillary flunky)", "3류 기자(a third rate reporter)"라고 비난했다. 하지만 해버먼이 전화나 메시지를 보내면 대부분 응답해줘 트럼프 관련 취재에서 유일하게 팩트를 제대로 확인할 수 있는 기자로 꼽혔다.

2016년 한 해에 599건의 바이라인 기사를 써서 그해 NYT 기자 중 1위였다. 트럼프 관련 특종도 가장 많이 했다. 2020년 그가 쓴 기사들의 페이지뷰는 수억 건에 달했다. NYT 모든 기자들 가운데 이용자들이 가장 많이 읽는 최고 인기 기자였다.

NYT 기자로 오래 일한 아버지와 뉴욕의 '위기관리' 전문 홍보대행사 창립자인 어머니 집안에서 성장했다. 대학 졸업 직후인 23세(1996년)부터 '뉴욕포스트', '뉴욕데일리뉴스', '폴리티코(Politico)' 등에서 근무했다. 2015년 NYT로 옮겨 CNN 정치분석가를 겸하고 있다. 2018년 트럼프 보도로 이듬해 퓰리처상을 공동수상했고, 뉴욕 여기자협회가 주는 '프론트 페이지상(Front Page Award)' 등을 받았다. 결혼해 3명의 자녀를 두고 있으며 취미는 노래 부르기이다.

• 자료: Ben Smith, "[The Media Equation] The Trump Presidency Is Ending. So Is Maggie Haberman's Wild Ride", New York Times (Nov. 8, 2020); https://en.wikipedia.org/wiki/Maggie_Haberman

② 뉴욕타임스의 트럼프 비판 총력 보도

이에 맞서 *NYT*는 트럼프 대통령 취임 첫해부터 공인(公人)에게 최악의 낙인(烙印)인 '거짓말(*lie*)'이란 단어를 트럼프 관련 기사 제목과 내용에 넣었다. 86

2017년 12월 14일 자에는 대통령 취임일부터 11월 11일까지 11개월 동안 날짜별로 트럼프의 거짓말 내역을 목록으로 만들어 전면(全面)기사로 실었다. 이런 극단적인 대통령 비판은 주류 언론 매체를 통틀어 처음이었다. 기사를 작성한 워싱턴지국장 출신의 데이비드 레온하르트(David Leonhardt)는 "우리는 (대통령에게) '거짓말'이라는 단어를 의도적으로 사용했다. 트럼프가 먼저 의도적으로 거짓말을 계속하고 있다"고 했다. 87 트럼프는 취임 후 첫 40일 동안 최소 20차례 넘게 거짓말을 했고, 첫 40일 동안 매일 공개적인 자리에서 '진실이 아닌 말'을 했다는 것이다.

탐사 기획 · 칼럼 · 기고문 등 동원

이런 와중에 트럼프 대통령과 A. G. 설즈버거 *NYT* 새 발행인은 2018년과 2019년에 만났다. 트럼프의 딸인 이방카 트럼프 부부(夫婦)는 2018년 7월 하순, 주말에 니키 헤일리 UN대사 부임을 기념해 A. G. 설즈버거를

---

86 Dan Barry, "In Swirl of 'Untruths' and 'Falsehoods', Calling a Lie a Lie" (Jan. 26, 2017), Sheryl Gay Stolberg, "Many Politicians Lie: But Trump Has Elevated the Art of Fabrication", *New York Times* (Aug. 8, 2017)

87 David Leonhardt and Stuart Thompson, "(Opinion) Trump's Lies", *New York Times* (Dec. 14, 2017)

맨해튼 자택으로 초대해 만찬을 함께했다. 하지만 이후 양측의 태도는 전혀 바뀌지 않았다.

2018년 1월 발행인에 취임한 A. G. 설즈버거는 그해 7월 20일 워싱턴 DC 백악관 집무실에서 트럼프를 만났다. 당초 트럼프는 그와 단독 오찬 회동을 원했으나, A. G. 설즈버거의 수정 제안으로 제임스 베넷 논설실장을 대동한 채 비보도(off the record) 조건으로 만났다. 트럼프는 그해 7월 29일 오전 약속을 깨고 회동 사실을 일방적으로 공개했다.

트럼프의 트윗에 대해 A. G. 설즈버거가 반박 성명을 내고, 트럼프가 다시 4번 연속 트윗으로 재반박하는 소동이 벌어졌다. 대통령 취임 후 1년 반 만에 성사된 두 사람의 회동 이후 갈등의 골은 더 깊어졌다. [88]

NYT는 2018년 9월 5일 자에 백악관 고위직원이라고만 밝힌 익명의 기고자가 트럼프 행정부의 문제점을 고발하는 칼럼을 실었다. [89] 백악관 현직 고위관료가 자신이 속해 있는 대통령과 행정부에 등을 돌리고 비판하는 공개 칼럼을 실은 것은 사상 초유의 일이었다.

NYT는 한 달 후 '특별 탐사(Special Investigation)' 기획을 내놓았다. 이 기사는 2018년 10월 2일 자에 1만 4, 218단어 분량의 첫 회[90]를 시작으로 그해 12월 15일 자까지 이어졌다.

88 Mark Landler, "New York Times Publisher and Trump Clash Over President's Threats Against Journalism", *New York Times* (July 29, 2018)

89 "(Opinion) I Am Part of the Resistance Inside the Trump Administration", *New York Times* (Sep. 5, 2018)

90 David Barstow, Susanne Craig and Russ Buettner, "(Special Investigation) Trump Engaged in Suspect Tax Schemes as He Reaped Riches From His Father", *New York Times* (Oct. 2, 2018)

표 5-1　　　　　　　　뉴욕타임스의 트럼프 비판 주요 기사

날 짜	작성자	제 목	내 용
2017.4.6. ~12.30	Jo Becker 외 4인	"Undisclosed On Forms, Kushner Met 2 Russians"(10회)	트럼프 캠프와 러시아 간 미국 대선 내통 의혹
2017.12.14.	David Leonhardt 외 1인	"Trump's Lies"	2017년 1~11월 트럼프의 거짓말 사례 폭로
2018.9.5.	Anoymous	"I Am Part of the Resistance Inside the Trump Administration"	백악관 현직 고위공무원의 익명 고발 칼럼
2018.10.2. ~12.15	David Barstow 외 2인	[Special Investigation] Trump and Tax (5회)	트럼프 일가의 세금 포탈 및 편법 추적 보도
2019.6.20.	A.G.Sulzberger	"Accusing the New York Times of 'Treason,' Trump Crosses a Line"	발행인이 WSJ 기고문으로 트럼프 비판
2019.9.23.	A.G.Sulzberger	"The Growing Threat to Journalism Around the World"	발행인이 연설과 칼럼으로 트럼프 언론관 비판
2020.9.27. ~11.2	Russ Buettner 외 4인	[The President's taxes]	트럼프 일가의 재산 형성과 세금문제 집중 분석

트럼프의 세금 포탈과 사기 수법 등을 적나라하게 파헤친 심층추적 기사였다. 이에 대해 트럼프는 하루 뒤인 10월 3일 트위터에 글을 올려 "망해가는 *NYT*가 내가 본 적도 없는 일을 썼다. 그들이 나에 대해 하는 얘기의 97%는 나쁜 것"이라고 반박했다.

A.G.설즈버거가 직접 트럼프 공격

트럼프와 A. G. 설즈버거는 2019년 1월 31일 백악관에서 두 번째로 만났다. A. G. 설즈버거와 백악관 취재기자 두 명이 함께 트럼프를 만나 기사 쓰는 걸 조건으로 회동했다. 85분간의 이날 회동 겸 인터뷰에서 A. G. 설즈버거는 트럼프에게 '독립언론(*independent press*)'에 대해 주로 얘기했고, 트럼프는 '가짜 뉴스'와 그 파장에 대해 주로 발언했다. 91

한 달도 안 된 그해 2월 20일 트럼프 대통령이 트위터에 "*NYT*는 진정

으로 국민의 적(*the enemy of the people*)"이라는 글을 올리면서 회동의 긍정적 효과가 없음이 판명됐다. 트럼프는 *NYT*를 가리켜 '반역(*treason*) 신문'이라고까지 했다.

이에 대해 A. G. 설즈버거 발행인은 개인 명의로 성명서를 내고 "'국민의 적'이라는 표현은 잘못됐을 뿐 아니라 위험하다"며 "언론을 '국민의 적'이라고 악의적으로 묘사함으로써 트럼프 대통령은 미국의 원칙을 명백히 후퇴시키고 있다"고 비판했다.[92] A. G. 설즈버거는 4개월 후인 6월 20일 자 '월스트리트저널(*WSJ*)' 오피니언면 기고문을 통해 이렇게 주장했다.

트럼프 대통령이 '망해가는 *NYT*'로 시작해서 '가짜 뉴스', '국민의 적' 등으로 공격 수위를 높이다가 이번에는 (언론에 대해) '반역행위(*act of treason*)'라고 공격한 것은 위험한 선(線)을 넘은 것이다. 그의 공격은 언론의 신뢰도를 깎아내리고 폭력적 분위기를 조성하고 있다.[93]

A. G. 설즈버거는 다시 같은 해 9월 23일 모교인 브라운대학에서 행한

91 Peter Baker and Maggie Haberman, "Key Moments From The Times's Interview With Trump"; Michael M. Grynbaum, "Trump Discusses Claims of 'Fake News,' and Their Impact, With New York Times Publisher"; "The New York Times. Read Excerpts: The Times Publisher Asks Trump About 'Anti-Press Rhetoric'", *New York Times* (Feb. 1, 2019)

92 "New York Times Publisher A. G. Sulzberger responded to President Trump's continued attacks on a free press", *New York Times* (Feb. 20, 2019)

93 A. G. Sulzberger, "[Commentary] Accusing the New York Times of 'Treason,' Trump Crosses a Line", *Wall Street Journal* (June 20, 2019)

표 5-2   **트럼프와 A.G.설즈버거와의 회담**

회담일	회담장소	배석자
2016.11.22.	NYT 본사 16층 처칠룸 (75분간 진행)	대통령 수행원과 NYT 간부, 기자 등 25명
2018. 7.20.	백악관 (당초 비공개 약속)	제임스 베넷 논설실장
2019. 1.31.	백악관 오벌룸 (85분간 진행)	피터 베이커 등 백악관 담당 취재기자 2명

연설문을 중심으로 9월 24일 자 *NYT*에 "세계에서 커지고 있는 언론에 대한 위협"이라는 제목의 칼럼을 실었다. 94 설즈버거는 이 칼럼에서 "트럼프 대통령이 취임 후 '가짜 뉴스'라는 표현을 자신의 트위터에서 6백여 회 썼다. 그는 미국 미디어들을 공격함으로써 외국 지도자들에게 자국 저널리스트들에게 똑같이 '가짜 뉴스' 누명을 씌우는 허가장을 주고 있다"고 주장했다.

2019년 2월 하순부터 9월 하순까지 7개월 동안 *NYT* 발행인이 미국 대통령을 직접 겨냥해 세 차례 날카롭게 비판한 것은 미국 현대 정치사에서 극히 드문 일이었다. 이에 맞서 트럼프 대통령은 한 달 후인 10월 23일, "백악관에서 *NYT*와 '워싱턴포스트' 구독 중단"에 이어 "모든 연방 정부기구에서 두 신문 구독을 취소하라"고 지시했다. 트럼프가 대통령 임기를 마칠 때까지 두 사람은 더 이상 만나지 않았다.

---

94 A. G. Sulzberger, "〔Opinion〕 The Growing Threat to Journalism Around the World", *New York Times*(Sept. 23, 2019)

③ 뉴욕타임스, 트럼프를 꺾다

*NYT*는 트럼프의 대통령 취임 직후인 2017년 1월부터 '진실(*The Truth*)' 캠페인을 시작했다. "진실은 그 자체로 가치가 있다(*The truth is worth it*)", "진실은 어떤 것보다 중요하다(*The truth is more important than ever*)", "진실은 알기 힘들다(*The truth is hard to know*)" 같은 문구를 *NYT* 종이신문 광고면은 물론 오스카 영화제 시상식 TV방송 자막 광고, 영화관 광고 등에서 집중 노출했다.

2017년도와 2018년도 *NYT* 연례보고서의 표지를 이 캠페인으로 꾸몄다. 이후 트럼프가 대통령으로 재임한 4년 동안 계속된 '진실 캠페인'은

The New York Times Company
2017 Annual Report

The truth is hard.
The truth is hidden.
The truth must be pursued.
The truth is hard to hear.
The truth is rarely simple.
The truth isn't so obvious.
The truth is necessary.
The truth can't be glossed over.
The truth has no agenda.
The truth can't be manufactured.
The truth doesn't take sides.
The truth isn't red or blue.
The truth is hard to accept.
The truth pulls no punches.
The truth is powerful.
The truth is under attack.
The truth is worth defending.
The truth requires taking a stand.
The truth is more important now than ever.

NYT의 'The Truth' 캠페인
그림은 NYT컴퍼니의 2017년
연례보고서 표지

'진실'의 소중함을 강조하면서 트럼프의 비리와 문제점을 끝까지 파헤치겠다는 결연한 의지를 담고 있었다. 95 이후 *NYT*는 크고 작은 관련 보도들을 쉼 없이 했다.

하지만 일각에선 "정상궤도를 벗어났을 수 있다"며 우려하는 시각도 나왔다. *NYT*의 편집인과 편집국장을 지낸 질 에이브럼슨(Jill Abramson)은 2017년 가을 '컬럼비아 저널리즘 리뷰' 기고문에서 이렇게 지적했다.

> 어떤 날에는 모바일의 *NYT* 앱에 트럼프 대통령 공격 기사와 관련 스토리들이 너무 많아 스크롤링 하느라 손가락이 아팠다. 어느 날 트럼프를 직접 다룬 기사만 7개였다. 너무 많이 입력돼 한 달 전 읽은 기사들은 내 머리에서 자동 삭제될 것 같았다. 트럼프 행정부를 느슨하게 취재한다면 심각한 문제이다. 그러나 과도한 트럼프 취재로 시민 생활에 중요한 다른 이슈들이 소홀히 다뤄질 위험이 있다. 96

43년 만에 가장 치열한 대통령 비판 보도

1975년 지미 카터(Jimmy Carter)부터 2018년 말 도널드 트럼프까지 대통령 이름이 *NYT* 기사에 등장한 횟수를 분석한 연구에 의하면, 6명의 대통령 가운데 트럼프가 압도적 1위였다. 2017년 한 해 *NYT* 보도에서 트럼프 등장 빈도는 0.004로 250단어마다 한 번씩 트럼프(Trump)라는

---

95 Jill Abramson (2019), p. 392
96 Jill Abramson, "When all the news that fits is Trump", *Columbia Journalism Review* (Fall, 2017)

단어가 직접 언급됐고, 2018년에 '트럼프'는 9만 3, 292회 등장했다. [97]

스포츠·스타일·음식·여행 섹션까지 포함한 신문의 모든 기사를 통틀어 한 기사당 적어도 2~3번꼴로 '트럼프'라는 단어를 사용한 것이다. *NYT*의 말뭉치(*corpus*) 가운데 '트럼프'는 집권 2년 차인 2018년에도 전체 4위로 집계됐다. 전임자인 버락 오바마 대통령은 같은 *NYT* 말뭉치 조사에서 2008년에는 9위, 2009년과 2010년에는 각각 22위, 40위였다. 집권 2년 차라는 동일한 기준을 적용했을 때, 트럼프의 등장 횟수는 오바마보다 3배 정도 많았다. 무사 알 가비(Musa al-Gharbi) 컬럼비아대 사회학과 교수는 이렇게 말했다.

*NYT*를 비롯한 미국의 주류 미디어들은 20세기 후반 이후 어떤 대통령보다 트럼프 관련 보도를 많이 했다. 2017년의 경우, 1974년 워터게이트 사건 이후 '백악관', '대통령'이라는 단어가 가장 많이 언론에 등장했다. 43년 만에 가장 치열한 대통령 비판 보도였다. [98]

트럼프 대통령 역시 '주류 미디어를 때리고 비난하는 게 일관된 취미'라는 얘기가 나올 정도로 공격적으로 나왔다. 2017년 1월 말부터 2018년 6월까지 1년 6개월 동안 그는 자신의 트위터 계정에 '가짜 뉴스(*fake news*)'라는 단어를 258회 사용했다.

---

97 Musa al-Gharbi, "The New York Times' obsession with Trump, quantified", *Columbia Journalism Review*(Nov. 13, 2019)

98 Musa al-Gharbi, *Columbia Journalism Review*(Nov. 13, 2019)

이는 트위터에 16번 메시지를 띄울 때마다 한 번은 '가짜 뉴스'라는 단어를 올렸다는 의미다. 미국 대통령 가운데 주류 미디어들에게 '가짜 뉴스'라는 꼬리표를 공개적으로 붙인 것은 트럼프가 처음이다. 99

트럼프는 대선 기간과 집권 초에는 '가짜 뉴스 미디어(*fake news media*)'라고 주류 미디어 전체를 대상으로 광범위한 공세를 가하다가 점차 대표 미디어인 *NYT*만을 특정하며 공격대상을 좁혔다. 100 특히 "국민의 진정한 적!(*true Enemy of the People!*)", "'사실상 반역행위(*a virtual act of treason*)'를 했다"는 비난은 *NYT* 오너 가문과 경영진이 참기 힘든 모욕이었다.

4년 내내 NYT를 악마화한 트럼프

트럼프의 지속적인 적대감과 그칠 줄 모르는 공격은 *NYT*가 CNN과 더불어 리버럴 매체 진영의 최고 정점에 있었기 때문이다. 실제로 4년 대통령 집권 기간 중 트럼프가 트위터로 가장 많이 비판한 미디어 1위와 2위는 CNN(251회)과 *NYT*(241회)였다. 이 두 매체를 집중 공격함으로써 보수 성향의 지지세력들을 더 단단하게 결속하고 이 진영의 대표 정치인으로 자리를 굳히려 한 것이다.

더욱이 집권 중후반기로 갈수록 비난 강도를 더 높였다. 일례로 트럼프는 2018년 한 해 동안 트위터에서 언론에 대해 '국민의 적(*the enemy of*

---

99 "〔Daily Chart〕 Donald Trump's attacks on the media may have backfired", *Economist*(July 30, 2018)

100 Michael M. Grynbaum and Eileen Sullivan, "Trump Attacks The Times, in a Week of Unease for the American Press", *New York Times*(Feb. 20, 2019)

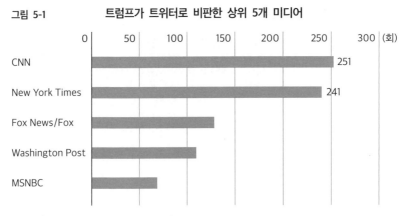

그림 5-1 트럼프가 트위터로 비판한 상위 5개 미디어

| | 0 | 50 | 100 | 150 | 200 | 250 | 300 (회) |

CNN 251
New York Times 241
Fox News/Fox
Washington Post
MSNBC

• 자료: 'US Press Freedom Tracker data'

the people)'이라는 표현을 16차례 썼으나 2019년에는 21차례로 늘렸다. '가짜 뉴스(*fake news*)'라는 표현은 2019년에 전년보다 50% 넘게 증가한 273차례 사용했다. [101]

반대로 백악관 공보비서관이 주재하는 정례 브리핑은 2017년 취임 첫해 1백여 회에서 2018년 50회, 2019년 2회로 줄었다. 대신 트럼프는 백악관 남쪽 잔디밭에 대기 중인 대통령 전용헬기를 타러 가는 길에 마음이 내킬 때만 기자들의 질문에 답하는 비정례 인터뷰를 선호했다.

트럼프는 2009년 5월 4일 트위터 계정(@realDonaldTrump)을 만든 후 2021년 1월 8일 계정이 영구정지될 때까지 12년 동안 5만 7천 개가 넘는 게시물을 올리며 트위터를 소통수단으로 활용했다. 그가 퇴임할 무렵 트위터 팔로우 숫자는 8,800만 명에 달했다. [102]

---

101 Michael M. Grynbaum, "After Another Year of Trump Attacks, 'Ominous Signs' for the American Press", *New York Times*(Dec. 30, 2019)

트럼프는 "NYT를 비롯한 가짜 뉴스 미디어가 다루는 나에 대한 뉴스는 90%가 거짓이다. 진실되지 않은 기사들은 수차례 왜곡하고 뒤틀고 있다. 나의 소셜미디어 사용이 내가 진실을 알리는 유일한 방법이다"라고 강조했다. 103

트럼프는 NYT를 정조준해 악마화(惡魔化)하고 4년 내내 줄기차게 싸웠다. 이것은 트럼프가 '미디어 전쟁'을 자신의 정치적 무기이자, 역동성을 낳는 원천으로 삼았기 때문이다. 104

NYT의 '트럼프 죽이기'

트럼프와 NYT의 갈등은 트럼프가 재선(再選)을 시도한 2020년 최고조에 달했다. 특히 NYT의 비판 보도수위는 한층 높아졌다. 과거와 달리 NYT는 종이신문과 텍스트 기사 외에 소셜미디어(SNS)와 오디오, 비디오, 취재기자 및 칼럼니스트들의 방송 출연과 개인 SNS 활동으로 관련 콘텐츠들을 전방위로 확대했다.

2020년 4월, 오피니언 칼럼니스트 찰스 블로(Charles M. Blow)는 "트럼프 대통령이 거짓말로 일관하고 있다. 그의 일거수일투족은 온통 거짓말과 위선뿐이다"라고 했다. 105 이런 식의 비판 칼럼과 기사는 하루도

102 Aamer Madhani and Jill Colvin, "A farewell to @realDonaldTrump, gone after 57,000 tweets", *AP News* (Jan. 9, 2021)

103 NYT는 2019년 11월 3일 자 일요일판에 '트위터 대통령(*The Twitter Presidency*)'이라는 제목의 10페이지 특별섹션을 발행, 트위터를 이용한 트럼프의 정치 전환 노력과 음모 등을 조명했다.

104 Jim VandeHei, "Trump's mind-numbing media manipulation machine", *Axios* (Dec. 1, 2017)

빠지지 않고 실렸고, 중립적인 평가조차 완전히 사라졌다.

정치·경제·외교·비즈니스·안보 등 모든 분야의 기자와 논설실원, 오피니언 칼럼니스트들이 총출동했다. 2020년 10월 18일 일요판 종이신문의 선데이 리뷰(Sunday Review) 섹션에는 'End Our National Crisis'라는 제목 아래 5명의 칼럼니스트와 논설실원들이 트럼프의 대외정책, 과학기술 정책, 행정부 운영, 트럼프 지지자들의 심리분석 같은 각론별 분석을 했다. 캐슬린 킹스베리 논설실장 대행은 논설실 전체를 대표해 "하루빨리 트럼프의 대통령직을 끝내야 한다"고 주장했다. 106

2020년 대통령 선거(11월 3일)를 코앞에 둔 9월 하순부터 11월 2일 자까지 NYT는 '대통령의 세금(The President's taxes)'이라는 제목의 탐사보도 기사를 실었다. 107 5명의 정예 탐사보도 기자들은 4년 가까이 수많은 취재 비협조를 뚫고 만든 기획기사였다.

이들은 "지난 20년간 트럼프 대통령 본인 및 트럼프 재단 소유회사들의 세금기록을 분석한 결과, 트럼프는 2016년 연방소득세를 750달러만 냈고 지난 15년 가운데 10년 동안 소득세를 전혀 내지 않았다"고 밝혔

105 Charles M. Blow, "(Opinion) For Trump, Lying Is a Super Power", *New York Times* (April 26, 2020)

106 Kathleen Kingsbury, "(Opinion) Editor's Note: The Editorial Board's Verdict on Trump's Presidency", 'Opinion Today' *NYT* Newsletter (Oct. 16, 2020)

107 Russ Buettner, Gabriel J. X. Dance, Keith Collins, Mike McIntire and Susanne Craig, "Charting An Empire: A Timeline of Of Trump's Finances" (Sept. 27, 2020); "The Swamp That Trump Built" (Oct. 10, 2020); "Fact-Checking Trump's Claim That He 'Prepaid Millions' in Income Taxes", *New York Times* (Nov. 2, 2020)

표 5-3　　　대선 직후 뉴욕타임스 칼럼니스트들의 관련 칼럼

날 짜	칼럼니스트	칼럼 제목
2020.11.11.	Nicholas Kristof	"When Trump Vandalizes Our Country"
2020.11.12.	Gail Collins	"Pick the Worst of Trump's Worst: A plethora of awful alternatives"
2020.11.12.	Paul Krugman	"A Republican Senate Would Be Bad for Business"
2020.11.15.	Charles M. Blow	"Trump, the Absolute Worst Loser"

다. 108 트럼프는 정부 세금을 떼먹은 악덕 장사꾼이라는 것이다.

미국 사회에서 '거짓말'과 '탈세'는 최악의 범죄행위이다. 최고위 공직자인 대통령의 거짓말과 탈세는 퇴임 후 형사처벌까지 받을 수 있는 중대 범죄행위이다. NYT는 대선 후에도 패배를 인정하지 않는 트럼프를 겨냥해 '최악의 패자(敗者)'라는 비판 칼럼과 기사들로 다시 저격했다.

"트럼프는 NYT의 최고 마케팅 책임자?"

2021년 1월 초 미국 연방의사당 점거 사건 같은 우여곡절 끝에 트럼프의 대선 패배가 확정되고, 미디어 전쟁에서 최종 승자는 NYT로 판명됐다. 트럼프 대통령과의 NYT의 극한대립은 트럼프에게 반감(反感)을 가져온 중도층과 리버럴, 흑인 및 히스패닉들에게 NYT를 더 자주 찾도록 만들었다. 이는 적은 구독료로 편리하게 이용할 수 있는 디지털 뉴스 유료 구독자 증가로 이어졌다.

---

108 Russ Buettner, Mike McIntire, Susanne Craig and Keith Collins, "〔The President's Taxes〕 Trump Paid $750 in Federal Income Taxes in 2017", *New York Times* (Sept. 29, 2020)

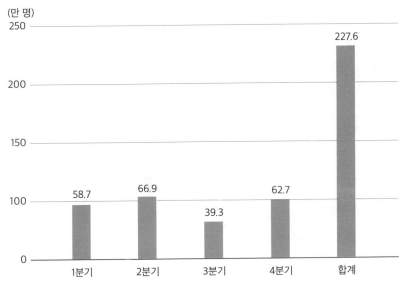

그림 5-2　　**NYT 2020년 분기별 디지털 유료 가입자 증가 수**

(만 명)

	1분기	2분기	3분기	4분기	합계
	58.7	66.9	39.3	62.7	227.6

• 자료: The NYT Company Reports 2020 First~Fourth Quarter Results

　　이른바 '트럼프 효과(*Trump bump*)'가 벌어진 것이다. 미디어 분석가 제프 거스(Jeff Gerth)는 트럼프와 *NYT*와의 관계를 "이익을 주고받는 스파링 파트너"와 같은 '공생하는 관계(*symbiotic relationship*)'라며 이렇게 말했다.

　　뉴욕타임스 브랜드에 강박관념을 갖고 있는 사람(도널드 트럼프)이 스스로 증오한다고 공언한 뉴욕타임스의 비공식 최고 마케팅 책임자(*chief marketing officer*)가 됐다. 109

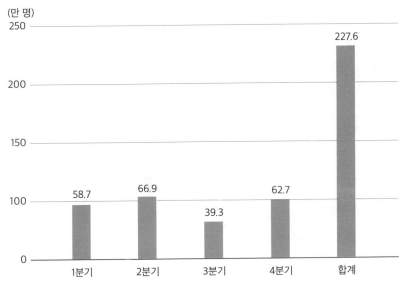

109 Jeff Gerth, "For The New York Times, Trump Is a Sparring Partner with Benefits", *Columbia Journalism Review* (June 29, 2017)

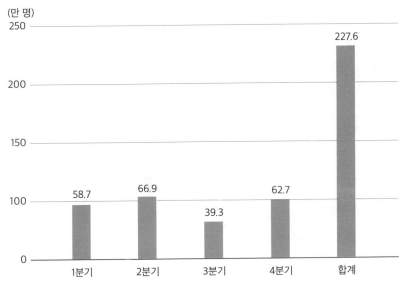

실제로 딘 바케이 *NYT* 편집인은 "트럼프 대통령이 (*NYT*를 공격하는) 트윗을 할 때마다 구독이 아주 많이 늘어난다"고 말했다. 한 해 기준 신규 디지털 유료 가입자는 2017년 60만 명에서 2018년 80만 명, 2019년 96만 6천 명, 2020년에는 227만 6천 명으로 갈수록 더 늘었다.

'트럼프 없는 시대'의 뉴욕타임스

특히 2019년 1월부터 2020년 12월까지 2년간 *NYT*의 디지털 유료 가입자 순증 인원은 324만 2천 명에 달했고, 2020년 한 해에는 230만 명에 육박했다. 이 같은 성과는 세계 미디어 기업을 통틀어 지금까지 유일무이(唯一無二)한 기록적인 수치이다.

그 결과 2020년 12월 기준으로 669만 명의 디지털 유료 가입자를 포함해 *NYT*의 유료 구독자는 750만 명을 넘었다.[110] 트럼프 대통령을 상대로 생사를 건 미디어 전쟁으로 *NYT*는 '독립언론'을 수호하는 한편 디지털 뉴스와 상품 유료화, 즉 디지털 전환을 안착(安着)시키는 성과를 얻었다. 그러나 반대급부로 세계 최고 권위의 고급 미디어에 어울리는 포용력과 객관성을 상실했다는 평가도 나온다.

트럼프 집권 전인 2016년 갤럽(Gallup) 조사에서 당시 미국 공화당원 가운데 86%는 "주류 미디어를 불신한다"고 밝혔다.[111] 이런 불신감은 트럼프 집권 4년 동안 더 깊어졌다. 미디어들은 당파적 인식 강화를 통

---

110 The NYT Company, "[Press Release] The New York Times Company Reports 2020 Fourth-Quarter Results"(Feb. 4, 2021), p. 1

111 Art Swift, "Americans' Trust in Mass Media Sinks to New Low", Gallup. com (Sept. 14, 2016)

해 이용자들을 결집하고, 이용자들 역시 자기 이념에 맞는 진영 미디어로 몰려가는 현상이 심화됐다. [112]

NYT가 보수도 일부 포용하며 국가 담론을 이끄는 매스미디어(*mass media*)가 아니라 '리버럴만의 미디어'로 완전히 고착됐다는 진단이 나온다. [113] NYT가 재정적 성공을 이루었을지언정 미디어의 핵심가치인 '객관성(*objectivity*)'과 너무 멀어졌다는 것이다. 그래서 미디어 분석가인 제프 자비스(Jeff Jarvis)의 진단은 지금도 유효해 보인다.

리버럴 매체들은 더 많은 구독자 수와 더 많은 상품을 갖고 살아남을 것이다. 그런데 뉴욕타임스가 1천만 명의 유료 구독자를 확보한다고 치자. 그래도 그것은 미국 총인구의 3%에 불과하며, 그 가운데 일부는 미국 밖에 있는 외국 구독자이다. 결국 우리들은 리버럴 미디어 안에서 서로 얘기할 뿐이다. 리버럴 매체들끼리 서로 다투면서. [114]

더욱이 도널드 트럼프의 퇴진은 리버럴 매체들에게 즉각 영향을 미치고 있다. 트래픽 조사 전문 회사 콤스코어(Comscore) 집계에 의하면 NYT의 2021년 2월 트래픽은 1년 전 같은 달 대비 16% 줄었고, 한 달

---

112 Harold Holzer, *The Presidents vs. The Press*(Dutton, 2020), p. 441. 뉴욕타임스 워싱턴지국장 출신의 빌 코바치는 이런 현상의 도래를 예상하며 '새로운 당파적 저널리즘(*neo-partisan journalism*)'이라고 명명했다. Bill Kovach and Tom Rosenstiel, Elements of Journalism(2014), p. 16

113 Matthew Pressman, *On Press*(2018), pp. 249~250

114 Jeff Jarvis, "Trump & the Press: A Murder-Suicide Pact", BuzzMachine.com (Feb. 19, 2017)

전과 비교해서는 17% 감소했다. 또 2021년 상반기 전체적으로 뉴욕타임스의 트래픽은 18% 정도 감소한 것으로 집계됐다.[115] 이처럼 급변하는 상황에서 뉴욕타임스의 새로운 대응과 생존 방식이 주목받고 있다.[116]

115 Paul Farhi, "Trump predicted news ratings would 'tank if I'm not there.' He wasn't wrong.", *Washington Post* (March 22, 2021) ; Neal Rothschild & Sara Fischer, "Boring News Cycle Deals Blow to Partisan Media", *Axios* (June 29, 2021)

116 Bill Grueskin, "What will the press do without Trump?", *Columbia Journalism Review* (Nov. 12, 2020) ; Ben Smith, "(The Media Equation) It's the End of an Era for the Media, No Matter Who Wins the Election", *New York Times* (Nov. 1, 2020)

에필로그

뉴욕타임스에 대한 얘기를 꺼내면, 주변에서 가장 자주 듣게 되는 반응은 대체로 아래와 같은 내용이다.

뉴욕타임스는 언론자유가 가장 많이, 가장 확실하게 보장되고, 인구도 3억 3천만 명이 넘는 미국의 미디어 기업이다. 또 세계 최대 공용어인 영어로 서비스한다. 그래서 뉴욕타임스의 성공은 어쩌면 당연한 일이다. 동북아의 한 모퉁이에서 인구도 적고 한글을 사용하는 한국 신문기업들과 비교 자체가 무의미하지 않나?

필자도 이에 동감하며 비슷한 의구심을 품었다. 뉴욕타임스라는 '헛된 신기루'에 대한 환상을 하루빨리 떨쳐버리는 게 한국 언론의 자생적이며 주체적인 발전을 위해 더 좋을 수 있다는 생각도 했다.

하지만 1년 3개월에 걸친 뉴욕타임스에 대한 분석적 관찰을 마감하면서 되물어 본다면, 이런 생각은 한편 타당하면서도 다른 한편으로는 뉴욕타임스의 역동적인 실상(實相)을 간과한 무지의 소산이다. 무엇보다 뉴욕타임스는 회사의 존망 자체가 흔들리는 벼랑 끝 상황에서 누구도 상상 못한 대역전을 이뤄냈기 때문이다.

뉴욕타임스는 지금의 한국 언론기업들이 처해있는 것보다 더 힘들고 외로운 상황에서 필사즉생(必死卽生·죽으려 각오하면 오히려 산다)의 자세로 임했고, 지금도 그 길을 걷고 있다. 그런 점에서 더 능력 있고, 더 젊은 한국 언론기업들은 뉴욕타임스 이상으로 잘할 수 있다는 희망을 품어봄 직하다.

우리 언론사들과 언론계 종사자들이 눈여겨볼 만한 뉴욕타임스의 인상적인 면모는 다음의 세 가지라고 필자는 본다.

먼저 뉴욕타임스의 디지털 전환(*digital transformation*)은 종이신문에 중심을 둔 채 외관을 적당하게 고치며 화장(化粧)하는 수준이 아니었다. 미래를 향한 준비 같은 사치(奢侈)는 더더욱 아니었다. 2011년 3월 당시 160년 연륜의 회사 전체가 침몰하고 수천여 명 임직원들의 일자리가 사라지는 백척간두(百尺竿頭) 상황에서 뼛속까지 바꾸어야 하는 사투(死鬪)의 연속이었다.

그런 점에서 디지털 전환은 뉴욕타임스에게 마지막 남은 유일한 구명보트였다. 그래서 지금까지 계속되는 숱한 시행착오와 실수에도 오너 가문과 경영진, 직원들은 위기의식으로 뭉쳐 흔들리지 않고 뚝심 있게 밀고 나가고 있다. 여기서 임직원은 물론 A. G. 설즈버거(Sulzberger) 현 발행인을 포함한 오너 가문 구성원들도 디지털 전환의 '구경꾼'이나 '박수 부대'에 머물지 않고, '참여자'로서 솔선수범하고 있다.

사외이사 구성까지 '디지털 코드'로 바꾸었다. 말단 사원부터 최고위 리더까지 "성공하지 못하면 죽음"이라는 공감대를 바탕으로 한 절실함과

절박함이 성공 원천이다.

두 번째는 겸손하고 낮은 자세로 이용자(audience · 독자)들과 소통하는 모습이다. 1896년 폐간 위기에 처한 뉴욕타임스를 인수한 아돌프 옥스(Adolph Ochs) 이래로 역대 발행인들은 취임 초 자신의 경영방침과 자신이 믿는 저널리즘의 가치와 원칙을 공개적으로 지면 등을 통해 밝힌다. 이들은 주요 현안이 있을 때마다 온 · 오프라인을 통해 이용자들 앞에 나와 직접 설명하고, 해명하고, 사과(謝過)도 한다.

경영진은 더 말할 나위도 없다. 수많은 뉴스 스토리 콘텐츠와 이벤트, 온 · 오프라인 채널 등을 통해 회사 내부 사정을 유리알처럼 투명하게 공개하고 이용자들과의 소통에 정성을 쏟는다. 콘텐츠 제작 과정에서 작은 오류나 임직원들의 과오에 대해서도 원리원칙대로 대응한다.

적어도 반세기 넘게 진행되는 이런 접근은 "뉴욕타임스는 군림하는 오만한 미디어가 아니라 이용자 존중에 최선을 다하는, 신뢰할 만한 미디어"라는 이미지를 심고 확산시키고 있다. 뉴욕타임스의 이런 노력은 기업과 이용자 간의 '믿음'을 바탕으로 구독 수입을 경영의 최대 원천으로 삼는 '디지털 구독경제(digital subscription economy)' 시대에 둘도 없이 소중한 플러스 경영 자산이다.

뉴욕타임스는 넷플릭스(동영상), 스포티파이(음원)처럼 미디어 업계에서 독보적인 세계 1위 구독경제 기업으로 향해 가고 있다. 뉴욕타임스의 디지털 유료 구독자가 최근 5년 만에 비약적으로 증가한 숨은 비결로 오랫동안 축적해온 이런 요인을 빼놓을 수 없다.

세 번째는 3세기에 걸친 '활자 중심 텍스트 신문'의 한계를 깨고 기술 (technology) 자체를 중시하고, 기술에 투자하며, 엔지니어·데이터 과학자 같은 기술자들을 우대하는 발상의 전환이다. 이는 고급 뉴스를 만드는 회사는 저널리즘에만 집중해도 된다는 안이한 발상과 정반대되는 것으로, 뉴욕타임스에 면면하게 흐르는 '혁신 DNA'의 21세기판(版) 발현이다.

이용자 행태를 과학적·입체적으로 분석하고, 전략적이면서도 유연한 대응, 실패를 장려하며 전진하는 실리콘밸리 문화 접목과 수평 조직으로의 전환, 다른 부문은 다 줄여도 '기술'과 '저널리즘'에 대한 투자와 인력은 늘리는 뉴욕타임스만의 '담대한 원칙'으로 움직이고 있다.

일례로 뉴욕타임스는 2020년 한 해에만 디지털 상품 개발(product development)에 1억 3,243만 달러(약 1,457억 원)를 지출했다. 그해 총매출액의 7%를 연구개발(R&D)에 쏟아부은 것이다. 2018년 8,410만 달러이던 R&D 비용은 2년 만에 5천만 달러 가까이 늘었다.[1]

"뉴욕타임스는 '월드클래스 디지털 상품 기술 기업(world-class digital product and technology company)'이다"라는 메레디스 코핏 레비언(Meredith Kopit Levien) 최고경영자(CEO)의 한마디가 회사의 포부를 압축적으로 보여준다. 이런 진지하면서도, 집중적이고, 10년에 걸친 근성 있는 투자와 혁신 시도가 없었다면, 뉴욕타임스 역시 수많은 세계 각국의 미디어 기업들처럼 당장 내일의 생존을 걱정하는 아슬아슬한 처지에 지금도 머물러 있을 게 분명하다.

---

1   The New York Times Company 2020 Annual Report (March 19, 2021), p. 34, 41

책을 마무리하면서 신문기자 초년병 시절인 1991년 봄 인상 깊게 읽고 각인해온 글이 떠올랐다. 다시 찾아봤더니 당시 언론계 대선배들은 이렇게 말했다. "변화를 두려워하는 자세를 버려라", "기자 직업의 본질은 글 쓰는 데 있다", "공부하는 기자가 되라", "지식인으로서의 면모를 갖춘 기자가 되라", ….[2] 더 거센 파도가 몰아치는 지금 한국 언론 현장에서도 귀담아들을 만한 주문들이 아닐까 한다.

이 책이 나오기까지 많은 분들의 도움을 받았다. 먼저 필자를 30년 넘게 품어주신 〈조선일보〉의 방상훈 사장님께 감사를 드린다. 언론계 현장의 안과 밖에서 모범과 가르침, 자극을 주신 〈조선일보〉 및 타사의 기라성 같은 선배님들과 동료들로부터 배우고 빚을 졌다. '뉴욕타임스 연구' 아이디어를 꺼내고 지지해주신 박종구 초당대 총장님(전 교육과학기술부 차관)께도 감사를 표한다.

김경준 딜로이트컨설팅 부회장과 박재영 고려대 미디어학부 교수, 장승구 세명대 학장의 조언과 지원, 격려에 고마움을 밝힌다. 세상과 자신을 향한 성찰의 눈을 열어주신 서울대 외교학과 은사(恩師)이신 노재봉, 김용구, 하영선 교수님과 서울대 송병락 전 부총장님, 고향의 김종한 선생님께 감사드린다.

---

2 "〔특집 I: 기자론〕 방담 한국의 기자문화: 남시욱·배병휴·송정숙·안병훈", 〈신문과 방송〉(1991년 4월호), pp. 2~12

최상훈 뉴욕타임스 서울지국장과 사진 제공에 협조해준 알렉산더 스미스(Alexander Smith) 뉴욕타임스 본사 라이선싱(*licensing*) 부문 부장의 후의(厚意)도 잊을 수 없다.

필자의 저술 작업을 지원해준 방일영문화재단과, 흔쾌히 출판을 맡아서 애써주신 조상호 나남출판사 회장님과 편집진에도 고마움을 전한다. 존경하는 아버지·어머니와 장인·장모님, 형제들과 사랑하는 식구들에게도 감사한다. 불가능해 보이던 모든 것을 가능하게 해주신 하나님께 온 영광을 올려 드린다.

참고자료

1. 도서

Abramson, Jill, *Merchants of Truth —The Business of News and the Fight for Facts* (Simon & Schuster, 2019)

Anand, Bharat, *The Content Trap*, 《콘텐츠의 미래》(리더스북, 2017)

Batsell, Jake, *Engaged Journalism*, 《참여 저널리즘: 디지털 독자개발 전략》(한국언론진흥재단, 2016)

Berger, Meyer, *The Story of the New York Times 1851~1951* (Simon & Schuster, 1951/1970)

Catledge, Turner, *My Life and the Times* (Harper & Row, 1971)

Coleridge, Nicholas, *Paper Tigers: The Latest Greatest Newspaper Tycoons And How They Won The World* (Mandarin Paperbacks, 1994)

Cose, Ellis, *The Press*, 《미국 4대 신문의 성장사》(한국언론자료간행회, 1992)

Davis, H. Elmer, *History of the New York Times, 1851~1921* (New York: New York Times, 1921)

Diamond, Edwin, *Behind the Times: Inside the New York Times* (Villard Books, 2003)

Doctor, Ken, *Newsonomics*, 《뉴스의 종말: 경제의 눈으로 본 미디어의 미래》(21세기북스, 2010)

Downie, Leonard & Kaiser, Robert, *The News about the News: American Journalism in Peril* (Alfred A. Knopf, 2002)

Dryfoos, Susan, *Iphigene* (Dodd, Mead & Company, 1979/1981)

Emery, Michael & Emery, Edwin, *The Press and America* (Prentice Hall, 1988/1992)

Folkenflik, David, *Page One: Inside The New York Times and the Future of Journalism*, 《페이지 원: 뉴욕타임스와 저널리즘의 미래》(커뮤니케이션북스, 2014)

Frankel, Max, *The Times of My Life and My Life with The Times* (Random House,

1999)

Herman, Edward, *The Myth of the Liberal Media* (Peter Lang, 1999)

Holzer, Harold, *The Presidents vs. The Press* (Dutton, 2020)

Kovach, Bill & Rosenstiel, Tom, *Elements of Journalism*, 《저널리즘의 기본 원칙》(한국언론진흥재단, 2014)

Kung, Lucy, *Innovators in Digital News*, 《디지털 뉴스의 혁신: 가디언, 뉴욕타임스, 쿼츠, 버즈피드, 바이스미디어 경영사례》(한국언론진흥재단, 2015)

Marconi, Francesco, *Newsmakers: Artificial Intelligence and the Future of Journalism* (Columbia Univ. Press, 2020)

Mnookin, Seth, *Hard News: The Scandals at the New York Times and Their Meaning for American Media* (Random House, 2004)

Pressman, Matthew, *On Press: the liberal values that shaped the news* (Harvard Univ. Press, 2018)

Reston, James, *DeadLine: A Memoir*, 《데드라인》(동아일보사, 1992)

Reuters Institute for the Study of Journalism, *Digital News Report 2019* (Oxford University, 2019)

Saldanha, Tony, *Why Digital Transformations Fail: The Surprising Disciplines of How to Take Off and Stay Ahead* (Berret-Koehler Publishers, 2019)

Salisbury, Harrison, *Without fear or favor: An Uncompromising Look at the New York Times* (1980), 《新聞의 正道》(삼성미술문화재단, 1983)

Schudson, Michael, *Discovering the News*, 《뉴스의 발견: 미국 신문의 사회사》(커뮤니케이션북스, 2019)

Schulman, J. Bruce & Zelizer, E. Julian (eds), *Media Nation: The Political History of News in Modern America* (2017)

Schwarz, R. Daniel, *Endtimes?: crises and turmoil at the New York Times, 1999~2009* (State Univ. of New York Press, 2012)

Shepard, Richard, *The Paper's Papers: A Reporter's Journey through the Archives of The New York Times* (Times Books, 1996)

Starr, Paul, *The creation of the media: political Origins of modern communications* (Basic Books, 2004)

Talese, Gay, *The Kingdom and the Power: Behind the Scenes at the New York Times: The Institution That Influences the World* (First edition 1966, Random House:

2007)

The New York Times Staff, *The Newspaper: Its Making & its Meaning-Introduction by John E. Wade* (Charles Scribner's Sons, 1945)

Tifft, E. Susan & Jones, S. Alex, *The Trust: The Private and Powerful Family Behind the New York Times* (Little, Brown and Company, 1999)

Tungate, Mark, *Media Monoliths: How Great Media Brands Thrive and Survive* (2005), 《세계를 지배하는 미디어 브랜드》(프리윌, 2007)

Tzuo, Tien, *Subscribed* (2018), 《구독과 좋아요의 경제학: 플랫폼을 뛰어넘는 궁극의 비즈니스 솔루션》(부키, 2019)

Usher, Nikki, *Making News at The New York Times* (Univ. of Michigan Press, 2014)

WAN-IFRA, *Reimagining the News* (2019), "2020 신문의 혁신 특별판" (한국신문협회, 2020)

권태호, 《공짜 뉴스는 없다: 디지털 뉴스 유료화, 어디까지 왔나?》(페이퍼로드, 2019)

노혜령, 《가짜뉴스 경제학》(워크라이프, 2020)

박재영, 《뉴스 스토리: 내러티브 기사의 작법과 효과》(이채, 2020)

윤석민, 《미디어 거버넌스: 미디어 규범성의 정립과 실천》(나남, 2020)

이상철, 《미국과 언론》(일지사, 1993)

임현찬·권만우, 《디지털 미디어와 저널리즘 4.0》(한국학술정보, 2019)

차배근, 《미국신문발달사: 1690~1960》(서울대 출판문화원, 2014)

2. 보고서

❚ *American Journalism Review*

Smolkin, Rachel, "Challenging Times" (February/March 2007)

Rieder, Rem, "Encouraging News for the New York Times: Charging for content seems to be paying off" (Oct. 20, 2011)

❚ *Columbia Journalism Review*

Abramson, Jill, "When all the news that fits is Trump" (Fall, 2017)

al-Gharbi, Musa, "The New York Times' obsession with Trump, quantified" (Nov. 13, 2019)

Allsop, Jon, "Unpacking The New York Times's multitudes" (Aug. 21, 2019)

_____, "Hit or Miss, The Times's pro-Trump editorial page is patronizing and circular" (Jan. 18, 2018)

Bell, Emily, "For the Times' innovation report to stick, its journalists need to be on board" (May 21, 2014)

Chaplin, Heather, "How The New York Times is incorporating design into audience research" (July 13, 2016)

Chittum, Ryan, "The New York Times' paywall has plenty of room to grow" (Aug. 27, 2014)

_____, "The Times's Extraordinary Wal-Mart Investigation" (April 23, 2012)

Friedman, Ann, "Journalism and customer service" (October 17, 2013)

Frost, A. Amber, "Why the Left Can't Stand The New York Times" (Dec. 2019)

Gerth, Jeff, "For The New York Times, Trump Is a Sparring Partner with Benefits", (June 29, 2017)

_____, "In the digital age, The New York Times treads an increasingly slippery path between news and advertising" (June 28, 2017)

Grueskin, Bill, "What will the press do without Trump?" (Nov. 12, 2020),

Ingram, Mathew, "Is engaging with readers the key to both trust and revenue?" (Nov. 22, 2019)

Knobel, Beth, "The end of investigative journalism? Not yet" (April 13, 2018)

Lewis, Neil, "From the archives: The Times and the Jews"(Jan./Feb. 2012)

Light, Larry, "How did Republicans learn to hate the news media?"(Nov. 14, 2018)

McCollam, Douglas, "Sulzberger at the Barricades: Arthur Sulzberger Jr. is racing to transform the embattled New York Times for the digital age. Is he up to the job?"(July/August, 2008)

McCraw, E. David, Truth in Our Times: Inside the Fight for Press Freedom in the Age of Alternative Facts(March 12, 2019)

Morrison, Sara, "Standards and double standards: The New York Times lets some swears slide, but not others"(Aug. 16, 2012)

Oputu, Edirin, "The New York Times expands its international opinion section-The Gray Lady is adding more than two dozen international opinion writers"(Oct. 9, 2013)

Robinson, Andy, "The Public Editor's Club at The New York Times as told by the six who lived it"(July 20, 2017)

Russell, Cristine, "The Survival of Investigative Journalism-From Iraq to China, health and medicine under scrutiny"(March 24, 2008)

Schudson, Michael, "Here's what non-fake news looks like"(Feb. 23, 2017)

Spinner, Jackie, "Public editors disappear as media distrust grows"(July 20, 2017)

Usher, Nikki, "Will the new Page One meetings finally make the Times digital first?"(Feb. 23, 2015)

_____, "The New York Times' digital limbo"(May 22, 2014)

Vernon, Pete, "Why did The New York Times grant anonymity to the op-ed writer?"(Sept. 6, 2018)

_____, "The media today: Tensions at the Times boil over"(Feb. 27, 2018)

▌ *NiemanLab*

Benton, Joshua, "It continues to be very good to be The New York Times"(Aug. 5, 2020)

_____, "An open letter to the new CEO of The New York Times"(July 30, 2020)

_____, "The New York Times' morning email newsletter is getting an official 'host and anchor'" (April 30, 2020)

_____, "What will journalism do with 5G's speed and capacity? Here are some ideas, from The New York Times and elsewhere" (April 15, 2019)

_____, "What does The New York Times look for in coming up with a new product? These five things- Including global potential, habit formation, and brand leverage" (July 25, 2019)

_____, "A New York Times blockchain project aims to help convince people that a photo really is (or isn't!) what it seems to be" (July 24, 2019)

_____, "The New York Times is getting close to becoming a majority-digital company" (Feb. 6, 2019)

_____, "This is The New York Times' digital path forward" (Jan. 17, 2017)

_____, "The New York Times' R&D Lab is building a quantified-self, semantic-analysis tool to track web browsing" (January 14, 2014)

Bilton, Ricardo, "A regular New York Times kids' section and a kids' version of The Daily are on the way this month" (Nov. 9, 2017)

_____, "All the news that's fit for you: The New York Times is experimenting with personalization to find new ways to expose readers to stories" (Sept. 28, 2017)

Doctor, Ken, "Newsonomics: The New York Times' new CEO, Meredith Levien, on building a world-class digital media business — and a tech company" (July 30, 2020)

_____, "Newsonomics: The New York Times is opting out of Apple News" (June 29, 2020)

_____, "Newsonomics: CEO Mark Thompson on offering more and more New York Times (and charging more for it)" (Nov. 13, 2019)

_____, "Newsonomics: The New York Times puts personalization front and center — just For You" (June 28, 2019)

_____, "Newsonomics: Tomorrow's life-or-death decisions for newspapers are suddenly today's, thanks to coronavirus" (March 31, 2020)

_____, "Newsonomics: Can The New York Times avoid a Trump Slump and sign up 10 million paying subscribers?" (Feb. 22, 2019)

_____, "Newsonomics: With an expanding Wirecutter, The New York Times is doubling down on diversification"(Oct. 4, 2018)

_____, "Newsonomics: What the anonymous New York Times op-ed shows us about the press now"(Sept. 10, 2018)

_____, "Newsonomics: The New York Times' Mark Thompson on regulating Facebook, global ambition, and when to stop the presses (forever)"(Nov. 13, 2017)

_____, "Newsonomics: The Daily's Michael Barbaro on becoming a personality, learning to focus, and Maggie Haberman's singing"(Oct. 17, 2017)

_____, "Newsonomics: The New York Times' redesign aims to match the quality of its products to its journalism"(June 13, 2017)

_____, "Newsonomics: CEO Mark Thompson thinks The New York Times can aspire to a different order of magnitude"(June 9, 2017)

_____, "Newsonomics: The New York Times is setting its sights on 10 million digital subscribers"(Dec. 5, 2016)

_____, "The New York Times' Dean Baquet on calling out lies, embracing video, and building a more digital newsroom"(Oct. 6, 2016)

_____, "From 'service desk' to standalone: How The New York Times' graphics department has grown up"(March 7, 2016)

_____, "Newsonomics: The New York Times reinvents Page One — and it's better than print ever was"(March 7, 2016)

_____, "Newsonomics: The thinking (and dollars) behind The New York Times' new digital strategy"(Oct. 15, 2015)

_____, "Why The New York Times hired Kinsey Wilson"(Nov. 25, 2014)

_____, "The newsonomics of telling your audience what they should do"(Nov. 20, 2014)

_____, "The New York Times' financials show the transition to digital accelerating"(Oct. 30, 2014)

_____, "The newsonomics of new cutbacks at The New York Times"(Oct. 1, 2014)

_____, "The newsonomics of The New York Times' innovators' dilemmas" (May 22, 2014)

_____, "The newsonomics of newspapers' slipping digital performance" (April 24, 2014)

_____, "The newsonomics of The New York Times' Paywalls 2.0" (Nov. 21, 2013)

_____, "The newsonomics of zero and The New York Times" (Feb. 14, 2013)

_____, "The newsonomics of The New York Times' pay fence" (March 17, 2011)

Garber, Megan, "Mirror, mirror: The New York Times wants to serve you info as you're brushing your teeth" (Aug. 31, 2011)

Kirsner, Scott, "New York Times Disbands R&D Lab, Pulls Innovation Closer to Newsroom" (May 10, 2016)

Lee, Meena, & Guinee, Sarah, "The New York Times has signed up a lot of subscribers. Here's how it plans to keep them" (April 17, 2018)

Lichterman, Joseph, "The New York Times is launching a daily 360-degree video series" (November 1, 2016)

_____, "4 takeaways from The New York Times' new digital strategy memo" (Oct. 7, 2015)

Lichterman, Joseph, & Ellis, Justin, "A mixed bag on apps: What The New York Times learned with NYT Opinion and NYT Now" (Oct. 1, 2014)

Owen, H. Laura, "'This puts Black @nytimes staff in danger': New York Times staffers band together to protest Tom Cotton's anti-protest op-ed" (June 4, 2020)

Owen, H. Laura, "People are lining up on the street to get free copies of The New York Times' 1619 Project" (Aug. 29, 2019)

_____, "With corgis, chickens, and kitchen reveals, the NYT Cooking Community Facebook group is a 'happy corner of the internet'" (April 17, 2019)

_____, "The New York Times politics editor is building trust by tweeting context around political stories" (Jan. 16, 2019)

_____, "Why The New York Times TL;DR'd its own 14,218-word Trump investigation" (Oct. 2, 2018)

_____, "All the news that's fit for you: The New York Times' 'Your Weekly Edition' is a brand-new newsletter personalized for each recipient" (June 6,

2018)

_____, "The New York Times redesigns pages A2 and A3 as 'a quick and engaging roundup'"(March 2, 2017)

_____, "The New York Times launches a podcast team to create a new batch of wide-reaching shows"(March 31, 2016)

_____, "The New York Times' new Slack 2016 election bot sends readers' questions straight to the newsroom"(Feb. 5, 2016)

Quah, Nicholas, "'The idea is to have more Serials': The New York Times acquires Serial Productions and partners with This American Life"(July 22, 2020)

_____, "Is The New York Times' purchase of Audm a turning point in its new audio strategy?"(March 24, 2020)

_____, "The New York Times launches a Facebook group to discuss podcasts (and learn to make better ones)"(April 11, 2017)

Robinson, G. James, "Watching the audience move: A New York Times tool is helping direct traffic from story to story"(May 28, 2014)

Schmidt, Christine, "With a year of guides to a better life, The New York Times hopes to convert more readers to subscribers"(Feb. 20, 2018)

Scire, Sarah, "The New York Times' new opinion editor, Kathleen Kingsbury, on reimagining opinion journalism"(Feb. 11, 2021)

_____, "The New York Times wants to test Wirecutter as a subscription product"(Feb. 4, 2021)

_____, "Outgoing New York Times CEO Mark Thompson thinks there won't be a print edition in 20 years"(Aug. 11, 2020)

_____, "The New York Times' success with digital subscriptions is accelerating, not slowing down"(May 6, 2020)

_____, "Readers reign supreme, and other takeaways from The New York Times end-of-year earnings report"(Feb. 6, 2020)

_____, "The New York Times is using The 1619 Project to market how 'the truth can change how we see the world' (and subscriptions)"(Feb. 6, 2020)

Seward, M. Zachary, "N. Y. Times mines its data to identify words that readers find abstruse"(June 11, 2009)

_____, "In the Times R&D Lab, the future of news is the future of advertising"(May 15, 2009)

_____, "At The New York Times, preparing for a future across all platforms"(May 12, 2009)

_____, "The New York Times envisions version 2. 0 of the newspaper"(May 11, 2009)

Stray, Jonathan, "How do you tell when the news is biased? It depends on how you see yourself"(June 27, 2012)

Tameez, Hanaa, "For the first time, The New York Times' digital subscriptions generate more revenue than its print ones"(Nov. 5, 2020)

Wang, Shan, "When a link to a news story shows the source of the story, some people end up trusting it less"(July 18, 2018)

_____, "As The New York Times extends its reach across countries (and languages and cultures), it looks to locals for guidance"(July 2, 2018)

_____, "All the news that's fit to podcast: Newspapers try out audio"(Jan. 27, 2016)

_____, "The New York Times built a Slack bot to help decide which stories to post to social media"(Aug. 13, 2015)

▌ *Harvard Business School Case Study*

Kumar, Vineet & Anand, Bhart et al. , "The New York Times Paywall"(Jan. 31, 2013)

Villalonga, Belen & Hartman, Christopher, "The New York Times Co. "(Oct. 20, 2008)

▌ *Editor & Publisher*

Tornoe, Rob, "Digital Publishing: For The New York Times, Puzzle and Cooking Apps are Leading to More Subscriptions"(Aug. 24, 2018)

▌ *McKinsey Consulting*

"Building a digital New York Times: CEO Mark Thompson Interview"(Aug. 10,

2020)

❙ WAN-IFRA

Flueckiger, Simone, "An inside look at The New York Times' data strategy"(Oct. 30, 2018)

Jolkovski, Anton, "NY Times' pioneering Visual Investigations: behind the scenes"(Jan. 29, 2020)

Veseling, Brian, "NYT's Mark Thompson: 'We're faster, but we're still too slow and too cautious' "(June 3, 2019)

❙ 한국 연구보고서

곽병진·정재민, "2010 해외미디어 동향: 뉴욕타임스 재무분석 보고서"(한국언론진흥재단)

김대원·우혜진·김성철, "N-스크린 환경 도래에 따른 디지털 콘텐츠 유료화 전략: 해외 신문사의 뉴스 콘텐츠 사업모델을 중심으로"(한국콘텐츠학회, 2015년 9월)

김영주·정재민·강석, "서비스 저널리즘과 언론사 수익 다변화"(한국언론진흥재단, 2017)

뉴욕타임스 시걸위원회 보고서, 《왜 우리의 저널리즘은 실패했나》(한국언론재단, 2003)

박기묵·전범수, "뉴욕타임스와 가디언의 인터랙티브 뉴스 특성연구", 〈한국언론학보〉, 59권 5호(2015년 10월호)

박재영, "신문 지면의 구성요소: 뉴욕타임스·요미우리신문·조선일보를 중심으로" (미디어연구소, 2004)

_____, "익명 취재원 사용과 기사 주관성 배제에 관한 뉴욕타임스의 준칙", 《한국의 뉴스미디어 2006》(한국언론진흥재단, 2006)

손재권, "2020 해외미디어 동향(여름호): 팬데믹 미디어의 본질을 묻고 근간을 흔들다"(한국언론진흥재단)

양정애·최지향, "이용자 분석을 통한 디지털 뉴스 유료화 방안"(한국언론진흥재단, 2019)

이재경, "한·미 신문의 대통령 취재관행 비교", 〈언론과 사회〉 14권 4호 (2006년)

이재현, "인터넷, 전통적 미디어, 그리고 생활시간 패턴", 〈한국언론학보〉, 49권 2호(2005년 4월)

이정환, "2017 해외미디어 동향: 독자 지갑을 여는 주문, 다이내믹 페이월"(한국언론진흥재단)

임양준, "한국과 미국 일간신문의 정정보도 기사 비교연구"〈한국언론정보학보〉37호 (2007년)

조영신, "뉴욕타임스는 혁신을 멈춘 적이 없다", EBS, 〈비즈니스 리뷰〉(2021년 1월 18~1월 21일)

_____, "2014 해외미디어 동향: 여덟 개의 키워드로 읽는 〈뉴욕타임스〉혁신보고서"(한국언론진흥재단)

최민재·정미정, "언론사 디지털 구독모델"(한국언론진흥재단, 2019)

최세정·문장호, "한국형 네이티브 광고모형 개발"(한국언론진흥재단, 2017)

한국언론연구원, "외국신문의 제작경향─朝日·FAZ·NYT·더 타임스"(한국언론연구원, 1987)

_____, 《세계의 언론인─경영인편》, 언론연구원 총서8(한국언론연구원, 1998)

한국언론진흥재단, "디지털 독자분석과 독자개발 전략"(한국언론진흥재단, 2018)

▌〈신문과 방송〉

김낭기, "뉴욕타임스 기자 린다 그린하우스", 2018년 8월호

김병철, "해외 언론사의 디지털 퍼스트 전략", 2014년 11월호

김익현, "뉴욕타임스 혁신보고서 비판적 읽기", 2014년 7월호

_____, "뉴욕타임스의 익명 취재원 사용기준 강화조치", 2016년 4월호

박상현, "뉴스레터 서비스에 집중하는 미국 언론", 2018년 6월호

박재영, "사실기사와 의견기사의 구분", 2019년 12월호

서수민, "집중 분석─뉴욕타임스 네일살롱 탐사보도", 2015년 7월호

안재훈, "미국의 칼럼니스트", 1991년 9월호

양재규, "언론관련 핵심 판례 뉴욕타임스 대 설리반 판결", 2010년 6월호

이규연, "국제 과학탐사보도의 진수 보여준 뉴욕타임스 독성 의약품을 따라 세 대륙을 탐사하다", 2016년 1월호

이재경, "독자의 신뢰 위해 노력하는 모습 한눈에", 2010년 7월호

이효성, "가족 소유면서 존경받는 이유는-미국의 권위지와 그 소유주", 2001년 7월호

지성욱, "뉴욕타임스 혁신보고서 그 후 2년", 2016년 6월호

홍예진, "뉴욕타임스, 서비스 저널리즘에 날개를 달다", 2016년 12월호

3. 미디어

▌ *New York Times*

"The New York Times Company 2000~2020 Annual Report"

"The New York Times Company Quarterly Reports 2011~2020"

"State of The Times Remarks: A. G. Sulzberger to Times employees at 2019~ 2021 State of The Times address"

"Diversity and Inclusion Report 2019"

"Our Journalism: A Note to Staff From New York Times Publisher A. G. Sulzberger"(April 25, 2019)

"A Note From Our New Publisher-A. G. Sulzberger"(Jan. 1, 2018)

"Journalism That Stands Apart-The Report of the 2020 Group"(January 2017)

"To Our Readers, From the Publisher and Executive Editor"(Nov. 13, 2016)

"Our Path Forward"(October 7, 2015)

"Innovation Report"(March 24, 2014)

Sulzberger Jr., Arthur Ochs, "A Note From the Publisher"(May 14, 2014)

_____, "A Letter to Our Readers about Digital Subscriptions"(March 17, 2011)

_____, "From The Publisher"(Jan. 17, 1992)

— *Company*

"9 Ways to Get the Most Out of Your Times Subscription"(April 3, 2017)

"Digital Tools for Discovery: 10 New Ways to Search and Explore The New York Times"(April 30, 2015)

"A Milestone Behind, a Mountain Ahead"(Jan. 19, 2013)

"Will of Mr. Ochs Asks That The Times Be Perpetuated as Public Servant"(April 17, 1935)

"Family Retains Control of Times After Iphigene Sulzberger's Death"(Feb. 27, 1990)

Baquet, Dean, "The New York Times Reaches a Milestone, Thanks to Our Readers"(Oct. 5, 2015)

Branch, John, "Snowfall: The Avalanche at Tunnel Creek"(Dec. 20, 2012)

Clifford, Stephanie, "Times Company Is 'Not for Sale' " (April 22, 2008)

Ember, Sydney, "New York Times Study Calls for Rapid Change in Newsroom" (Jan. 17, 2017)

Lee, Edmund, "New York Times Hits 7 Million Subscribers as Digital Revenue Rises" (Nov. 5, 2020)

Lewin, Tamar, "Times and Sulzbergers Take Steps to Keep Company Under Family" (June 20, 1986)

Pérez-Peña, Richard, "Times Company Reports Profit for Quarter and Year" (Feb. 10, 2010)

Peters, W. Jeremy, "The Times Announces Digital Subscription Plan" (March 17, 2011)

Rogers, Katie, "NYT Co. to Offer Buyouts to Employees" (May 25, 2016)

Seelye, Q. Katharine, "Times Company Announces 500 Job Cuts" (Sept. 21, 2005)

The New York Times Magazine, "The 1619 Project" (Aug. 14, 2019)

Tracy, Marc, "Two Journalists Exit New York Times After Criticism of Past Behavior" (Feb. 5, 2021)

_____, "The New York Times Tops 7.5 Million Subscriptions as Ads Decline" (Feb. 4, 2021)

_____, "Digital Revenue Exceeds Print for 1st Time for New York Times Company" (Aug. 5, 2020)

_____, "The New York Times Tops 6 Million Subscribers as Ad Revenue Plummets" (May 6, 2020)

_____, "The New York Times Tops 5 Million Subscriptions as Ads Decline" (Feb 6, 2020)

— *History*

Dunlap, W. David, "[Looking Back] 1917 | The Ochses and Sulzbergers Get Hyphenated" (Nov. 16, 2017)

_____, "[Looking Back] Open for Comment Since 1851, and Still Going Hot and Heavy" (June 22, 2017)

_____, "The Times in the Schools; or, Get Them While They're Young" (Feb.

16, 2017)

_____, "〔Looking Back〕 1964 | A President on The Times's Lunch Menu"(Nov. 24, 2016)

_____, "〔Looking Back〕 1935-1988|How to Succeed in Business (At Least This One)"(Oct. 20, 2016)

_____, "〔Looking Back〕 1971 | Supreme Court Allows Publication of Pentagon Papers"(June 30, 2016)

_____, "〔Looking Back〕 1878 | Adolph Ochs's First Times (The One in Chattanooga)"(April 4, 2016)

_____, "〔Looking Back〕 2007-2016 | The Rosenthal Era in the Editorial Department"(March 18, 2016)

_____, "〔Looking Back〕 1935 | A Family Battle for Succession"(Nov. 5, 2015)

_____, "〔Looking Back〕 1968 | The Washington Bureau Chief Who Wasn't"(Sept. 11, 2015)

_____, "〔Looking Back〕 1896| 'Without Fear or Favor' "(Aug. 14, 2015)

_____, "A Happy 200th to The Times's First Publisher, Whom Boss Tweed Couldn't Buy or Kill"(Aug. 16, 2011)

_____, "Headquarters Of The Times Is Considered As Landmark" (Oct. 21, 2000)

Haberman, Clyde, "Arthur O. Sulzberger, Publisher Who Transformed The Times for New Era, Dies at 86"(Sept. 29, 2012)

Halberstam, David, "150th Anniversary: 1851-2001; Where the Gray Lady Got Its Steel"(Nov. 14, 2001)

Jones, S. Alex, "Arthur Ochs Sulzberger Passes Times Publisher's Post to Son"(Jan. 17, 1992)

— Media Equation

Carr, David, "The Fall and Rise of Media"(Nov. 29, 2009)

Smith, Ben, "Postcard From Peru: Why the Morality Plays Inside The Times Won't Stop"(Feb. 14, 2021)

_____, "Survey Says: Never Tweet"(Jan. 31, 2021)

_____, "The Trump Presidency Is Ending. So Is Maggie Haberman's Wild

Ride"(Nov. 8, 2020)

_____, "How the Media Could Get the Election Story Wrong"(Aug. 2, 2020)

_____, "Inside the Revolts Erupting in America's Big Newsrooms"(June 7, 2020)

_____, "Why the Success of The New York Times May Be Bad News for Journalism"(March 1, 2020)

— *Press Release*

"Introducing 'The Ezra Klein Show,' a Podcast from New York Times Opinion" (Jan. 19, 2021)

"Shannon Busta Joins Opinion as Audience Editor for Audio"(Jan. 8, 2021)

"Opinion Welcomes Siddhartha Mahanta"(Dec. 14, 2020)

"The New York Times Announces Philanthropic Support for the Headway Initiative"(Dec. 1, 2020)

"Ezra Klein Joins Times Opinion as Columnist and Podcast Host"(Nov. 20, 2020)

"Readers Stayed Glued to The Times to Understand the Election"(Nov. 12, 2020)

"Jane Coaston Named New Host of 'The Argument'"(Nov. 6, 2020)

"New General Manager for Games"(Sept. 9, 2020)

"Introducing the Opinion Audio Team"(Aug. 3, 2020)

"The New York Times Company Announces Meredith Kopit Levien to Succeed Mark Thompson as President and Chief Executive Officer"(July 22, 2020)

"New Role for David Leonhardt"(April 30, 2020)

"Kara Swisher to Launch Podcast With Opinion"(April 28, 2020)

"Promotion for Stephanie Preiss"(March 9, 2020)

"Our 2020-21 Newsroom Fellows-We are thrilled to introduce the 2020 New York Times Fellowship class"(Feb. 20, 2020)

"Opinion's Reorganization"(Jan. 28, 2020)

"'The Daily' Hits One Billion Downloads"(Sept. 17, 2019)

"Adam Pasick Joins The Times as Editorial Director of Newsletters"(May 19, 2019)

"Kathleen Lingo Named Editorial Director for Film and TV"(Nov. 15, 2018)

"'The Daily' Exceeds 100 Million Downloads"(Oct. 17, 2017)

"Introducing the Reader Center"(May 30, 2017)

"Sam Dolnick Promoted to Assistant Editor"(April 3, 2017)

"From Dean Baquet and Joe Kahn: The Year Ahead"(Jan. 17, 2017)

"The New York Times Passes One Million Digital Subscriber Milestone"(Aug. 6, 2015)

"The New York Times to Launch New Mobile Advertising Solution"(Aug. 4, 2015)

"Introducing NYT Now and Times Premier"(April 2, 2014)

"Arthur Ochs Sulzberger to Retire From Times Company's Board"(Feb. 21, 2002)

— *Times Insider*

"Arthur Sulzberger Jr. and Mark Thompson on Cost Cuts"(Oct. 1, 2014)

Barbaro, Michael, "We Had a Favor to Ask of the Publisher. We Needed Him for a 'Daily' Interview. Immediately"(Feb. 1, 2019)

Bures, Sarah, "They're Keeping The Times Humming, From Home"(April 3, 2020)

Cohen, Jordan, "You Have to Jump First'—New York Times CEO Mark Thompson Talks Virtual Reality at SXSW"(March 15, 2016)

Delkic, Melina, "How Times Journalists Uncovered the Original Source of the President's Wealth"(Oct. 2, 2018)

Fehr, Tiff, "How We Sped Through 900 Pages of Cohen Documents in Under 10 Minutes"(March 26, 2019)

Grippe, John, "The Project Behind a Front Page Full of Names"(May 23, 2020)

Gyarkye, Lovia, "How 'Still Processing' Comes Together"(Oct. 16, 2019)

Harris, Aimée, "Remembering the Neediest During the Coronavirus Pandemic" (April 1, 2020)

Issawi, Danya, "Talking About Racism With the Times's Youngest Readers"(Aug. 28, 2020)

Kramer, Margaret, "Raising Kids Is Hard. Our New Site Will Make It Easier. (May 8, 2019)

Marks, Anastasia, "What I Learned in 50 Days as an Intern at The New York Times" (Aug. 28, 2019)

Otis, John, "The One Assignment for Everyone at The Times: The Neediest Cases" (Dec. 2, 2019)

Roberts, Graham, "Capturing an American Icon for Augmented Reality" (Nov. 19, 2018)

Roberts, Graham, "How We Achieved an Olympic Feat of Immersive Journalism" (Feb. 8, 2018)

Rosenthal, M. Brian, "How We Investigated the New York Taxi Medallion Bubble" (May 22, 2019)

Szuchman, Paula, "Opinion Podcasts Invite You to Hear the World Differently" (Feb. 24, 2021)

Tumin, Remy, "The Op-Ed Pages, Explained" (Dec. 3, 2017)

— *The NYT Open Team*

" 'We Re-Launched The New York Times Paywall and No One Noticed' That's exactly what we hoped for." (Aug. 29, 2019)

"We Built Collaborative Editing for Our Newsroom's CMS. Here's How." (Aug 2, 2019)

"What It Means to Design for Growth at the New York Times" (July 14, 2019)

"To Apply Machine Learning Responsibly, We Use It in Moderation" (May 1, 2018)

— *Understanding The Times*

"How and Why Our Editorial Board Endorses Political Candidates" (Jan. 13, 2020)

"What Is an Editorial Board?" (Jan. 13, 2020)

"Why The Times Editorial Board Supports an Impeachment Inquiry" (Sept. 27, 2019)

— *The Public Editor*

Calame, Byron, "Can 'Magazines' of The Times Subsidize News Coverage?" (Oct.

22, 2006)

Hoyt, Clark, "The Blur Between Analysis and Opinion"(April 13, 2008)

Okrent, Daniel, "Is The New York Times a Liberal Newspaper?"(July 25, 2004)

Spayd, Liz, "Trump, Russia, and the News Story That Wasn't"(Jan. 20, 2017)

_____, "Why Readers See The Times as Liberal"(July 23, 2016)

_____, "Want to Attract More Readers? Try Listening to Them"(July 9, 2016)

▌ *Atlantic*

Funakoshi, Minami, "China Reacts to David Barboza's Pulitzer Prize"(April 17, 2013)

Hayden, Eric, "Post-Pay Wall, New York Times Sees a Dip in Traffic"(April 12, 2011)

Hirschorn, Michael, "End Times: Can America's paper of record survive the death of newsprint? Can journalism?"(Jan/Feb. 2009)

Raines, Howell, "My Times"(May 2004)

Stolberg, Benjamin, "The Man Behind The Times"(Dec. 1926)

▌ *Axios*

Fischer, Sara, "Meredith Kopit Levien lays out vision for NYT as future CEO" (July 23, 2020)

_____, "New York Times lays off 68 people, mostly in advertising"(June 23, 2020)

_____, "The New York Times brings back Alex Hardiman as head of product"(Oct 10, 2019)

VandeHei, Jim, "Trump's mind-numbing media manipulation machine"(Dec. 1, 2017)

▌ *Businessinsider*

Blodget, Henry, "New York Times Stock Now Costs Less Than Sunday Paper" (Feb. 18, 2009)

Pompeo, Joe, "The U. S. Has Lost More Than 166 Print Newspapers Since 2008" (July 6, 2010)

▌ *Economist*

"〔Daily Chart〕 Donald Trump's attacks on the media may have backfired"(July 30, 2018)

"Feeling the Pinch-Arthur Sulzberger has come to embody the troubles of America's newspaper industry"(Dec. 4, 2008)

▌ *Financial Times*

"The US publishers hiring staff despite news media storm"(May 27, 2020)

〔Opinion Lex〕 "New York Times: eclectic current"(May 7, 2020)

▌ *Guardian*

Aitkenhead, Decca, "〔Interview〕 Clay Shirky: 'Paywall will underperform - the numbers don't add up"(July 5, 2010)

Bell, Emily, "The New York Times's success lays bare the media's disastrous state"(Feb. 9, 2020)

Pilkington, Ed, "All the news fit to print. (And a page 1 advert)"(Jan. 6, 2009)

Sweney, Mark, "New York Times to invest $50m on global digital expansion" (April 14, 2016)

▌ *New York Magazine*

Beam, Christopher, "A Reasonable Man"(July 1, 2010)

Hagan, Joe, "Bleeding 'Times' Blood"(Oct. 3, 2008)

Mnookin, Seth, "The Kingdom and the Paywall"(July 22, 2011)

Sherman, Gabriel, "The Heirs: A Three-Way, Mostly Civilized Family Contest to Become the Next Publisher of The Times"(Aug. 24, 2015)

▌ *Politico*

Doctor, Ken, "Behind the Times' surge to 2.5 million subscribers"(Dec. 5, 2016)

_____, "What are they thinking? Mark Thompson's approach at the Times" (April 20, 2015)

Gold, Hadas, "New York Times, CNN report Trump's vulgarities in full"(Oct. 7,

2016)

Shafer, Jack, "'Who's winning Trump's war with the press?'- Assessing Year 1" (Dec. 28, 2017)

Shafer, Jack, "Do Readers Own the New York Times Now?" (Feb. 15, 2018)

_____, "Sell the New York Times. Now" (Jan. 14, 2018)

❘ Poynter Institute

Beaujon, Andrew, "New York Times Co. pays dividend for first time since 2008" (Sep. 20, 2013)

Edmonds, Rick, "Advertising revenue at The New York Times plummets, but digital subscription gains are the best ever" (Aug. 5, 2020)

_____, "New York Times aims to satisfy a new kind of digital subscriber" (July 27, 2017)

_____, "Digital advertising 2.0 has arrived, The New York Times finds" (July 28, 2016)

Mullin, Benjamin, "The New York Times is launching digital-first teams to cover gender, education and climate change" (Aug. 26, 2016)

_____, "New York Times reorganizes digital leadership ranks" (June 24, 2016)

_____, "Meet Beta, the team that brings The New York Times to your smartphone" (March 25, 2016)

❘ Vanity Fair

Mnookin, Seth, "Unreliable Sources" (Dec. 2005)

Pompeo, Joe, "It's Chaos: Behind The Scenes Of Donald McNeil's New York Times Exit" (Feb. 10, 2021)

_____, "We Can't Have That": Inside The New York Times' Firing of Lauren Wolfe" (Jan. 25, 2021)

_____, "Higher Churn and a Smaller Audience: The Pandemic Has Exposed the Haves and Have-Nots of Journalism" (May 29, 2020)

❘ Wall Street Journal

Bruell, Alexandra, "The Woman Behind the New York Times' High-Risk,

High-Reward Business Strategy"(Aug. 15, 2018)

Sulzberger, A. G., "〔Commentary〕 Accusing the New York Times of 'Treason,'
Trump Crosses a Line"(June 20, 2019)

❙ *Washington Post*

Farhi, Paul, "Trump predicted news ratings would 'tank if I'm not there.' He
wasn't wrong."(March 22, 2021)

Sullivan, Margaret, "The media never fully learned how to cover Trump. But
they still might have saved democracy"(Nov. 9, 2020)

Wemple, Erik, "How will the New York Times appeal to overseas readers?"
(April 14, 2016)

❙ *Wired.com*

Snyder, Gabriel, "How The New York Times Is Clawing Its Way Into the
Future" (Feb. 12, 2017)

_____, "How The New York Times Is Using Strategies Inspired by Netflix,
Spotify, and HBO to Make Itself Indispensable"(Feb. 12, 2017)

❙ Etc.

Associated Press, BusinessWeek, Business Wire, BuzzMachine, Capital New
York, CIO, CNN, Digiday, Fortune, LA Times, Marketing Drive, Media
Village, Medium, New York, Pew Research Center, Press Gazette,
Pulitzer. org, Reference, Reuter, Sailthru, Slate, Street, TIME, Vox, Wikipedia
〈기자협회보〉, 〈동아일보〉, 〈머니투데이〉, 〈미디어오늘〉, 〈매일경제신문〉, 〈블로
터〉, 〈연합뉴스〉, 〈조선일보〉, 〈조선닷컴〉, 〈중앙일보〉, 〈한겨레21〉, 〈한국일보〉,
이정환닷컴, 블로그 등

❙ Youtube

"How The Times Makes Visual Investigations ∣ NYTimes"(Feb. 14, 2020)

"How Kim Jong-un Gets His $500,000 Mercedes ∣ NYT-Visual Investigations"
(July 17, 2019)

"Killing Khashoggi: How a Brutal Saudi Hit Job Unfolded ∣ NYT-Visual

Investigations"(Nov. 17, 2018)

"Page One: Inside The New York Times | TimesTalks"(April 20, 2016)

"The New York Times Building - Architecture Case Study"(Jan. 20, 2014)

"Why Chomsky Prefers New York Times?"(May 7, 2013)

"Page One: Inside the New York Times | Film Trailer"(July 8, 2011)

찾아보기(용어)

찾아보기(인명)

지능정보사회의 이해

배영(포스텍)·최항섭(국민대) 외

지능정보사회가 도래하며 발생한 삶의 패러다임과 사회 전반의 엄청난 변화를 총체적으로 분석한 책. 인공지능, 알고리즘 등 주요 개념을 충실히 소개할 뿐만 아니라 지능정보사회가 가져온 인간관계 및 권력관계, 경제활동의 변화에 대해 사회학을 중심으로 철학, 법학, 미디어콘텐츠학, 커뮤니케이션학, 경영학 등 다양한 측면에서 이뤄지는 논의를 풍부하게 담았다. 신국판 | 472면 | 23,000원

현대 정보사회 이론 개정2판

프랭크 웹스터 지음 | 조동기(동국대) 옮김

프랭크 웹스터 교수가 쓴 정보사회 이론의 결정판으로, 과학기술과 사회 간의 관계에 대한 역작으로 꼽힌다. 저자는 역사적 흐름과 실제 세계를 바탕으로 '정보기술혁명'과 '정보시대'에 접근한다. 새 개정판에서는 다니엘 벨, 허버트 쉴러, 하버마스, 기든스 등의 논의를 비판적으로 검토하고, 정보 발전과 민주주의 관계를 심층적으로 파고든다. 신국판 | 848면 | 38,000원

미디어 루키스, 캘리포니아에서 미래를 보다 9인 9색 글로벌 미디어 탐방기

마동훈(고려대)·김성철(고려대) 엮음

고려대 미디어학부생 9인의 미국 미디어산업 현장 체험기. 이들은 캘리포니아의 구글, 페이스북, 넷플릭스 등 전 세계 미디어 산업을 선도하는 기업 및 연구기관을 탐방하고, 그 결과물을 모아 책으로 엮었다. 글로벌 미디어산업의 최전방을 종횡무진 누비는 '미디어 루키스'들의 시선으로 미디어산업의 현재와 미래를 살펴본다. 신국판 변형 | 320면 | 19,000원

뉴미디어와 정보사회 개정3판

오택섭(고려대)·강현두(서울대)·최정호(울산대)·안재현(KAIST)

미디어 빅뱅시대 현대인의 미디어 교양서
뉴미디어 이론부터 최신 동향까지 다룬 개정3판

이 책은 정보사회를 살아가는 데 필요한 지식으로서 매스미디어를 이해하려는 사람들에게 체계적인 이해의 틀을 제공하는 목적에 충실하였으며, 전문적 이론보다는 매스미디어의 실제 현상을 쉽게 이해할 수 있도록 서술하였다. 개정판에서는 기존의 구성을 유지하면서 최근의 다양한 변화, 특히 뉴미디어의 도입에 따른 변화와 모바일 웹, 종합편성채널, 미디어산업에서의 빅데이터 활용 등에 초점을 맞추었으며, 매스미디어의 실제 현상 역시 최신의 사례로 업데이트하였다. 크라운판·올컬러 | 528면 | 29,500원

디지털시대의 미디어와 사회

김영석(연세대) 외 지음

정보와 지식 유통의 모든 단계가 바뀌는 시대,
입체적으로 살펴보는 미디어의 과거, 현재 그리고 미래

미디어의 기술적 진화가 사회와 산업, 시장에 영향을 미치는 과정과 이에 따른 이론적 논의, 법과 제도의 변화 등을 폭넓게 살핀 책이다. 디지털화된 사회에서 미디어는 어떤 모습이며 어떤 방향으로 나아가고 우리는 이를 어떻게 수용해야 하는가? 기술의 혁신이나 발전으로 사회는 많이 달라졌지만 그럼에도 기존 미디어가 사회에 도입된 의미와 역할은 크게 바뀌지 않았다. 독자들은 이 책을 통해 미디어의 과거와 현재 그리고 미래를 볼 수 있을 것이다.

크라운판 변형 | 462면 | 29,000원

미디어 거버넌스
미디어 규범성의 정립과 실천
윤석민(서울대)

"그 모든 한계에도 불구하고, 미디어가 유일한 희망이다."
한국사회 미디어 시스템 연구의 결정판

윤석민 서울대 교수가 한국사회 미디어 시스템의 총체적 위기를 진단하고 이를 타개할 해법을 제시한 책. 저자는 진영논리와 상업논리에 밀려 사실상 해체 상태에 빠진 미디어의 규범적 가치들을 복원하기 위해 미디어 종사자 스스로 주체가 되는 변화를 강조한다. 미디어 거버넌스와 시스템을 분석하고, 미디어 전문직 규범 프로토타입을 제안한 후, 세부 주제별로 규범적 가치를 실천하기 위한 구체적인 방안을 제시했다. 미디어를 중심으로 주변 사회집단이 힘을 모으는 협치 거버넌스라는 이상을 현실화한 역작이다.

크라운판·양장본 | 928면 | 45,000원

미디어 공정성 연구
윤석민(서울대) 지음

"미디어는 사사롭지 않고 한쪽으로 편향되지 않아야 한다."

이 책은 미디어 공정성이라는 이론과 개념의 토대와 함께 미디어의 세부 영역별로 공정성이 어떻게 구축되어 왔고 또 그들이 처한 현실은 무엇인지 살펴본다. 미디어 공정성의 원칙은 소극적인 미디어 내용규제의 원칙을 넘어 21세기 선진시민사회가 요청하는 자유롭고 가치 있는 사회적 소통을 지켜내고 꽃피우기 위한 미디어 저널리즘의 기본 원리로서 바르게 인식되고 실천되어야 한다.

신국판 | 896면 | 38,000원

매스 커뮤니케이션 이론 제5판

데니스 맥퀘일 | 양승찬(숙명여대)·이강형(경북대) 공역

매스 커뮤니케이션 이론 연구의 권위자
데니스 맥퀘일이 쓴 언론학의 고전

제5판에서는 특히 인터넷시대의 '뉴미디어'가 출현하고 성장하는 과정 속에서 기존의 매스미디어 이론과 연구결과를 토대로 이야기했던 것을 수정·보완하는 데 주력한 것이 두드러진다. 또한 매스 커뮤니케이션 권위자로 손꼽히는 저자 맥퀘일은 변화하는 미디어 환경 속에서 기존 매스 커뮤니케이션이 어떻게 변화할지에 관심을 두고 각 장의 내용을 전개한다. 새롭게 등장한 이론적 접근에 대한 소개가 추가되었고, 각 장에서의 이슈는 뉴미디어 현상과 연관하여 다루어졌다.　크라운판 변형 | 712면 | 28,000원

현대언론사상사

허버트 알철 | 양승목(서울대) 옮김

미국의 지적 전통은 어떻게 언론철학으로 굳어졌나
300년에 걸친 미국 언론정신의 형성 과정

이 책은 '밀턴'에서 '맥루한'까지 미국 저널리즘의 근간을 이룬 서구 사상가들을 다루고 있다. 현대언론사상의 백과사전이라고 할 수 있을 정도로 300년간의 서구 사상가와 사상들을 망라했다. 저널리즘은 오로지 눈앞의 현실이며 실천일 뿐이라고 믿는 사람들에게 그 현실과 실천의 뿌리를 살펴볼 것을 촉구하고 역사성을 회복하라고 호소하고 있다.　신국판 | 682면 | 35,000원

커뮤니케이션 이론
연구방법과 이론의 활용
세버린·탠카드 | 박천일·강형철·안민호(숙명여대) 공역

과학의 눈으로 본 매스 커뮤니케이션 현상
기본개념부터 이론, 연구방법, 풍부한 연구사례까지

매스 커뮤니케이션의 기본개념부터 다양한 이론적 논의와 연구방법, 그리고 많은 실제 연구사례에 이르기까지 언론학 전반을 조감해 주는 교과서이다. 다른 책과 구별되는 큰 장점은 제반 이론을 소개하면서 과학의 특성인 실용성과 누적성이 절로 드러나도록 하는 뚜렷한 관점을 가지고 있다는 것이다. 우선, 소개되는 이론에 관련한 실제 연구사례들을 자상하게 수집해 제시한다. 더불어 이론이 등장해 어떻게 비판되고 지지되고 발전되었는지 역사적으로 추적한다. 크라운판 | 548면 | 22,000원

미디어 효과이론
브라이언트·올리버 편저 | 김춘식·양승찬·이강형·황용석 옮김

미디어 효과이론의 고전부터 최신이론까지
최고의 미디어 학자 54인의 통찰을 담다

미디어 효과이론의 과거, 현재 그리고 미래를 한번에 엿볼 수 있는 보기 드문 책이다. 급변하는 미디어 환경변화에 적응하기 위해 미디어 효과이론이 어떻게 진화할 수 있고 진화해야만 하는지에 관한 통찰력 있는 조언을 담고 있다. 제3판에서는 모바일 미디어 및 다른 테크놀로지의 효과를 중점적으로 다루었을 뿐 아니라 새롭게 8개 미디어 효과 연구분야를 선보인다.

4×6배판 변형·올컬러 | 712면 | 38,000원